AMNISTIA E CONSTITUIÇÃO

FRANCISCO AGUILAR
Assistente da Faculdade de Direito de Lisboa

AMNISTIA E CONSTITUIÇÃO

ALMEDINA

TÍTULO:	AMNISTIA E CONSTITUIÇÃO
AUTOR:	FRANCISCO AGUILAR
EDITOR:	LIVRARIA ALMEDINA – COIMBRA www.almedina.net
LIVRARIAS:	LIVRARIA ALMEDINA ARCO DE ALMEDINA, 15 TELEF. 239851900 FAX 239851901 3004-509 COIMBRA – PORTUGAL livraria@almedina.net LIVRARIA ALMEDINA ARRÁBIDA SHOPPING, LOJA 158 PRACETA HENRIQUE MOREIRA AFURADA 4400-475 V. N. GAIA – PORTUGAL arrabida@almedina.net LIVRARIA ALMEDINA – PORTO R. DE CEUTA, 79 TELEF. 222059773 FAX 222039497 4050-191 PORTO – PORTUGAL porto@almedina.net EDIÇÕES GLOBO, LDA. R. S. FILIPE NERY, 37-A (AO RATO) TELEF. 213857619 FAX 213844661 1250-225 LISBOA – PORTUGAL globo@almedina.net LIVRARIA ALMEDINA ATRIUM SALDANHA LOJAS 71 A 74 PRAÇA DUQUE DE SALDANHA, 1 TELEF. 213712690 atrium@almedina.net LIVRARIA ALMEDINA – BRAGA CAMPUS DE GUALTAR UNIVERSIDADE DO MINHO 4700-320 BRAGA TELEF. 253678822 braga@almedina.net
EXECUÇÃO GRÁFICA:	G.C. – GRÁFICA DE COIMBRA, LDA. PALHEIRA – ASSAFARGE 3001-453 COIMBRA E-mail: producao@graficadecoimbra.pt MARÇO, 2004
DEPÓSITO LEGAL:	206327/04

Toda a reprodução desta obra, por fotocópia ou outro qualquer processo, sem prévia autorização escrita do Editor, é ilícita e passível de procedimento judicial contra o infractor.

Aos meus Pais

NOTA PRÉVIA

Da realização e discussão da Dissertação de Mestrado

O estudo que agora se publica corresponde à dissertação de mestrado em Ciências Jurídico-Criminais, por mim apresentada na Faculdade de Direito da Universidade de Lisboa em 2 de Janeiro de 2002. O mesmo foi elaborado sob a orientação do Senhor Professor Doutor Paulo Otero, a quem, pelo permanente incentivo científico e académico, pelos conselhos, sugestões e indicações bibliográficas que sempre me concedeu, e *last, but certainly not the least,* pela singular disponibilidade e paciência com que foi ouvindo as minhas inquietações mais metafísicas, manifesto o meu público e sentido agradecimento pessoal e académico.

As provas públicas de discussão da dissertação foram realizadas em 26 de Junho de 2003, decorrendo perante um júri presidido pelo Senhor Professor Doutor Jorge Miranda e constituído ainda pelos Senhores Professores Doutores Maria Fernanda Palma, Paulo Otero, Menezes Leitão e Damião da Cunha. Agradeço aos Senhores Professores Doutores Jorge Miranda e Damião da Cunha as generosas palavras despendidas aquando das respectivas arguições, bem como as sugestões então efectuadas.

Cumpre, de igual modo, deixar uma palavra de agradecimento ao Senhor Professor Doutor Vieira de Andrade, pela amável cedência do texto de um seu parecer ainda inédito.

Um muito especial obrigado é devido também ao Mestre André Salgado de Matos, pela amizade de sempre, pelas críticas que oportunamente dirigiu ao presente trabalho, bem como pela colaboração prestada na revisão ortográfica do texto que se torna público.

No plano institucional, o meu reconhecimento às Bibliotecas das Faculdades de Direito da Universidade de Lisboa, da Universidade de Coimbra e da Universidade Católica de Lisboa, bem como ao Núcleo de Apoio Documental do Tribunal Constitucional. Um muito especial agradecimento é devido, neste domínio, aos Institut für die gesamten Strafrechtswissenschaften e Institut für Politik und Öffentliches Recht da Universidade

Ludwig Maximilian, pelas facilidades de acesso pronta e desburocratizadamente concedidas durante a minha preciosa estadia na cidade de Munique em finais de Outubro e princípios de Novembro de 2000.

Não podendo elencar todos aqueles que, com uma referência doutrinal ou jurisprudencial, com uma sugestão ou pelo menos com uma simples palavra de estímulo, foram reforçando a minha determinação, uma vez que a realização de tal tarefa pecaria sempre por defeito, limitei-me aqui a sublinhar o papel das pessoas e instituições que, de forma mais impressiva, me prestaram auxílio. Em geral, cumpre, no entanto, manifestar o meu agradecimento a todos quantos, de uma maneira ou de outra, contribuíram para que a presente dissertação chegasse a bom porto: a todos, o meu obrigado.

Finalmente, e como não podia deixar de ser, o meu muito obrigado àqueles que com maior proximidade compartilharam a angústia própria das actividades solitárias de investigação e de escrita de uma dissertação: os meus pais e o meu irmão. Sem o seu auxílio, incentivo e, sobretudo, compreensão o presente trabalho dificilmente teria sido possível.

Do texto publicado e do modo de citação

Quanto ao texto publicado, cumpre referir que o mesmo corresponde efectivamente à dissertação por mim apresentada: não alterei as minhas posições, pelo que o mesmo se apresenta estruturalmente idêntico. Houve, no entanto, para além de um ou outro acerto sistemático, a preocupação de introduzir diversos esclarecimentos para melhor compreensão do meu pensamento. Estes ligeiros aditamentos – que o leitor encontrará quase sempre em notas de pé de página – são devidos a ulterior reflexão, bem como a críticas e sugestões decorrentes da discussão pública das provas *supra* referidas, às quais procurei dentro do possível dar resposta. Por fim, tenha-se presente que para efeitos da presente publicação não se procedeu a uma nova investigação, termos em que os parâmetros constitucionais, legais e doutrinais – com excepção de um ou outro texto ulterior mais directamente relacionado com o meu tema e que serviu de base para a própria preparação das provas de discussão – são os existentes no final de 2001.

Quanto ao modo de citação, a primeira referência de cada obra é efectuada do modo mais completo possível (idêntica à identificação bibliográfica final), sendo as restantes citações da mesma feitas mediante indicação do seu autor, pela palavra ou palavras iniciais do título, seguidas do número da edição (normalmente, omite-se a identificação da primeira) ou da identificação abreviada da revista jurídica e da data de publicação. A sequência das referências bibliográficas integrantes de uma mesma nota é feita, sem prejuízo de algumas excepções, seguindo um critério cronológico. Refira-se, ainda, que, no que respeita a vários assuntos meramente acessórios e laterais relativamente ao objecto da presente tese, as citações não pretendem ser exaustivas de todas as obras consultadas, optando-se pelas doutrinas portuguesa e/ou estrangeira mais significativas. Para terminar, as citações de obras – bem como dos respectivos títulos – portuguesas mais antigas são o mais fidedignas possíveis, pelo que se decidiu pela utilização do português antigo tal como utilizado à data pelos respectivos autores: não possuindo as regras ortográficas o efeito de inquinar retroactivamente os textos anteriores, não me senti no direito de "corrigir" aquilo que nunca esteve errado.

Agradecendo antecipadamente a compreensão do leitor para as falhas que, não obstante o meu esforço, o presente trabalho certamente não deixará de apresentar,

Lisboa, 24 de Agosto de 2003,

Francisco Manuel Fonseca de Aguilar

ABREVIATURAS E SIGLAS JURÍDICAS

Ac	Acórdão
BFDUC	Bol. da Faculdade de Direito da Universidade de Coimbra
BMJ	Boletim do Ministério da Justiça
BverfG	Bundesverfassungsgericht
BverfGE	Entscheidungen des Bundesverfassungsgerichts
CCL	Cadernos de Ciência de Legislação
CP	Código Penal
CRP	Constituição da República Portuguesa
CTF	Ciência e Técnica Fiscal
DJ	Direito e Justiça
DR	Diário da República
GA	Goltdammer's Archiv für Strafrecht
GG	Grundgesetz
JA	Juristische Arbeitsblätter
JURA	Juristische Ausbildung
JZ	Juristenzeitung
KJ	Kritische Justiz
MschrKrim	Monatsschrift für Kriminologie und Strafrechtsreform
NJW	Neue Juristische Wochenschrift
NJ	Neue Justiz
RDE	Revista de Direito e Economia
RDP	Revista de Direito Público
RFDUL	Revista da Faculdade de Direito da Universidade de Lisboa
RIDPP	Rivista Italiana di Diritto e Procedura Penale
RJ	Revista Jurídica (da AAFDL)
RLJ	Revista de Legislação e Jurisprudência
RMP	Revista do Ministério Público
RPCC	Revista Portuguesa de Ciência Criminal
RuP	Recht und Politik
SJ	Scientia Iuridica

SJZ	Süddeutsche Juristenzeitung
SÖR	Schriften zum Öffentlichen Recht
STJ	Supremo Tribunal de Justiça
StGB	Strafgesetzbuch
StPO	Strafprozessordnung
StVj	Steuerliche Vierteljahresschrift
TC	Tribunal Constitucional
TPI	Tribunal Penal Internacional
ZfR	Zeitschrift für Rechtspolitik

PLANO GERAL

Introdução
Capítulo I – Do Conceito Inicial
    § 1.º Primeira aproximação conceptual
    § 2.º Amnistia e figuras afins
    § 3.º Espécies de amnistia quanto aos efeitos?
Capítulo II – Do Enquadramento Constitucional
    § 4.º Competência, forma e força amnistiantes
    § 5.º Limites materiais da lei de amnistia
Capítulo III – Da Amnistia Inválida
    § 6.º A amnistia inconstitucional
    § 7.º A amnistia ilegal
Capítulo IV – Natureza Jurídica da Amnistia
    § 8.º Natureza substantiva *vs* processual
    § 9.º Da *Gnade vor Recht* ao *Recht vor Amnestie*
Considerações finais

INTRODUÇÃO

1. Colocação do problema

Tradicionalmente, os estudiosos do Direito Penal elegem, maioritariamente, para objecto das suas investigações temas relativos ou à teoria geral da infracção([1]) ou a um tipo isolado de crime.

Daí que, particularmente entre nós, de há muito se anseie por um incremento do estudo de um outro domínio (não menos vasto que os *supra* referidos): o das consequências jurídicas do crime. E, no âmbito destas, particularmente de uma das suas áreas que ainda hoje causa alguma desconfiança às perspectivas racionais que reclamam o império do destino do Direito Penal. Referimo-nos ao Direito de Clemência.

Com efeito, escreviam em 1980 EDUARDO CORREIA e TAIPA DE CARVALHO que "Em Portugal, como na generalidade dos países, não existe uma teoria geral sobre as figuras jurídico-políticas da clemência pública. Esta ausência de sistematização dos institutos da amnistia e do indulto constitui uma grave lacuna da ciência jurídico-penal devido à frequência com que o poder político das sociedades democráticas recorre a tais actos de perdão público e aos consequentes problemas práticos que a aplicação de tais medidas, sobretudo a amnistia, traz à jurisprudência. Daqui a importância e a urgência de um estudo sistemático do direito de clemência"([2]).

([1]) Nós próprios não nos subtraímos a esta observação, como resulta do nosso relatório de Mestrado *Do Erro sobre os Pressupostos Objectivos das Causas de Justificação ao Erro inverso sobre a concorrência dos mesmos nos Delitos Dolosos Materiais*, Lisboa, 2000 [no prelo].

([2]) É precisamente com estes considerandos que EDUARDO CORREIA e TAIPA DE CARVALHO iniciam o seu *Direito Criminal – III (2), Lições do Prof. Doutor Eduardo Correia e do Dr. A. Taipa de Carvalho, ao Curso Complementar de Ciências Jurídicas da Faculdade de Direito de Coimbra*, Coimbra, 1980, pág. 5. Também no sentido de que "falta ainda hoje uma teoria geral das figuras de clemência", FIGUEIREDO DIAS, *Direito Penal Português, Parte Geral II, As Consequências Jurídicas do Crime*, Lisboa, 1993, pág. 687, nota 10.

Tal como os ilustres autores, não temos "a pretensão de, aqui e agora, realizarmos uma exaustiva teorização desta matéria"([3]). Aliás, diga-se, que a mesma não seria realizável no âmbito de uma dissertação de Mestrado. Daí que tenhamos optado por uma das medidas de clemência([4]): aquela que, precisamente segundo os citados autores, como vimos, maiores problemas poderá trazer à jurisprudência: a figura da amnistia, sobre a qual, efectivamente, muito pouco se escreveu, até hoje, entre nós([5]).

Note-se, porém, que aquilo a que nos propomos é, não propriamente o erigir de uma teoria geral da amnistia criminal, mas antes demandar a sua aferição em face da Constituição. Iremos, por conseguinte, realizar um estudo que terá por escopo, apenas e tão só, o enquadramento da amnistia criminal no âmbito de um Estado de Direito Constitucional: procuraremos, deste modo, a delimitação do conceito de amnistia, o reconhecimento e afirmação da sua legitimidade, dos limites ao seu exercício e dos requisitos de validade da mesma([6]), a análise da problemática da amnistia inconstitucional([7]) e a determinação da natureza jurídica do instituto.

Em suma, demandamos a resposta à questão da legitimidade da amnistia criminal no âmbito de um Estado de Direito.

2. Delimitação do objecto do estudo

Cumpre, antes de iniciarmos a escrita do primeiro parágrafo do nosso estudo, delimitar, mais precisamente, o objecto do mesmo.

([3]) EDUARDO CORREIA e TAIPA DE CARVALHO, *Direito Criminal – III (2)*..., 1980, pág. 5.

([4]) Sobre a clemência na literatura v., por todos, a análise de ARTHUR KAUFMANN in *Recht und Gnade in der Literatur*, NJW, 1984, págs. 1062 e segs..

([5]) Para além das referências habituais em Manuais de Direito Penal e de uma ou outra esporádica alusão em obras monográficas, cumpre realçar como estudos que elegeram, por seu escopo essencial, a amnistia os escritos de SOUSA E BRITO, *Sobre a Amnistia*, R.J., n.º 6, 1986, págs. 15 e segs.; de RUI PATRÍCIO, *Um Discurso sobre a Amnistia no Sistema Penal*, R.J., n.º 23, 1999, págs. 225 e segs.; de PEDRO DURO, *O poder de amnistiar em Portugal e Itália*, Lisboa, 2000 [relatório apresentado na Faculdade de Direito da Universidade Nova de Lisboa]; e, do mesmo autor, *Notas Sobre Alguns Limites Do Poder de Amnistiar*, Themis, Ano II, n.º 3, 2001, págs. 323 e segs..

([6]) No quadro do Estado de Direito Constitucional.

([7]) Matéria praticamente ignorada pela doutrina. Cfr., como excepção, ZAGREBELSKY, *Amnistia, Indulto e Grazia, Profili Costituzionali*, Milano, 1974, sobretudo págs. 113 e segs.

Como resulta do n.º 1 da Introdução(⁸), o nosso trabalho versa apenas sobre a amnistia. Logo, as referências que serão feitas a outras figuras do Direito de Graça/Clemência implicam não uma dissertação exaustiva sobre as mesmas mas apenas o necessário e exigível elemento comparativo e distintivo face à própria amnistia.

Em segundo lugar, de novo o sublinhamos, trata-se de um estudo que procura apenas aferir da legitimidade e enquadramento da amnistia criminal no seio de um Estado de Direito Constitucional: assim se explica a eleição do título "Amnistia e Constituição". Não é o nosso propósito, com efeito, a elaboração de uma teoria geral da amnistia criminal(⁹), mas antes de uma teoria geral do seu enquadramento constitucional.

Em terceiro lugar, todas as considerações feitas ao longo deste estudo têm por paradigma referencial o Direito Penal de Justiça(¹⁰): daí que as consequências extra-penais da amnistia merecerão, apenas quando tal se justifique, referências meramente secundárias ao longo das páginas que se seguem: o nosso estudo não se ocupará delas *ex professo*.

Para finalizar, resta justificar o privilégio concedido, no presente texto, como parâmetro sincrónico, ao direito alemão. É que nesta questão, como em tantas outras, "à dogmática alemã pertence o primeiro lugar do pódio científico"(¹¹), pelo que têm aqui perfeita aplicação as palavras de FIGUEIREDO DIAS a propósito da doutrina do crime: "quem se disponha a desconhecê-la [à dogmática alemã] ou minimizá-la incorrerá no sério risco de avançar com reflexões que já foram feitas e, assim, de se situar num estádio já ultrapassado (se não caduco) da ciência global do direito penal"(¹²). Numa outra perspectiva, refere HIRSH que "De acordo com os parâmetros científicos, não existe uma dogmática jurídico penal italiana, portuguesa, espanhola ou alemã, mas apenas uma dogmática total ou parcialmente correcta ou, pelo contrário, errónea. Os conhecimentos obtidos pela dogmática jurídico-penal fornecem os critérios que devem ou ser tidos em conta na interpretação das leis penais vigentes ou – quando tal não é possível por existir um texto legal obsoleto que se lhe oponha – operar *de lege ferenda*.

(⁸) V. *supra*.

(⁹) Duvidamos até que a mesma podesse ser elaborada com aproveitamento no prazo (anual) concedido para a realização de uma tese de mestrado.

(¹⁰) O nosso estudo versa, por conseguinte, apenas sobre a amnistia criminal.

(¹¹) FRANCISCO AGUILAR, *Do Erro...*, 2000, pág. 3.

(¹²) FIGUEIREDO DIAS, *Sobre o Estado Actual da Doutrina do Crime, 2.ª Parte*, R.P.C.C., Ano 2, 1992, pág. 44.

No âmbito da moldura dogmática continuará a existir uma margem suficiente para que ocorram diferenças nacionais em pontos concretos"[13].

Para finalizar a Introdução resta antecipar o plano do estudo, o qual será composto em quatro partes: no Capítulo I, iremos versar sobre uma primeira aproximação conceptual ao instituto da amnistia; no Capítulo II, iremos tratar do regime constitucional da amnistia, salientando os limites orgânicos, formais e materiais de concessão da presente figura; no Capítulo III iremos procurar identificar a problemática dos efeitos da amnistia inválida; por fim, no Capítulo IV e último, irá efectuar-se a discussão da natureza jurídica da mesma.

---

[13] HIRSH, *La Posición de la Justificación y de la Exculpación en la Teoría del Delito desde la Perspectiva Alemana* [tradução do original alemão de 1991], Bogotá, 1996, pág. 53.

CAPÍTULO I

DO CONCEITO INICIAL

Este primeiro capítulo da nossa dissertação tem por finalidade a obtenção de um primeiro conceito aproximado da figura que nos permite servir de ponto de orientação ao longo de todo o presente escrito (§ 1.º). Concluiremos este primeiro capítulo com a destrinça da amnistia face a figuras afins (§ 2.º), e com a discussão acerca da unicidade da figura da amnistia (§ 3.º).

§ 1.º Primeira aproximação conceptual

1.1. *Breve evolução histórica do instituto*

I – A doutrina que, em geral, sobre a clemência se tem pronunciado salienta, normalmente, o facto de esta ser exercida por titulares do poder político, desde sempre e em praticamente todas as latitudes do nosso Planeta[14].

Historicamente, cumpre salientar não ser fácil operar a destrinça entre as diversas modalidades do Direito de Clemência. A inicial ausência de diferenciação entre áreas de autoridade não facilita a tarefa da identificação do momento a partir do qual a amnistia foi tida, formal e materialmente, como figura *a se*.

Seja como for, a primeira referência exacta[15] de que há memória relativa à amnistia remonta à Antiguidade Clássica. Com efeito, com a derrota imposta a Atenas por Lisandro, foi derrubada a democracia ateniense. No seu lugar, Lisandro colocou um regime de colaboradores oligarcas, os "trinta", com um comité executivo de "onze"[16]. Uma rebelião dos democratas viria a derrubar o governo dos "Trinta Tiranos", surgindo então, na ordem do dia a questão atinente a saber se deveriam, ou não, ser apuradas as responsabilidades criminais relativas aos factos praticados durante a tirania dos oligarcas. Mediante a indicação do rei espartano

---

[14] Cfr. Eduardo Correia e Taipa de Carvalho, *Direito Criminal-III (2)* ..., 1980, pág. 6; Rui Patrício, *Um Discurso* ..., R.J., 1999, pág. 230; Pedro Duro, *O Poder* ..., 2000, pág. 6.

[15] "Exacta", pois ao que tudo indica, independentemente do *nomen iuris*, as primeiras concessões de amnistias terão sido muito anteriores. Suscitando, para o reinado de Ramsés II, a hipótese de uma eventual cláusula de amnistia no tratado de paz, entre egípcios e hititas, subsequente à batalha de Kadesh de 1286 a.C., cfr. Andreas O'Shea, *Amnesty for Crime in International Law and Practice*, The Hague/London/New York, 2002, pág. 5.

[16] Cfr. Quaritsch, *Theorie des Vergangenheitsbewältigung*, Der Staat, 1992, pág. 520.

Pausanias – que funcionou como árbitro entre oligarcas e democratas – foi imposto aos atenienses, em 403 a.C.([17]), o mandamento dos esquecidos([18]) do qual apenas foram excluídos os "trinta" e os "onze"([19]).

Estava assim definido o significado de uma palavra grega que, traduzida para o latim *amnestia*, viria a dar origem à nossa "amnistia"([20]). O seu significado seria então o de "esquecimento".

Os Romanos([21]), embora tivessem recorrido a amnistias – atendendo ao conceito actual do instituto – não as apelidavam como tal([22]). Excepção terá sido a utilização da expressão idêntica à dos gregos na proposta de amnistia de Cícero dirigida aos assassinos de César. A não utilização corrente da amnistia estava relacionada com a existência de outros institutos de Direito Romano, os quais continham alguns dos "possíveis efeitos da amnistia"([23]). Era o caso da *abolitio publica*, da *indulgentia* e da *restitutio*. A *abolitio* "é o acto de apagar o nome na lista das acusações, sem que o processo chegue ao fim"([24]). Já a *indulgentia* designava "precisamente em conjunto a extinção do processo penal pendente e o perdão das penas decretadas"([25]). Finalmente, a *restitutio* consiste no perdão geral como "revogação das sentenças condenatórias e restituição por inteiro – **restitutio in integrum** – dos condenados na posição jurídica anterior à

([17]) Cfr. QUARITSCH, *Theorie...*, Der Staat, 1992, pág. 520.

([18]) *Gebot des Vergessens* na expressão de QUARITSCH, *Theorie...*, Der Staat, 1992, pág. 520.

([19]) Como refere QUARITSCH, *Theorie...*, Der Saat, 1992, pág. 520. SOUSA E BRITO acrescenta, ainda, os "dez homens do Pireu", in *Sobre a Amnistia*, R.J., 1986, pág. 21.

([20]) Cfr. SOUSA E BRITO, *Sobre a Amnistia*, R.J., 1986, pág. 21; TAIPA DE CARVALHO, *História do Direito de Clemência*, in *Estudos dedicados ao Prof. Doutor Mário Júlio de Almeida Costa*, Lisboa, 2002, pág. 115, nota 7.

([21]) Em geral, sobre a clemência no Direito Romano, v. TAIPA DE CARVALHO, *História...*, in *Estudos...*, 2002, págs. 116 e segs..

([22]) Cfr. SOUSA E BRITO, *Sobre a Amnistia*, R.J., 1986, pág. 22; TAIPA DE CARVALHO, *História...*, in *Estudos...*, 2002, pág. 123.

([23]) SOUSA E BRITO, *Sobre a Amnistia*, R.J., 1986, pág. 22.

([24]) SOUSA E BRITO, *Sobre a Amnistia*, R.J., 1986, pág. 22. Como refere o autor, a "partir do fim do século I a.C. surgem leis especiais – primeiro decisões do senado, depois decretos do imperador – de abolitio publica, que por ocasião de eventos felizes, da festividade imperial dos vota, e depois regularmente pela Páscoa, mandavam os juízes considerar como não pendentes processos instaurados, com certas excepções, como geralmente os crimes capitais, e sem prejuízo da faculdade dada ao acusador de requerer no prazo de trinta dias o andamento do processo" (obra e página identificadas na presente nota).

([25]) SOUSA E BRITO, *Sobre a Amnistia*, R.J., 1986, pág. 22.

sentença"[26], a qual incluía, entre outros efeitos, a reaquisição da cidadania, a restituição dos estados e posições jurídicas de direito privado, a reaquisição de direitos "políticos"[27], a eventual readmissão no lugar de funcionários subalternos em serviços permanentes[28] e a presunção de intangibilidade dos direitos patrimoniais adquiridos pelo Estado em consequência da condenação, "salvo cláusula especial de devolução de bens perdidos"[29].

Os presentes institutos seriam apenas retomados com o "primeiro renascimento carolíngio"[30]. Seria com a recepção do direito romano que essas antigas instituições se expandiriam, depois de repensadas por glosadores e canonistas[31]. É então que as "doutrinas da **absolutio**, da **indulgentia** e da **dispensatio** são pontos de confluência da prática legislativa da Igreja, da tradição patrística e do direito romano, da reflexão teológica e filosófica"[32].

Entre nós, nenhuma das ordenações refere a palavra amnistia, havendo, não obstante, referência ao "perdão"[33]. É o caso das Ordenações Filipinas (livro V, título CXXII, §§ 5.° e 6.°; e título CXXX, §§ 1.° e 3.°), distinguindo, então, a doutrina, entre "perdões gerais" ou de classes de crimes e "cartas de perdão"[34] a pessoas individuais.

O "indulto" é, então, sinónimo de perdão[35] sendo que o vocábulo "amnistia" é usado, nas leis e na doutrina na segunda metade do século XVII, como sinónimo de "perdão geral ou particular", ou mais restritamente apenas de "perdão geral"[36].

II – No Direito Constitucional português, a primeira referência à amnistia, encontramo-la na Carta Constitucional de 1826. A amnistia é prevista, então, no § 8.° do artigo 74.° do Capítulo I (Do Poder Modera-

---

[26] SOUSA E BRITO, *Sobre a Amnistia*, R.J., 1986, pág. 22.
[27] Cfr. SOUSA E BRITO, *Sobre a Amnistia*, R.J., 1986, págs. 22 e 23.
[28] Cfr. SOUSA E BRITO, *Sobre a Amnistia*, R.J., 1986, págs. 22 e 23, incluindo, nesta última página, a nota 26.
[29] SOUSA E BRITO, *Sobre a Amnistia*, R.J., 1986, págs. 22 e 23.
[30] SOUSA E BRITO, *Sobre a Amnistia*, R.J., 1986, pág. 24.
[31] Cfr. SOUSA E BRITO, *Sobre a Amnistia*, R.J., 1986, pág. 25.
[32] SOUSA E BRITO, *Sobre a Amnistia*, R.J., 1986, pág. 25.
[33] Cfr. SOUSA E BRITO, *Sobre a Amnistia*, R.J., 1986, pág. 15.
[34] V. Ordenações Filipinas, livro V, título CXXX, § 3.°.
[35] Como refere SOUSA E BRITO in *Sobre a Amnistia*, R.J., 1986, pág. 15.
[36] SOUSA E BRITO, *Sobre a Amnistia*, R.J., 1986, pág. 15.

dor) do Título V (Do Rei) do diploma constitucional. Para aquilo que, de momento, nos importa – a fixação de um conceito de amnistia – cumpre salientar a destrinça operada face ao perdão, previsto no parágrafo anterior (§ 7.º) do mesmo artigo. Segundo o § 8.º, o Rei exerce o poder moderador "concedendo Amnistia em caso urgente, e quando assim o aconselhem a humanidade, e bem do Estado"; por sua vez, de acordo com o § 7.º, o exercício do mesmo poder moderador por parte do Rei poderia ocorrer "perdoando, e moderando([37]) as penas impostas aos Réus condenados por Sentença"([38]).

Esta referência constitucional, se bem que tivesse o mérito de implicar a destrinça entre perdão e amnistia, não contribuiu para a fixação do conceito desta última. Cumpria, então, procurar concretizá-lo.

Procurando concretizar os efeitos da amnistia, SILVESTRE PINHEIRO FERREIRA postulou a necessidade de uma lei regulamentar para o § 8.º do artigo 74.º da Carta Constitucional([39]). No seu Projecto de Ordenações para o Reino de Portugal, o autor consagrou os §§ 990.º a 1000.º([40]) para a explanação do seu pensamento: a amnistia só poderia ter lugar se fosse urgente, se sem ela se ofendessem os direitos da Humanidade e se, também sem ela, se ofendessem os direitos do Estado assim respeitando os requisitos da Carta([41]). Só, então, deveria ser concedida, não sem antes, de qual-

---

([37]) Defendendo apenas o uso do perdão parcial (comutação) *ex vi* da conjunção *e* (ao invés da alternativa *ou*), cfr. SILVESTRE PINHEIRO FERREIRA, *observações sobre a Carta Constitucional do Reino de Portugal e a Constituição do Imperio do Brasil*, Paris, 1831, págs. 54 e 55. Contra – e com toda a razão, de resto –, no sentido de a Carta admitir o perdão geral, cfr. LOPES PRAÇA, *Direito Constitucional Português*, vol. III, Coimbra, 1997 [reimpressão do original de 1880], pág. 258; JOSÉ TAVARES, *O Poder Governamental no Direito Constitucional Portuguez, Lições para o curso do 2.º anno de Direito no mez de maio de 1909*, Coimbra, 1909, pág. 141.

([38]) O perdão aparece restrito, por conseguinte, à pena.

([39]) V. as razões elencadas por SILVESTRE PINHEIRO FERREIRA in *Observações...*, 1831, págs. 56 e 57.

A pretensão de SILVESTRE PINHEIRO FERREIRA era reveladora, segundo LOPES PRAÇA, da falta de "afeiçoamento" do seu autor às prerrogativas "de agraciar e de amnistiar concedidas pela Carta ao poder moderador" (LOPES PRAÇA, *Direito Constitucional...*, vol. III, 1997 [reimpressão do original de 1880], pág. 260). Em termos mais moderados, JOSÉ TAVARES limita-se a observar o carácter hostil das ideias de SILVESTRE PINHEIRO FERREIRA quanto ao amplo arbítrio desta prerrogativa régia (JOSÉ TAVARES, *O Poder...*, 1909, pág. 142).

([40]) V. SILVESTRE PINHEIRO FERREIRA, *Projecto de Ordenações para o Reino de Portugal*, Tomo I, Paris, 1831, págs. 408 a 412.

([41]) Cfr. SILVESTRE PINHEIRO FERREIRA, *Projecto...*, Tomo I, 1831, pág. 408.

quer modo, se ultrapassar um crivo elaborado de aprovação[42]. Uma vez concedida, a amnistia teria por efeitos "fazer cessar de presente e a obstar a que no futuro venham a verificar-se nas pessoas amnistiadas as consequencias dos direitos e acções, a que o estado já tiver dado, ou para o futuro quizesse dar seguimento, por motivo dos acontecimentos sobre que versar a amnistia"[43]. Logo de seguida, esclarecia, ainda, o autor que "Serão pois improcedentes todas as acções publicas, que por taes motivos se acharem em juizo ou nelle se vierem a propôr contra os amnistiados. Outrosim ficarão írritas quaesquer condemnações, que contra todos ou alguns delles se houverem fulminado: repondo-se os condemnados por sentença judicial, que retracte a precedente, na situação civil e politica, em que se achavam antes dos acontecimentos, sobre que recair a amnistia; quer seja pela rehabilitação nas mesmas, quer seja pela substituição de equivalentes vantagens: em maneira que a sua ulterior situação na republica não faça apparecer como culpados e perdoados dos factos amnistiados, os que pela natureza da decisão da amnistia devem ser havidos e tratados, como se taes factos nunca tivessem existido"[44]. É de notar que, como refere SOUSA E BRITO, em caso de condenação anterior, os efeitos derivados da "natureza da decisão de amnistia" estariam dependentes de sentença judicial revogatória (da anterior decisão)[45]. Na falta, contudo, de uma disposição legal com o conteúdo desta proposta, parece, contudo, como nota SOUSA E BRITO que, na doutrina de PINHEIRO FERREIRA, "os mesmos efeitos se produziriam **ope legis**"[46].

III – A separação entre amnistia e perdão foi mantida no Código Penal de 1852.

Dispunha então o artigo 120.º daquele Código da primeira definição legal de amnistia da História do Direito português. Segundo o legislador, "O acto real da amnistia é aquele que, por determinação genérica, manda que fiquem em esquecimento os factos que enuncia antes praticados e acerca deles proíbe a aplicação das leis penais".

É de sublinhar, nesta definição, o significado do uso do vocábulo "esquecimento", a referência ao carácter genérico da figura, o carácter necessariamente retroactivo dos factos que beneficiam de tal acto de

---

[42] Cfr. SILVESTRE PINHEIRO FERREIRA, *Projecto*..., Tomo I, 1831, págs. 408 e segs..
[43] SILVESTRE PINHEIRO FERREIRA, *Projecto*..., Tomo I, 1831, pág. 410.
[44] SILVESTRE PINHEIRO FERREIRA, *Projecto*..., Tomo I, 1831, págs. 410 e 411.
[45] Cfr. SOUSA E BRITO, *Sobre a Amnistia*, R.J., 1986, pág. 16.
[46] SOUSA E BRITO, *Sobre a Amnistia*, R.J., 1986, págs. 16 e 17.

Graça, bem como a inerente proibição de aplicação da lei penal a esses mesmos factos.

Quanto aos efeitos, esclarecia o § 1.º do mesmo artigo que "O acto da amnistia extingue todo o procedimento criminal e faz cessar para o futuro a pena já imposta e os seus efeitos; mas não prejudica a acção civil pelo dano e perda, nem tem efeito retroactivo, pelo que pertence aos direitos legitimamente adquiridos por terceiros".

Já o artigo 121.º do Código Penal de 1852 dispunha: "O perdão concedido pelo Rei a qualquer criminoso condenado por sentença faz cessar para o futuro o procedimento e a pena mesmo pecuniária, ainda não paga, mas não restitui os direitos políticos de que a condenação privou o criminoso, se disso não se fizer expressa declaração, nem prejudicar a acção civil pelo dano e perda, nem os direitos legitimamente adquiridos por terceiros".

Da comparação destes dois artigos resultava ser a pedra de toque, da destrinça entre os dois institutos, a retroactividade[47] presente na amnistia e ausente no perdão. É isso mesmo que ressalta do comentário de LEVY MARIA JORDÃO: "este [o perdão] faz cessar para o futuro os efeitos da condenação, enquanto aquela [a amnistia] se retrotrae além disso até ao tempo do crime, fazendo-o desaparecer legalmente"[48]. De tal forma era entendida esta clivagem temporal entre amnistia e perdão que SILVA FERRÃO chegou mesmo a defender *de lege ferenda* a extinção retroactiva de direitos adquiridos por terceiros, se não forem efectivados antes da amnistia, uma vez que a reparação do dano não passaria de "uma parte essencial de toda a penalidade"[49] e porque se não poderiam "atribuir efeitos no que legalmente se deve ter como não existente"[50]. Este modo

---

[47] Neste sentido, cfr. SOUSA E BRITO, *Sobre a Amnistia*, R.J., 1986, pág. 17.

[48] LEVY MARIA JORDÃO, *Commentario ao Codigo Penal Portuguez*, Tomo I, Lisboa, 1853, pág. 255.

Adoptando a destrinça deste autor, cfr., entre outros, LOPES PRAÇA, *Direito Constitucional...*, vol. III, 1997 [reimpressão do original de 1880], pág. 259; JOSÉ TAVARES, *O Poder...*, 1909, pág. 142.

[49] SILVA FERRÃO, *Theoria do Direito Penal*, III, Lisboa, 1856, pág. 245.

[50] SILVA FERRÃO, *Theoria ...*, III, 1856, pág. 245. Pergunta, com efeito, o autor na página 247 da mesma obra, se "a amnistia importa o esquecimento absoluto, como podem esses factos não ser esquecidos para que tenham lugar semelhantes acções?... é um completo contrasenso". SOUSA E BRITO critica esta observação de SILVA FERRÃO, qualificando-a como "um exemplo da má jurisprudência de conceitos" in *Sobre a Amnistia*, R.J., 1986, pág. 17, nota 9.

de entender a amnistia não foi alterado pelas ulteriores reformas legislativas, não obstante a reforma de 1884 ter suprimido a definição legal *supra* citada. Note-se, no entanto, que o "facto de se ter suprimido esta definição no Código actual não quer dizer, portanto, mudança de doutrina, mas convicção da sua desnecessidade"([51]). Como refere SOUSA E BRITO, a "consequência reveladora"([52]) da inalteração do pensamento doutrinal sobre a amnistia está patente no facto de as ulteriores alterações legislativas terem acentuado o carácter retroactivo como principal característica e elemento identificativo da amnistia em face das restantes figuras da Graça Real. Daí que, como salienta o autor, "o artigo 25.º da Lei de 1884 (depois artigo 35.º do Código de 1886) reforma a disposição do artigo 85.º do Código de 1852, segundo o qual se dá reincidência quando a pena do primeiro crime tenha sido perdoada, mas não quando amnistiada, e o mesmo se entendeu valer para a sucessão de crimes (artigo 27.º, depois 35.º, do Código de 1886) e para a habitualidade criminosa (artigo 109.º do Decreto n.º 24643, de 28 de Maio de 1936)"([53]).

IV – A primeira grande crítica que abalou este conceito tradicional de amnistia coube, sem dúvida, a BELEZA DOS SANTOS([54]). O ilustre professor não se conformava, com efeito, com a doutrina tradicional portuguesa, segundo a qual "a amnistia elimina todos os efeitos jurídicos da infracção, sob o ponto de vista criminal, salvos os direitos de terceiro"([55]). Era, no fundo, esta "abolição, para o passado, do carácter criminoso de certos factos"([56]) que BELEZA DOS SANTOS criticava. Isto porque, no entendimento do autor, animado por preocupações preventivas, o crime amnistiado deveria ser levado em conta, quer para efeitos da reincidência, quer para efeitos da declaração de habitualidade. Daí que o autor defendesse de *lege ferenda* uma alteração legislativa([57]) que o permitisse, o que implicaria –

([51]) BELEZA DOS SANTOS, *Delinqüentes habituais, vadios e equiparados no direito português*, R.L.J., Ano 71.º, 1939, pág. 339.

([52]) SOUSA E BRITO, *Sobre a Amnistia*, R.J., 1986, pág. 18.

([53]) SOUSA E BRITO, *Sobre a Amnistia*, R.J., 1986, pág. 18.

([54]) No seu artigo *Delinqüentes habituais* ..., R.L.J., Ano 70.º, 1938, págs. 337 e segs.

([55]) BELEZA DOS SANTOS, *Delinqüentes habituais* ..., R.L.J., Ano 71.º, 1939, pág. 338.

([56]) BELEZA DOS SANTOS, *Delinqüentes habituais* ..., R.L.J., Ano 71.º, 1939, pág. 339, nota 3.

([57]) Cfr. BELEZA DOS SANTOS, *Delinqüentes habituais* ..., R.L.J., Ano 71.º, 1939, págs. 338 e 339.

inexoravelmente – uma modificação "do princípio de que a amnistia elimina retroactivamente a qualificação criminal dos factos a que se aplica. Mas este princípio é ilegítimo na sua rigidez. De facto, êle serve mal o fim que justifica a amnistia, indo *além dêle* – porque não é preciso tanto para que a amnistia realize a paz social – e comprometendo a sã defesa da comunidade na medida em que evita a punição mais severa ou a aplicação de medidas de segurança a delinqüentes que, insistindo no crime, se mostrarem especialmente rebeldes à lei e perigosos"([58]). Termos em que "quando um indivíduo que praticou um crime amnistiado, volta a praticar novos crimes, não há razão para não levar em conta o primeiro para a reincidência ou para a constatação da habitualidade"([59]). No fundo, o que BELEZA DOS SANTOS propõe, aplaudindo o Código Penal italiano([60]), é a cisão quanto ao regime da amnistia([61]): a amnistia própria, mesmo *de lege ferenda*, não contaria para efeitos de reincidência ou declaração de habitualidade; mas já a amnistia imprópria – "no caso de ter já havido *condenação*"([62]) deveria ter "apenas o efeito de fazer cessar a execução da sentença condenatória e das penas acessórias"([63]), mas não o de abolir outros efeitos da condenação, assim se podendo tomar em consideração as condenações por crimes amnistiados para a reincidência e para a declaração de habitualidade([64]).

([58]) BELEZA DOS SANTOS, *Delinqüentes habituais* ..., R.L.J., Ano 71.º, 1939, pág. 338.

([59]) BELEZA DOS SANTOS, *Delinqüentes habituais* ..., R.L.J., Ano 71.º, 1939, pág. 338.

([60]) Cfr. BELEZA DOS SANTOS, *Delinqüentes habituais* ..., R.L.J., Ano 71.º, 1939, pág. 338.

([61]) Referindo, ainda a propósito do Código antigo, que se deve separar "a amnistia em sentido próprio (...) do indulto geral ou amnistia imprópria", cfr. CAVALEIRO DE FERREIRA, *Direito Penal Português*, *Parte Geral*, *II*, Lisboa, 1982, pág. 505.

([62]) BELEZA DOS SANTOS, *Delinqüentes habituais* ..., R.L.J., Ano 71.º, 1939, pág. 338. Em bom rigor, entenda-se, no caso de já ter havido condenação "transitada em julgado", como refere a própria doutrina italiana. Neste sentido, cfr., a mero título de exemplo, MANZINI, *Trattato di Diritto Penale Italiano*, quinta edizione aggiornata dai professori P. Nuvolone e G. D. Pisapia, Volume Terzo, Torino, 1981, pág. 482; BETTIOL e MANTOVANI, *Diritto Penale, Parte Generale*, dodicesima edizione riveduta e integrata, Padova, 1986, págs. 917 e 918.

([63]) BELEZA DOS SANTOS, *Delinqüentes habituais* ..., R.L.J., Ano 71.º, 1939, pág. 338.

([64]) Cfr. BELEZA DOS SANTOS, *Delinqüentes habituais* ..., R.L.J., Ano 71.º, 1939, pág. 338.

V – Ora, foram precisamente estes ensinamentos de BELEZA DOS SANTOS que estiveram na origem da redacção do artigo 117.º do Projecto da Parte Geral do Código Penal, de 1963, de EDUARDO CORREIA. É o que resulta não apenas da redacção do proémio daquele artigo – "A amnistia extingue a infracção e, no caso de ter havido condenação, faz cessar a execução da condenação e das penas acessórias" – como do próprio reconhecimento do autor do projecto, ao acentuar "que a regulamentação da amnistia no Projecto – que procura corresponder aos ensinamentos do Prof. Beleza dos Santos na *Revista de Legislação e de Jurisprudência* – abrange a amnistia própria (isto é, respeitante ao próprio crime) e a amnistia imprópria (ou seja, a respeitante aos efeitos do crime)"[65]. Do projecto não constava a regulamentação do "perdão, indulto ou graça". EDUARDO CORREIA, invocando a máxima teutónica *Gnade vor Recht*, recusava a atribuição do carácter jurídico a semelhante instituto, uma vez que "transcende o plano do direito para se situar no da caridade e que, por tudo isto não deve ser regulado em qualquer Código, seja no Penal, seja no de Processo Penal"[66]. Confrontado pelo Conselheiro OSÓRIO, com a falta de regulamentação legal do perdão genérico, retorquiu o autor do projecto com o facto de para tal bastar a previsão normativa atinente à amnistia imprópria[67].

Esta doutrina acabou no entanto por não fazer total vencimento na Comissão Revisora, tendo sido aprovadas, por maioria, as seguintes soluções: 1. a amnistia extingue a infracção quer tenha havido ou não condenação; 2. a necessidade da inclusão no Código Penal do perdão genérico e da regulamentação autónoma face à amnistia[68]. Nessa medida, a revisão ministerial de 1966 acrescentou no preceito *supra* citado a palavra "ainda", passando o mesmo a dispor que a amnistia "extingue a infracção e, no caso de ter havido condenação, faz ainda cessar a execução da condenação e das penas acessórias"[69]; tendo, também, acrescentado um novo artigo

---

[65] ACTAS DAS SESSÕES DA COMISSÃO REVISORA DO CÓDIGO PENAL, Parte Geral, II Volume, Lisboa, págs. 243 e 244.

[66] ACTAS DAS SESSÕES DA COMISSÃO REVISORA DO CÓDIGO PENAL, Parte Geral, II Volume, Lisboa, pág. 245.

[67] Que constaria da segunda parte do prémio do artigo 117.º do Anteprojecto, como resulta da afirmação de EDUARDO CORREIA in ACTAS DAS SESSÕES DA COMISSÃO REVISORA DO CÓDIGO PENAL, Parte Geral, II Volume, Lisboa, pág. 245.

[68] Cfr. ACTAS DAS SESSÕES DA COMISSÃO REVISORA DO CÓDIGO PENAL, Parte Geral, II Volume, Lisboa, pág. 247.

[69] Ac. do T.C., n.º 510/98, ACÓRDÃOS DO TRIBUNAL CONSTITUCIONAL, 40.º Volume, 1998, págs. 173 e 174.

(124.º) respeitante ao perdão, nos termos do qual "O perdão geral, assim como o indulto ou perdão individual, não elimina a infracção, mas extingue a pena, no todo ou em parte, ou substitui-a por outra prevista na lei"([70]). Não obstante, foi mantida pela revisão a exigência constante do § 2.º do artigo 117.º do projecto de EDUARDO CORREIA, segundo o qual, salvo disposição legal em contrário, a amnistia não se aplicaria aos delinquentes reincidentes ou condenados em pena indeterminada([71]).

VI – É precisamente pela "persistência do conceito tradicional de amnistia", como refere SOUSA E BRITO([72]), que se explica a questão suscitada pela omissão na versão original da Constituição de 1976 da referência ao perdão genérico([73]). Com efeito, no texto inicial da Constituição de 1976, prevê-se apenas a competência do Presidente da República para indultar e comutar penas – artigo 137.º, n.º 1, alínea e), da C.R.P. – bem como a competência política e legislativa da Assembleia da República para conceder amnistias – artigo 164.º, alínea f), da C.R.P.. Ora, para o pensamento tradicional, colocava-se – incontornavelmente – o problema: o perdão genérico não poderia estar previsto no artigo 137.º, n.º 1, alínea e), da C.R.P. pois o indulto é um acto de clemência individual; nem poderia beneficiar do artigo 164.º, alínea f), da C.R.P., pois a amnistia não incide apenas sobre a pena no caso de já ter havido condenação, antes se dirigindo à "infracção enquanto tal"([74]). Daí que na Revisão Constitucional de 1982 se tenha aditado a expressão "e perdões genéricos" à parte final da alínea f) do artigo 164.º da C.R.P..

VII – O Decreto-Lei n.º 400/82, de 23 de Setembro, aprovaria no seu artigo 1.º o novo Código Penal. Neste novo edifício legislativo, a amnistia vem prevista no Capítulo III (Outras causas da extinção) do Título IX (Da extinção da responsabilidade criminal) do Livro I (Parte geral). Mais precisamente, no artigo 126.º da versão original do Código Penal de 1982.

([70]) Ac. do T.C., n.º 510/98, ACÓRDÃOS DO TRIBUNAL CONSTITUCIONAL, 40.º Volume, 1998, págs. 173 e 174.
([71]) Cfr. Ac. do T.C., n.º 510/98, ACÓRDÃOS DO TRIBUNAL CONSTITUCIONAL, 40.º Volume, 1998, pág. 174.
([72]) Na qualidade de relator do citado Acórdão do T.C. (n.º 510/98).
([73]) Cfr. Ac. do T.C., n.º 510/98, ACÓRDÃOS DO TRIBUNAL CONSTITUCIONAL, 40.º Volume, 1998, pág. 174.
([74]) Cfr. Ac. T.C., n.º 510/98, ACÓRDÃOS DO TRIBUNAL CONSTITUCIONAL, 40.º Volume, 1998, pág. 174.

Tendo por epígrafe precisamente o vocábulo "Amnistia", dispunha o n.º 1 daquele artigo: "A amnistia extingue o procedimento criminal e, no caso de já ter havido condenação, faz cessar a execução tanto da pena principal como das penas acessórias"; no seu n.º 2, dispunha-se ainda que "No caso de concurso de crimes, a amnistia é aplicável a cada um dos crimes a que foi concedida"; no seu n.º 3, acrescentava-se que "A amnistia pode ser subordinada ao cumprimento de certos deveres e não prejudica a indemnização de perdas e danos que for devida"; finalmente, concluía o seu n.º 4 que "Salvo disposição em contrário, a amnistia não aproveita aos reincidentes nem aos condenados em pena indeterminada".

Como facilmente se verifica, o n.º 1 deste preceito, ao eliminar a palavra "ainda" de entre as palavras "faz" e "cessar" da segunda proposição do preceito legal, aproxima-se da versão do Projecto de EDUARDO CORREIA, fazendo letra morta da votação de 5 de Maio de 1964 da Comissão Revisora[75]. Encontra-se, assim, o n.º 1 do artigo 126.º do Código Penal de 1982 mais próximo do Projecto de EDUARDO CORREIA[76] com uma alteração que, contudo importa realçar: em toda a tradição da evolução do conceito de amnistia, esta era entendida como fazendo "cessar", "extinguir", "esquecer" ou "apagar" o crime; ora, no Código Penal de 1982, a amnistia "extingue o procedimento criminal".

Quanto aos demais números do artigo 126.º do C.P. há apenas que sublinhar que foi mantido o entendimento relativo à inaplicação da amnistia aos delinquentes reincidentes ou condenados em pena indeterminada, salvo disposição em contrário da própria lei amnistiante.

O artigo seguinte – 127.º – regulava o indulto, contra a vontade de EDUARDO CORREIA como vimos[77], mas não se encontrando qualquer previsão normativa respeitante ao perdão genérico, em contraste com aquilo que havia sido postulado pela Comissão Revisora, na já referida reunião de 5 de Maio de 1964[78].

VIII – Finalmente, na Comissão de Revisão que estaria na origem da revisão de 1995 do Código Penal esteve fundamentalmente em discussão a questão da conveniência, ou não, da previsão no Código Penal do regime

---

[75] Cfr. ACTAS DAS SESSÕES DA COMISSÃO REVISORA DO CÓDIGO PENAL, Parte Geral, II Volume, Lisboa, págs. 243 a 247.
[76] V., *supra*, o presente ponto.
[77] V., *supra*, o presente ponto.
[78] V., *supra*, o presente ponto.

dos actos de graça. Em causa estavam as alternativas B([79]) e C([80]) que implicavam a fixação para além dos efeitos, do regime, dos actos de graça e a Alternativa A([81]) que a afastava.

Acabou por fazer vencimento a Alternativa A, a qual beneficiou da defesa, em particular, de COSTA ANDRADE e FIGUEIREDO DIAS. COSTA ANDRADE não concordou com "o estabelecimento de normas sobre normas, como são as que consubstanciam o regime das causas de extinção"([82]) uma vez que o lugar correcto de inserção desses preceituados seria, eventualmente, um relatório, mas nunca o seio de outras normas, pois aí são não mais que "simples normas platónicas"([83]) na medida em que o legislador futuro poderia sempre determinar o regime de uma amnistia "de outro modo"([84]). Semelhante foi o entendimento de FIGUEIREDO DIAS, que chamou a atenção para o facto de o Código Penal, como qualquer outro Código, não ser "uma lei quadro, não podendo reclamar poderes paraconstitucionais"([85]). Mais ainda, encontramo-nos "no domínio do direito de graça. A medida de graça não se regula: o órgão competente é que afirma o seu regime, sendo absurdo que se afirme no Código que o Presidente da República não pode indultar um reincidente"([86]). Em suma, para FIGUEIREDO DIAS, "o regime das medidas de graça deve resultar dos actos em concreto. Se, por exemplo, uma lei de amnistia não se referir ao cumprimento de deveres, então é porque não pode haver lugar à sua imposição; se não excluir os reincidentes, então é porque ela se lhes aplica. Compete ao órgão próprio definir o regime que julgue adequado; se não operar

---

([79]) Cfr. CÓDIGO PENAL, ACTAS E PROJECTOS DA COMISSÃO DE REVISÃO, Lisboa, 1993, págs. 179 e 180.
([80]) Cfr. CÓDIGO PENAL, ACTAS E PROJECTOS DA COMISSÃO DE REVISÃO, 1993, pág. 180.
([81]) Cfr. CÓDIGO PENAL, ACTAS E PROJECTOS DA COMISSÃO DE REVISÃO, 1993, pág. 179.
([82]) CÓDIGO PENAL, ACTAS E PROJECTOS DA COMISSÃO DE REVISÃO, 1993, pág. 181.
([83]) CÓDIGO PENAL, ACTAS E PROJECTOS DA COMISSÃO DE REVISÃO, 1993, pág. 181.
([84]) CÓDIGO PENAL, ACTAS E PROJECTOS DA COMISSÃO DE REVISÃO, 1993, pág. 181.
([85]) CÓDIGO PENAL, ACTAS E PROJECTOS DA COMISSÃO DE REVISÃO, 1993, pág. 181.
([86]) CÓDIGO PENAL, ACTAS E PROJECTOS DA COMISSÃO DE REVISÃO, 1993, págs. 181 e 182.

restrições, o regime tem como alcance natural apagar o crime e todas as suas consequências"([87]).

Por esse motivo, não encontramos após a revisão de 1995 do Código Penal preceitos idênticos nos números 2, 3 e 4 do artigo 126.º da versão original do Código Penal de 1982. Apenas o n.º 1 daquele preceito resistiu à revisão do Código, encontrando-se hoje vertido no n.º 2 do artigo 128.º do Código Penal previsto. É de sublinhar apenas quanto a esse preceito a referência à cessação da medida de segurança([88]), bem como a substituição da expressão "(...) faz cessar a execução tanto da pena principal como das penas acessórias", pela expressão "(...) faz cessar a execução tanto da pena e dos seus efeitos (...)".

Quanto ao regime, importa por conseguinte realçar a revogação do n.º 4 do artigo 126.º, pelo que, na omissão da referência no acto da amnistia, esta aplicar-se-á também a reincidentes e condenados em pena indeterminada como bem referia FIGUEIREDO DIAS([89]).

De referir, ainda, que, finalmente, com a revisão de 1995 do Código Penal, foi autonomizada a figura do perdão geral. Passou, com efeito, a dispor o n.º 3 do artigo 128.º do Código Penal revisto que: "O perdão genérico extingue a pena, no todo ou em parte".

IX – Importa ter ainda, neste parágrafo, presente a posição de FIGUEIREDO DIAS sobre esta matéria. O autor, influenciado sem dúvida pela doutrina germânica, criticou, ainda na vigência da versão inicial do artigo 126.º do C.P., a doutrina tradicional relativa ao instituto da amnistia([90]). Elogiando a posição sustentada por EDUARDO CORREIA na Comissão Revisora do Projecto da Parte Geral de 1963([91]), o autor rejeitou que a amnistia possa "apagar" o crime, isto porque "o exercício do direito de graça só pode ter a ver, em qualquer dos casos, com a consequência jurídica, não com o facto ou o crime praticados; em consequência, o que verdadeira-

---

([87]) CÓDIGO PENAL, ACTAS E PROJECTOS DA COMISSÃO DE REVISÃO, 1993, pág. 182.

([88]) Reclamada por FIGUEIREDO DIAS in *Direito Penal…, Parte Geral II* …, 1993, págs. 697 e 698.

([89]) V., *supra*, o presente ponto.

([90]) Cfr. FIGUEIREDO DIAS, *Direito Penal…, Parte Geral II*…, 1993, págs. 688 e segs.

([91]) Cfr. FIGUEIREDO DIAS, *Direito Penal…, Parte Geral II*…, 1993, pág. 689, nota 13 e, sobretudo, nota 16.

Sobre a posição de EDUARDO CORREIA, v., *supra*, o presente ponto.

mente distingue os institutos [da amnistia e do indulto] é o **carácter geral da amnistia** (dirigido, como acentuámos, a grupos de factos ou de agentes), em contraposição ao **carácter individual do indulto** (dirigido a pessoas concretas)"([92]).

Daí que, como facilmente se antecipa, FIGUEIREDO DIAS rejeite a autonomia do instituto do perdão genérico([93]). Apesar de reconhecer que na base do direito constituído está ainda presente a antiga "distinção entre medidas de graça relativas ao facto ou ao agente por uma parte, e relativas à consequência jurídica por outra"([94]), conclui o professor de Coimbra que, atendendo ao "Carácter de não individualização ou de generalidade que lhe assiste"([95]), o perdão genérico não pode deixar de ser considerado como "*uma verdadeira amnistia*; com as consequências que daí advêm, quer em sede de legitimação, quer em sede de efeitos jurídicos. A única especialidade residirá em que a demarcação do campo de aplicação se faz não (como na amnistia em sentido próprio) por relação com grupos de factos ou de agentes, mas com espécies de penas"([96]).

X – O que pensar de toda esta evolução conceptual?

Para efeitos do presente estudo partiremos de um conceito que combina a distinção entre amnistia própria e imprópria, de inspiração italiana, introduzida, entre nós, por BELEZA DOS SANTOS, com o entendimento proposto, sob influência alemã, por FIGUEIREDO DIAS.

Isto é, a amnistia como acto de graça que, não apagando o facto, se projecta apenas no afastamento das consequências jurídicas do delito

---

([92]) FIGUEIREDO DIAS, *Direito Penal...*, *Parte Geral II* ..., 1993, pág. 689.

([93]) Cfr. FIGUEIREDO DIAS, *Direito Penal...*, *Parte Geral II* ..., 1993, págs. 689 e segs..

PEDRO DURO, sublinha o facto de FIGUEIREDO DIAS escrever aquelas linhas em momento anterior à revisão de 1995 do C.P., isto é, "numa altura em que o instituto do perdão geral não estava consagrado no nosso Código Penal", in *O Poder* ..., 2000, pág. 9.

Não cremos, pela nossa parte, que a posição de FIGUEIREDO DIAS sofresse alguma inflexão por efeito da consagração – pela reforma de 1995 do C.P. – do instituto do perdão geral, atenta a referência que o autor faz da correcção – quanto aos efeitos – da previsão relativa ao mesmo no Projecto de 1991, e, sobretudo, quanto à enfática negação de autonomia conceptual daquele instituto. Cfr. FIGUEIREDO DIAS, *Direito Penal...*, *Parte Geral II* ..., 1993, págs. 689 e segs. e 697, nota 40.

([94]) FIGUEIREDO DIAS, *Direito Penal...*, *Parte Geral II* ..., 1993, pág. 689.

([95]) FIGUEIREDO DIAS, *Direito Penal...*, *Parte Geral II* ..., 1993, pág. 689.

([96]) FIGUEIREDO DIAS, *Direito Penal...*, *Parte Geral II* ..., 1993, págs. 689 e 690.

(FIGUEIREDO DIAS), mas na qual faz ainda sentido operar a destrinça entre amnistia e perdão genérico (doutrina italiana).

No parágrafo seguinte concretizaremos, um pouco mais, o nosso pensamento, na destrinça que, então faremos, entre amnistia e perdão genérico.

§ 2.º Amnistia e figuras afins

2.1. A abolitio

I – A *abolitio*([97](#)) distingue-se da amnistia pelo seu carácter individual([98](#)). Ela consiste, como vimos([99](#)), no acto pelo qual se impede que um determinado arguido venha a ser efectivamente julgado, obstando-se ou ao início do processo ou, no caso de este já ter principiado, declarando-se, de imediato, a extinção do procedimento criminal([100](#)).

Por se considerar incompatível com o princípio da separação de poderes, do monopólio da função jurisdicional e da igualdade perante a lei, este instituto é recusado nos ordenamentos jurídicos continentais que nos são mais próximos([101](#))([102](#)).

([97](#)) Sobre a *abolitio*, v., entre outros, MERTEN, *Rechtsstaatlichkeit und Gnade*, Berlin, 1978, págs. 42 e segs.; SOUSA E BRITO, *Sobre a Amnistia*, R.J., 1986, pág. 22; SCHÄTZLER, *Handbuch des Gnadenrechts, Gnade – Amnestie – Bewährung, Eine systematische Darstellung mit den Vorschriften des Bundes und der Länder Anmerkung und Sachregister*, 2. neuarbeitete und erweiterte Auflage, München, 1992, págs. 16, 17 e 217; FIGUEIREDO DIAS, *Direito Penal..., Parte Geral II* ..., 1993, págs. 693 e 694; NAUCKE, *Strafrecht, Eine Einführung*, 9. überarbeitete Auflage, Frankfurt am Main, 2000, pág. 121.

([98](#)) Cfr. FIGUEIREDO DIAS, *Direito Penal..., Parte Geral II* ..., 1993, pág. 693.

([99](#)) V., *supra*, n.º 1.1.

([100](#)) Distingue-se do indulto por produzir os seus efeitos em momento anterior ao do trânsito em julgado da decisão condenatória.

([101](#)) Cfr., entre outros, ENGISCH, *Recht und Gnade*, in *Schuld und Sühne* (herausgegeben von Freudenfeld), München, 1960, págs. 108 e 109; FIGUEIREDO DIAS, *Direito Penal..., Parte Geral II...*, 1993, págs. 693 e 694; DIMOULIS, *Die Begnadigung in vergleichender Perspektive, Rechtsphilosophische, verfassungs und strafrechtliche Probleme*, Berlin, 1996, págs. 290 e 291; PEDRO TEIXEIRA DE SÁ, *Direito Sem Graça: Considerações Críticas*, S.J., Tomo XLIX, 2000, pág. 269.

([102](#)) O exercício desta "abolição" é, no entanto, permitido noutros ordenamentos, desde logo nos Estados Unidos, onde o Presidente tem, ao abrigo do artigo 2.º, secção 2.ª, da Constituição, competência para conceder "Pardons". Ora, o *pardon* – que por poder ser, quer individual, quer colectivo, tem a sua diferença, relativamente à amnistia, um tanto esbatida (neste sentido, cfr. DEAN MOORE, *Pardons, Justice, Mercy, and the Public Interest*,

Refira-se, no entanto, que a *Generalabolition*([103]) ou *Massenabolition*([104]), já coincide com um possível entendimento da amnistia em sentido próprio. Daí que, sendo inquestionada a sua legitimidade – em certo sentido([105]) –, seja significativamente apelidada por NAUCKE como *Verfahrensamnestie*([106]).

New York, 1997, pág. 5) – "normalmente segue-se ao julgamento, condenação e sentença" (DEAN MOORE, *Pardons*..., 1997, pág. 5).

Tal não impede, contudo, que, nos Estados Unidos, possa ser atribuído antes do trânsito em julgado (e temos aqui, quando individual, a "abolitio" interdita na generalidade do Continente Europeu); isto é, ainda durante o julgamento, ou mesmo, "antes de se ser formalmente acusado de um crime, como o Presidente Ford ensinou à Nação"(DEAN MOORE, *Pardons*..., 1997, pág. 5). Esta última alusão de DEAN MOORE respeita ao mais célebre caso ocorrido nos Estados Unidos: em 1974, como é do conhecimento geral, Gerald Ford, o único Presidente não eleito da História daquele país, concedeu um perdão completo e incondicionado atinente a todas as infracções que Richard Nixon, o seu antecessor, praticara ou pudera ter praticado no exercício do seu mandato (cfr. DEAN MOORE, *Pardons*..., 1997, págs. 219 e 220). Este facto mereceu contudo a reprovação geral, desde logo, pela circunstância de inexistir, à data, qualquer acusação formal contra o anterior Presidente (cfr. DEAN MOORE, *Pardons*..., 1997, págs. 5, 219 e 220). Ora, se o uso correcto do *pardon* deve fundar-se numa razão de justiça, como justificar essa atribuição, se o Presidente que o concede desconhece quais os crimes que o beneficiado cometeu? (é essa a interrogação formulada por DEAN MOORE in *Pardons*..., 1997, pág. 219). Sem se saber a gravidade do crime o juízo sobre o merecimento do mesmo inexiste e, como tal, deveria ser rejeitado, como refere DEAN MOORE, invocando o direito inglês (cfr. *Pardons*..., 1997, pág. 219). Em suma, a grande crítica que se dirige quanto a este específico acto de clemência é a de ele ter consubstanciado um "blanket pardon" (DEAN MOORE, *Pardons*..., 1997, pág. 219), uma espécie de *pardon* em branco – fruto também do seu carácter de *abolitio* – que pode, para o período concedido, beneficiar toda e qualquer infracção. Um semelhante perdão, como conclui DEAN MOORE, até pode ser, ocasionalmente, justo por força de uma "feliz conjunção de estrelas e planetas" (DEAN MOORE, *Pardons*..., 1997, pág. 220): simplesmente "não haveria maneira de o saber" (DEAN MOORE, *Pardons*..., 1997, pág. 220). Claro está que, como é sabido, a sanção, pela concessão deste *pardon*, acabou por ser política, traduzindo-se, muito provavelmente, na derrota de Gerald Ford nas eleições presidenciais de 1976 (cfr. DEAN MOORE, *Pardons*..., 1997, pág. 7).

([103]) Assim, cfr. MARXEN, *Rechtliche Grenzen der Amnestie*, Heidelberg, 1984, pág. 57.

([104]) Assim, cfr. NAUCKE, *Strafrecht* ..., 9. überarbeitete Auflage, 2000, pág. 121.

([105]) V., *infra*, n.ºs 3.1.1 e 3.1.2.

([106]) Cfr. NAUCKE, *Strafrecht* ..., 9. überarbaitete Auflage, 2000, pág. 121.

2.2. O indulto

I – Tradicionalmente, já o verificámos, a destrinça entre amnistia e indulto([107]) assentava no carácter retroactivo da amnistia([108]): a amnistia "apagaria" retroactivamente o crime; as restantes medidas de graça teriam por objecto apenas a cessação da execução das penas.

Hoje, segundo FIGUEIREDO DIAS, a diferença a operar entre esta figura e a amnistia reside, essencialmente, no carácter geral desta em contraposição ao carácter individual daquela([109]). Mais precisamente, enquanto que a amnistia abrange "determinada(s) categoria(s) de factos ou de agentes"([110]), o indulto é dirigido a um "arguido **individualmente determinado**"([111])([112]).

Note-se, no entanto, que o indulto pressupõe a existência de uma condenação judicial transitada em julgado ao passo que tal não sucede

---

([107]) Sobre o indulto, v., entre outros, LISTZ, *Tratado de Derecho Penal* [tradução da 20.ª edição alemã], Tomo III, 4.ª edición, Madrid, 1999, págs. 398 e segs.; WELZEL, *Das Deutsche Strafrecht, Eine systematische Darstellung*, 11. neuarbeitete und erweiterte Auflage, Berlin, 1969, pág. 263; ZAGREBELSKY, *Amnistia...*, 1974, págs. 175 e segs.; MAURACH, GÖSSEL e ZIPF, *Strafrecht, Allgemeiner Teil, Teilband 2 Erscheinungsformen des Verbrechens und Rechtsfolgen der Tat*, 7. neuarbeitete und erweiterte Auflage, Heidelberg, 1989, págs. 743 e segs.; PEINE, *Gnade und Rechtsstaat*, StVj, 1991, págs. 299 e segs.; FIGUEIREDO DIAS, *Direito Penal..., Parte Geral II ...*, 1993, págs. 688, 689 e 693 e segs.; JESCHECK e WEIGEND, *Lehrbuch des Strafrechts, Allgemeiner Teil*, 5. vollständig neuarbeitete und erweiterte Auflage, Berlin, 1996, págs. 923 e segs.; GERMANO MARQUES DA SILVA, *Direito Penal Português, Parte Geral III, Teoria das Penas e das Medidas de Segurança*, Lisboa, 1999, pág. 244; GRACIA MARTÍN, *Lecciones de Consecuencias Jurídicas del Delito, El sistema de penas, medidas de seguridad, consecuencias accesorias y responsabilidad civil derivada del delito* (organizado por Gracia Martín), 2.ª Edición, Valencia, 2000, págs. 281 e segs.; PEDRO TEIXEIRA DE SÁ, *Direito Sem Graça...*, S.J., 2000, págs. 268 e 269; e, por todos, toda a tese de DIMOULIS, *Die Begnadigung ...*, 1996.

([108]) V., *supra*, n.º 1.1.

([109]) Cfr. FIGUEIREDO DIAS, *Direito Penal..., Parte Geral II ...*, 1993, págs. 688 e 689, Na sua esteira, cfr. PEDRO TEIXEIRA DE SÁ, *Direito Sem Graça...*, S.J., 2000, págs. 265, 266, 268 e 269. É esta, também, a posição da doutrina alemã: cfr., a mero título de exemplo, SEELER, *Umfang und Grenzen des Gnadenrechts*, MschrKrim, 1965, pág. 15; KÖHLER, *Strafrecht, Allgemeiner Teil*, Berlin, 1997, pág. 693.

WELZEL refere como critério o número de pessoas beneficiadas (cfr. *Das Deutsche Strafrecht...*, 11. neuarbeitete und erweiterte Auflage, 1969, pág. 263).

([110]) FIGUEIREDO DIAS, *Direito Penal..., Parte Geral II ...*, 1993, pág. 688.

([111]) FIGUEIREDO DIAS, *Direito Penal..., Parte Geral II ...*, 1993, pág. 688.

([112]) V., também, *infra*, n.º 5.1.3.

com a amnistia. A exigência desta delimitação temporal do instituto do indulto encontra-se directamente relacionada com a proibição da *abolitio individual*([113]).

Veremos, ainda, que os efeitos da amnistia, perante situações de trânsito em julgado da sentença condenatória, não serão os mesmos([114]).

2.3. O perdão genérico

I – É quanto ao perdão genérico([115]) que, quanto a nós, ganha sentido e plena justificação a observação de FIGUEIREDO DIAS, segundo a qual, "(...) assim se fala – utilizando todavia os conceitos com diversos sentidos, diversa extensão e diversas consequências jurídicas, numa confusão quase inextricável em que mesmo o recurso à tradição se revela de pequeno auxílio"([116]).

Ao contrário do indulto, que é, como acabámos de verificar, individual, o perdão genérico é geral. Daí que, certos autores, entre os quais FIGUEIREDO DIAS, não hesitem em qualificar o perdão genérico como *"uma verdadeira amnistia"*([117]). A destrinça entre o perdão genérico e a dita "amnistia própria" residiria, portanto, no facto de naquele se demarcar o campo de aplicação por relação "com espécies de penas"([118]). Por outras palavras, o perdão genérico seria uma "amnistia imprópria".

II – Antes de avançarmos, é tempo de introduzir, neste nosso escrito, um esclarecimento que reputamos de essencial.

A posição de FIGUEIREDO DIAS, já o antecipáramos([119]), surge como resultado do pensamento doutrinal alemão. De acordo com este, e com a própria *praxis* do *Gesetzgeber* germânico não há que autonomizar o per-

---

([113]) V., *supra*, n.º 2.1.
([114]) V., *infra*, n.º 3.1.2.
([115]) Sobre o perdão genérico, v. ZAGREBELSKY, *Amnistia...*, 1974, págs. 74 e segs.; MANZINI, *Trattato...*, quinta edizione aggiornata..., Volume Terzo, 1981, págs. 496 e segs.; BETTIOL e MANTOVANI, *Diritto Penale...*, dodicesima edizione riveduta e integrata, 1986, págs. 919 e 920; GERMANO MARQUES DA SILVA, *Direito Penal..., Parte Geral III ...*, 1999, págs. 243 e 244; PEDRO TEIXEIRA DE SÁ, *Direito Sem Graça...*, S.J., 2000, págs. 267 e 268.
([116]) FIGUEIREDO DIAS, *Direito Penal..., Parte Geral II...*, 1993, pág. 687.
([117]) FIGUEIREDO DIAS, *Direito Penal..., Parte Geral II...*, 1993, pág. 689.
([118]) FIGUEIREDO DIAS, *Direito Penal..., Parte Geral II...*, 1993, pág. 690.
([119]) V., *supra*, n.º 1.1.

dão genérico da amnistia([120]). A amnistia, com efeito, é tradicionalmente definida, na Alemanha, de modo a incluir o instituto, autonomizado nos países latinos, do perdão genérico. Tenhamos presente, a título meramente exemplificativo, a definição de SCHÄTZLER: a amnistia como norma legal "que, para uma incerta multiplicidade de casos, determina a dispensa e (ou) a mitigação de penas (e outras mais consequências jurídicas criminais e quase-criminais) reconhecidas com força de caso julgado, bem como ordena a extinção de processos pendentes e a não abertura de novos processos"([121]).

E, pelo contrário, na pátria da distinção entre amnistia própria e imprópria([122]) encontramos a referência ao perdão genérico (*indulto*)([123]) como figura distinta da amnistia. Não se questiona, em Itália, o carácter genérico do *indulto* que assim o aproxima da amnistia, simplesmente este surge como instituto diferenciado da amnistia, precisamente porque terá efeitos distintos dos efeitos de uma amnistia. Na verdade, a "fronteira italiana" entre amnistia própria e imprópria reside não no carácter próprio e marcante do próprio acto amnistiante, isto é, não na sua previsão nem estatuição normativas, mas antes nos factos relativamente aos quais, a lei amnistiante irá aproveitar. Assim, toda a amnistia é, em simultâneo, "própria" e "imprópria". Será "própria" na perspectiva dos factos que ainda não tenham originado o trânsito em julgado de uma sentença condenatória; será, pelo contrário, "imprópria" na perspectiva dos factos que já tenham determinado o trânsito em julgado da decisão condenatória, sendo que o "crivo" temporal para aferir de uma situação, ou outra, encontra-se consubstanciado na data de entrada em vigor da lei amnistiante.

Mas como justificar, então, a destrinça entre amnistia "imprópria" e *indulto*? A diferença entre as figuras reside na eliminação das penas secundárias, característica daquela e ausente no *indulto*([124]); ou, para outra doutrina, ainda com reminiscência do pensamento substancial, e tendo por base o próprio n.º 1 do artigo 151.º do *Codice Penale*, na circunstância de

---

([120]) NAUCKE, por exemplo, identifica terminologicamente a *Massenbegnadigung* com a *Bestrafungsamnestie* (*Strafrecht*..., 9. überarbeitete Auflage, 2000, pág. 121).

([121]) SCHÄTZLER, *Handbuch des Gnadenrechts*..., 2. neuarbeitete und erweiterte Auflage, 1992, pág. 208.

([122]) V., *infra*, n.ºs 3.1.1. e 3.1.2.

([123]) Importa reter este pormenor linguístico: o *indulto* italiano corresponde ao nosso perdão genérico. Em Espanha, é designado por *indulto general*.

([124]) Cfr. os artigos 151.º, n.º 1, e 174.º, n.º 1, do *Codice Penale*.

a amnistia "imprópria", também ela, "extinguir o crime [*reato*]"([125]) ainda que parcialmente([126]), enquanto o *indulto* extingue a pena.

Resta saber se se justifica a diferença de regime entre a amnistia "própria" e a amnistia "imprópria", prevista no artigo 151.º do *Codice Penale*. Voltaremos a esta questão mais tarde([127]).

III – Facilmente se conclui, da leitura destas breves linhas, que a caracterização do perdão genérico como acto amnistiante resulta do acento tónico que na Alemanha é atribuído à questão da generalidade. Pelo contrário ali, como em Itália, onde se atenda ao peso histórico da natureza dos institutos, bem como à projecção dos seus efeitos, tende a autonomizar-se o perdão genérico, aproximando-o do instituto do indulto([128]), com a diferença entre ambos a limitar-se ao carácter individual deste último por contraposição à generalidade do primeiro.

Ex post, cumpre tomar uma primeira posição quanto a esta temática. Concordando com FIGUEIREDO DIAS, em como a amnistia, como qualquer outra medida de graça, só pode ser relacionada, num Estado de Direito, "com a consequência jurídica, não com o facto ou o crime praticados" ([129]), não podemos deixar de discordar do autor quando afirma que "tanto a amnistia própria como a imprópria (ou perdão genérico) (...) devem possuir os mesmos efeitos jurídico-penais"([130]). É verdade que a amnistia própria não é uma espécie de "descriminalização", contraposta a uma suposta "despenalização" da amnistia imprópria (que o autor identifica com o "perdão genérico")([131]). Agora não é, no nosso entender, exacto concluir do facto de qualquer acto amnistiante respeitar ao universo das consequências jurídicas do crime (incluindo a amnistia "própria"), a citada afirmação segundo a qual o perdão genérico é uma verdadeira amnistia, pois deverá ter os mesmos efeitos jurídicos.

([125]) É a expressão utilizada no artigo 151.º, n.º 1 do *Codice Penale*.

([126]) Cfr. ANTOLISEI, *Manuale di Diritto Penale, Parte Generale*, quindicesima edizione aggiornata e integrata a cura di Luigi Conti, Milano, 2000, págs. 765 e 766.

([127]) V., *infra*, n.ºs 3.1.1. e 3.1.2.

([128]) Cfr. a doutrina italiana. É o caso, por exemplo, de ANTOLISEI, *Manuale...*, quindicesima edizione..., 2000, págs. 767 e 768.

Em Espanha, significativamente, distingue-se o *indulto general* do indulto, em contraposição aos efeitos mais radicais da amnistia. Cfr. MIR PUIG, *Derecho Penal, Parte General*, 6.ª edición, Barcelona, 2002, pág. 731.

([129]) FIGUEIREDO DIAS, *Direito Penal...*, *Parte Geral II...*, 1993, pág. 689.

([130]) FIGUEIREDO DIAS, *Direito Penal...*, *Parte Geral II...*, 1993, pág. 691.

([131]) Cfr. FIGUEIREDO DIAS, *Direito Penal...*, *Parte Geral II...*, 1993, pág. 691.

Por outras palavras, a circunstância de a amnistia "própria" não respeitar ao crime, mas, também ela, ao domínio das consequências jurídicas do crime, não implica que os seus efeitos jurídicos sejam os mesmos do perdão genérico. Na realidade, os efeitos jurídicos do perdão genérico não coincidem com os da amnistia([132]) e, assim sendo, uma vez que, ao contrário do que escreve FIGUEIREDO DIAS, podem e devem fundar efeitos jurídicos diversos, não se afigura a opção pela destrinça entre amnistia e perdão genérico, como "um dispensável e inconveniente luxo de conceitos"([133]).

Na verdade, não sendo coincidentes as consequências jurídicas de ambos os institutos e sendo os conceitos de ambos definidos em conformidade com as respectivas consequências([134]), impõe-se a autonomização do perdão genérico em face da figura da amnistia.

2.4. *A descriminalização*

I – Não é simples a separação de águas entre a descriminalização([135]) e a amnistia.

Verificámos que, tradicionalmente, a amnistia "apagava" retroactivamente o crime([136]). *Ergo*, não é difícil de imaginar que alguma doutrina

---

([132]) Basta ver que o perdão pressupõe a condenação. Pelo contrário, a amnistia precede, normalmente, esse momento: quando beneficie factos ainda não transitados em julgado, ela determina a extinção do processo ou, caso este inexista, a proibição da sua abertura. Mais ainda, é totalmente errada a identificação entre perdão genérico e amnistia imprópria também a esta luz: desde logo, esta última pressupõe o trânsito em julgado e nunca a mera condenação.
V., *infra*, n.º 3.1.2.

([133]) FIGUEIREDO DIAS, *Direito Penal...*, *Parte Geral II...*, 1993, pág. 691.

([134]) É este um princípio que importa ser observado, como salienta ROXIN in *Strafrecht, Allgemeiner Teil, Band I, Grundlagen, Der Aufbau der Verbrechenslehre*, 3. Auflage, München, 1997, págs. 526 e 527.

([135]) Tratamos aqui da descriminalização em sentido técnico (que encontra expressão, entre nós, no n.º 2 do artigo 2.º do Código Penal) ou descriminalização *stricto sensu* na expressão de FIGUEIREDO DIAS e COSTA ANDRADE in *Criminologia, O Homem Delinquente e a Sociedade Criminógena*, 2.ª reimpressão, Coimbra, 1997, pág. 399. Sobre outras figuras de sentido pragmático-político convergente ou complementar, mas que juridicamente consubstanciam realidades diversas, cfr. FIGUEIREDO DIAS e COSTA ANDRADE in *Criminologia...*, 2.ª reimpressão, 1997, págs. 401 e segs. (particularmente, págs. 418 e segs.).

([136]) Parecendo já entender, no sentido correcto, que o crime não chegava a ser tecnicamente "apagado" (ao contrário da posição então dominante na doutrina portuguesa: v., *supra*, n.º 1.1.), cfr. MARNOCO E SOUZA, *Direito Político, Poderes do Estado, sua*

tenha, na sequência deste mesmo raciocínio, concluído ser a amnistia não mais do que uma revogação retroactiva da lei penal([137]). Ou seja, a lei amnistiante não seria senão uma lei descriminalizadora, apresentando como traço distintivo apenas o seu carácter retroactivo([138]). Atentemos nas palavras de ZAFFARONI: "Diz-se habitualmente que [a amnistia] "apaga o delito", e isso é correcto na medida em que compreendamos que o que "apaga" é a tipicidade da conduta mediante uma desincriminação que opera de forma anómala, uma vez que é uma desincriminação "temporal""([139]). Daí a designação que o autor atribui à amnistia, "lei desincriminadora anómala"([140]), descrevendo, de seguida, um regime compatível com aquela qualificação([141]).

II – A presente tese apresenta à partida atractivos de peso. Desde logo, permite uma distinção facilmente compreensível entre amnistia e perdão genérico, pois que este eliminaria a penalidade sancionada, enquanto que a amnistia eliminaria a "delituosidade do facto (a sua tipicidade)"([142]). Por outro lado, permite explicar que a amnistia determine a "extinção da

---

Organização segundo a Sciencia Politica e o Direito Constitucional Português, Coimbra, 1910, pág. 808; do mesmo autor, *Constituição Politica da Republica Portuguêsa, Commentario*, Coimbra, 1913, pág. 442.

([137]) Como resulta, ainda hoje, da posição de MAIA GONÇALVES in *As Medidas de Graça no Código Penal e no Projecto de Revisão*, R.P.C.C., Ano 4, 1994, pág. 13. Parece ser essa, de igual modo, a posição de CATARINA VEIGA, ao afirmar, repetidamente, a extinção do crime como consequência da amnistia (cfr. CATARINA VEIGA, *Considerações sobre a Relevância dos Antecedentes Criminais do Arguido no Processo Penal*, Coimbra, 2000, págs. 74, 75, 76, nota 113, 83 e 89).

Referindo a amnistia como uma transigência do direito face à ilicitude, cfr. SOARES MARTÍNEZ, *Filosofia do Direito*, 2.ª edição revista, Coimbra, 1995, págs. 561 e 562.

([138]) É esta a doutrina que encontramos, ainda hoje, expressamente defendida, entre outos, por autores como ZAFFARONI (*Tratado de Derecho Penal, Parte General I*, Buenos Aires, 1987, págs. 481 e segs.) e MARIA FERNANDA PALMA, *Declaração de Voto* (ao Acórdão n.º 520/98 do T.C.), ACÓRDÃOS DO TRIBUNAL CONSTITUCIONAL, 40.º Volume, 1998, pág. 203.

([139]) ZAFFARONI, *Tratado...*, *I*, 1987, pág. 481. Expressamente no mesmo sentido, cfr. MARIA FERNANDA PALMA, *Declaração de Voto...*, ACÓRDÃOS DO TRIBUNAL CONSTITUCIONAL, 40.º Volume, 1998, pág. 203.

([140]) ZAFFARONI, *Tratado...*, *I*, 1987, pág. 481.

([141]) Cfr. ZAFFARONI, *Tratado...*, *I*, 1987, págs. 481 e segs.

([142]) ZAFFARONI, *Tratado...*, *I*, 1987, pág. 483. Em outro ponto, esclarece o autor que a "anomalia" da descriminalização amnistiante consiste no facto de esta "não eliminar os tipos, mas antes interromper a sua vigência" (*Tratado...*, *I*, 1987, pág. 482).

acção penal", consequência que é inexoravelmente comum às leis descriminalizadoras([143]). Afastando-se da generalidade da doutrina do seu próprio país, o professor argentino, prosseguindo na senda da descriminalização amnistiante, afirma ainda, como seu corolário, que "a amnistia não pode ser afastada pelo beneficiário, seja processado ou condenado (...)"([144])([145]). Esta afirmação de ZAFFARONI justificando-se, de pleno, no âmbito da sua construção – com efeito, se o Estado elimina um tipo penal do elenco das suas infracções criminais, não se deverá admitir que, inexistindo o ilícito, e consequente desvalor social, o arguido possa impor um julgamento para análise de uma conduta relativamente a qual inexiste a própria previsão normativa da lei incriminadora – não tem sido defendida no âmbito do direito europeu continental que nos é mais próximo. Antes pelo contrário, a possibilidade de o arguido – na amnistia "própria" – "renunciar à amnistia" tem sido afirmada um pouco por toda a Europa, tendo para isso contribuído o importante aresto de 14 de Julho de 1971 da *Corte Costituzionale*, o qual determinou a ilegitimidade do artigo 151.º, n.º 1, do *Codice Penale*, na parte em que o mesmo não prevê a irrenunciabilidade da amnistia([146]).

III – Por outras palavras, é certo que alguns dos efeitos da amnistia se aproximam dos efeitos da descriminalização. Mas não todos. Um deles, como acabámos de verificar, consiste na possibilidade de "renúncia à amnistia"([147]), característica deste instituto e inexistente no da descriminalização. Para alguma doutrina, outros efeitos haverá ainda a acrescentar, nomeadamente, no âmbito da dita amnistia "imprópria" – para quem a identifique com o perdão geral –, este extinguiria apenas a pena, enquanto a descriminalização, para além da extinção da pena, determinaria a extinção de todos os efeitos da condenação.

Para nós, contudo, o perdão genérico não é uma verdadeira amnistia([148]), donde importará determo-nos um pouco na discussão atinente à questão da renunciabilidade. Julgamos ser claro que esta pressupõe a permanência de um juízo de ilicitude criminal. O mesmo é dizer: apesar da

---

([143]) Cfr. ZAFFARONI, *Tratado...*, I, 1987, pág. 483.
([144]) ZAFFARONI, *Tratado...*, I, 1987, pág. 484.
([145]) Neste sentido, cfr. MAIA GONÇALVES in *As Medidas...*, R.P.C.C., 1994, págs. 17 e 18.
([146]) Cfr. ZAGREBELSKY, *Amnistia...*, 1974, págs. 121 e segs.
([147]) V., *infra*, n.º 5.3.
([148]) Ao contrário do que pretende FIGUEIREDO DIAS. V., *supra*, n.º 2.3.

amnistia, subsistem as proibições/imposições de conduta([149]) e a valoração características da previsão da lei penal incriminadora. Só assim se compreende a concessão da possibilidade de renúncia cuja justificação residirá na possibilidade concedida ao "amnistiado" de procurar a obtenção, em tribunal, de uma sentença absolutória, isto é, de uma decisão judicial que não conclua no sentido da prática, pelo arguido, de uma conduta ilícita([150]). Ora, isto só será possível se uma parte da norma incriminadora permanecer intocada para determinado período de tempo: esse segmento será não mais do que a previsão penal incriminadora. Deste modo, a lei amnistiante não fará mais do que afectar temporalmente a vigência da estatuição normativa das leis penais incriminadoras, o que justifica o carácter de *abolitio* da amnistia, bem como a destruição das penas e, por extensão, das consequências da condenação.

Mas, dir-se-á, será que esta simples situação relativa à renúncia justificará esta doutrina? Na verdade, outras divergências de regime ainda poderão subsistir: é o caso da condicionalidade([151]) da lei amnistiante. Poderá o benefício da amnistia ficar dependente de uma condição suspensiva; por exemplo, o ressarcimento da vítima? Nos quadros de uma teoria descriminalizante tal hipótese não será, certamente, explicável. Contudo, para quem postule, como nós, a intangibilidade da previsão penal positiva, por parte do acto amnistiante, essa possibilidade é compreensível pelo facto de a conduta amnistiada continuar a ser penalmente ilícita. Basta ter presente aquilo que atrás dissemos relativamente à inserção sistemática do tratamento dogmático da amnistia: esta não faz parte da teoria geral do crime (ao contrário da descriminalização) mas antes da teoria das consequências jurídicas do crime([152]). Ora, isso resulta precisamente da intangibilidade, por parte do instituto da amnistia, da previsão normativa da norma penal positiva a que aquele se refira([153]).

([149]) Sobre a destrinça entre norma primária – que assim subsiste – e norma secundária (a dirigida ao juiz), v. MIR PUIG, *Derecho Penal*..., 6.ª edición, 2002, págs. 67 e segs..

([150]) Sobre a renúncia à amnistia, v., *infra*, n.º 5.3.

([151]) Sobre a amnistia condicionada, v., *infra*, n.º 5.3.

([152]) Aqui concordando com o pensamento de FIGUEIREDO DIAS. V., *supra*, n.ºs 1.1. e 2.3.

([153]) Cabe aqui acrescentar uma última pequena nota: a consideração do carácter não desincriminador da amnistia dispensa qualquer tipo de argumentação adicional direccionada à explicação da inalterabilidade da delimitação de direitos no domínio da teoria da justificação penal. Na realidade, torna-se desnecessário justificar que uma conduta, ilícita

A tudo isto, e como o Direito não é apenas o produto de formulações analíticas mas também o resultado de esquemas históricos e culturais, acresce um precedente histórico. As *Straffreiheitsregelungen* do Estado nacional-socialista alemão foram, por vezes, utilizadas não no mero sentido de renúncia estatal à punição, mas antes como tentativa de reescrever a História: isto é, de legitimar (tornar conformes ao Direito) determinadas condutas retroactivamente([154]). O caso mais conhecido, como refere SÜß, terá sido o da lei sobre medidas para a legítima defesa estatal (*Gesetz über Massnahmen zur Staatsnotwehr*) de 3 de Julho de 1934 a qual justificou os assassínios do General Röhm bem como de inúmeras outras pessoas relacionadas, ou não, com as SA([155]). Claro está que tais regras não podem ser qualificadas como amnistias([156]).

no momento da sua realização, se pudesse tornar lícita através da vigência de uma lei exclusivamente retroactiva, mas, não obstante, manter a sua natureza ilícita no que toca à justificação de terceiros. Dirão os defensores da teoria da descriminalização que qualquer lei com esta natureza se depara com esta questão. Contudo, o problema aqui reside na natureza exclusivamente retroactiva da amnistia. Isto é, não se trata de uma mudança de valoração social de uma determinada conduta – nesse caso impor-se-ia o recurso a uma lei descriminalizadora que, regendo para o futuro, se aplicaria retroactivamente aos casos anteriores ao início da sua vigência por força do princípio da aplicação retroactiva da lei penal mais favorável (num sentido próximo, referindo as situações de previsível repetibilidade da situação amnistiante, cfr. ZAGREBELSKY, *Amnistia...*, 1974, págs. 93 e segs..) –, mas apenas da decisão de obstar à efectivação da consequência jurídica da mesma. É claro que o legislador não pode, exclusivamente de um modo retroactivo, retirar o carácter de legítima defesa à conduta de um defensor, pelo facto de amnistiar a conduta do seu agressor. Aliás, nem faria sentido que, de uma lei de amnistia, resultasse, indirectamente, a incriminação de terceiros. É que esta, tem o significado, no seu devir histórico, de "esquecimento" (v., *supra*, n.º 1.1.), mas não extinção de um facto criminal, nem afastamento do seu ilícito criminal: o "esquecimento" da amnistia deve pois ser entendido como a injunção de não punição de determinados agentes e/ou determinadas condutas ilícitas; isto é, apenas para a não punição de determinadas condutas que preencham os tipos amnistiantes ocorridas durante determinado lapso temporal deve valer este "esquecimento". Para tudo o mais, não é, nem pode ser, já relevante o esquecimento amnistiante pois ele encontra-se funcionalmente adstrito à não punição do agente. Logo, para efeito da consideração do carácter ilícito da conduta do agente – por exemplo, no caso da averiguação deste para efeitos da qualificação do mesmo como agressão ilícita, pressuposto da justificação da conduta do defensor que com o amnistiado tenha interagido – nenhum obstáculo à apreciação do mesmo resulta *ab initio* – sem qualquer necessidade, portanto, de um esforço argumentativo adicional – da concessão do acto amnistiante.

([154]) Cfr. SÜß, *Studien zur Amnestiegesetzgebung*, SöR 852, Berlin, 2001, pág. 148.
([155]) Cfr. SÜß, *Studien...*, SöR 852, 2001, pág. 148.
([156]) Neste sentido, cfr. SÜß, *Studien...*, SöR 852, 2001, pág. 149.

Em suma, para nós, a amnistia não extingue o facto criminoso, pois o "esquecimento"([157]), por si decretado, significa o impedimento de determinados factos([158]) serem levados em conta para efeito da condenação dos respectivos agentes([159]).

2.5. *A grâce amnistiante*

I – A *grâce amnistiante* ou *amnistie par décret*([160]) é, na expressão de MERLE e VITU, "um instituto híbrido de graça e de amnistia"([161]) através do qual o legislador reserva a amnistia aos indivíduos que obtenham, após a condenação, um decreto de graça durante um determinado período de tempo([162]).

Trata-se de um instituto que combina as vantagens do indulto e da amnistia, como referem, quer MERLE e VITU([163]), quer PRADEL([164]) entre outros. Possibilita, com efeito, combinar as vantagens da *grâce*([165]), pois

---

([157]) Claro está que este esquecimento não poderá ser entendido no sentido técnico rigoroso da palavra uma vez que a prática do ilícito permanecerá gravada na memória do homem. Na feliz expressão de SILVA FERRÃO, as leis de amnistia, quando prescrevem o esquecimento do passado, "ordenam o impossivel" (*Analyse Critica e Juridica, demonstrativa da improcedencia dos argumentos, com que, na Camara dos Senhores Deputados da Nação Portuguesa, foi sustentada a Proposta de Lei Regulamentar do § 3.° do Artigo 145.° da Carta Constitucional da Monarchia*, 2.ª edição, Lisboa, 1850, pág. 93).

([158]) Cometidos durante o período amnistiado.

([159]) Impede-se a condenação do agente pela prática de um determinado crime. Tenha-se presente, por conseguinte, que se o mesmo facto determinar, em concurso, a responsabilidade por um outro crime, esse facto poderá ser objecto de julgamento para esse(s) outro(s) crime(s) não amnistiado(s).

([160]) Sobre a *grâce amnistiante* v., entre outros, DUGUIT, *Traité de Droit Constitutionnel*, II, *La Théorie Générale de L'État*, troisième édition, Paris, 1928, págs. 335 e segs.; PRADEL, *Traité de Droit Pénal et de Science Criminelle Comparée, Tome I, Introduction générale, Droit Pénal Général*, douzième édition, Paris, 1999, pág. 350; MERLE e VITU, *Traité de Droit Criminel, Tome II, Procédure Pénale*, cinquième édition, Paris, 2001, págs. 1116 e 1117.

([161]) MERLE e VITU, *Traité..., Tome II*, cinquième édition, 2001, pág. 1116.

([162]) Cfr. PRADEL, *Traité..., Tome I*, douzième édition, 1999, pág. 350; MERLE e VITU, *Traité..., Tome II*, cinquième édition, 2001, pág. 1116.

([163]) Cfr. MERLE e VITU, *Traité..., Tome II*, cinquième édition, 2001, pág. 1116.

([164]) PRADEL, *Traité..., Tome I*, douzième édition, 1999, pág. 350.

([165]) A *grâce* francesa corresponde ao nosso indulto.

permite "uma grande individualização"([166]) o que possibilita "recusar o perdão a indivíduos pouco interessantes"([167]), com as da amnistia, já que esta, pelos seus efeitos "enérgicos"([168]), oferece um "esquecimento mais completo"([169]) que o do indulto. Daí que PRADEL apelide significativamente as *grâces amnistiantes* como "amnistias por medida individual"([170])([171]).

Sobre a questão da admissibilidade deste instituto no direito português, remetemos para o Capítulo II deste nosso estudo([172]).

2.6. *A amnistia judiciária*

I – Trata-se, nas palavras de PRADEL, de entre todas as formas de amnistia, "daquela que permite a melhor individualização"([173]). A amnistia judiciária ou *amnistie au quantum*([174]) é a amnistia subordinada pelo legislador "à pena efectivamente aplicada pelo juiz"([175]). Por outras palavras, trata-se de condicionar a amnistia aos "delinquentes que, pelos factos cometidos anteriormente a uma certa data, foram ou serão condenados a uma pena inferior"([176]) a um determinado crivo, ou a que sejam aplicadas penas alternativas à de prisão, ou que beneficiem de dispensa de pena ou de outros institutos análogos, conforme a opção vertida na lei amnistiante([177]).

Com a amnistia judiciária, compete, por conseguinte, num segundo momento, ao juiz declarar o facto amnistiado ou não([178]), pois que tal

---

([166]) PRADEL, *Traité...*, *Tome I*, douzième édition, 1999, pág. 350.
([167]) MERLE e VITU, *Traité...*, *Tome II*, cinquième édition, 2001, pág. 1116.
([168]) PRADEL, *Traité...*, *Tome I*, douzième édition, 1999, pág. 350.
([169]) MERLE e VITU, *Traité...*, *Tome II*, cinquième édition, 2001, pág. 1116.
([170]) PRADEL, *Traité...*, *Tome I*, douzième édition, 1999, pág. 350.
([171]) Sobre a evolução da graça amnistiante no Direito francês, v. MERLE e VITU, *Traité...*, *Tome II*, cinquième édition, 2001, págs. 1116 e 1117.
([172]) V., *infra*, n.º 5.3.
([173]) PRADEL, *Traité...*, *Tome I*, douzième édition, 1999, pág. 351.
([174]) Sobre a amnistia judiciária, v. PRADEL, *Traité...*, *Tome I*, douzième édition, 1999, pág. 351; MERLE e VITU, *Traité...*, *Tome II*, cinquième édition, 2001, pág. 1117.
([175]) PRADEL, *Traité...*, *Tome I*, douzième édition, 1999, pág. 351.
([176]) MERLE e VITU, *Traité...*, *Tome II*, cinquième édition, 2001, pág. 1117.
([177]) Cfr. MERLE e VITU, *Traité...*, *Tome II*, cinquième édition, 2001, pág. 1117.
([178]) Cfr. MERLE e VITU, *Traité...*, *Tome II*, cinquième édition, 2001, pág. 1117.

depende da sua decisão. Por este mesmo motivo, a amnistia não é "adquirida senão quando a condenação é tornada definitiva"([179])([180]).

Sobre a admissibilidade desta figura no nosso direito, remete-se para o Capítulo II do nosso estudo([181]).

([179]) MERLE e VITU, *Traité...*, *Tome II*, cinquième édition, 2001, pág. 1117.

([180]) Este facto leva-nos a concluir que, afinal, esta amnistia é, meramente, imprópria.

([181]) Cfr., *infra*, n.º 5.3.

§ 3.º Espécies de amnistia quanto aos efeitos?

No presente parágrafo iremos versar sobre a questão da unicidade ou pluralidade da amnistia. Isto é, será a amnistia uma figura singular no sentido de que sempre que falamos dela pensamos num instituto uno caracterizado pela tendencial produção de determinados efeitos; ou, pelo contrário, deverá a amnistia ser entendida como uma figura híbrida, operante de uma panóplia imensa de efeitos jurídicos contraditórios eleitos pelo legislador de acordo com a sua mera conveniência política?

Em bom rigor, o problema já foi por nós aflorado nos parágrafos antecedentes[182]; contudo, para efeito de clarificação do objecto do nosso trabalho e, tendo em mente, consequentemente, uma melhor compreensão dos capítulos seguintes do presente escrito, cumpre regressar à sua discussão.

3.1. *Amnistia "própria" versus amnistia "imprópria"?*

I – Amnistia "própria" e "imprópria" são duas figuras com efeitos distintos? Resulta das linhas que deixamos para trás que os efeitos de uma e outra figura podem não coincidir.

Não coincidirão decerto para quem identifique a amnistia "imprópria" com o perdão geral[183]. Como vimos, contudo, não é essa a nossa posição.

Cumpre, neste momento, esclarecer o significado da assim chamada amnistia "imprópria".

Acontece que a expressão amnistia "imprópria" pode ser utilizada em, pelo menos, duas acepções diferentes. Na primeira, está em causa o acto agraciante que é concedido para benefício daqueles que tenham praticado determinados factos, mas cuja eficácia está dependente da prévia

---

[182] V., *supra*, n.ºs 1.1. e 2.3.

[183] Muito estranhamente, FIGUEIREDO DIAS afirma precisamente o inverso (cfr. *Direito Penal..., Parte Geral II...*, 1993, pág. 691).

condenação transitada em julgado. Ou seja, na previsão normativa da lei amnistiante seria determinado o seu alcance restrito às situações em que tenha já havido caso julgado da decisão condenatória. Numa segunda acepção, o carácter "próprio" ou "impróprio" da amnistia não reside já na sua previsão normativa, mas antes nas diferentes situações de vida que aquela irá regular: com a entrada em vigor da lei amnistiante, dir-se-á, então, que a amnistia será "própria" relativamente aos casos ainda não objecto de uma decisão condenatória com força de caso julgado; pelo contrário, será "imprópria" a amnistia relativamente aos casos em que tenha havido já a decisão condenatória com trânsito em julgado.

Parece ser a acepção relativa à previsão normativa que a doutrina de FIGUEIREDO DIAS pressupõe([184]). Pelo contrário, devemos ter em linha de conta que não é esse o sentido com que, em Itália, de onde a doutrina da separação entre amnistia própria e imprópria é oriunda, se concretiza esta classificação. No ordenamento transalpino, com efeito, a separação entre amnistia própria e imprópria tem sido assente na segunda acepção *supra* exposta. Daí que, já o referimos([185]), em bom rigor, a amnistia possa ser aí entendida como, simultaneamente, própria ou imprópria, no sentido de que não dependerá da sua previsão, mas antes do trâmite processual dos pedaços de vida a que se reporta, o crivo da *summa divisio*.

3.1.1. *Pode uma amnistia operar, na sua previsão, uma limitação dos seus efeitos aos casos ainda não transitados em julgado? (1.ª concepção)*

I – Esta questão procura testar a viabilidade da primeira concepção da destrinça amnistia "própria" / amnistia "imprópria".

([184]) Isto pela razão que leva o autor a afirmar ser o perdão genérico uma amnistia (imprópria). V., *supra*, n.ºs 1.1. e 2.3.

Note-se, contudo, que a construção do autor não é muito feliz nesta questão. Na verdade, mais não faz do que identificar o perdão genérico com a amnistia imprópria. Só que aqui surge um problema: a amnistia imprópria caracteriza-se, temporalmente, pelo facto de o trânsito em julgado da condenação ser anterior à entrada em vigor da lei amnistiante. Ora, o perdão genérico, por definição, pode e deve ser aplicado <u>antes</u> do trânsito em julgado da sentença condenatória...

Mas, assim sendo, não é de todo inteligível a clivagem temporal entre amnistia "própria" e perdão genérico (amnistia "imprópria") na construção de FIGUEIREDO DIAS.

([185]) V., *supra*, n.º 1.1.

No fundo, aquilo que a presente questão significa é o seguinte: é válida a lei de amnistia que determine o "esquecimento" de determinados factos apenas se os mesmos não tiverem sido objecto de uma decisão condenatória transitada em julgado?

Apesar de praticamente esquecido na doutrina, este problema ocupa um lugar central na teoria geral dos actos de clemência. Poder-se-á pensar, numa primeira leitura, que se trata de um problema meramente académico ou mesmo destituído de sentido. Não é esse, infelizmente, o caso. Encontramos um exemplo, da relevância jurídica de tal *quaestio*, já em plena vigência da Constituição de 1976: veja-se, nesse sentido, a Lei n.º 5/90 de 20 de Fevereiro([186]).

No fundo, aquilo que aqui está em causa é, tão-só, a resposta a esta questão: pode, durante o mesmo período de tempo, para os mesmos tipos criminais, haver uma discriminação contida na previsão da lei amnistiante, respeitante ao trânsito em julgado das decisões condenatórias?

II – FIGUEIREDO DIAS responde afirmativamente a esta questão, inserindo-a na discricionariedade legislativa([187]). Pela nossa parte, porque totalmente injustificada e, por conseguinte, arbitrária, entendemos que a resposta a esta questão não pode deixar de ser negativa.

Exemplo: A e B praticam, autonomamente, no mesmo dia, o mesmo tipo de crime. Como justificar que a lei de amnistia y se aplique apenas ao caso de A, mas já não ao de B, apenas pelo facto de, à data da entrada em vigor da amnistia, o caso de B já ter sido objecto de uma decisão condenatória transitada em julgado?

([186]) A Lei n.º 5/90, de 20 de Fevereiro, dispõe o seguinte:
"Artigo único. São amnistiadas as infracções de natureza disciplinar imputadas a funcionários ou agentes da Polícia de Segurança Pública com fundamento na prática de actos reivindicativos no âmbito do direito de associação, desde que:
 a) Os factos tenham ocorrido até à data de aprovação pela Assembleia da República da lei que define o regime jurídico de exercício daqueles direitos pelo pessoal da PSP;
 b) Os processos disciplinares instaurados não tenham sido definitivamente julgados até à data referida na alínea anterior".
É a alínea b) deste diploma que opera a referida cisão.

([187]) Escreve, com efeito, FIGUEIREDO DIAS que, respeitadas determinadas categorias (lei formal, genérica e abstracta), a Assembleia da República "pode conformar livremente o conteúdo da lei (...). Nada impede, por isso, que uma lei de amnistia tenha em vista só casos (...) ainda em julgamento" (FIGUEIREDO DIAS, *Direito Penal..., Parte Geral II...*, 1993, pág. 694).

Na verdade, neste tipo de situações, a maior celeridade na investigação de um determinado processo não pode acabar por actuar contra o arguido. Suponha-se que, no nosso exemplo, B já tinha sido condenado por força do seu arrependimento e consequente colaboração com a justiça; e que, pelo contrário, A acabaria por beneficiar da amnistia pelo simples facto de ter lançado mão de todos os mecanismos legais e ilegais de dilação processual[188]. Admitir-se, nesta situação, tal discriminação equivaleria a consagrar a imoralidade como razão de Estado.

Mas, mesmo abstraindo desta última sub-hipótese, a verdade é que a destrinça que estaria na base de uma semelhante amnistia não encontra fundamento, nem na actuação dos próprios agentes, nem na sua motivação, nem sequer no circunstancialismo social que rodeou a prática dos factos abrangidos pela amnistia. Antes pelo contrário, o desenho legislativo assentaria a sua fronteira num facto – o trânsito em julgado – que é estranho aos agentes[189], não revelando virtualidades justificantes de uma destrinça racionalmente fundada. Nessa medida, uma lei com semelhantes contornos mais não faria do que tratar de modo diverso situações que, objectiva e subjectivamente, são idênticas. Daí a violação do princípio da igualdade – artigo 13.º da Constituição – sendo a arbitrariedade desta amnistia sancionada com a consequente inconstitucionalidade, de acordo com os artigos 3.º, n.º 3, e 277.º, n.º 1, da Lei Fundamental.

Claro está que, uma vez aqui chegados, cabe tomar ainda posição sobre os efeitos dessa inconstitucionalidade. Sobre esta questão remetemos para o Capítulo III do nosso estudo[190].

3.1.2. Pode uma amnistia ter efeitos distintos por força do caso julgado e/ou do direito subsidiário? (2.ª concepção)

I – Trata-se, neste ponto, de apurar a legitimidade da variação de efeitos da amnistia, consoante tenha ou não havido trânsito em julgado da

---

[188] Este argumento é transponível, *mutatis mutandis,* para a inadmissibilidade do nosso direito subsidiário: v., *infra*, n.ºs 3.1.2. e 5.1.2.. Recorrendo a este argumento, precisamente neste último domínio, TAIPA DE CARVALHO, *Sucessão de Leis Penais,* Coimbra, 1990, pág. 11.

[189] E não no facto criminoso propriamente dito, único verdadeiramente relevante para efeitos da aplicação de qualquer lei penal.

[190] V., *infra*, o parágrafo 6.º do presente estudo.

decisão condenatória. Note-se que, ao contrário da questão anterior([191]), não nos encontramos, neste ponto, perante uma situação em que é a própria lei de amnistia([192]) que restringe a sua operatividade aos pedaços de vida (*Lebenssachverhalte*) ainda não julgados. Neste ponto, analisamos apenas as amnistias que não operam qualquer ressalva quanto ao seu âmbito de aplicação nesta matéria. Cumpre tão-só determinar se os efeitos da amnistia podem variar de tal forma que, em boa verdade, se tenha de concluir não haver uma, mas antes duas amnistias.

É este o problema com que, com maior frequência, nos deparamos: a lei x estipula a amnistia do facto y, praticado durante determinado lapso temporal no passado, sem fazer qualquer subdistinção entre efeitos próprios ou impróprios dependentes do trânsito em julgado de uma sentença condenatória.

Já tivemos a oportunidade de verificar que a clivagem entre amnistia "própria" e "imprópria" teve origem em Itália([193]). Ainda hoje, encontramos no artigo 151.º, n.º 1, do *Codice Penale* o seguinte texto legal: "A amnistia extingue o crime (129, 531, 578 c.p.p.), e se houve condenação (648 c.p.p.), faz cessar a execução da condenação e as penas acessórias (672 ss. c.p.p.)". Ora, é precisamente com base neste preceito que a generalidade da doutrina transalpina alicerça a bicefalia do instituto: por um lado, atendendo à primeira proposição do preceito legal, teríamos a amnistia própria que extingue *il reato*, com as inerentes consequências processuais tendentes à extinção do próprio procedimento criminal([194]); por outro lado, encontraríamos apenas uma mera causa de extinção de alguns efeitos penais, mais propriamente de cessação de execução da condenação – aplicável, quer à pena principal, quer às medidas de segurança([195]) –, e das penas acessórias([196]). Permanecerão, por conseguinte, no âmbito da amnistia "imprópria" os restantes efeitos penais da condenação, por exem-

---

([191]) V., *supra*, n.º 3.1.1.

([192]) Na sua previsão normativa.

([193]) V., *supra*, n.ºs 1.1., 2.3. e 3.1.1.

([194]) Cfr., a título de exemplo, ANTOLISEI, *Manuale...*, quindicesima edizine..., 2000, pág. 765; PADOVANI, *Diritto Penale*, quinta edizione, Milano, 1999, pág. 473.
Como referem estes autores, a amnistia "imprópria" extingue por completo os efeitos penais do facto.

([195]) Assim, PAGLIARO, *Principi di Diritto Penale*, *Parte Generale*, settima edizione, Milano, 2000, pág. 733.

([196]) É o que resulta da construção do artigo 151.º do *Codice Penale* citado, *supra*, no texto do presente número.

plo, a título de agravamento da pena resultante da reincidência, para a declaração de habitualidade, para a exclusão do benefício de suspensão condicional da pena, etc.([197]).

Curiosamente, também já o havíamos antecipado, nem a lei, nem a doutrina colocam em causa a separação dos institutos da amnistia e do *indulto* – que, como vimos([198]), corresponde ao nosso perdão genérico. Veja-se, nesse sentido o artigo 174.º do *Codice Penale*, o qual, antes pelo contrário, aproxima o *indulto* da *grazia* apelando, precisamente, para os efeitos penais([199]).

II – Mas, será admissível, como pergunta MANZINI, que um facto arbitrário do ponto de vista do agente amnistiado – o trânsito em julgado da decisão condenatória – transforme uma amnistia num "perdão geral" (*sui generis* porque, também ele, extintivo da pena acessória)([200])? Este é um dos problemas há muito equacionados na temática do direito de clemência. Autores como MANZINI([201]) e BETTIOL([202])([203]) criticam, vivamente, os efeitos com que o artigo 151.º do Código Penal italiano caracteriza a amnistia. Na realidade, MANZINI não aceita por boa a explicação do legislador contida na *Relazione ministeriale sul progetto del codice penale*, quando este conclui que sendo, não obstante, a amnistia também causa de extinção do *reato* após o trânsito em julgado da decisão condenatória, os

---

([197]) Neste sentido, cfr., entre outros, PAGLIARO, *Principi...*, settima edizione, 2000, pág. 733.

([198]) V., *supra*, n.º 2.3.

([199]) Mas qual é, então, a destrinça entre a amnistia e o *indulto*? Para a doutrina italiana, partindo da comparação entre os citados artigos 151.º e 174.º do *Codice Penale*, resume-se a separação dos dois institutos ao seguinte: ao contrário da amnistia, o *indulto* não extingue a pena acessória, salvo se dispuser diversamente o diploma agraciante. Dir-se-á, então, que a diferença mais relevante entre a amnistia e o perdão genérico se resumirá à extinção da pena acessória. Neste sentido, cfr. a generalidade da doutrina italiana. A título de exemplo, cfr. MANTOVANI, *Diritto Penale*, *Parte Generale*, terza edizione, Padova, 1992, pág. 836; PAGLIARO, *Principi...*, settima edizione, 2000, pág. 733.

([200]) Cfr. MANZINI, *Trattato...*, quinta edizione aggiornata..., Volume terzo, 1981, pág. 483, nota 1.

([201]) Cfr. MANZINI, *Trattato...*, quinta edizione aggiornata..., Volume terzo, 1981, págs. 482 e 483, nota 1.

([202]) Cfr. BETTIOL e MANTOVANI, *Diritto Penale...*, dodicesima edizione..., 1986, pág. 918.

([203]) Mas não só. Cfr., também, quanto à amnistia "de justiça", ZAGREBELSKY, *Amnistia...*, 1974, págs. 69, nota 2, e 124 e 125, nota 98.

seus efeitos não serão os da amnistia "própria" por força de uma mitigação dos mesmos([204]). É que, nas palavras do autor italiano, "(...) como se pode racionalmente dizer que a amnistia extingue o crime ainda quando tenha ocorrido condenação([205]), se tal condenação permanece para os restantes efeitos penais, mesmo não podendo ter havido condenação sem crime?"([206]). É verdade que a razão de ser daquele temperamento reside, ainda segundo o legislador italiano, na consideração do facto insuprimível, relativo à sentença([207]), mas pergunta então MANZINI, "porque deverá ser tal facto "insuprimível", se é suprimível o seu pressuposto que é o crime?"([208]). O autor critica ainda o hibridismo que o legislador expressamente reconhece ter atribuído à figura ao consagrar uma posição intermédia entre a distinção radical "amnistia própria" *versus* "amnistia imprópria"([209]) e a total unificação do instituto([210]), suprimindo, por conseguinte, apenas em parte o facto "insuprimível"([211]), por força da necessária "tutela jurídica contra a delinquência"([212]). Não questionando a invocada necessidade suprema da tutela jurídica contra a criminalidade, relembra MANZINI, que esse imperativo deverá conduzir, quando as circunstâncias assim o exigirem([213]), à não concessão da amnistia([214]). Contudo, uma vez concedida, não pode o instituto ser subvertido com a criação de "um hibridismo que

---

([204]) Cfr., MANZINI, *Trattato...*, quinta edizione aggiornata..., Volume terzo, 1981, pág. 483, nota 1.
([205]) Refere-se o autor à condenação transitada em julgado.
([206]) MANZINI, *Trattato...*, quinta edizione aggiornata..., Volume terzo, 1981, pág. 483, nota 1.
([207]) Cfr. MANZINI, *Trattato...*, quinta edizione aggiornata..., Volume terzo, 1981, pág. 483, nota 1.
([208]) MANZINI, *Trattato...*, quinta edizione aggiornata..., Volume terzo, 1981, pág. 483, nota 1.
([209]) Cfr. MANZINI, *Trattato...*, quinta edizione aggiornata..., Volume terzo, 1981, pág. 483, nota 1.
([210]) Cfr. MANZINI, *Trattato...*, quinta edizione aggiornata..., Volume terzo, 1981, pág. 483, nota 1.
([211]) MANZINI, *Trattato...*, quinta edizione aggiornata..., Volume terzo, 1981, pág. 483, nota 1.
([212]) MANZINI, *Trattato...*, quinta edizione aggiornata..., Volume terzo, 1981, pág. 483, nota 1.
([213]) Acrescento nosso.
([214]) Cfr. MANZINI, *Trattato...*, quinta edizione aggiornata..., Volume terzo, 1981, pág. 483, nota 1.

não satisfaz, nem a razão, nem o sentido de justiça"[215]. Na feliz expressão de MANZINI, "É incoerente e iníquo que, apenas por uma casual diferença de tempo, se produza uma tão estridente disparidade de tratamento"[216], nem valendo a contra-argumentação segundo a qual, no caso do trânsito em julgado da decisão condenatória, está já apurada a culpabilidade, quando se considere que a amnistia "própria" é aplicável aos não definitivamente condenados ainda que a sua culpabilidade tenha sido já reconhecida por uma sentença, ainda não transitada, a maior parte das vezes pelo facto da acção penal permanecer ainda insuflada de vida, única e exclusivamente, pelo "mais manifestamente infundado recurso (...)"[217]. Conclui, por conseguinte, MANZINI com a conveniência de lhe reconhecer "todas as forças que lhe são próprias, sem recorrer ao expediente de o transformar, na realidade, no respeitante às condenações transitadas em julgado, em um *indulto*[218] extintivo também das penas acessórias"[219]. O mesmo é dizer, a amnistia deveria ter por efeito a extinção da condenação transitada em julgado e "todos os seus efeitos penais em consequência da extinção do crime"[220].

Esta posição de MANZINI mereceu, nomeadamente, a adesão de BETTIOL que, citando aquele autor, conclui pela "irracionalidade" da disparidade com que os efeitos da amnistia foram regulados no *Codice Penale* pelo legislador transalpino[221].

III – Entre nós, a posição de MANZINI recebeu a concordância de ALMEIDA COSTA. Com efeito, o autor, apesar de não pretender "tomar posição, em tese geral, sobre o problema da amnistia e analisando a questão à

---

[215] MANZINI, *Trattato...*, quinta edizione aggiornata..., Volume terzo, 1981, pág. 483, nota 1.
[216] MANZINI, *Trattato...*, quinta edizione aggiornata..., Volume terzo, 1981, pág. 483, nota 1.
[217] MANZINI, *Trattato...*, quinta edizione aggiornata..., Volume terzo, 1981, pág. 483, nota 1.
[218] Relembre-se que o *indulto* italiano corresponde ao nosso perdão genérico. V., *supra*, n.º 2.3.
[219] MANZINI, *Trattato...*, quinta edizione aggiornata..., Volume terzo, 1981, pág. 483, nota 1.
[220] MANZINI, *Trattato...*, quinta edizione aggiornata..., Volume terzo, 1981, pág. 482.
[221] Cfr. BETTIOL e MANTOVANI, *Diritto Penale...*, dodicesima edizione..., 1986, pág. 918.

luz das consequências resultantes para o registo criminal"(222), entende ser de repudiar o sistema italiano alicerçado na destrinça entre amnistia "própria" e "imprópria"(223). E isto porquê? Precisamente pelos mesmos motivos apontados por MANZINI e BETTIOL, já que "a tomada ou não tomada em consideração do crime ficaria a depender do acaso e da maior ou menor celeridade na decisão dos processos pelos tribunais, aqui se abrindo a porta para eventuais arbitrariedades em favor ou prejuízo dos réus"(224). Daí que ALMEIDA COSTA postule, de *lege ferenda*, "a disciplina que consiste na identificação da sua eficácia para todos os casos"(225). No que ao registo criminal importa resultaria, desse regime unitário, o "cancelamento(226) de todos os factos e decisões abrangidos pela figura – que não seriam comunicados nos certificados do registo para quaisquer fins, aí incluídos os judiciais"(227).

De modo igualmente crítico, TAIPA DE CARVALHO considera "infelizes", neste particular, as inovações do Código Penal de 1982(228). Nas suas palavras, a "diversidade de efeitos jurídico-práticos é fonte de *injustiça relativa*, pois que a classificação da amnistia como própria (...) ou como imprópria (...) depende, muitas vezes do *mero acaso*"(229).

IV – Aqui chegados cumpre tomar posição. Já tivemos oportunidade de dar conta da evolução legal, entre nós, da regulação dos efeitos da amnistia na codificação penal(230). Importa, por conseguinte, de momento, ter presente apenas o texto legal vigente. Ora, a verdade é que o artigo 128.º, n.º 2, do C.P. é, manifestamente, influenciado – como já o era o artigo 126.º, n.º 1, do C.P. anterior à revisão de 1995 – pelo citado artigo 151.º, parágrafo primeiro, do *Codice Penale*. A influência que para essa

---

(222) ALMEIDA COSTA, *O Registo Criminal, História, Direito Comparado, Análise político-criminal do instituto*, Coimbra, 1985, pág. 335.
(223) Cfr. ALMEIDA COSTA, *O Registo Criminal...*, 1985, pág. 335.
(224) ALMEIDA COSTA, *O Registo Criminal...*, 1985, pág. 335.
(225) ALMEIDA COSTA, *O Registo Criminal...*, 1985, pág. 335.
(226) Obviamente que, quanto aos casos ainda não transitados em julgado (amnistia própria), os mesmos não deveriam ser sequer inscritos no registo criminal, como também defendia, ainda na vigência do Decreto-Lei n.º 39/83, de 25 de Janeiro, CATARINA VEIGA in *Considerações...*, 2000, pág. 91.
(227) ALMEIDA COSTA, *O Registo Criminal...*, 1985, pág. 335.
(228) Cfr. TAIPA DE CARVALHO, *Sucessão...*, 1990, págs. 11 e 12.
(229) TAIPA DE CARVALHO, *Sucessão...*, 1990, pág. 11. O autor reitera as críticas, neste ponto, ao Código Penal, na 2.ª edição da mesma obra, de 1997, na pág. 42.
(230) V., *supra*, n.ºs 1.1. e 2.3.

evolução legislativa resultou do pensamento de BELEZA DOS SANTOS e EDUARDO CORREIA já foi devidamente assinalada pelo que remetemos para o que, oportunamente, deixámos escrito[231].
Encontramos, por conseguinte, no actual artigo 128.º, n.º 2, do C.P. uma dicotomia entre amnistia "própria" e "imprópria". A primeira "extingue o procedimento criminal", enquanto a segunda "faz cessar a execução tanto da pena e dos seus efeitos como da medida de segurança". Sendo verdade que, como escreve SOUSA E BRITO, a nossa lei não descreve todos os efeitos da amnistia[232], não deixa de ser menos verdade que na descrição dos referidos efeitos encontramos bem delineada a fronteira com que a aplicação da lei de amnistia se deve confrontar consoante se aplique antes ou depois do trânsito em julgado de uma decisão condenatória. O mesmo é dizer, enquanto para os casos em que não tenha havido decisão condenatória transitada em julgado, em bom rigor, esta não chegará já a verificar-se, para os casos em que, à data da entrada em vigor da lei amnistiante, já tenha havido uma condenação transitada em julgado, os efeitos destas – de acordo com o actual regime – permanecerão, em parte, intocáveis. É certo que, quer a pena principal, quer as penas acessórias[233] terão a sua execução cessada; contudo, outros efeitos da condenação transitada em julgado deverão permanecer, como é o caso, por exemplo, da reincidência (artigo 75.º, n.º 4, do C.P.) e da manutenção da condenação para efeitos do registo criminal[234].
Quanto à injustiça desta divergência de regime concordamos, quase por inteiro, com a objecção de MANZINI[235]. É que, é nossa opinião que as

---

[231] V., *supra*, n.ºs 1.1. e 2.3.

[232] Cfr. SOUSA E BRITO, *Sobre a Amnistia*, R.J., 1986, pág. 20.

[233] Cfr. artigo 128.º, n.º 2, do C.P. citado, *supra*, no texto do presente número.

[234] Por força, precisamente, do instituto da reincidência. Cfr. artigo 15.º da Lei n.º 57/98, de 18 de Agosto.
Na doutrina, cfr. ALMEIDA COSTA, *O Registo Criminal...*, 1985, pág. 334; MARIA DO CÉU MALHADO, *Noções de Registo Criminal, de Registo de Contumazes, de Registo de Medidas Tutelares Educativas e Legislação Anotada*, Coimbra, 2001, págs. 266 e 267, 511 e 512.

[235] Quase por inteiro, mas não por inteiro. E isto porque o autor, na sua argumentação, afirma que a amnistia extingue *il reato*, o que não corresponde ao nosso pensamento. Para nós, permanece intocado, quer o facto, quer a sua ilicitude. V., *supra*, n.ºs 1.1. e 2.4.
Não concordamos, ainda, quanto ao efeito dessa mesma injustiça. MANZINI, como vimos no presente número, limita-se a criticar aquela construção numa perspectiva de reforma legislativa. A nossa posição, neste ponto, é mais radical, como se segue da leitura do texto do presente número.

regras subsidiárias([236]) que regem os efeitos da amnistia se apresentam como violadoras do princípio da igualdade e, como tal, materialmente inconstitucionais([237]). O mesmo é dizer, importa que os efeitos da amnistia dita "imprópria" sejam essencialmente idênticos([238]) aos da amnistia dita "própria". Assim, e a título de exemplo, não é válida uma solução pela qual a condenação transitada em julgado possa ainda valer para efeitos de reincidência; do mesmo modo, a amnistia relativamente a esta situação deverá ter por efeito o imediato cancelamento definitivo do registo criminal([239]) para não se criarem situações de desigualdade material de todo destituídas de fundamento racional e, como tal, arbitrárias.

Quanto ao efeito desta inconstitucionalidade remetemos, *infra*, para o Capítulo III([240]) do nosso estudo.

V – As conclusões a que aqui chegámos conduzem à afirmação de uma tendencial unidade jurídica do instituto em causa. É verdade que a dita distinção entre amnistia própria e imprópria pode possuir a virtualidade de ilustrar alguns efeitos que, sendo próprios da amnistia "própria", não ocorrem no âmbito da amnistia "imprópria" por força da natureza das coisas. O que daqui não se poderá extrair é uma clivagem radical entre os efeitos da amnistia própria e imprópria. Na verdade, entendemos que o caso julgado penal, tendo uma natureza específica e distintiva face aos restantes casos julgados, não poderá constituir crivo suficiente de uma radical separação de águas entre os efeitos da amnistia. Por outras palavras, a amnistia, quando entre em vigor ulteriormente ao trânsito em julgado de uma decisão condenatória, deverá produzir, dentro do possível,

---

([236]) Porque de regras subsidiárias se tratam efectivamente, como salienta FIGUEIREDO DIAS, in *Direito Penal...*, *Parte Geral II...*, 1993, pág. 695.

([237]) Do mesmo modo que as leis de amnistia que directamente operem tais destrinças, como resulta do referido, *supra*, no n.º 3.1.1.

([238]) Nunca exactamente idênticos pois há obstáculos fácticos que o impedem. Basta ter presente que, relativamente ao indivíduo que já cumpriu parcial ou totalmente a pena de prisão (amnistia "imprópria"), o acto amnistiante nunca poderá ter a virtualidade de lhe "restituir" o tempo de liberdade "perdido".

([239]) Em sentido contrário, de dualidade de regimes para o efeito do registo criminal (irrelevância na amnistia própria/relevância não imediatamente cancelatória da amnistia imprópria) mesmo na vigência da Lei n.º 57/98, de 18 de Agosto, cfr. MARIA DO CÉU MALHADO, *Noções...*, 2001, págs. 266 e 267 e, sobretudo, 511 e 512.

([240]) V., *infra*, n.º 6.1.3.

efeitos idênticos aos da amnistia "própria". O mesmo é dizer, tudo se deverá passar como se não tivesse existido condenação([241]).

Ora, resulta desta primeira afirmação a recusa do carácter amnistiante ao "perdão geral". Este, por definição, apenas poderá ser aplicado no caso de ter preexistido uma condenação([242]); ora, não é esse o modo de actuar da amnistia, intimamente ligada à *abolitio* romana([243]). Mas, mais do que isso, a actuação do perdão restringe-se, a nível de efeitos, à extinção, no todo ou em parte, da pena. Ora, nada obsta, por conseguinte a que a condenação subsista para efeitos do registo criminal e para os demais efeitos daquela como, por exemplo, a reincidência. Neste caso, precisamente por inexistir a faceta de *abolitio*, não há princípio da igualdade que possa obstar a estas soluções.

([241]) V., *infra*, n.º 5.1.2.

([242]) Já não o trânsito em julgado. O que põe em causa a afirmação de FIGUEIREDO DIAS, segundo a qual o perdão genérico é uma verdadeira amnistia. V., *supra*, n.ºs 1.1. e 2.3.

([243]) V., *supra*, n.º 1.1.

CAPÍTULO II

DO ENQUADRAMENTO CONSTITUCIONAL

No presente capítulo iremos tratar dos principais pontos de interacção entre o instituto da amnistia e a Lei Fundamental. Sistematicamente, em primeiro lugar, teremos em conta a competência amnistiante, a forma da amnistia bem como a respectiva força (§ 4.º) e, de seguida, a vasta constelação problemática atinente aos limites materiais da amnistia (§ 5.º).

§ 4.º Competência, forma e força amnistiantes

4.1. *A competência amnistiante*

4.1.1. *A competência para a concessão de amnistias*

I – Vimos, no Capítulo I([244]) do nosso estudo, a dificuldade com que se confronta a doutrina no que importa à separação histórica das diversas modalidades do direito de clemência.

Não restam dúvidas, porém, que alguns dos institutos romanos que, como vimos, antecederam a actual amnistia, corresponderam ora a deliberações do Senado, ora a decretos do Imperador, consoante o respectivo período histórico([245]).

Na Idade Média, e particularmente na Monarquia Absoluta, a amnistia, como poder de graça, fazia parte da "prerrogativa régia". Contrapondo-se a justiça positiva à justiça absoluta ou natural, a clemência régia correspondia a esta última pelo que, estando o soberano "vinculado sobretudo às regras da moral e da religião, por cuja violação é responsável sobretudo perante Deus, abria-se a estrada para o uso mais amplo, e, no fundo, mais arbitrário, ou, se se quiser, "político", próprio do poder de graça, que, mais que qualquer outro aparecia relacionada a tais fundamentos ideológicos"([246]).

É com o ocaso da Monarquia Absoluta e a progressiva instauração de regimes parlamentares que, conservando o Rei o direito de graça, "o poder de suspensão e dispensa da observância de actos normativos, ainda que possa continuar a ser formalmente atribuído ao soberano, tende em substância a ser assunto da esfera de competência dos órgãos que exercitam as funções nas quais aquele interferisse"([247]). Por outras palavras, o parla-

---

([244]) V., *supra*, n.º 1.1.
([245]) Cfr. SOUSA E BRITO, *Sobre a Amnistia*, R.J., 1986, pág. 22.
([246]) ZAGREBELSKY, *Amnistia...*, 1974, pág. 33.
([247]) ZAGREBELSKY, *Amnistia...*, 1974, pág. 28.

mento como titular da actividade normativa do Estado reivindica, então, de igual modo, os simétricos poderes de suspensão e de dispensa das leis[248].

Assim, já no *Bill of Rights* de 1689 se encontra explicitamente afirmado o princípio pelo qual o Rei não pode suspender a eficácia da lei votada pelo Parlamento, nem dispensar da sua observância ou execução se não com o consenso do Parlamento[249]. O escopo final desta evolução leva a reconhecer, no órgão legislativo, o único titular, pelo menos nos casos de normalidade, do poder de suspensão enquanto, no que respeita à dispensa, a mesma será atribuída normalmente à competência de autoridade administrativa no exercício do poder discricionário, a qual deve sempre encontrar o seu fundamento na lei, não podendo ser concedida se não nos casos e com a finalidade que aquela taxativamente estabeleça[250].

É, precisamente, como precisa ZAGREBELSKY, esta órbita de poderes das assembleias legislativas que viria a atrair "os institutos genéricos da clemência em matéria penal e particularmente a amnistia"[251].

O mesmo é dizer, a cisão de competências no âmbito do direito de clemência – tendo por parâmetros a individualidade ou generalidade da medida em causa – resultaria, mais tarde, do incremento da competência do parlamento[252].

II – Entre nós, não obstante, o constitucionalismo monárquico manteve a amnistia na órbita do poder régio[253]. Curiosamente é a nossa primeira Constituição a única que, até a presente data, omite a matéria atinente à competência amnistiante. O que, desde logo, coloca um problema: caberia a competência amnistiante ao Rei por força do artigo 123.º XI (Especialmente competem ao Rei as atribuições seguintes: Perdoar ou minorar as penas aos delinquentes na conformidade das leis) ou às Cortes *ex vi* do artigo 102.º I ([Pertence às Cortes:] Fazer as leis, interpretá-las e

---

[248] Cfr. ZAGREBELSKY, *Amnistia*..., 1974, págs. 28 e 29.

[249] Sendo precisamente pelo facto de ter interferido em demasia no domínio legislativo através do uso excessivo de um direito de dispensa deduzido de uma prerrogativa que Jaime II foi destituído do trono aquando da *Glorius Revolution*, como refere ZIPPELIUS in *Teoria Geral do Estado*, 3.ª edição [traduzida da 12.ª edição alemã de 1994], Lisboa, 1997, pág. 408.

[250] Cfr. ZAGREBELSKY, *Amnistia*..., 1974, pág. 29.

[251] ZAGREBELSKY, *Amnistia*..., 1974, pág. 29.

[252] Cfr. ZAGREBELSKY, *Amnistia*..., 1974, pág. 29.

[253] É bom de ver que, nas Monarquias Dualistas, o regime acabou, por vezes, por ser mais complexo. Cfr. ZAGREBELSKY, *Amnistia*..., 1974, págs. 38 e segs..

revogá-las)? Teoricamente, e de acordo com a dogmática já existente à época, seria já possível defender que a competência amnistiante estaria atribuída às Cortes, incluindo-se a amnistia na "lei" do artigo 102.º I da Constituição de 1822. Julgamos não ter sido essa, não obstante, a intenção do legislador constituinte de 1822. Basta para tal, ter presente que, como refere SOUSA E BRITO, as Ordenações Filipinas – vigentes em 1822 – referem apenas a palavra "perdão" e não a de amnistia([254]), termos em que a amnistia se encontraria ainda na órbita régia ainda que só podendo operar "na conformidade das leis".

Este entendimento é confirmado pela Carta Constitucional de 1826. A Constituição portuguesa que durante mais tempo vigorou na História do nosso Direito Constitucional foi, como já assinalámos, a primeira a autonomizar o conceito de amnistia([255]), atribuindo a competência para a sua prática ao monarca([256]) no âmbito do seu poder moderador. Com efeito, dispunha o artigo 74.º § 8.º da Carta que [O Rei exerce o Poder Moderador:] "Concedendo Amnistia em caso urgente, e quando assim o aconselhem a humanidade, e bem do Estado". Estava, deste modo, operada a destrinça entre amnistia e perdão (artigo 74.º § 7.º) embora este fosse de igual modo inserido no poder moderador. Sobre este preceito – o artigo 74.º § 8.º da Carta constitucional de 1826 – é de salientar o facto de nunca ter chegado a ser objecto de lei regulamentar tendente a limitar, neste ponto, o poder moderador, como pretendia SILVESTRE PINHEIRO FERREIRA([257])([258]).

Finalmente, a Constituição monárquica de 1838 – na sua fugaz vigência – limitou-se, nesta matéria, a reproduzir o sentido da Carta Constitucional de 1826, ao dispor no seu artigo 82.º XI: [Compete também ao Rei:] "Conceder amnistia em caso urgente, e quando o pedir a humanidade e o bem do Estado". Mais uma vez se marcava a destrinça entre amnistia e perdão (artigo 82.º X) havendo, para aquilo com que de momento nos ocupamos, que salientar apenas a deslocação desta competência régia, do poder moderador da Carta Constitucional, para o seio do poder executivo

---

([254]) SOUSA E BRITO, *Sobre a Amnistia*, R.J., 1986, pág. 15.

([255]) V., *supra*, n.º 1.1.

([256]) Sobre os poderes do Rei à luz da Carta, v. JUSTINO ANTÓNIO DE FREITAS, *Instituições de Direito Administrativo Portuguez*, segunda edição, revista e augmentada segundo a Legislação até agora publicada, com um appendice das últimas leis tributárias, Coimbra, 1861, págs. 28 e segs.. Mais especificamente, sobre as atribuições do poder moderador em relação ao poder judicial, v. JOSÉ TAVARES, *O Poder...*, 1909, págs. 138 e segs..

([257]) V., *supra*, n.º 1.1.

([258]) V. o artigo 120.º do Código Penal de 1852, *supra*, n.º 1.1.

(Título VI da Constituição de 1838) do qual o "Rei é o Chefe" de acordo com o artigo 80.º do texto constitucional setembrista.

III – O cenário constitucional só viria a ser significativamente alterado com o advento da República. Com efeito, logo a primeira Lei Fundamental republicana – a Constituição de 1911 – atribuiu a competência amnistiante ao bicameral – artigo 7.º – Congresso da República, ao dispor no seu artigo 26.º que "Compete privativamente ao Congresso da República: 18.º – Conceder amnistia". Ao Chefe de Estado – agora Presidente da República – restava apenas competência para "indultar e comutar penas" de acordo com o artigo 47.º, n.º 8, da Constituição de 1911. Estava assim definida a tradição republicana portuguesa em sede da fixação da competência para amnistiar: ela reside na esfera do legislativo (ou do político ou de ambos), não já do moderador ou do executivo. Ao Parlamento[259] compete exercer a clemência genérica, ao Chefe de Estado, a clemência individual. E isto não obstante não haver referência ao perdão. A lógica do artigo 26.º, pontos 1.º e 18.º, da Constituição de 1911 obriga a que o perdão genérico constituísse matéria a regular – apenas e só – pelo Congresso da República[260].

Já na Constituição de 1933 competia apenas à Assembleia Nacional a concessão de amnistias. Tal competência era atribuída pelo artigo 91.º, n.º 10, daquela Lei Constitucional. Particularmente interessante, neste ponto, era o facto de a amnistia se encontrar retirada da esfera de competência do Governo na vigência da Constituição de 1933. É verdade que o Governo podia então legislar através de Decreto-Lei[261], mas poderia conceder uma amnistia em termos de competência concorrente com a da Assembleia Nacional? Como fazem notar MARCELLO CAETANO e MIGUEL GALVÃO TELES, a "questão surgiu em virtude de o Governo haver proposto a supressão do n.º 10 do artigo 91.º, para evitar quaisquer dúvidas que se pudessem suscitar acerca da possibilidade de as amnistias constarem de decreto-lei, em virtude de as competências indicadas nos n.ºs 2 e segs. do artigo 91.º serem em princípio exclusivas da Assembleia Nacional"[262].

---

[259] Aplaudindo a atribuição da competência amnistiante ao Parlamento, cfr. MARNOCO E SOUZA, *Constituição...*, 1913, pág. 441.

[260] V., *supra*, n.º 1.1.

[261] V. o artigo 108.º, n.º 2 da versão original da Constituição de 1933, e o artigo 109.º, n.º 2 nas revisões de 1945 e de 1971 do mesmo texto constitucional.

[262] MARCELLO CAETANO, *Manual de Ciência Política e Direito Constitucional*, 6.ª edição, revista e ampliada por MIGUEL GALVÃO TELES, Tomo II, *Direito Constitucional Português*, Lisboa, 1972, pág. 619, nota 2.

Ou seja: se se entendesse ser o instituto da amnistia de natureza legislativa, então nada impediria que o Governo também pudesse amnistiar no âmbito de uma competência concorrencial com a do Parlamento[263]. Não foi esse, contudo, o entendimento da Câmara Corporativa, que se pronunciou pela tese da amnistia como "acto político", não tendo assim concordado com a proposta 14/x, n.º 9, num parecer que acabaria por ser seguido pela Assembleia Nacional[264]. De referir, ainda, que tal como na Constituição de 1911, competia ao Presidente da República indultar e comutar penas de acordo com o artigo 81.º, n.º 8, da Constituição de 1933[265].

Finalmente, encontramos, na Constituição de 1976, a atribuição à Assembleia da República da competência para a concessão de amnistias como resulta do artigo 161.º, alínea f), da Constituição, na numeração da quarta revisão constitucional (1997)[266]. Este preceito – que corresponde ao artigo 164.º, alínea f), da versão original (1976) acrescido da expressão "e perdão genérico" aditada pela primeira revisão constitucional (1982)[267] – encontra-se inserido, não na reserva de competência legislativa propriamente dita, absoluta – artigo 164.º da C.R.P. – ou relativa – artigo 165.º da C.R.P. –, mas antes na designada, em epígrafe, "Competência política e legislativa". Esta designação exprime uma competência legislativa relacionada com competência política (ou mista) na expressão de JORGE MIRANDA[268]. Nas palavras do autor, com efeito, quer a competência regulada na alínea f) do n.º 1 do artigo 161.º da Constituição, quer a generalidade das outras competências previstas nesse preceito, correspondem "a competências legislativas[269] relacionadas com competências políticas, nas quais se revela mais forte o cunho de decisão política que toma o

---

[263] A qual, em bom rigor e, *de jure*, o Governo só adquiriu (em situações de normalidade) em 1945 com a redacção então introduzida no n.º 2 do artigo 109.º da Constituição de 1933. Cfr. MARCELLO CAETANO, *Manual de Ciência...*, 6.ª edição, revista..., Tomo II, 1972, págs. 607 e segs., sobretudo pág. 609.

[264] Cfr. MARCELLO CAETANO, *Manual de Ciência...*, 6.ª edição, revista..., Tomo II, 1972, pág. 619, nota 2.

[265] Nos termos do qual, competia ao Presidente da República: "Indultar e comutar penas. O indulto não pode ser concedido antes de cumprida metade da pena".

[266] Numeração inalterada pela muito recente quinta revisão constitucional (2001).

[267] V., *supra*, n.º 1.1.

[268] Cfr. JORGE MIRANDA, *Manual de Direito Constitucional*, Tomo V, *Actividade Constitucional do Estado*, 2.ª edição, Coimbra, 2000, pág. 227.

[269] Referindo reportar-se a competência para a concessão de amnistias, no essencial, à função legislativa, cfr. MARCELO REBELO DE SOUSA e JOSÉ DE MELO ALEXANDRINO *Constituição da República Portuguesa Comentada*, Lisboa, 2000, pág. 274.

seu exercício"([270]). Em sentido contrário, GOMES CANOTILHO e VITAL MOREIRA, salientando a heterogeneidade das competências previstas naquele preceito([271]), defendem a necessidade de destrinça entre a competência legislativa propriamente dita – actual alínea c) do artigo 161.º da C.R.P. – e a competência política em sentido estrito, vertida nas restantes alíneas do mesmo artigo da Constituição([272]). É que, acrescentam estes últimos autores, a "distinção tem um grande alcance jurídico-constitucional. É que os actos de competência política, mesmo quando revestem a forma de lei (...), são actos da *competência exclusiva da AR*, insusceptível de delegação (cfr. artigo 114.º-1([273]))"([274]). Não nos parece, porém, que seja necessário concluir pelo carácter exclusivamente político das diversas competências previstas no artigo 161.º da C.R.P. – à excepção da alínea c) – para que a competência de amnistia seja considerada no domínio exclusivo do Parlamento. Na verdade, estas funções legislativas específicas([275]) "constituem, por natureza, de per si, um espaço de reserva absoluta do Parlamento. A sua autonomização no âmbito da competência do Parlamento mostra que a este, e a mais nenhum órgão, cabe praticar os actos legislativos respectivos – porque, tenha-se sempre presente, a competência vem da norma constitucional. E há toda uma carga histórica que não pode ser obliterada"([276]), reiterando JORGE MIRANDA, neste ponto, a interpretação que sustentara em face da Constituição de 1933, no final da vigência desta([277]). Na realidade, já então o autor, reconhecendo uma natureza "parcial ou conexamente legislativa" à generalidade das matérias previstas nos n.ºs 2 e seguintes do artigo 91.º da Constituição de 1933([278]), postulava a interdição do exercício governamental desses poderes uma vez que "competência dada pela Constituição à Assembleia Nacional, e não a outro ou outros órgãos, só à Assembleia respeita"([279]). Regressando à competência exclusiva do

---

([270]) JORGE MIRANDA, *Manual...*, Tomo V, 2.ª edição, 2000, pág. 227.
([271]) O artigo 164.º antes da revisão constitucional de 1997.
([272]) Cfr. GOMES CANOTILHO e VITAL MOREIRA, *Constituição da República Portuguesa Anotada*, 3.ª edição revista, Coimbra, 1993, pág. 648.
([273]) Artigo 111.º, n.º 1, após a 4.ª revisão constitucional (1997).
([274]) GOMES CANOTILHO e VITAL MOREIRA, *Constituição...*, 3.ª edição revista, 1993, pág. 648.
([275]) Cfr. JORGE MIRANDA, *Manual...*, Tomo V, 2.ª edição, 2000, pág. 227.
([276]) JORGE MIRANDA, *Manual...*, Tomo V, 2.ª edição, 2000, pág. 228.
([277]) Cfr. JORGE MIRANDA, *Decreto*, Coimbra, 1974, págs. 19 e segs..
([278]) Cfr. JORGE MIRANDA, *Decreto*, 1974, pág. 19.
([279]) JORGE MIRANDA, *Decreto*, 1974, pág. 19.

Parlamento relativa à amnistia, aqui sim verifica-se uma importante evolução do pensamento do autor: não obstante todas as considerações desenvolvidas por JORGE MIRANDA no sentido da exclusividade da competência da Assembleia Nacional relativamente às matérias previstas nos n.ºs 2 e seguintes do artigo 91.º da Constituição de 1933([280]), o autor, em contradição com todo o seu raciocínio, e apesar de afirmar que, em princípio, a concessão de amnistias tem de partir da Assembleia Nacional e não do Governo([281]), logo acrescentava que "Quando muito, poderá aceitar-se a licitude de autorização legislativa ao Governo para o efeito, porque não procedem neste sector os fortes obstáculos à delegação que em termos peremptórios sobressaem a respeito dos outros poderes do artigo 91.º. Se isto for exacto, o n.º 10 do artigo 91.º será assim susceptível de assimilação ao artigo 93.º como reserva de competência relativa, e não absoluta, da Assembleia Nacional"([282]). Quanto ao preciso fundamento da falta de peremptoriedade dos obstáculos da amnistia à sua delegação, o autor não o esclareceu. De qualquer modo, não é este o seu actual pensamento, pois que considera, hoje, plenamente justificada a inserção da amnistia no sistema do artigo 161.º da Constituição *ex vi*, quer da evolução do instituto a par da evolução do princípio democrático, quer do carácter excepcional da sua concessão([283]). Podemos, assim, concluir, com JORGE MIRANDA, pela insustentabilidade da intercomunicabilidade, nesta matéria, de competências governamental e parlamentar([284]). Essa possibilidade encontra-se limitada às matérias não reservadas à Assembleia da República – artigo 198.º, n.º 1, alínea a), da C.R.P. – o que não é o caso por força da inserção sistemática da amnistia no já citado artigo 161.º, alínea f), da Constituição([285]). Nem se diga, em contrário, que apenas os artigos 164.º e 165.º da Lei Fundamental é que referem a "reserva" de competência legislativa parlamentar: é que a *ratio* dessa referência relaciona-se com o facto de ser nesses preceitos que se encontram atribuídas as competências essencialmente legislativas([286]), não devendo pretender retirar-se da opção sistemá-

---

([280]) V., *supra*, o texto do presente número.
([281]) Cfr. JORGE MIRANDA, *Decreto*, 1974, págs. 20 e 21.
([282]) JORGE MIRANDA, *Decreto*, 1974, pág. 21.
([283]) Cfr. JORGE MIRANDA, *Manual*..., Tomo V, 2.ª edição, 2000, pág. 229.
([284]) Cfr. JORGE MIRANDA, *Manual*..., Tomo V, 2.ª edição, 2000, pág. 228.
([285]) Cfr. GOMES CANOTILHO e VITAL MOREIRA, *Constituição*..., 3.ª edição revista, 1993, pág. 777; JORGE MIRANDA, *Manual*..., Tomo V, 2.ª edição, 2000, pág. 228.
([286]) Neste sentido, cfr. JORGE MIRANDA, *Manual*..., Tomo V, 2.ª edição, 2000, pág. 228.

tica do legislador qualquer outro significado([287]). A solução a que chegamos – reserva absoluta do Parlamento – é, por conseguinte, idêntica, à que, por outra via, é suportada, por exemplo, por GOMES CANOTILHO e VITAL MOREIRA, como vimos([288]).

Concluímos, por conseguinte, pela exclusividade de competência da Assembleia da República([289]), em sede amnistiante, até porque, quanto às Assembleias Legislativas Regionais, a competência destas não inclui a concessão de amnistias na sua competência legislativa (primária, condicionada ou suplementar)([290]), como resulta do artigo 227.º, n.º 1, da Constituição.

IV – Apesar de ser hoje relativamente pacífica esta solução, a verdade, porém, é que, durante a vigência da Constituição de 1976, estas afirmações nunca foram isentas de polémica.

Assim, cumpre salientar duas teses na doutrina nacional, que se opuseram à solução exposta ainda antes da primeira revisão constitucional. Referimo-nos, naturalmente, à *tese do paralelismo (por simetria) entre a competência para amnistiar e a competência para definir as infracções e respectivas sanções a que a amnistia se reporta*([291]), e à tese da pertença da competência para amnistiar "no domínio do direito penal administrativo e do direito de ordenação social em particular"([292]) à competência legislativa propriamente dita ou geral([293]) desde que não haja intervenção no domínio da função jurisdicional([294]). Da primeira tese, defendida, desde cedo, por FIGUEIREDO DIAS([295]), resultava que a Assembleia da República

---

([287]) Neste sentido, cfr. JORGE MIRANDA, *Manual...*, Tomo V, 2.ª edição, 2000, pág. 228.

([288]) V., *supra*, o texto do presente número.

([289]) Para além dos autores já citados neste sentido, cfr., também, EDUARDO CORREIA e TAIPA DE CARVALHO, *Direito Criminal – III (2)...*, 1980, pág. 19; TERESA BELEZA, *Direito Penal*, 1.º vol., 2.ª edição, revista e actualizada, Lisboa, 1984, págs. 174, nota 166, 422 e 423, 452 e 453; bem como a posição actual de FIGUEIREDO DIAS in *Direito Penal..., Parte Geral II...*, 1993, pág. 694. Nem sempre foi essa, contudo, a posição do autor como resultará, *infra*, do texto do presente número.

([290]) Cfr. JORGE MIRANDA, *Manual...*, Tomo V, 2.ª edição, 2000, págs. 184 e segs..

([291]) A designação é nossa.

([292]) AFONSO QUEIRÓ, *Anotação*, R.L.J., Ano 114.º, 1981, pág. 244.

([293]) Cfr. AFONSO QUEIRÓ, *Anotação*, R.L.J., 1981, pág. 244.

([294]) É o que resulta do "desconto" que AFONSO QUEIRÓ acrescenta à sua própria construção. Cfr. AFONSO QUEIRÓ, *Anotação*, R.L.J., 1981, pág. 244.

([295]) Cfr. FIGUEIREDO DIAS, *Declaração de Voto*, in *Pareceres da Comissão Constitucional*, 8.º Volume, Lisboa, 1980, págs. 110 e segs..

não teria competência para amnistiar *"quaisquer infracções (...) para cuja criação, definição e sancionamento, em virtude do seu carácter militar, a competência lhe esteja subtraída. Nesta parte a competência para conceder amnistias cabe – e cabe em exclusivo – ao Conselho da Revolução"*([296]). Referia-se, o autor, ao artigo 148.º, n.º 1, alínea a), da versão originária da Constituição de 1976, segundo o qual, ao Conselho da Revolução, na "qualidade de órgão político e legislativo em matéria militar", competia "a) Fazer leis e regulamentos sobre a organização, o funcionamento e a disciplina das Forças Armadas". Assim, se esta matéria estava retirada da competência, quer da Assembleia da República, quer do Governo([297]), e atribuída apenas ao Conselho da Revolução, apenas este poderia ter o *"correspectivo"*([298]) poder de amnistiar. Daí resultaria, no entendimento de FIGUEIREDO DIAS, a inconstitucionalidade do artigo 1.º do Decreto da Assembleia da República n.º 205/I, de 24 de Abril de 1979([299]), uma vez que o mesmo amnistiava "infracções criminais e disciplinares de natureza política, incluindo as sujeitas ao foro militar", violando assim os artigos 148.º, n.º 1, alínea a), e 114.º, n.º 1, da Constituição de 1976, na sua versão original([300]). Esta posição, minoritária no seio da Comissão Constitucional, de FIGUEIREDO DIAS e CABRAL DE ANDRADE, viria a sofrer, por parte do primeiro destes autores, um ulterior esforço de explanação no âmbito de uma nova apreciação pela Comissão Constitucional desta mesma questão, agora no âmbito de uma fiscalização sucessiva concreta da Lei n.º 74/79, de 23 de Novembro, a que o Decreto *supra* citado tinha entretanto dado origem. Esclarece, então, FIGUEIREDO DIAS, que não colocara em causa a existência de uma competência reservada, e mesmo exclusiva, da Assembleia da República. O problema, segundo o autor, seria outro: "o de saber se uma tal competência reservada e exclusiva se move ou não estritamente dentro dos limites da própria competência da Assembleia da

---

([296]) FIGUEIREDO DIAS, *Declaração de Voto*, in *Pareceres...*, 8.º Volume, 1980, pág. 112.
([297]) Cfr. FIGUEIREDO DIAS, *Declaração de Voto*, in *Pareceres...*, 8.º Volume, 1980, pág. 112.
([298]) Cfr. FIGUEIREDO DIAS, *Declaração de Voto*, in *Pareceres...*, 8.º Volume, 1980, pág.113.
([299]) Num entendimento idêntico, cfr. AFONSO CABRAL DE ANDRADE, *Declaração de Voto*, in *Pareceres da Comissão Constitucional*, 8.º volume, Lisboa, 1980, pág. 105.
([300]) Cfr. FIGUEIREDO DIAS, *Declaração de Voto*, in *Pareceres...*, 8.º Volume, 1980, pág. 115.

República para a definição dos respectivos crimes"([301]). A resposta seria afirmativa([302]) pelo que o Conselho da Revolução, tendo competência exclusiva no âmbito militar *ex vi* do já nosso conhecido artigo 148.° da Constituição na versão originária, teria igualmente competência para amnistiar nessa mesma sede([303]). Mas não só, acrescentava ainda o autor que, tendo o próprio Governo competência (não reservada, mas concorrente com a da Assembleia) em "matéria contravencional e/ou contra-ordenacional"([304]), teria também "competência para amnistiar em matéria contravencional ou análoga"([305]), apenas com a diferença, segundo a qual, a competência amnistiante do Governo nesta matéria seria não exclusiva, mas concorrente com a do Parlamento, ao passo que a competência amnistiante do Conselho da Revolução, em sede militar, seria exclusiva([306]).

Quanto à segunda tese, defendida por AFONSO QUEIRÓ, importa sublinhar, como seu pressuposto fundamental, a incompatibilidade da amnistia com os princípios da igualdade, da divisão de poderes, da legalidade, "em suma, a uma concepção estrita do Estado de Direito"([307]), donde resultaria a excepcionalidade da consagração constitucional do respectivo instituto([308]). Assim, AFONSO QUEIRÓ, apesar de invocar a tradição constitucional republicana em sede de competência amnistiante([309]), restringe a reserva da competência da Assembleia da República ao domínio exterior ao direito penal administrativo. Ou seja, a competência para amnistiar crimes, segundo o autor, é exclusiva da Assembleia da República, não podendo, nem o Governo, nem o Conselho da Revolução, nem qualquer outro órgão exercê-la, desde logo, porque tendo o instituto da amnistia um carácter não substancialmente legislativo([310]), "Não há, por conseguinte, possibilidade de invocar, neste domínio, o princípio do paralelismo das competências para se concluir, a partir da existência de uma competência legislativa para definir infracções criminais ou contravencionais e cominar as competentes penas nas mãos de um órgão, pela subsistência de uma

---

([301]) FIGUEIREDO DIAS, *Declaração de Voto*, R.L.J., Ano 114.°, 1981, pág. 239.
([302]) Cfr. FIGUEIREDO DIAS, *Declaração de Voto*, R.L.J., 1981, págs. 239 e 240.
([303]) Cfr. FIGUEIREDO DIAS, *Declaração de Voto*, R.L.J., 1981, pág. 240.
([304]) FIGUEIREDO DIAS, *Declaração de Voto*, R.L.J., 1981, pág. 240.
([305]) FIGUEIREDO DIAS, *Declaração de Voto*, R.L.J., 1981, pág. 240.
([306]) Cfr. FIGUEIREDO DIAS, *Declaração de Voto*, R.L.J., 1981, pág. 240.
([307]) AFONSO QUEIRÓ, *Anotação*, R.L.J., 1981, pág. 243.
([308]) Cfr. AFONSO QUEIRÓ, *Anotação*, R.L.J., 1981, págs. 242 e 243.
([309]) Cfr. AFONSO QUEIRÓ, *Anotação*, R.L.J., 1981, pág. 243. V., ainda, o texto do presente número.
([310]) Cfr. AFONSO QUEIRÓ, *Anotação*, R.L.J., 1981, pág. 242.

correspondente prerrogativa de amnistia"([311]). Por outras palavras, apenas a Assembleia da República possui competência para a amnistia de crimes e isto não por força de um princípio do paralelismo de competências, o qual é negado por se tratar de "competências diferentes"([312]) e pelas consequências a que o mesmo conduziria ao nível da proliferação da atribuição de competência amnistiante a órgãos secundários([313]), mas por força – apenas e só – do então artigo 164.º, alínea f), da Constituição([314]). Já assim não seria, contudo, no "domínio do direito penal administrativo e, dentro deste, em especial, o do "direito de ordenação social"([315]) pois que neste "a competência para amnistiar constitui, em princípio, uma simples expressão da competência legislativa geral. Isto significa que cada órgão legislativo, nos termos e na medida em que pode legislar, pode conceder amnistias, não entrando em função para qualquer efeito, neste caso, a alínea f) do artigo 164.º da Constituição, pois não haverá então nenhuma intervenção de um órgão legislativo no domínio da função jurisdicional"([316]). Tal seria constitucionalmente admissível por não existir "consagrada na Constituição uma divisão de poderes estrita entre a Legislação e a Administração"([317]), termos em que as "leis de amnistia, no campo do ilícito, do procedimento e das penas administrativas, são, afinal de contas, "leis providência" ou "leis medida""([318]). Esta tese sofria, no entanto, de uma excepção: segundo AFONSO QUEIRÓ, "todas as vezes em que a lei institua um recurso contencioso de plena jurisdição de decisões de aplicação de sanções administrativas, de tal maneira que os tribunais do contencioso administrativo sejam autorizados a substituir a sua decisão punitiva à que foi contenciosamente impugnada, a amnistia das penas administrativas assim jurisdicionalmente aplicadas traduzir-se-á no aniquilamento de actos jurisdicionais e terá, portanto, de basear-se na alínea f) do artigo 164.º da Constituição, sendo, consequentemente, da competência exclusiva da Assembleia da República"([319]). "Feito este desconto"([320]), concluía, o

---

([311]) AFONSO QUEIRÓ, Anotação, R.L.J., 1981, págs. 242 e 243.
([312]) AFONSO QUEIRÓ, Anotação, R.L.J., 1981, pág. 243.
([313]) Cfr. AFONSO QUEIRÓ, Anotação, R.L.J., 1981, pág. 243.
([314]) Cfr. AFONSO QUEIRÓ, Anotação, R.L.J., 1981, pág. 243.
([315]) AFONSO QUEIRÓ, Anotação, R.L.J., 1981, pág. 244.
([316]) AFONSO QUEIRÓ, Anotação, R.L.J., 1981, pág. 244.
([317]) AFONSO QUEIRÓ, Anotação, R.L.J., 1981, pág. 244.
([318]) AFONSO QUEIRÓ, Anotação, R.L.J., 1981, pág. 244.
([319]) AFONSO QUEIRÓ, Anotação, R.L.J., 1981, pág. 244.
([320]) AFONSO QUEIRÓ, Anotação, R.L.J., 1981, pág. 244.

autor, que Assembleia da República e Governo possuem "competência paralela para conceder amnistias no domínio geral do direito penal administrativo e no especial do direito de ordenação social"([321]). Mais ainda, as próprias Assembleias Regionais, bem como a Assembleia Legislativa e o Governador do território de Macau, teriam competência para conceder amnistias "nos termos em que lhes seja lícito legislar nos domínios da definição do ilícito e da responsabilidade penal administrativa e para o âmbito territorial a que se estende o seu respectivo poder legislativo"([322]). Finalmente, o Conselho da Revolução, "cabendo-lhe legislar sobre a disciplina das Forças Armadas, pode conceder amnistias de infracções, procedimentos e sanções disciplinares. Mais do que isso: o Conselho da Revolução tem competência exclusiva neste capítulo"([323]).

V – O que pensar destas duas construções? Quanto à tese sustentada por FIGUEIREDO DIAS no seio da Comissão Constitucional([324]), pensamos que não poderá proceder. Não que isto signifique a nossa rejeição, em teoria, da *Spiegelkompetenz*, para utilizar o expressivo vocábulo proposto por SCHÄTZLER ([325]). Antes pelo contrário, consideramos essa mesma teoria, se convenientemente estruturada, de muita utilidade para determinar a competência amnistiante, mas apenas ali onde a Constituição omita a solução do problema. Não é por acaso, com efeito, que esta teoria foi desenvolvida, particularmente, na Alemanha([326]). A razão de ser deste facto tem uma razão muito simples: a Constituição de Bona não atribui expressamente qualquer tipo de competência amnistiante. Daí que a doutrina do pós-Guerra se tenha confrontado com a necessidade da determinação de um critério com base no qual se pudesse determinar a competência amnistiante. Ora, decididamente, não é esse o nosso caso. A Constituição de 1976 regulou sempre a atribuição da amnistia no seio da competência política e legislativa da Assembleia da República. *Ergo*, e inequivocamente – por respeito à definição constitucional da competência – não distinguindo o legislador constituinte entre amnistia para infracções criminais e amnistia

---

([321]) AFONSO QUEIRÓ, *Anotação*, R.L.J., 1981, págs. 244 e 245.
([322]) AFONSO QUEIRÓ, *Anotação*, R.L.J., 1981, pág. 245.
([323]) AFONSO QUEIRÓ, *Anotação*, R.L.J., 1981, pág. 245.
([324]) Cfr. as já citadas Declarações de Voto do autor.
([325]) Cfr. SCHÄTZLER, *Handbuch des Gnadenrechts...*, 2. neuarbeitete und erweiterte Auflage, 1992, pág. 211.
([326]) Ainda que nem toda a doutrina a apelide, expressamente, com aquela designação.

para qualquer outro tipo de infracções, a competência constitucional para conceder qualquer tipo de amnistia reside, exclusivamente, como já o adiantámos([327]), no Parlamento. Como já dissemos([328]), e recorrendo, agora, às palavras da Comissão Constitucional, "Aliás, a este respeito, a actual Lei Fundamental *não inovou*. Limitou-se a reproduzir o que, nesta matéria, estipulavam as normas das mais recentes Constituições"([329]), a saber os nossos já conhecidos artigos 26.º, n.º 18, da Constituição de 1911 e 91.º, n.º 10, da Constituição de 1933([330]). O que sucede é que a posição *supra* citada desrespeita o artigo 161.º, alínea f), da Constituição, ao contrário do que pretende FIGUEIREDO DIAS, pois se este preceito se move "estritamente dentro dos limites da própria competência da Assembleia da República para a definição dos respectivos crimes"([331]), então o mesmo é dizer que este artigo seria inútil! E isto porque aquele artigo não prevaleceria sobre o artigo 148.º da versão originária da Constituição([332]), nem sobre o artigo 198.º, n.º 1 a), da Constituição([333]). Quanto muito, a sua relevância poderia resultar da prevalência em face dos arts. 167.º, alínea e), e 168.º, n.º 1, da versão originária – então, vigente – da Constituição. Ou seja, no domínio da atribuição de competência legislativa reservada da A.R. – em matéria criminal excluído o domínio militar – dir-se-ia que aí poderia haver uma competência amnistiante exclusiva do Parlamento, não se admitindo, por conseguinte, o exercício da concessão de amnistias pelo Governo através de uma autorização legislativa. Apesar de o ilustre Professor não o dizer expressamente, julgamos ser esta a sua intenção quando resumia a competência governamental amnistiante ao domínio da competência concorrente com a da Assembleia([334]). Mas, se assim é, coloca-se aqui uma nova crítica ao pensamento do autor: a contradição do seu pensamento. É que – e concordamos neste ponto com a objecção de AFONSO QUEIRÓ – o "princípio do paralelismo das competências levar-nos-ia, por outro lado, na sua lógica, a admitir que, assim como a Assembleia da República pode autorizar o Governo a legislar sobre definição de crimes e

---

([327]) V., *supra*, o texto do presente número.
([328]) V., *supra*, o texto do presente número.
([329]) Acórdão da Comissão Constitucional, de 20 de Novembro de 1980, R.L.J., 1981, pág. 237.
([330]) V., *supra*, o texto do presente número.
([331]) FIGUEIREDO DIAS, *Declaração de Voto*, R.L.J., 1981, pág. 239.
([332]) Cfr. FIGUEIREDO DIAS, *Declaração de Voto*, R.L.J., 1981, pág. 240.
([333]) Cfr. FIGUEIREDO DIAS, *Declaração de Voto*, R.L.J., 1981, pág. 240.
([334]) Cfr. FIGUEIREDO DIAS, *Declaração de Voto*, R.L.J., 1981, pág. 240.

penas, também, paralelamente, haverá de poder autorizá-lo a legislar sobre amnistia desses mesmo crimes e penas"(335), não sendo essa, contudo, a posição de FIGUEIREDO DIAS. Donde, cumpria então indagar o porquê desta construção dual: a afirmação, em regra, do princípio do paralelismo de competências, mas a cedência implícita deste no âmbito da competência dos artigos 167.º, alínea e), e 168.º, n.º 1, da versão originária da Constituição – actual artigo 168.º, n.º 1, alínea c) – ao não se admitir, implicitamente, que o Governo pudesse nesse domínio conceder uma amnistia, mediante autorização legislativa. Daqui resulta a incongruência do pensamento do autor nesta matéria, derivada, no fundo, da impossibilidade em articular racionalmente um sentido útil a atribuir ao artigo 161.º, n.º 1, alínea f), da Constituição(336) com o princípio do paralelismo de competências.

VI – Já quanto à tese de AFONSO QUEIRÓ, salvo melhor opinião, e com o devido respeito, ela conforma um entendimento totalmente incongruente. O autor preocupa-se, com efeito, em afirmar a impossibilidade de invocação – no domínio das leis de amnistia – do princípio do paralelismo das competências porque as competências seriam, como vimos, diferentes(337). Ou seja, a Assembleia da República, *ex vi* do originário artigo 164.º, alínea f), da Constituição, teria competência reservada na concessão de amnistias. Até este ponto a nossa interpretação coincide com a de AFONSO QUEIRÓ, mas apenas quanto a este resultado. Simplesmente, acrescenta o autor que no "direito penal administrativo e, dentro deste, em especial, o do "direito de ordenação social""(338), a competência para amnistiar constitui, em princípio, uma simples expressão da competência legislativa geral. Ou seja, qualquer órgão legislativo poderia conceder amnistias, não operando aqui o artigo 164.º, alínea f), da Constituição, "pois não haverá então nenhuma intervenção de um órgão legislativo no domínio da função jurisdicional"(339). Ora, esta interpretação não tem qualquer tipo de justificação constitucional. O autor não demonstra – nem aliás alguma vez o poderia fazer – que a *ratio* da atribuição constitucional amnistiante ao Parlamento se restringe a uma intervenção excepcional de um órgão legis-

---

(335) AFONSO QUEIRÓ, *Anotação*, R.L.J., 1981, pág. 243.
(336) V. o n.º 3 do artigo 9.º do Código Civil.
(337) V., *supra*, o texto do presente número.
(338) AFONSO QUEIRÓ, *Anotação*, R.L.J., 1981, pág. 244.
(339) AFONSO QUEIRÓ, *Anotação*, R.L.J., 1981, pág. 244.

lativo no domínio da função jurisdicional([340]). Mais ainda, para o domínio do direito penal administrativo e, particularmente, no campo do direito de mera ordenação social, haveria uma "competência paralela"([341]). A contradição é flagrante e completa: num primeiro momento, a amnistia, respeitando a um acto político plural([342]) – e não a um acto materialmente legislativo –, nunca poderia consubstanciar uma competência paralela à da definição de crimes, pois, esta sim, seria materialmente legislativa, termos em que a inexistência da expressa atribuição constitucional daquela determinaria inclusive que "tal instituto fora eliminado do nosso Direito"([343]); mas, contra tudo isto, num segundo momento – precisamente no domínio do direito penal administrativo – já a competência para amnistiar seria uma competência legislativa regulada não pelo então artigo 164.º, alínea f), da Constituição, mas pelos preceitos constitucionais que atribuíssem a correlativa competência para definição do ilícito de mera ordenação social, valendo, por outras palavras, o princípio do paralelismo das competências. Em suma, AFONSO QUEIRÓ sacrifica o instituto da amnistia no altar do princípio da separação de poderes – considerando excepcional o então artigo 164.º, alínea f), da Constituição – para fazê-lo renascer, de pleno, no domínio do ilícito de mera ordenação social. Admitindo, por breves instantes, que assim é, então fica por demonstrar o porquê da ressurreição, naquele último domínio, do princípio do paralelismo de competência; por outras palavras, através de que milagre se operou a conversão da competência amnistiante de "diferente" em "idêntica" em face da competência definidora do ilícito respectivo? E isto é tão mais insólito porquanto o autor baseara a "diferença" da competência amnistiante no facto de esta não ser genérica no sentido de inexistir a possibilidade de uma série indeterminada de aplicações no futuro([344]); em suma, pelo facto de as amnistias, "pela natureza das coisas"([345]), se aplicarem a factos passados. Por

---

([340]) V., *infra*, n.º 5.1.3.
([341]) AFONSO QUEIRÓ, *Anotação*, R.L.J., 1981, pág. 244.
([342]) Cfr. AFONSO QUEIRÓ, *Lições de Direito Administrativo*, Vol. I, Coimbra, 1976, pág. 94, nota 1.
([343]) AFONSO QUEIRÓ, *Anotação*, R.L.J., 1981, pág. 243.
Afirmando que, caso a Constituição não atribuísse expressamente a competência amnistiante à Assembleia da República, a concessão de amnistias seria "contestável à luz do princípio da divisão de poderes", v. JORGE REIS NOVAIS, *Separação de Poderes e Limites da Competência Legislativa da Assembleia da República*, Lisboa, 1997, pág. 29.
([344]) Cfr. AFONSO QUEIRÓ, *Anotação*, R.L.J., 1981, pág. 242.
([345]) AFONSO QUEIRÓ, *Anotação*, R.L.J., 1981, pág. 242.

isso, não seriam materialmente legislativas. Mas, se assim fosse, o mesmo sucederia com a amnistia de contra-ordenações: também esta se aplicará apenas a factos passados, não sendo genérica no sentido postulado pelo autor. Ora, se assim é, então não poderia AFONSO QUEIRÓ ter defendido, neste domínio, o princípio do paralelismo das competências, porque – no rigor da sua construção – também aqui elas seriam "diferentes". Uma crítica adicional merece esta construção: é que, como vimos[346], haveria, ainda, uma excepção, no domínio do direito penal administrativo, nele fazendo renascer o império da reserva parlamentar do originário artigo 164.º, alínea f), da Constituição. Na verdade, abandonar-se-ia o princípio do paralelismo das competências, e regressar-se-ia, de novo, ao domínio excepcional da Assembleia no âmbito da amnistia das "penas administrativas (...) jurisdicionalmente aplicadas"[347] na sequência de um recurso contencioso de plena jurisdição/impugnação judicial[348] da sanção administrativa, pois que a sua amnistia traduz-se "no aniquilamento de actos jurisdicionais"[349]. Neste ponto, esta tese é radicalmente disfuncional, sendo mesmo potenciadora de desigualdades materiais se, na sua lógica interna, fosse conduzida às últimas consequências.

Senão, vejamos o seguinte exemplo:

O Governo, no exercício da sua competência amnistiante paralela à da definição do ilícito contra-ordenacional, aprovaria um Decreto-Lei x que amnistiaria o ilícito de mera ordenação social y.

Na sub-hipótese A, teríamos que o Governo não operaria qualquer distinção, no seu diploma, quanto à sua aplicação a coimas jurisdicionalmente aplicadas. Se assim for, resultaria da tese em apreço que o Decreto--Lei x seria inconstitucional, orgânica e formalmente, quanto às coimas jurisdicionalmente aplicadas, não as podendo, por conseguinte, destruir.

Na sub-hipótese B, o Governo afastaria, da aplicação do seu diploma, as coimas jurisdicionalmente aplicadas. Na tese em apreço não haveria qualquer inconstitucionalidade.

Ora, resulta daquilo que defendemos no parágrafo 3.º do presente estudo[350] a violação flagrante do princípio da igualdade que estas soluções implicariam. Em ambas as sub-hipóteses do nosso exemplo, teríamos

---

[346] V., *supra*, o texto do presente número.
[347] AFONSO QUEIRÓ, *Anotação*, R.L.J., 1981, pág. 244.
[348] Cfr. AFONSO QUEIRÓ, *Anotação*, R.L.J., 1981, pág. 244.
[349] AFONSO QUEIRÓ, *Anotação*, R.L.J., 1981, pág. 244.
[350] V., *supra*, n.ºs 3.1.1. e 3.1.2.

que o Decreto-Lei x aproveitaria às coimas administrativamente aplicadas, mas não já, aquelas que fossem determinadas como resultado de uma impugnação judicial. Ora, já tivemos a oportunidade de o defender, pelo que remetemos para os fundamentos então aduzidos([351]), uma decisão jurisdicional no domínio sancionatório não contém em si valor suficiente para afastar o princípio da igualdade, tendo em conta a natureza *sui generis* do caso julgado penal. O critério para a aplicação de uma amnistia não poderá, por conseguinte, deixar de ser o do *tempus delicti*. Ora, para factos cometidos durante o mesmo período temporal amnistiado operar-se-ia uma destrinça arbitrária, porque injustificada, uma vez que os mesmos seriam materialmente idênticos; dito de outro modo, tratar-se-ia de modo desigual situações materialmente idênticas. Daí a inadmissibilidade constitucional desta tese também na parte em que determina uma competência amnistiante do Governo e das Assembleias Legislativas Regionais delimitada não apenas pela matéria, mas ainda pela circunstância, adicional e arbitrária, da não verificação da aplicação jurisdicional de uma sanção administrativa na sequência de uma impugnação judicial.

VII – Concluímos como começámos a interpretação da atribuição da competência amnistiante em face da Constituição de 1976: a Assembleia da República tem competência exclusiva na concessão de amnistias, independentemente da natureza do ilícito beneficiado. Só esta interpretação – aliás coincidente com a da nossa jurisprudência constitucional([352]) – empresta sentido útil ao artigo 161.º, alínea f), da Constituição, bem como aos seus dois antecedentes históricos. Termos em que, não afastando a natureza também legislativa da amnistia e, por conseguinte, a própria ideia da *Spiegelkompetenz*, somos levados a reconhecer que esta última se encontra, entre nós, prejudicada pela expressa atribuição constitucional exclusiva – como tivemos oportunidade de expor – da competência amnistiante ao Parlamento.

VIII – Atente-se, ainda, no facto de esta atribuição de competência ao Parlamento se encontrar negativamente delimitada pela competência presidencial da concessão de indultos([353]).

([351]) V., *supra*, n.ºs 3.1.1. e 3.1.2.

([352]) Cfr., entre outros, os já citados Parecer n.º 13/79 da Comissão Constitucional in *Pareceres...*, 8.º Volume, 1980, págs. 99 e segs.; e Acórdão da Comissão Constitucional de 20 de Novembro de 1980 in R.L.J., 1981, págs. 233 e segs..

([353]) V., *infra*, n.º 5.1.3.

IX – Uma nota, ainda, para responder à seguinte questão: *Quid juris* se a nossa Constituição omitisse qualquer referência ao instituto da amnistia? Resulta das considerações levadas a cabo no presente número que, a competência seria atribuída *ex vi* do paralelismo face à competência legislativa para definir os ilícitos e suas respectivas sanções. O fundamento dogmático desta resposta assenta na não contrariedade – por natureza – da amnistia em face dos princípios próprios de um Estado de Direito([354]). Assim, e a título de exemplo, teríamos que a competência para a amnistia criminal caberia à Assembleia da República – artigo 165.º, n.º 1, alínea c), da Constituição – ou ao Governo, mediante uma autorização legislativa, de acordo com o mesmo preceito constitucional, enquanto a competência para a amnistia contra-ordenacional caberia ao Parlamento – artigo 161.º, alínea c); ao Governo – artigo 198.º, n.º 1, alínea a); e às Assembleias Legislativas Regionais dos Açores e da Madeira – artigos 227.º, n.º 1, alínea q) e 232.º, n.º 1, todos da Constituição.

Não deixa de ser curioso analisar que, perante esta questão, as respostas tendem a ser opostas em dois ordenamentos jurídicos que nos são próximos: o alemão e o espanhol.

Quanto ao primeiro, já deixámos antecipar a admissibilidade do instituto da amnistia que nele impera. Isto é, o silêncio constitucional sobre o instituto não é tido como sinónimo de rejeição constitucional do mesmo. Antes pelo contrário, rege o entendimento da sua admissibilidade, sendo a atribuição da respectiva competência normalmente repartida entre o poder federal e os *Länder*. De acordo com a competência para regular o direito penal material (nomeadamente a definição de crimes), se irá determinar a competência amnistiante. Assim, tratando-se de competências concorrentes – artigo 74.º (1) 1 *Grundgesetz* –, "Enquanto a Federação [*Bund*] tenha emitido leis de direito penal material, ela pode amnistiar. Enquanto os *Länder* no seu espaço livre restante (…) tenham emitido leis de direito penal estadual [*Landesstrafrecht*] poderão também eles amnistiar"([355])([356]).

([354]) V., *infra*, n.ºs 5.1.2., 5.2., bem como o parágrafo 9.º do presente estudo.

([355]) SCHÄTZLER, *Handbuch des Gnadenrechts*…, 2. neuarbeitete und erweiterte Auflage, 1992, pág. 211. No mesmo sentido, cfr. MARXEN, *Rechtliche*…, 1984, págs. 21 e segs..

([356]) Nunca poderá um Parlamento de um *Länder* amnistiar factos penalmente sancionados pelo direito federal. Relativamente a tais factos, como refere MARXEN, "somente o legislador federal tem o direito de conceder uma amnistia" (*Rechtliche*…, 1984, pág. 24).

Sobre a crítica à posição do Tribunal Constitucional Federal alemão em sede de determinação da natureza da competência amnistiante – nomeadamente processual ou análoga – v., por todos, MARXEN, *Rechtliche*…, 1984, págs. 22 e segs..

SCHÄTZLER refere-se, neste ponto, claro está, ao disposto no artigo 72.º (1) da Constituição de Bona, preceito que regula, conjuntamente com os restantes números daquele artigo – especialmente o seu n.º 2 relativo à necessidade da regulação federal –, o exercício das competências concorrenciais entre a Federação e os *Länder*. Já o indulto (*Begnadigung*) é atribuído, no domínio federal, pelo Presidente Federal (*Bundespräsident*) como resulta do artigo 60.º (2) da Lei Fundamental alemã.

Diferentemente, em Espanha, o silêncio da Constituição de 1978 relativamente à competência amnistiante tem sido objecto de entendimento bem menos consensual. O problema é, aparentemente, mais complexo no texto constitucional espanhol pelo teor do seu artigo 162.º I), alínea i), que, concedendo ao Rei competência para o exercício do direito de graça com respeito pela lei, proíbe, expressamente, o monarca de "autorizar indultos gerais". Deste preceito até à afirmação da proibição constitucional da amnistia, bastou um pequeno passo. COBO DEL ROSAL e VIVES ANTÓN afirmam, a este propósito, que devendo também a Constituição ter proibido expressamente a amnistia, a verdade é que, "se os indultos gerais estão constitucionalmente proibidos, com muito maior razão deve entender-se proibida a amnistia"([357]). Quando muito, ainda segundo estes autores, estaria permitida a concessão de amnistias pelas Cortes, por via legislativa, hipótese que acabam por afastar, quer por comparação com o facto de a Constituição espanhola de 1931 proibir os indultos gerais e atribuir a competência amnistiante ao Parlamento – contrapondo esse regime ao silêncio da Constituição de 1978 –, quer pelo facto de o artigo 130.º do Código Penal de 1995 omitir qualquer referência à amnistia como causa de exclusão da pena ou da extinção da responsabilidade criminal, ao contrário do que ocorria com o revogado artigo 112.º, n.º 3, da anterior codificação penal. Daqui concluem que a discussão em torno da admissibilidade da amnistia "já carece de toda a vigência"([358]). Esta posição encontra o seu fundamento no preconceito, de fundo, que os seus autores nutrem pelo instituto em estudo: tanto a amnistia como o indulto geral não seriam mais que "expressão aguda da "má consciência" na legislação e

---

([357]) COBO DEL ROSAL e VIVES ANTÓN, *Derecho Penal, Parte General*, 5.ª Edición corregida, aumentada y actualizada, Valencia, 1999, pág. 952.

Tese defendida também por OBREGÓN GARCÍA in *La Responsabilidad Criminal de los mienbros del Gobierno: análisis del artículo 102 de la Constitución española*, Madrid, 1996, pág. 143, nota 276.

([358]) COBO DEL ROSAL e VIVES ANTÓN, *Derecho Penal...*, 5.ª Edición corregida, aumentada y actualizada, 1999, pág. 953.

justiça penais. Nesse sentido, constituem a mais flagrante negação do Direito penal vigente, pois, em regra, é a própria lei que desempenha essa função negadora. (...) A doutrina penal revelou verdadeira repugnância por ambos os institutos, e não há dúvida que nem a amnistia, nem o indulto geral, deveriam subsistir numa correcta concepção do Estado de Direito"[359].

Parece-nos mais consistente[360] a tese que configura a amnistia não como uma prerrogativa arbitrária de perdão, mas como um poder inerente ao poder legislativo do Parlamento[361]. Sobre esta matéria, as palavras de MIR PUIG parecem inclusive apontar no sentido do princípio do paralelismo de competências já nosso conhecido[362]: "Mas é difícil negar ao *Parlamento* a possibilidade do que, em definitivo, se pode entender como uma forma de legislação derrogatória[363], com efeitos retroactivos e temporais, de normas penais que o próprio Parlamento pode aprovar e derrogar definitivamente"[364]. Parece-nos, em suma, exacta a interpretação de MIR PUIG quanto à *ratio* da proibição constitucional da concessão régia de indultos gerais. Na sua feliz expressão, o que talvez pretenda obstar "a proibição dos indultos gerais (...) é que o Poder Executivo, a que hoje se atribui a concessão de indultos, possa decidir com carácter geral a concessão da graça"[365], daqui resultando que a amnistia seria constitucionalmente admissível, podendo ser concedida "por meio de Lei, Decreto--Lei ou Decreto Legislativo"[366].

---

[359] COBO DEL ROSAL e VIVES ANTÓN, *Derecho Penal...*, 5.ª Edición corregida, aumentada y actualizada, 1999, pág. 951.

[360] V., *supra*, o texto do presente número.

[361] Cfr., neste sentido, BLANCA LOZANO, *El indulto y la amnistia ante la Constitución*, in *Estudos sobre la Constitución Española*, *Homenage al Professor Eduardo Garcia de Enterria*, Tomo II, *De los Derechos y Deberes Fundamentales*, Madrid, 1991, pág. 1039 (é a interpretação, também, do Tribunal Constitucional espanhol vertida no aresto 63/1983 de 20 de Julho [cfr. a mesma fonte]); LANDROVE DÍAZ, *Las Consecuencias Jurídicas del Delito*, cuarta edición, revisada y puesta al dia en colaboración con Maria Dolores Fernández Rodríguez, Madrid, 1996, pág. 137.

[362] V., *supra*, o texto do presente número.

[363] Não é esse o nosso entendimento. Como vimos, a previsão incriminatória permanece intocada. V., *supra*, n.º 2.4.

[364] MIR PUIG, *Derecho Penal...*, 6.ª edición, 2002, pág. 731.

[365] MIR PUIG, *Derecho Penal...*, 6.ª edición, 2002, pág. 731. É a interpretação também do Tribunal Constitucional espanhol vertida no aresto 63/1983, de 20 de Julho (cfr. BLANCA LOZANO, *El indulto...*, in *Estudos...*, Tomo II, 1991, pág. 1037).

[366] MIR PUIG, *Derecho Penal...*, 6.ª edición, 2002, pág. 731.

X – Por fim, importa referir que nada parece obstar a que uma amnistia seja, de igual modo, concedida por fonte convencional. O nosso Tribunal Constitucional, muito estranhamente, afirma, contudo, interrogando-se quanto à questão de saber se não se poderá estabelecer "uma amnistia por tratado internacional"[367], que quanto a "crimes de direito internacional público não há precedente"[368]. Ora, esta afirmação contraria, desde logo, aquele que constitui um exemplo de escola de uma amnistia pacificadora de direito internacional: referimo-nos, claro está, à amnistia da Paz de Westfália[369]. Nada obsta, na realidade, à inclusão de uma amnistia no âmbito de um tratado internacional.

Assim, será competente para aprovar uma convenção internacional amnistiante apenas e só a Assembleia da República nos termos do artigo 161.º, alínea i), da Constituição: desde logo a disposição amnistiante poderá estar incluída num dos tratados que expressamente são elencados na primeira parte deste normativo – por exemplo, num tratado de paz –, podendo ainda constar de uma outra convenção internacional uma vez que versa matéria da competência reservada do Parlamento. Excluída se encontra, por este último motivo, a competência de aprovação do Governo, como flui, também, do artigo 197.º, n.º 1, alínea c), da Constituição. Em qualquer dos casos, deparamo-nos com matérias que, na expressão de JORGE MIRANDA, "integram uma reserva – necessariamente absoluta – de aprovação parlamentar de convenções internacionais"[370].

Aqui chegados, cumpre apenas determinar a forma de tais convenções. Quando a amnistia se encontre inserida numa convenção referida na primeira parte da alínea i) do artigo 161.º da Constituição, não restarão dúvidas sobre a necessidade do recurso a um tratado internacional: é a própria Lei Fundamental que, expressamente, o impõe[371]. O problema coloca-se, porém, quando estiver em causa a segunda parte do mesmo preceito, na qual é utilizado o vocábulo "acordos internacionais". Não nos parece que deva ser essa a forma que deverá revestir uma convenção internacional que verse sobre matérias da competência exclusiva do

---

[367] Ac. do T.C., n.º 510/98, ACÓRDÃOS DO TRIBUNAL CONSTITUCIONAL, 40.º Volume, 1998, pág. 198.

[368] Ac. do T.C., n.º 510/98, ACÓRDÃOS DO TRIBUNAL CONSTITUCIONAL, 40.º Volume, 1998, pág. 198.

[369] A mero título de exemplo, cfr. SÜB, Studien..., SÖR 852, 2001, pág. 182.

[370] JORGE MIRANDA, Direito Internacional Público – I, Substituições e aditamentos, Lisboa, 2000, pág. 24.

[371] Neste sentido, cfr. JORGE MIRANDA, Direito Internacional..., 2000, pág. 24.

Parlamento. Perfilhamos, neste ponto, a posição de JORGE MIRANDA(³⁷²). Com efeito, não só a enumeração apresentada naquela primeira parte é exemplificativa (como resulta do advérbio "designadamente")(³⁷³), como se o Governo pudesse optar livremente pela forma de tratado ou de acordo, a alínea i) do artigo 161.º "degradar-se-ia a uma espécie de norma em branco"(³⁷⁴) por a Assembleia ficar na "disponibilidade do Governo estabelecer, caso a caso, quais as convenções (aquelas a que ele desse a forma de tratado) que lhe competiria aprovar…"(³⁷⁵). Assim, não cremos que a alteração operada pela segunda revisão constitucional – ao substituir a expressão tratados pela de convenções(³⁷⁶) – possa significar essa livre escolha por parte do Governo. Continua, bem pelo contrário, a fazer sentido, a distinção "entre tratado e acordo"(³⁷⁷): no crivo de JORGE MIRANDA, "quando estejam em causa opções políticas primárias, quando a nível interno tivesse de haver uma decisão legislativa, deve preferir-se a forma de tratado"(³⁷⁸). Mais explicitamente, sendo a concessão de amnistias uma matéria da competência exclusiva do Parlamento, a única forma admissível de convenção internacional – à face da nossa Constituição – será a de tratado(³⁷⁹). Como conclui JORGE MIRANDA, apenas no caso de matéria de reserva relativa de competência (não é esse o caso da amnistia)(³⁸⁰), poderia o Governo optar por um acordo em forma simplificada(³⁸¹), sendo a respectiva competência de aprovação, não obstante, parlamentar(³⁸²).

(³⁷²) Cfr. JORGE MIRANDA, *Direito Internacional…*, 2000, págs. 24 e segs., particularmente, págs. 28 e 29.
(³⁷³) Neste sentido, cfr. JORGE MIRANDA, *Direito Internacional…*, 2000, pág. 24.
(³⁷⁴) JORGE MIRANDA, *Direito Internacional…*, 2000, pág. 24.
(³⁷⁵) JORGE MIRANDA, *Direito Internacional…*, 2000, pág. 24.
(³⁷⁶) Antes de a quarta revisão constitucional fixar, na actual redacção, a expressão "acordos internacionais". Sobre o significado da segunda e quarta revisões constitucionais neste domínio, v., por todos, a síntese de JORGE MIRANDA in *Direito Internacional…*, 2000, págs. 25 e 28.
(³⁷⁷) JORGE MIRANDA, *Direito Internacional…*, 2000, pág. 28.
(³⁷⁸) JORGE MIRANDA, *Direito Internacional…*, 2000, pág. 28.
(³⁷⁹) Neste sentido, cfr. JORGE MIRANDA, *Direito Internacional…*, 2000, pág. 29.
(³⁸⁰) Como vimos, *supra*, no texto do presente número.
(³⁸¹) Cfr. JORGE MIRANDA, *Direito Internacional…*, 2000, pág. 29.
(³⁸²) Como resulta do já mencionado conteúdo da segunda parte da alínea i) do artigo 161.º da Constituição.

4.1.2. Da competência para o enquadramento da concessão de amnistias

I – A doutrina não refere mais do que a competência para a concessão de amnistias. Ora, a discussão que propomos introduzir, com a brevidade que o tempo nos impõe, respeita à análise de uma questão que se situa, necessariamente, a montante daquela constelação problemática: a competência para o estabelecimento do enquadramento da concessão de amnistias.

Antes de mais, cumpre esclarecer o domínio de que tratamos: o das leis reforçadas([383]). E, no âmbito destas, não das leis reforçadas pelo procedimento, mas das leis reforçadas em razão da sua parametricidade material([384])([385]). Ainda mais concretamente, de uma lei de enquadramento, entendendo por esta uma lei que, para além de ditar directrizes materiais ao conteúdo de outras leis([386]), fixa regras sobre a produção das mesmas([387]).

([383]) A primeira teorização da figura, entre nós, deveu-se ao labor de GOMES CANOTILHO no seu estudo *A Lei do Orçamento na Teoria da Lei*, in *Estudos em Homenagem ao Prof. Doutor J. J. Teixeira Ribeiro*, Vol. II, Iuridica, Coimbra, 1979, págs. 558 e segs., 582 e 583. Apenas na 2.ª revisão constitucional (1989), o conceito viria a ser recepcionado na Lei Fundamental através das redacções então introduzidas no n.º 2 do artigo 115.º, na alínea a) do n.º 2 do artigo 280.º e na alínea b) do n.º 1 do artigo 281.º.

Sobre a temática das leis reforçadas, v., por todos, BLANCO DE MORAIS, *As Leis Reforçadas. As leis reforçadas pelo procedimento no âmbito dos critérios estruturantes das relações entre actos legislativos*, Coimbra, 1998.

([384]) Quanto à distinção entre estas categorias, também designadas por leis reforçadas em sentido "próprio" e "impróprio", v., por todos, BLANCO DE MORAIS, *As Leis...*, 1998, págs. 662 e segs..

([385]) Note-se, em bom rigor, que são estas leis reforçadas em razão da sua parametricidade material (ou *leis de valor reforçado em razão da função*, na terminologia de PAULO OTERO in *Revisão Constitucional de 1997, Sistema de Actos Legislativos*, *Opinião*, C.C.L., N.º 19/20, 1997, págs. 129 e 130) que emprestam algum interesse dogmático à figura das leis reforçadas (neste sentido, cfr. PAULO OTERO, *Revisão...*, C.C.L., 1997, pág. 130), tendo aliás sido precisamente em torno delas que GOMES CANOTILHO iniciou a sua teorização (cfr. *A Lei...*, in *Estudos...*, Vol. II, 1979, págs. 543 e segs., 582 e 583).

([386]) Cfr. BLANCO DE MORAIS, *As Leis...*, 1998, pág. 648.

([387]) Cfr. BLANCO DE MORAIS, *As Leis...*, 1998, pág. 648; JORGE MIRANDA, *Manual...*, Tomo V, 2.ª edição, 2000, pág. 377.

Semelhante lei, a existir, consubstanciaria um fenómeno de auto-vinculação parlamentar([388]): "a lei-sujeito não pode ser revogada pela lei--objecto"([389]), termos em que, a Assembleia da República teria de alterar linearmente a primeira, "de forma a compatibilizá-la "a-priori" com uma segunda que venha a ser subsequentemente emitida"([390]).

Esta possibilidade, cumpre dizê-lo, aflorou no nosso espírito com o advento da quarta revisão constitucional (1997): anteriormente ao início da vigência do texto constitucional assim revisto, teria sido difícil([391]) defender a possibilidade da existência de semelhante lei de valor reforçado. De qualquer modo, a questão que ora suscitamos, por muitos julgada, seguramente, de mera excentricidade teórica, é, segundo cremos, uma consequência da muito criticada modificação então operada([392]) no actual artigo 112.º da Lei Fundamental.

II – Mas, poderá existir, à luz da actual Constituição, semelhante lei com valor reforçado? A doutrina, embora não respondendo expressamente à questão da amnistia, tende a concluir negativamente: a isso conduziria o texto do n.º 3 do artigo 112.º da Constituição. Segundo esse preceito, têm valor reforçado as leis que "por força da Constituição" sejam "pressuposto normativo necessário" de outras leis. Por outras palavras, segundo BLANCO DE MORAIS, apesar da abertura do conceito de lei-quadro([393]), "os pressupostos de inclusão de normas legais inominadas nesta categoria deverão

---

([388]) Cfr. BLANCO DE MORAIS, *As Leis...*, 1998, pág. 670.
([389]) BLANCO DE MORAIS, *As Leis...*, 1998, pág. 670.
([390]) BLANCO DE MORAIS, *As Leis...*, 1998, pág. 670.
([391]) Mas não impossível num contexto de secundarização da qualificação conceptual legislativa como aquele que é defendido, com razão, por PAULO OTERO in *Revisão...*, C.C.L., 1997, pág. 130.
([392]) Sobre o impacto da revisão constitucional de 1997 no conceito de leis de valor reforçado, v. BLANCO DE MORAIS, *Revisão Constitucional de 1997, Sistema de Actos Legislativos*, *Opinião*, C.C.L., N.º 19/20, 1997, págs. 25 e segs.; GOMES CANOTILHO, *Revisão Constitucional de 1997, Sistema de Actos Legislativos*, *Opinião*, C.C.L., N.º 19/20, 1997, págs. 42 e 43; BACELAR GOUVEIA, *Revisão Constitucional de 1997, Sistema de Actos Legislativos*, *Opinião*, C.C.L., N.º 19/20, 1997, págs. 59 e segs.; JORGE MIRANDA, *Revisão Constitucional de 1997, Sistema de Actos Legislativos*, *Opinião*, C.C.L., N.º 19/20, 1997, págs. 72 e segs.; AFONSO VAZ, *Revisão Constitucional de 1997, Sistema de Actos Legislativos*, *Opinião*, C.C.L., N.º 19/20, 1997, págs. 98 e segs.; MARIA LÚCIA AMARAL, *Revisão Constitucional de 1997, Sistema de Actos Legislativos*, *Opinião*, C.C.L., N.º 19/20, 1997, págs. 112 e segs.; PAULO OTERO, *Revisão...*, C.C.L., 1997, págs. 130 e segs..
([393]) Cfr. BLANCO DE MORAIS, *As Leis...*, 1998, pág. 650.

deter uma estrita identidade de razão em termos de natureza e escopo com as leis-quadro explicitadas no texto fundamental"([394]), daí resultando que apenas se pudesse falar de leis-quadro explícitas([395]) e leis-quadro implícitas([396]), sendo estas últimas não mais do que casos constitucionalmente previstos de legislação que, não obstante não possuir o *nomen juris* constitucional de leis-quadro ou leis de enquadramento, é assimilável às primeiras "por uma identidade de razão constitucionalmente objectivada"([397]). É semelhante a posição de JORGE MIRANDA, ao afirmar, a propósito das leis de enquadramento, que a "Assembleia da República está adstrita a fazer a lei, nominativamente indicada pela Constituição"([398]), o que parece implicar a rejeição de leis de enquadramento não previstas na Constituição; bem como o entendimento de GOMES CANOTILHO que, salientando o "carácter sibilino" da última parte do artigo 112.º, n.º 3, da Constituição, conclui pela necessidade de a exigência de conformidade ou compatibilidade entre lei-objecto e lei-sujeito ser "insinuada pela Constituição"([399]).

III – Mas, uma vez que a amnistia versa, como acabámos de verificar([400]), sobre matéria da competência exclusiva do Parlamento, porque não admitir, mesmo de *lege lata*, a possibilidade de a Assembleia da República poder criar uma lei de enquadramento da concessão de amnistias? É verdade que nenhuma norma constitucional refere essa eventualidade expressa ou, sequer, implicitamente. Contudo, sempre se poderia aqui invocar o próprio artigo 161.º, alínea c), da Lei Fundamental. Nos termos deste preceito, compete à Assembleia da República fazer leis sobre "todas as matérias, salvo as reservadas pela Constituição ao Governo". Ora, na medida em que, em sede de amnistia, não está em causa nenhuma matéria reservada ao Governo – artigo 198.º da Constituição([401]) – nada obsta a

---

([394]) BLANCO DE MORAIS, *As Leis...*, 1998, pág. 650.
([395]) Cfr. BLANCO DE MORAIS, *As Leis...*, 1998, pág. 650.
([396]) Cfr. BLANCO DE MORAIS, *As Leis...*, 1998, pág. 651.
([397]) BLANCO DE MORAIS, *As Leis...*, 1998, pág. 651.
([398]) JORGE MIRANDA, *Manual...*, Tomo V, 2.ª edição, 2000, pág. 377. Cfr., ainda, na mesma obra, as págs. 350, 351 e 365.
([399]) GOMES CANOTILHO, *Direito Constitucional e Teoria da Constituição*, 6.ª edição, Coimbra, 2002, pág. 781.
([400]) V., *supra*, n.º 4.1.1.
([401]) V., *supra*, n.º 4.1.1. Nem mesmo em face de uma leitura ampliadora da esfera de competência governamental defendida, entre nós, em virtude da identificação de um sentido útil ao artigo 198.º, n.º 1, alínea c), da Constituição, por PAULO OTERO in *O Desenvolvimento de Leis de Bases pelo Governo*, Lisboa, 1997, págs. 37 e segs..

que, em princípio, a Assembleia da República possa legislar sobre esta matéria: a norma habilitante para tal encontra-se precisamente no artigo 161.º, alínea c), da Lei Fundamental.

Ao emitir semelhante lei, o Parlamento estará a autovincular-se, fenómeno que não apenas não é estranho à nossa Constituição([402]), como dificilmente se poderia entender como proibido precisamente ali onde as leis objecto sejam, elas próprias, da competência exclusiva da Assembleia da República.

Tem razão, é certo, JORGE MIRANDA ao afirmar que a "a qualificação de uma lei como reforçada não depende da qualificação que o legislador lhe confira. Depende da verificação dos requisitos de qualificação constitucionalmente fixados, os quais têm que ver essencialmente com o objecto da lei, com as matérias sobre que versa, com a função que pretende exercer e, em alguns casos, complementarmente, com o respectivo procedimento"([403]). Ora, em nossa opinião haverá uma lei de enquadramento da concessão de amnistias quando a Assembleia da república decida fixar legalmente os respectivos parâmetros normativos que deverão nortear a concessão de amnistias, bem como regras procedimentais relativas à sua concessão: esta lei seria funcionalmente dirigida ao enquadramento da competência regulada no artigo 161.º, alínea f), da Constituição.

Pode-se objectar a esta nossa construção dizendo que, em bom rigor, semelhante lei nunca poderia ter valor reforçado. Isto é, não havendo, à luz da Constituição, lei de valor reforçado no caso do enquadramento amnistiante, qualquer lei de amnistia a poderia contrariar, sem que daí resultasse qualquer vício para a lei objecto. Sucede que, para respondermos a esta questão, necessitamos de regressar ao artigo 112.º, n.º 3, da Constituição. Esta disposição procede à determinação das leis que têm valor reforçado([404]). Não sendo – é um facto – particularmente feliz a redacção daquele número([405]), a verdade é que da sua leitura resulta a atribuição de valor reforçado às leis orgânicas (1), às leis que carecem de aprovação por

---

([402]) V. o caso do Regimento da Assembleia da República e a lei de enquadramento do orçamento, por exemplo.

([403]) JORGE MIRANDA, *Manual*..., Tomo V, 2.ª edição, 2000, pág. 365.

([404]) Embora o seu valor jurídico seja certamente controvertido: v., por todos, PAULO OTERO, *Revisão*..., C.C.L., 1997, pág. 130.

([405]) V., por todos, as críticas que lhe são dirigidas por BLANCO DE MORAIS in *As Leis*..., 1998, págs. 655 e segs.: concordamos com o autor quando critica o "melting pot" da redacção do artigo 112.º da Constituição, bem como a inflacção de leis de valor reforçado que daí poderá resultar.

maioria de dois terços (2), às leis que, por força da Constituição, sejam pressuposto normativo necessário de outras leis (3), e às leis que por outras devam ser respeitadas (4). Não sendo possível, claramente, afirmar-se, nem a primeira, nem a segunda destas categorias, resta a análise das duas últimas. Para BLANCO DE MORAIS, a terceira situação tipológica atinente ao âmbito da parametricidade material pressuposta[406] respeitaria, precisamente, às leis-quadro[407]. Esta posição conduziria, inequivocamente, à rejeição do reconhecimento do valor reforçado a uma lei de enquadramento da concessão de amnistias, porquanto tal possibilidade não se encontra, à data, referida, ainda que imperfeitamente, no texto da Constituição, como acabámos de verificar. Não cremos, contudo, que semelhante entendimento possa proceder: semelhante disposição pode incluir certamente algumas leis-quadro, mas não todas. A Constituição é, com efeito, de uma transparência cristalina ao referir as leis que sejam "pressuposto normativo necessário de outras leis": ora, semelhante formulação encontra-se francamente mais próxima dos critérios do "acto condição"[408] e do "acto constitucionalmente devido"[409] que o autor curiosamente rejeita como "*elementos estruturais que assumam nelas* [nas leis-quadro], *carácter permanente ou exclusivo*"[410]. Na verdade, parece excessivo afirmar-se, v. g., que a Lei do Orçamento de Estado será inválida se a respectiva lei de enquadramento, à altura, inexistir[411]. Assim sendo, parece-nos que a terceira categoria do número 3 do artigo 112.º da Constituição não pode aplicar-se a todos os casos de lei de enquadramento.

Resta, deste modo, a consideração da quarta categoria de leis de valor reforçado: as "que por outras devam ser respeitadas". Sendo esta verdadeiramente uma fórmula vaga[412], não deixa de ser menos verdade que a mesma permite a atribuição de valor reforçado a uma lei de enquadramento da concessão de amnistias: esta deve, nas directivas materiais e trâmites procedimentais por si fixados, ser respeitada. Reconhecemos que este respeito não é, actualmente, imposto pela Constituição. Contudo

---

[406] Cfr. BLANCO DE MORAIS, *As Leis...*, 1998, pág. 648.
[407] Cfr. BLANCO DE MORAIS, *As Leis...*, 1998, pág. 648.
[408] Cfr. BLANCO DE MORAIS, *As Leis...*, 1998, pág. 649.
[409] Cfr. BLANCO DE MORAIS, *As Leis...*, 1998, pág. 650.
[410] BLANCO DE MORAIS, *As Leis...*, 1998, pág. 649.
[411] Cfr. BLANCO DE MORAIS, *As Leis...*, 1998, pág. 649; JORGE MIRANDA, *Manual...*, Tomo V, 2.ª edição, 2000, pág. 363.
[412] Cfr. BLANCO DE MORAIS, *As Leis...*, 1998, págs. 651 e segs., particularmente, págs. 657 e segs.; GOMES CANOTILHO, *Direito Constitucional...*, 6.ª edição, 2002, pág. 781.

importa ter em conta que a expressão "por força da Constituição" não se aplica à parte final do n.º 3 do artigo 112.º da Lei Fundamental([413]): ela é exclusiva da terceira categoria de leis de valor reforçado elencada naquela disposição. Se assim não fosse a quarta categoria de leis de valor reforçado seria verdadeiramente inútil, porque nada acrescentaria de novo([414]): na realidade, afirmar que têm valor reforçado as leis que, "por força da Constituição", devam ser respeitadas, nada acrescentaria à densificação do respectivo conceito. Desde logo, se se exige uma norma constitucional a indicar a vinculação de uma lei objecto a uma lei sujeito, então diríamos que o valor reforçado desta última resultaria dessa precisa normação constitucional, sendo inútil, por desnecessária, a parte final do n.º 3 do artigo 112.º da Constituição. Mas, mais ainda, note-se que qualquer outra das restantes tipologias elencadas naquele preceito respeita precisamente a leis que "por força da Constituição" devem ser respeitadas([415]). Ora, assim sendo, teríamos, também nesta perspectiva, uma interpretação que não atribuiria qualquer sentido útil a esta disposição constitucional.

No cumprimento do mandamento hermenêutico resultante da presunção do artigo 9.º, n.º 3, do Código Civil, cumpre, por conseguinte, demandar uma interpretação da parte final do artigo 112.º, n.º 3, da Constituição que lhe empreste um sentido útil. Ora, semelhante esforço interpretativo conduz-nos à conclusão pela qual a expressão "por força da Constituição" não deve ser tida em conta para efeito da quarta categoria de leis de valor reforçado, pois que, como acabámos de verificar, de outro modo, a parte final desta disposição seria destituída de qualquer sentido útil. Deste modo, a quarta categoria de leis reforçadas respeita apenas e tão só às leis "que por outras devam ser respeitadas"([416]). Termos em que,

---

([413]) Ao contrário do que parece concluir BLANCO DE MORAIS in *As Leis...*, 1998, pág. 655.

([414]) Sublinhando o facto de as leis que por outras devam ser respeitadas não poder coincidir com a lei-pressuposto normativo de outra lei, sob pena de redundância por parte do legislador de revisão, cfr. MARIA LÚCIA AMARAL, *Revisão...*, C.C.L., 1997, pág. 114.

([415]) Neste sentido, cfr. BLANCO DE MORAIS, *As Leis...*, 1998, págs. 651, 655, 657 e segs..

([416]) Na sua análise da tipologia resultante do n.º 3 do artigo 112.º da Constituição, GOMES CANOTILHO não inclui, de igual modo, a expressão "por força da Constituição" no critério residual da parte final deste normativo: *Direito Constitucional...*, 6.ª edição, 2002, pág. 778. Contudo, na página 781 da obra citada, refere, como vimos, a necessidade de uma insinuação constitucional para que este critério residual possa operar.

LUÍS PEREIRA COUTINHO, referindo embora a expressão "por força da Constituição",

conjugando esta disposição com o artigo 161.º, alínea c), da Constituição, nada impedirá – no que às leis de enquadramento respeita – que a Assembleia da República as emita no âmbito das matérias da sua competência absoluta (artigos 161.º e 164.º da C.R.P.)([417])([418]), pelo menos naqueles casos em que se possa estabelecer um paralelismo face a leis de enquadramento já constitucionalmente nominadas. Parece-nos a este propósito clara a comparação que se possa estabelecer entre uma lei de enquadramento da concessão de amnistias e a lei de enquadramento do orçamento de Estado([419]). Recorrendo à análise taxonómica das leis de valor reforçado de JORGE MIRANDA, ambas seriam: leis reforçadas com objecto distinto([420]), leis limitativas([421]), leis com função de habilitação([422]), leis de vinculação específica([423]), leis exclusivamente reservadas à Assembleia da república([424]), leis só de autovinculação([425]), leis sem procedimento agravado([426]). É particularmente de ter em conta que sendo ambas leis de

---

postula que será possível afirmar uma ilegalidade – ainda que, *in casu*, consumida por uma inconstitucionalidade directa – quando uma lei se apresente como desconforme relativamente à lei quadro da autonomia universitária: *ex vi*, claro está, do artigo 112.º, n.º 3, *in fine*, da Constituição (cfr. *A Autonomia Normativa das Universidades Públicas no Quadro do Direito Fundamental à Autonomia Universitária*, Lisboa, 1998 [relatório ainda não publicado], pág. 66, nota 162). Note-se, de qualquer modo, que a Constituição – também nesse caso – não indicia nunca semelhante lei como sendo de enquadramento: o seu carácter reforçado parece, pois, que prescindiria, também, da expressão: "por força da Constituição".

([417]) É esse o caso da amnistia: v., *supra*, n.º 4.1.1.

([418]) BLANCO DE MORAIS, criticando a natureza excessivamente vasta da parte final do artigo 112.º, n.º 3, da Constituição, afirma que a mesma, "poderia englobar as leis que se devem respeitar mutuamente em quadros de lateralidade, através do *princípio da competência*, o qual, caso fosse também mobilizado, transformaria quase toda a legislação do ordenamento em leis reforçadas" (*As Leis...*, 1998, pág. 657). Concordamos com a crítica do autor; simplesmente, quanto à hipótese referida no texto principal do presente número, não vislumbramos como – em face da revisão constitucional de 1997 – se possa negar a possibilidade teórica de criação de uma semelhante lei de enquadramento.

([419]) Foi aliás a propósito da desconformidade da lei do orçamento relativamente às leis de enquadramento que GOMES CANOTILHO introduziu, entre nós, o conceito de lei reforçada (cfr. *A Lei...*, in *Estudos...*, Vol. II, 1979, págs. 543 e segs., 582 e 583).

([420]) Cfr. JORGE MIRANDA, *Manual...*, Tomo V, 2.ª edição, 2000, pág. 360.

([421]) Cfr. JORGE MIRANDA, *Manual...*, Tomo V, 2.ª edição, 2000, pág. 360.

([422]) Cfr. JORGE MIRANDA, *Manual...*, Tomo V, 2.ª edição, 2000, pág. 360.

([423]) Cfr. JORGE MIRANDA, *Manual...*, Tomo V, 2.ª edição, 2000, pág. 360.

([424]) Cfr. JORGE MIRANDA, *Manual...*, Tomo V, 2.ª edição, 2000, pág. 361.

([425]) Cfr. JORGE MIRANDA, *Manual...*, Tomo V, 2.ª edição, 2000, pág. 362.

([426]) Cfr. JORGE MIRANDA, *Manual...*, Tomo V, 2.ª edição, 2000, pág. 362.

vinculação específica, não são, contudo, "leis-pressuposto" no sentido proposto por JORGE MIRANDA([427]): é que como refere o autor, "o orçamento, pela sua relevância política, jurídica e económico-financeira vale por si (...) e a falta de sujeição a vinculações provenientes de outras leis não impede a sua aprovação"([428]). E se assim é para a lei do orçamento por maioria de razão o mesmo se dirá para a concessão de amnistias, pois que, para além da sua relevância política e jurídica, a respectiva lei de enquadramento não se encontra sequer nominada no texto da Lei Fundamental.

IV – Quanto ao seu regime diríamos, *brevitatis causa*, que uma lei de enquadramento da concessão de amnistias, como lei de vinculação específica, seria sempre, e apenas, uma lei dirigida para o futuro([429]). Apenas visaria, por conseguinte, o estabelecimento de parâmetros materiais e trâmites procedimentais a observar por futuras leis de amnistia. Do mesmo modo, a sua não existência não impedirá a Assembleia da República de aprovar uma lei de amnistia, como acabámos de verificar([430]): isso resulta, desde logo, do facto de não existir qualquer referência, ainda que implícita, na Lei Fundamental a semelhante figura.

Ora, esta última observação determina aquela que será, porventura, a maior diferença a apontar entre leis de enquadramento constitucionalmente referidas e constitucionalmente omitidas. A Assembleia da República está apenas adstrita a fazer as primeiras([431]), termos em que a sua falta originará inconstitucionalidade por omissão([432]). Quanto a nós, semelhante afirmação não é susceptível de ser importada para o campo das leis de enquadramento constitucionalmente omissas: neste caso, a Assembleia da República é totalmente livre quanto à decisão sobre se deverá, ou não, autovincular-se. É, deste modo, esta e apenas esta, a diferença de regime que encontraremos entre, por exemplo, a lei de enquadramento do orçamento e a lei de enquadramento da concessão de amnistias. Esta última, ao

---

([427]) Cfr. JORGE MIRANDA, *Manual*..., Tomo V, 2.ª edição, 2000, págs. 362 e 363.

([428]) JORGE MIRANDA, *Manual*..., Tomo V, 2.ª edição, 2000, pág. 363.

([429]) Neste sentido, cfr. JORGE MIRANDA, *Manual*..., Tomo V, 2.ª edição, 2000, pág. 364.

([430]) Ver, *supra*, o lugar paralelo da lei de enquadramento do orçamento no texto do presente número.

([431]) No sentido desta obrigação, cfr. JORGE MIRANDA, *Manual*..., Tomo V, 2.ª edição, 2000, pág. 377.

([432]) Neste sentido, cfr. JORGE MIRANDA, *Manual*..., Tomo V, 2.ª edição, 2000, pág. 377.

não se encontrar constitucionalmente prevista, não é constitucionalmente exigível. Note-se, por conseguinte, que a diferença se regista a este nível e não ao nível do crivo do artigo 112.º, n.º 3, da Constituição.

Tenha-se presente, por fim, que do mesmo modo que a lei de enquadramento orçamental não faz as vezes do orçamento; isto é, não pode substituir-se-lhe, o mesmo se aplicará quanto à lei de enquadramento da concessão de amnistias: também esta não poderá conceder uma amnistia. É esta uma regra que resulta, em geral, para as leis de enquadramento, como ensina, entre nós, JORGE MIRANDA[433].

V – Em suma, a Assembleia da República tem competência para se autovincular no domínio amnistiante. Claro está que, uma vez vigente uma lei de enquadramento para a concessão de amnistias, a Assembleia da República não poderá emitir uma lei de amnistia que a contrarie. Por outra palavras, a "lei-sujeito não pode ser revogada pela lei-objecto"[434]. Mas, já que o Parlamento é, simultaneamente, competente para a produção de ambas, nada obsta – para recorrer à expressão de BLANCO DE MORAIS atinente à lei de enquadramento do orçamento – que este "altere liminarmente a primeira, de forma a compatibilizá-la "a-priori" com uma segunda que venha ser subsequentemente emitida"[435]. Mais ainda, no caso da amnistia, como vimos[436], a Assembleia da República poderá, inclusive, revogar totalmente uma anterior lei de enquadramento, uma vez que não se encontra constitucionalmente adstrita à sua formulação. Seja como for, apenas num segundo momento poderá o Parlamento conceder uma tal amnistia.

VI – De tudo isto resulta que sendo semelhante autovinculação livre, o Parlamento tem à sua disposição um importante mecanismo de autodisciplina no âmbito amnistiante, o qual se justificará especialmente quando o recurso abusivo à concessão de amnistias[437], passando jurisdi-

---

[433] Cfr. JORGE MIRANDA, *Manual...*, Tomo V, 2.ª edição, 2000, pág. 377.
[434] BLANCO DE MORAIS, *As Leis...*, 1998, pág. 670.
[435] BLANCO DE MORAIS, *As Leis...*, 1998, pág. 670.
[436] V., *supra*, o texto do presente número.
[437] Nem se diga, em contrário, que uma lei de enquadramento da concessão de amnistias, devendo ter, por pano de fundo, uma situação de concessão regular de amnistias, seria incompatível com o carácter excepcional destas últimas. É que aquela lei de enquadramento, por um lado, não obrigaria nunca à emissão da lei-objecto (como decorre, já de seguida, do texto principal do presente número), e, por outro lado, perante um cenário de incontinência legislativa amnistiante, poderia, bem pelo contrário, constituir um freio legislativo à concessão arbitrária de amnistias.

cionalmente incólume, afecte a seriedade da lei penal e, desse modo, negue a efectivação do dever de protecção estatal dos bens jurídicos fundamentais[438]. Nada impede, pois, a Assembleia da República de actuar neste domínio no sentido de precaver semelhantes fenómenos. Claro está que sempre seria preferível o estabelecimento de crivos com um maior grau de densificação à concessão de amnistias, desde logo, no texto da Constituição, o que consubstanciaria, no entanto, não um fenómeno de autovinculação mas, antes, de hetero-vinculação. Quando tal não seja, contudo, possível – desde logo por razões atinentes à não obtenção de um consenso parlamentar que permita observar as maiorias qualificadas exigidas para a revisão da Lei Fundamental – julgamos que semelhante papel poderá ser, em termos mais restritos, como veremos de seguida, desempenhado através da figura da lei de enquadramento de concessão de amnistias.

VII – Uma nota, ainda, para salientar o facto de uma lei de enquadramento da concessão de amnistias se encontrar, ela própria, sujeita à Constituição. Isto é, não poderá tal lei, desde logo, permitir aquilo que se encontra vedado por força das regras e princípios constitucionais relevantes em sede de amnistia e que serão por nós aprofundados ainda no decorrer do presente capítulo[439]. Se tal, não obstante, se verificar, essa lei será inconstitucional.

Mais ainda, esta lei terá limites constitucionais intransponíveis, quer no que toca à parametricidade material, quer no que respeita às regras procedimentais que estabelecer. Ou seja, quanto às directivas materiais, deverá sempre preservar um espaço mínimo inviolável de discricionariedade legislativa ao Parlamento para o momento da aprovação das leis de amnistia. Esse espaço de discricionariedade – pelo menos no núcleo da decisão entre amnistiar ou não amnistiar – não poderá ser posto em causa nem sequer através desta autovinculação, pelo que o desrespeito do mesmo poderá gerar a inconstitucionalidade da lei de valor reforçado. E o mesmo se diga no que respeita às regras procedimentais: nada obsta a que semelhante lei possa, por exemplo, impor ao Parlamento a audição de diversas entidades públicas e/ou privadas com carácter prévio à concessão de cada amnistia. O que, claro está, não poderá deixar de ser interdito será o estabelecimento, pela lei de valor reforçado, de, por exemplo, uma

---

[438] V., *infra*, n.º 5.1.5.
[439] V., *infra*, o parágrafo 5.º do presente estudo.

maioria qualificada a ser observada, necessariamente, no momento da aprovação das leis de amnistia. Semelhante lei será, de igual modo, inconstitucional, desta vez por violação do princípio da tipicidade legal: a lei reforçada estaria, neste caso, a criar outra categoria de leis reforçadas pelo procedimento (as leis de amnistia), o que se encontra interdito pelo artigo 112.º, n.º 6, da Constituição. Na feliz expressão de BLANCO DE MORAIS, entende-se "de qualquer modo que os referidos procedimentos, a existirem, assumem carácter adjectivo ou completivo dos procedimentos constitucionais de produção de normas-objecto, e não podem fixar agravamentos susceptíveis de aumentar a rigidez ou força passiva do acto produzido, sob pena de violação do n.º 6 do artigo 112.º"(440).

VIII – Finalmente, diga-se que a consequência da desconformidade entre uma lei de amnistia e a correspondente lei de enquadramento será, não a inconstitucionalidade, mas a ilegalidade. Sobre este assunto remetemos para o Capítulo III deste nosso estudo(441).

4.2. *A forma da amnistia*

I – A evolução do pensamento histórico atinente à titularidade dos poderes amnistiantes conduziu, como vimos(442), à atribuição dos mesmos ao Parlamento(443), daqui resultando a lei como forma da amnistia(444).

---

(440) BLANCO DE MORAIS, *As Leis...*, 1998, pág. 319, nota 1196.
(441) V., *infra*, o parágrafo 7.º do presente estudo.
(442) V., *supra*, n.ºs 1.1. e 4.1.1.
(443) V., *supra*, n.º 4.1.1.
(444) A forma de lei é também a que resulta do ordenamento alemão onde é válido o referido princípio do paralelismo das competências (v., *supra*, n.º 4.1.1.). Na significativa expressão de MARXEN, "nulla amnestia sine lege scripta" (MARXEN, *Rechtliche...*, 1984, pág. 19). Daqui se retira a total irrelevância do costume: este não pode constituir a fonte de uma amnistia (não confundir com a temática do costume desincriminador, que é admitido, geralmente, pela doutrina: cfr. ROXIN, *Strafrecht...*, 3. Auflage, 1997, págs. 116 e 117). MARXEN vai, no entanto, mais longe ainda, ao afastar inclusive a relevância do artigo 80.º (1) da Constituição alemã, pois que, referindo-se a amnistia a tipos legais já preenchidos, não há lugar à consideração de ulteriores desenvolvimentos das situações a regular, donde a exigência – no domínio da amnistia – da estrita *förmlicher Gesetzlichkeit* (cfr. MARXEN, *Rechtliche...*, 1984, pág. 19). É, de resto, a lei que separa, desde logo, a amnistia da graça individual (como refere BACHOF in *Über Fragwürdigkeiten der Gnadenpraxis und der Gnadenkompetenz*, JZ, 1983, pág. 475), sendo o uso da sua forma

Entre nós, como resulta do entendimento *supra* exposto, *ex vi* do artigo 161.º, alínea f), da Constituição, essa competência é exclusiva da Assembleia da República. Ora, a essa competência corresponde, de acordo com o artigo 166.º, n.º 3, da Lei Fundamental, a forma de lei. Das três formas de actos legislativos previstos na Constituição – artigo 112.º, n.º 1 – apenas a primeira – a lei – poderá, por conseguinte, formalizar uma amnistia. Na expressão de JORGE MIRANDA, "aí onde haja competência legislativa (...) haverá *ipso facto* reserva de lei; e a reserva absoluta da Assembleia (...) significa (...) reserva ou sub-reserva de lei em sentido nominal"([445]). Não é mais do que isso que, no fundo, resulta do já referido artigo 166.º, n.º 3, da Constituição. Trata-se, portanto de uma "*reserva absoluta de lei formal da AR*"([446]), não sendo sustentável dizer que neste caso, "o decreto-lei do Governo é inter-comunicável com a lei da Assembleia da República"([447]), nos termos que oportunamente foram objecto da nossa exposição a propósito da competência amnistiante([448]). Resulta daqui, em suma, que um "decreto-lei sobre essas matérias [aqui incluída a concessão de amnistias] é sempre inconstitucional não apenas organicamente, mas também formalmente"([449]).

II – A iniciativa legislativa, interna ou externa, bem como a discussão e votação dos projectos ou propostas de lei de amnistia, não apresenta qualquer tipo de especialidade relativamente às regras decorrentes dos artigos 167.º e 168.º, n.ºs 1, 2 e 3, da Constituição([450]).

---

necessário por força do carácter genérico da amnistia (neste sentido, cfr. ENGISCH, *Recht*..., in *Schuld*..., 1960, págs. 111 e 112).

([445]) JORGE MIRANDA, *Manual*..., Tomo V, 2.ª edição, 2000, pág. 200.

([446]) GOMES CANOTILHO e VITAL MOREIRA, *Constituição*..., 3.ª edição revista, 1993, pág. 648.

([447]) JORGE MIRANDA, *Manual*..., Tomo V, 2.ª edição, 2000, pág. 228.

([448]) V., *supra*, n.º 4.1.1.

([449]) GOMES CANOTILHO e VITAL MOREIRA, *Constituição*..., 3.ª edição revista, 1993, pág. 648.

([450]) É, por conseguinte, tecnicamente incompreensível a invocação que PEDRO DURO faz do n.º 4 do artigo 168.º da Constituição, nos termos da qual seria obrigatória a respectiva votação na especialidade, pelo Plenário, das leis de amnistia (cfr. *O poder*..., 2000, pág. 18). Na verdade, e como resulta da simples leitura deste preceito, o mesmo não é aplicável às leis de amnistia. Termos em que julgamos que o lapso do autor se terá ficado a dever à nova enumeração do texto constitucional resultante da revisão constitucional de 1997: é que o artigo 168.º, n.º 4, da Constituição é aplicável no âmbito da matéria do artigo 164.º, alínea f), da Constituição. Sucede, porém, que o assento constitucional da compe-

Quanto à maioria necessária para a aprovação de uma lei de amnistia, à falta de uma regra específica – cfr. a inaplicação do artigo 168.º, n.ºs 5 e 6, da Constituição – é bastante a maioria relativa. Ou seja, desde que seja observado o *quorum* – artigo 116.º, n.º 2, da Constituição –, a aprovação da lei de amnistia é tomada – na generalidade, na especialidade e em votação final global – à pluralidade de votos, não contando as abstenções para o apuramento da maioria – artigo 116.º, n.º 3, da Constituição.

Importa aqui introduzir um ponto de reflexão relativo à justeza, *de lege ferenda*, da maioria parlamentar exigida para a aprovação da lei de amnistia.

Em Itália, na Constituição de 1947, a amnistia e o perdão genérico eram concedidos pelo Presidente da República através de uma lei de delegação das Câmaras Legislativas. Contudo, o nepotismo, por um lado, e as carências dos aparelhos judiciário e carcerário, por outro, cedo propiciaram uma sucessão vertiginosa daqueles instrumentos[451]. Procurou, então, obstar-se a semelhante estado de coisas através da reformulação do artigo 79.º da Constituição – operada pela Lei Constitucional 1/1992 –, a qual eliminou o binómio lei de delegação/decreto presidencial, "concentrando a fonte da amnistia (e do perdão genérico) apenas na lei, sujeita todavia a um particular vínculo formal"[452] a saber, a exigência de a sua aprovação ser "deliberada por maioria de dois terços dos membros de cada Câmara, em cada um dos seus artigos e na votação final".

Como modo de refrear a impetuosidade arbitrária da concessão de amnistias julgamos que, de *lege ferenda*, este efeito "travão"[453], alcançado pela revisão constitucional italiana de 1992, deveria ser, também entre nós, adoptado.

III – Nenhuma especialidade se encontra, de igual modo, no domínio da promulgação, da referenda ministerial e da respectiva publicação.

Assim, a falta de promulgação da lei de amnistia determinará a sua inexistência jurídica – artigos 137.º e 134.º, alínea b), da Constituição.

---

tência para a concessão da amnistia – *ex vi* da referida revisão constitucional – deixou de ser a alínea f) do artigo 164.º, para passar a ser a alínea f) do artigo 161.º da Constituição...

[451] Cfr. MANTOVANI, *Diritto Penale*..., terza edizione, 1992, págs. 833 e 834; PADOVANI, *Diritto Penale*, quinta edizione, 1999, pág. 472.
[452] PADOVANI, *Diritto Penale*, quinta edizione, 1999, pág. 473.
[453] PADOVANI, *Diritto Penale*, quinta edizione, 1999, pág. 473.

Da mesma maneira, a falta de referenda ministerial da promulgação presidencial, determina a inexistência jurídica do acto presidencial[454], nos termos do artigo 140.º, n.º 2, da Constituição.

Finalmente, a não publicação da lei de amnistia determina a sua ineficácia jurídica – artigo 119.º, n.ºs 1, alínea e), e 2, da Constituição.

IV – De referir, por fim, que caso seja objecto de uma convenção internacional, o respectivo instrumento deverá revestir sempre a forma de tratado e nunca a de um acordo sob forma simplificada, como tivemos oportunidade de explicar *supra*[455].

4.3. *A força da lei de amnistia*

Um último tópico a tratar no presente capítulo é referente à problemática da revogabilidade, ou não, de uma lei de amnistia.

I – A resposta a esta questão passa, em nosso entender, pelo crivo do princípio da proibição da retroactividade *in pejus*[456]. É que, independentemente da natureza substantiva ou mista da amnistia[457], a verdade é que, na expressão de TAIPA DE CARVALHO, a amnistia "própria", "não pode deixar de ser plenamente material pelo facto de extinguir o procedimento criminal. Donde também correcta a designação normas penais de *natureza mista*"[458]. A amnistia não poderá deixar de ser considerada, pois, como uma lei penal[459].

É verdade, mais uma vez o sublinhamos, que a relevância da própria lei de amnistia não é mediada pela aplicação retroactiva das leis penais de conteúdo mais favorável ao arguido. E isto por um motivo simples: a amnistia é, por definição, retroactiva[460]. *Ergo*, não faz sentido a aplica-

---

[454] Sobre o significado da inexistência jurídica como resultado da falta de referenda, v., por todos, FREITAS DO AMARAL e PAULO OTERO, *O Valor Jurídico-Político da Referenda Ministerial. Estudo de Direito Constitucional e Ciência Política*, Lisboa, 1997, págs. 75 e segs..
[455] V., *supra*, n.º 4.1.1.
[456] Sobre este princípio, cfr. TAIPA DE CARVALHO, *Sucessão de Leis Penais*, 2.ª edição revista, Coimbra, 1997, págs. 65 e segs..
[457] V., *infra*, o parágrafo 8.º do nosso estudo.
[458] TAIPA DE CARVALHO, *Sucessão...*, 2.ª edição revista, 1997, pág. 271, nota 458.
[459] Neste sentido, cfr. PEDRO DURO, *O poder...*, 2000, pág. 20.
[460] V., *supra*, n.º 1.1. e, *infra*, n.º 5.1.1.

ção do artigo 29.º, n.º 4, 2.ª parte, da Constituição para justificar a retroactividade da lei de amnistia. O princípio vertido nesta última disposição constitucional é relevante apenas para os casos em que a lei penal de conteúdo mais favorável rege para o futuro, justificando-se então a extensão constitucional dos seus efeitos também para o passado.

Dito isto, é o princípio, não da aplicação retroactiva da lei penal mais favorável, mas da proibição da retroactividade desfavorável que permite resolver o problema atinente à revogabilidade da amnistia. É que, não dependendo a aplicação da amnistia do princípio da aplicação *in melius*, não é menos verdade que o ulterior surgimento de outras leis situe a resolução do problema em análise no contexto da sucessão de leis penais. Assim, sendo a lei de amnistia válida[461], os seus efeitos apenas poderão ser suplantados por intermédio de uma ulterior lei penal de conteúdo ainda mais favorável. Basta pensar, na hipótese de L2 descriminalizar a conduta amnistiada para determinado lapso temporal por L1: neste caso, em bom rigor, a conduta será tida como descriminalizada, perdendo a amnistia, supervenientemente, o seu campo de aplicação[462]. Este mesmo princípio, aliás, permite ainda alargar – ulteriormente – a previsão amnistiante quando, por exemplo, a L2, despenalizando certas condutas e aplicando-se retroactivamente, permite que as mesmas passem a corresponder à delimitação da previsão normativa: L1 amnistia determinados crimes quando puníveis com pena de prisão até um ano; sendo que L2 despenaliza os crimes x e y que, de uma pena de até dois anos de prisão, passam a ser punidos com pena de prisão até um ano. Neste último caso, importa ter em conta que a aplicação da amnistia aos crimes x e y dependerá de uma análise da adequação funcional da ulterior alteração legislativa em face do crivo igualitário da L1 amnistiante. Naturalmente que o inverso – L2 agrava o limite máximo dos crimes w e z de um para dois anos – não permitirá subtrair ao alcance amnistiante os crimes w e z uma vez que, desde logo, L2 não se poderia aplicar retroactivamente – artigo 29.º, n.º 4, primeira parte, da Constituição –, termos em que não se aplicaria aos factos amnistiados. Mas, afinal, poderá, ou não, uma lei de amnistia ser, pura e

---

[461] Não o sendo, v., *infra*, o Capítulo III do presente estudo.

[462] Perde aplicação, também, o próprio direito a renunciar à amnistia. Este cede perante o artigo 29.º da Constituição. Nesse caso, entre a colisão do direito ao bom nome e o princípio da aplicação da lei mais favorável, prevalece, por concordância prática, este último. Cfr. PEDRO DURO, *O poder...*, 2000, pág. 21.

simplesmente, revogada[463]? A resposta afirmativa não poderia ser, desde logo, senão meramente formal[464]. A Assembleia da República teria, então, competência, invocando o artigo 161.º, alínea f), da Constituição, para revogar uma lei para cuja aprovação tem a exclusividade[465]. Simplesmente, qual o(s) efeito(s) desta revogação? Em bom rigor, a vigência da lei de amnistia relativamente aos factos por si delimitados permanecerá – para sempre – intocável, no sentido de não ser possível a qualquer acto legislativo retirar qualquer facto do domínio da clemência da amnistia[466]. A isto obriga o princípio da interdição da retroactividade desfavorável[467], pois que a L2 – lei revogatória – teria um conteúdo mais desfavorável, não podendo por isso ser retroactivamente aplicada. Ora, isto coloca um obstáculo à revogação pois daí resulta que L2 não pode "revogar" L1 com efeito retroactivo; isto é, não pode aquele efeito "revogatório" ser antecipado, no tempo, até à data da entrada em vigor da própria L1. Mas, se assim é, então isto significa que o efeito revogatório de L2 apenas se reportaria à data da entrada em vigor da própria L2. Aqui chegados, importa questionar a subsistência de algum efeito revogatório por parte de L2. É verdade que L2 poderia – teoricamente – ainda obstar à aplicação de L1 a partir da entrada em vigor de L2. Contudo, a lei de amnistia (L1) é, por definição, exclusivamente retroactiva[468], não se aplicando, por conseguinte, senão a factos passados. Assim sendo, será destituído de sentido afirmar que o efeito revogatório de L2 se reportará aos factos ocorridos apenas na sua vigência, pelo simples facto de esses não serem, pura e simplesmente, amnistiados. Deste modo restaria uma última possibilidade de atribuir efeito útil à mera "revogação" da amnistia:

---

[463] Não nos referimos aqui à revogação *lato sensu* a qual abrangerá, de igual modo, o fenómeno da modificação (neste sentido, entre outros, BLANCO DE MORAIS, *As Leis...*, 1998, pág. 334, nota 1247): claro está que a modificação de L1 amnistiante, por L2, só será constitucionalmente possível desde que, dessa modificação, resulte a não redução do âmbito de aplicação de L1. De qualquer modo, o alargamento do campo de aplicação da amnistia proporcionado por L2 carece, também ele, de ser justificado à luz dos princípios constitucionais relevantes: v., *infra*, o parágrafo 5.º do presente estudo e, particularmente, os n.ºs 5.1.2., e 5.2.

[464] Neste sentido, cfr. PEDRO DURO, *O Poder...*, 2000, pág. 21.

[465] V., *supra*, n.º 4.1.1.

[466] Quanto à possibilidade inversa – de acrescento de facto ao objecto da amnistia –, cfr., *supra*, o que se acabou de escrever no texto do presente número.

[467] Cfr. PEDRO DURO, *O poder...*, 2000, págs. 20 e 21.

[468] V., *supra*, n.º 1.1.

L2 implicaria a cessação da vigência de L1 para os factos por si amnistiados, mas apenas a partir da entrada em vigor da L2. Esta última solução implicaria, por exemplo, que L1 não aproveitasse a um facto correspondente à sua previsão normativa, se dele se tomasse conhecimento apenas após a entrada em vigor de L2: se, por exemplo, a *notitia criminis* fosse ulterior, o procedimento criminal não poderia ser extinto, tudo se processando como se para aquele facto – *ex vi* da revogação – não tivesse havido amnistia. Facilmente se compreenderá que esta solução não é constitucionalmente admissível. Ocorrendo o recorte da aplicação da lei mais favorável, através do *tempus delicti commisi*, não poderia o mesmo ser postergado por uma lei posterior mais desfavorável (L2). Acresce ainda que, neste caso, o sentido desta revogação comportaria uma grosseira violação do princípio da igualdade: o benefício, ou não, da amnistia resultaria do facto arbitrário da entrada em vigor de L2, o que consubstanciaria uma desigualdade material no tratamento de situações substancialmente idênticas([469]). Podemos, por conseguinte, concluir que as leis simplesmente revogatórias – total ou parcialmente – de leis de amnistia não poderão fazer cessar a vigência material destas últimas para os factos por estas agraciados([470]). Mas, assim sendo, o mesmo é dizer que as amnistias, em bom rigor, não são, material e constitucionalmente, revogáveis([471])([472]).

([469]) V., *supra*, n.ºs 3.1.1. e 3.1.2., e, *infra*, n.ºs 5.1.2. e 5.2.

([470]) Atente-se na hipótese diversa, embora pouco provável, de a lei revogatória entrar em vigor <u>antes</u> da lei de amnistia. Neste caso, não operará o obstáculo do artigo 29.º da Constituição pois que a lei de amnistia – lei penal mais favorável – não chegou a produzir efeitos. Em bom rigor, contudo, note-se que aqui não se trata de interromper a vigência da lei de amnistia, mas apenas de obstar ao início da mesma. Ora, a doutrina é consensual no sentido de que a revogação significa a extinção de efeitos do acto revogado. Neste caso, teríamos, não a extinção de efeitos, mas, em momento anterior, o obstaculizar do início da produção desses mesmos efeitos: à falta de instrumento dogmático mais preciso, entendemos poder apelidar semelhante eventualidade teórica de revogação *sui generis*. Neste sentido, e apenas neste sentido, se poderá afirmar que pode haver uma "revogação" da lei de amnistia.

([471]) Uma vez que entrem em vigor. Recorde-se que falamos aqui de uma revogação *sui generis*.

Afirmando a irrevogabilidade da lei de amnistia, cfr. NORBERTO COSTA, *Amnistia*, in *Dicionário Jurídico da Administração Pública* (dirigido por José Pedro Fernandes), Vol. I, 2.ª edição, Lisboa, 1990, pág. 377; GOMES CANOTILHO e VITAL MOREIRA, *Constituição...*, 3.ª edição revista, 1993, pág. 592; PEDRO DURO, *O poder...*, 2000, pág. 20.

Não é, igualmente, admissível que se opte por uma revogação encoberta numa pretensa lei interpretativa (aliás, como veremos, *infra*, no n.º 5.1.3., a interpretação restritiva não é sequer possível no âmbito de uma lei de amnistia): sobre este problema, v. NORBERTO COSTA, *Amnistia*, in *Dicionário...*, Vol. I, 2.ª edição, 1990, pág. 377.

([472]) Esta questão não é um preciosismo bizantino: ela responde, na realidade, ao nó górdio argentino. Com efeito, o regime democrático que sucedeu à ditadura militar (1976-1983) emitiu – por força da ainda influente instituição castrense – as leis de *Puncto Final* (1986) e de *Obediencia Debida* (1987) (cfr. ANDREAS O'SHEA, *Amnesty...*, 2002, págs. 57 e 58). A primeira foi ao que tudo indica uma amnistia exclusivamente própria de eficácia temporal diferida (concedeu um prazo de 60 dias para a prática de determinados actos processuais relativos a determinados crimes, findo o qual novos processos não poderiam ser apreciados); ao passo que a segunda consubstanciou, salvo melhor opinião, não uma verdadeira amnistia, mas um verdadeiro julgamento legislativo (com a decorrente preterição do princípio da separação de poderes) em que os parlamentares "absolveram" os oficiais que cumpriram ordens por não terem podido resistir às mesmas, sendo esta última uma verdade que, nos termos da mesma lei, não admite prova em contrário. Ora, estas leis vieram a ser *revogadas* em 1998. Confrontados com a revogação, os tribunais comuns de primeira instância argentinos decidem, desde 2001, precisamente pela irrelevância da mesma: é que esta última não tem efeitos retroactivos. Assim, concluíram pela nulidade das duas leis identificadas invocando, fundamentalmente, o direito internacional comum e convencional: não as aplicando, deram seguimento aos processos entretanto iniciados. Este entendimento tem sido sufragado pelas instâncias de recurso, faltando apenas a decisão da *Corte Suprema* argentina. Já muito recentemente, perante o insustentável silêncio do Supremo Tribunal argentino – pressionado tanto pela agitação nas forças armadas como pela indignação da opinião pública – e, procurando resolver o problema por si criado, a maioria da classe política argentina não cedeu à tentação demagógica da feitura de um novo diploma: a ininteligível lei de 21 de Agosto de 2003 que – pretendendo ultrapassar a não retroactividade da lei de 1998 – *declara a nulidade* das leis de 1986 e 1987. Ou seja, para o parlamento argentino estes dois diplomas estão retroactivamente destruídos afastando-se em definitivo o fantasma da impunidade. Apesar do enorme contentamento popular que rodeou a aprovação desta lei, a verdade é que a mesma é juridicamente estéril pois não pode ter efeitos retroactivos por violação do prisma temporal do princípio da legalidade criminal (v., *supra*, a argumentação dispendida no texto principal do presente número). Neste caso, até mais do que isso: o Parlamento não tem competência para declarar a nulidade de uma lei por si mesmo aprovada. Num Estado de Direito democrático, como apesar de tudo é o argentino, a declaração da nulidade de uma lei só pode ser efectivada pelo poder judicial. Parece-nos por isso correcto o caminho que tem sido trilhado pelos tribunais argentinos: julgar nulas as leis referidas e aplicar em conformidade as normas penais respectivas. Espera-se apenas que a *Corte Suprema* argentina siga o mesmo caminho, declarando essa mesma nulidade. Termos em que o único efeito que retiramos da lei de 2003 é político: o de pressionar a alta instância judicial argentina para uma célere decisão nesta matéria. É que, como resulta de tudo quanto neste número temos escrito, a concessão de uma amnistia representa um ponto de não retorno

Na medida em que L2 não repõe sequer em vigor a lei criminalizadora x para o futuro – uma vez que esta vigorava no momento da entrada em vigor de L2 – forçoso será concluir pela não produção de efeitos materiais de uma lei simplesmente revogatória de uma lei de amnistia, atendendo, por um lado, ao princípio da proibição da retroactividade da lei penal mais desfavorável[473][474] e, por outro lado, ao carácter exclusivamente retroactivo da própria lei de amnistia. Por outras palavras, o princípio da interdição da retroactividade *in pejus* obsta a que os factos amnistiados possam, por força de L2, deixar de beneficiar do efeito amnistiante de L1, enquanto que o carácter temporal da amnistia obsta a que L2, com a sua vigência, possa pretender repor em vigor a lei criminalizadora, pois esta já se encontrava em vigor[475].

II – Note-se que aquilo que acabámos de observar não obsta – antes pelo contrário – a que outras normas ou segmentos de norma de uma lei de amnistia não possam ser revogados. É que se essas normas ou segmentos de norma forem condicionadores da norma amnistiante, a revogação restrita a esses preceitos é mais favorável ao arguido. A lei revogatória, nesses termos, produzirá os seus efeitos – desde que não inconstitucional

---

por parte do poder legislativo, termos em que a lei de 2003 não pode traduzir senão a má consciência do poder político argentino.

[473] Retirado do artigo 29.º, n.ºs 3 e 4, primeira parte, da Constituição, uma vez que a amnistia respeita à consequência jurídica do crime e não à previsão da norma penal incriminadora: v., *supra*, o primeiro capítulo e, *infra*, o parágrafo 9.º do presente estudo.

[474] Invocando também este princípio para afirmar a inconstitucionalidade material da revogação de uma lei de amnistia, cfr. TERESA BELEZA, *Direito Penal*, 1.º vol., 2.ª edição, revista e actualizada, 1984, pág. 453.

[475] Por isto se poderá dizer, em suma, que a lei de amnistia não se encontra *materialmente* muito distante daquilo a que BLANCO DE MORAIS designa por actos legislativos dotados de aproximações às leis procedimentais reforçadas (cfr. BLANCO DE MORAIS, *As Leis...*, 1998, pág. 830). O autor refere, como um dos critérios de aproximação, a preclusão do instituto revogatório (cfr. BLANCO DE MORAIS, *As Leis...*, 1998, págs. 830 e 831). Neste caso, *não se tratando, em bom rigor, de uma rigidez formal da lei de amnistia*, não deixa de ser um facto que, materialmente, esta última – desde que entre em vigor – produzirá todos os seus efeitos, independentemente da superveniência de qualquer lei revogatória (o mesmo é dizer que, mesmo que, formalmente, se admitisse a sua revogação, a sua ultra-actividade seria sempre plena). Numa outra óptica, estaríamos perante um *fenómeno próximo – mas não idêntico* – ao da "força de lei formal negativa" (sobre a figura, cfr. JORGE MIRANDA, *Manual...*, Tomo V, 2.ª edição, 2000, pág. 223), que não é mais do que a capacidade de resistir, neste caso, a outras leis, não se deixando revogar por elas (cfr. JORGE MIRANDA, *Manual...*, Tomo V, 2.ª edição, 2000, pág. 223).

– alargando, desse modo, o âmbito de aplicação da(s) norma(s) amnistiante(s) da lei de amnistia.

Exemplo: A lei x consagra uma amnistia condicionada (ex: pagamento de uma reparação à vítima). A lei y revoga essa condição. Nos termos da aplicação da lei penal mais favorável – artigo 29.º, n.º 4, segunda parte, da Constituição – os efeitos dessa revogação retroagem à data da entrada em vigor da lei de amnistia, tudo se passando como se aquela condição nunca houvesse sido legalmente imposta. Isto é, por força da aplicação retroactiva da lei y, a amnistia deixa de ser condicionada.

III – Por fim, diga-se que se poderá ainda chegar a um resultado semelhante – não se entendendo que o artigo 29.º da Constituição permite resolver directamente esta questão – através da consideração da existência de um "direito fundamental à não punição", resultante de uma lei de amnistia. Semelhante direito, de "natureza análoga" ao estabelecido directamente no n.º 3 do artigo 29.º da Constituição([476]), não poderia ser revogado *ex vi* do artigo 18.º, n.º 3, da Constituição.

([476]) Cfr. um lugar paralelo in MARIA FERNANDA PALMA, *Direito Penal, Parte Geral*, Lisboa, 1994, pág. 130.

§ 5.º Limites materiais da lei de amnistia

5.1. *Quanto ao conteúdo*

5.1.1. *Proibição de "efeito para diante"*

I – A doutrina é consensual na afirmação do carácter temporal da amnistia. Esta só se pode aplicar a factos passados. MARXEN invoca, a este propósito, um efeito "espelhado" do princípio da legalidade criminal([477]). Não se restringindo, este último, à exigência da forma de lei, mas impondo, de igual modo, o cumprimento de mandamentos substantivos, de conteúdo, a ser observados pelo legislador, um desses seria precisamente a proibição da retroactividade da lei criminal. Ora, para a amnistia, como lei criminal negativa, se deve erguer, simetricamente, a proibição do efeito para diante (*Vorauswirkungsverbot*)([478]). É que a amnistia que inclui também acções futuras "retira potenciais vítimas da protecção da lei"([479]). Mais ainda, segundo o autor, há ainda uma segunda razão que fundamenta a referida *Vorauswirkungsverbot*. É que, para MARXEN, as amnistias antecipatórias, obstaculizando a relação entre o juiz e a lei criminal vigente, impedem a independência judicial – artigo 97.º GG([480]).

II – Afigura-se-nos inflacionada a argumentação de MARXEN. Desde logo, e porque, de acordo com o próprio autor, a amnistia encontra-se obrigatoriamente vertida em lei, donde possui a mesma força jurídica que a lei penal incriminadora. Donde, ser um pouco forçado colocar em causa a independência do juiz e a sua subordinação à lei, quando a amnistia é, ela própria, uma lei. Quando muito, quanto a esta segunda linha de argumentação, poderia colocar-se em causa o problema da relação entre lei

---

([477]) Cfr. MARXEN, *Rechtliche…*, 1984, pág. 25.
([478]) Cfr. MARXEN, *Rechtliche…*, 1984, pág. 25.
([479]) MARXEN, *Rechtliche…*, 1984, pág. 25.
([480]) Cfr. MARXEN, *Rechtliche…*, 1984, pág. 25.

penal incriminadora e lei de amnistia antecipatória, o que bem vistas as coisas, consubstancia uma questão que se situa a jusante da independência do juiz. Quanto a esta última questão, parece-nos, aliás, destituída de sentido a diferença operada por MARXEN, entre amnistia meramente reactiva e amnistia antecipatória: para a primeira, a independência do juiz não seria afectada, daí decorrendo a respectiva admissibilidade constitucional; já a segunda, seria constitucionalmente inadmissível por colocar em causa a função protectora do princípio da independência judicial([481]). O problema da independência do juiz coloca-se, no âmbito da amnistia, independentemente da aplicação desta a factos futuros. Em bom rigor, esta solução de MARXEN, conduzi-lo-ia a não admitir a legitimidade constitucional da amnistia, pois que esta também impossibilita a concretização da consequência jurídica da lei penal incriminadora.

Quanto ao primeiro argumento utilizado por MARXEN, em bom rigor a amnistia, independentemente dos factos que agracie, retira a protecção penal às vítimas das respectivas condutas. O problema está, por conseguinte, em saber se é admissível operar essa desprotecção em relação a potenciais – porque futuras – vítimas. Cremos que, neste ponto, a argumentação do autor é conseguida, pois que a proibição criminal que permanece – uma vez que a amnistia não é descriminalizadora([482]) – "de nada mais valerá"([483]) na medida em que quem a viole, criminalmente, "nada arrisca"([484]). Aderindo, de igual modo neste ponto, à argumentação de MARXEN, SÜB defendeu, recentemente, também a *Vorauswirkungsverbot* por força do "dever estatal de protecção"([485]) incontornável num Estado de Direito([486]). Na verdade, cumpre questionar se aquilo que verdadeiramente se justifica será a amnistia ou antes uma lei desincriminadora. Parece que, efectivamente, será contraditório afirmar o carácter ilícito de uma conduta, por um lado, o que implica desde logo afirmar a dignidade penal de determinado bem jurídico bem como a necessidade da sua protecção criminal, mas por outro, postular a não punição da mesma para o futuro. Daí resultaria a colocação em causa da seriedade da lei criminal pois que a sua função protectora de potenciais vítimas seria afastada pela vigência "para diante" da lei de amnistia.

([481]) Cfr. MARXEN, *Rechtliche...*, 1984, págs. 26 e 27.
([482]) V., *supra*, n.º 2.4.
([483]) MARXEN, *Rechtliche...*, 1984, pág. 25.
([484]) MARXEN, *Rechtliche...*, 1984, pág. 25.
([485]) V., *infra*, n.º 5.1.5.
([486]) Cfr. SÜB, *Studien...*, SÖR 852, 2001, pág. 104.

III – Sucede que esta questão se encontra ainda umbilicalmente conexa com a temática dos fins da amnistia e com a sua natureza excepcional([487]). Na verdade, e atendendo ao seu próprio significado etimológico, facilmente se compreenderá que uma lei de amnistia não poderá ser senão retroactiva([488]): não se pode, com efeito, ordenar o esquecimento do futuro! Toda a evolução histórica – e a essência histórico-cultural do Direito não pode deixar de ser tida em consideração – identifica a amnistia com o seu carácter retroactivo. A amnistia é, pois, por natureza, retroactiva, não podendo o legislador aprovar amnistias "para diante": as mesmas seriam materialmente inconstitucionais não apenas por atentarem contra a natureza jurídica pré-constitucional do instituto constitucionalmente reconhecido, mas também por consubstanciarem a desprotecção de bens jurídicos para o futuro([489]), ali onde o legislador, contraditoriamente, reconhece a necessidade da sua protecção através do aparelho repressivo do Estado ao manter o carácter ilícito da conduta vertido na norma incriminadora. Daqui resulta que a amnistia antecipatória, sendo inconstitucional, não se aplica a factos ocorridos no futuro. Em suma, é de afirmar, também entre nós, a proibição do "efeito para diante" de uma amnistia. A alternativa será a da própria norma incriminadora, por desnecessária, ser inconstitucional ao violar o princípio da subsidiariedade da lei penal, sendo que, nesta última hipótese, a lei de amnistia perderá o seu campo de aplicação, por falta de lei incriminadora.

IV – Aqui chegados, cumpre resolver ainda um problema: qual o termo *ad quem* máximo da previsão temporal de uma lei de amnistia? O mesmo é dizer: cumpre agora determinar a "área de protecção da proibição de efeito para diante"([490]).

Este problema é deveras complexo quando a competência amnistiante reside no Parlamento, pois que não apenas o procedimento legislativo é moroso, "como decorre perante os olhos do público"([491]). O mesmo é dizer que, desde logo, os primeiros projectos legislativos para uma amnistia paralisam o efeito de protecção das normas incriminadoras se não

---

([487]) V., *supra*, n.ºs 3.1.1. e 3.1.2., e, *infra*, n.ºs 5.1.2. e 5.2.
([488]) V., *supra*, n.º 1.1. e 4.3.
([489]) Sobre a necessidade da protecção penal de bens jurídicos, v., *infra*, n.º 5.1.5.
([490]) SÜß, *Studien...*, SÖR 852, 2001, pág. 104.
([491]) MARXEN, *Rechtliche...*, 1984, pág. 27.

limitarem a sua eficácia a factos ocorridos até uma data que lhes seja anterior([492]).

Numa posição meramente formal([493]), SCHÄTZLER identifica o limite temporal da amnistia, em regra, em momento anterior à sua entrada em vigor, podendo, no entanto, coincidir com este último([494]). Não podemos, contudo, aceitar, desde logo, esta posição do autor. É que, afirmar que a amnistia se reporta, ainda, a factos praticados no dia da sua entrada em vigor, é o mesmo que conceder uma "licença" para futuras ofensas, uma vez que os indivíduos que cometam as infracções "amnistiadas" nesse mesmo dia, teriam a garantia legislativa e institucional de que não seriam punidos, situação que, bem vistas as coisas, o próprio autor pretende evitar quando justifica o porquê da inaplicabilidade da amnistia a factos ocorridos em data posterior à entrada em vigor da amnistia([495]). Devemos, por conseguinte, assentar como limite insofismável, de previsão temporal, a véspera da data da entrada em vigor da lei de amnistia. Quando a amnistia se situar para lá deste limite, haverá, para recorrer à expressão de SÜß, uma "referência aberta ao futuro"([496]), e, como tal, violação da proibição "de efeito para diante"([497])([498]).

Mas será que é suficiente este limite? De acordo com ele, o legislador será livre para, por exemplo, fixar como limite uma data que seja posterior à apresentação do projecto, ou mesmo ao início da sua discussão, ou à sua aprovação parlamentar ou, inclusive, à própria publicação da lei de amnistia. SCHÄTZLER, consciente de que um limite posterior ao inicio da discussão parlamentar – e por conseguinte, discussão pública –, poderá contri-

---

([492]) V., por todos, MARXEN, *Rechtliche...*, 1984, pág. 27.

([493]) Pois que o simples crivo da entrada em vigor não pode, efectivamente, ser senão formal. Neste sentido, cfr. SÜß, *Studien...*, SÖR 852, 2001, pág. 105.

([494]) Cfr. SCHÄTZLER, *Handbuch des Gnadenrechts...*, 2. neuarbeitete und erweiterte Auflage, 1992, pág. 215.

([495]) Cfr. SCHÄTZLER, *Handbuch des Gnadenrechts...*, 2. neuarbeitete und erweiterte Auflage, 1992, pág. 215.

([496]) SÜß, *Studien...*, SÖR 852, 2001, pág. 105.

([497]) Cfr. SÜß, *Studien...*, SÖR 852, 2001, pág. 105.

([498]) Este tipo de preterição é raro, mas encontra expressão histórica na amnistia, de 17.7.1987, da ex-R.D.A.: esta amnistia, celebrativa do 38.º aniversário da fundação daquela República, beneficiava todos aqueles que, por determinada criminalidade, tivessem pendentes processos até 7.10.1987. Ou seja, beneficiava também todos aqueles que cometessem as respectivas infracções, a partir da sua entrada em vigor, desde que o respectivo conhecimento pelas autoridades ocorresse antes de 7 de Outubro (cfr. SÜß, *Studien...*, SÖR 852, 2001, págs. 109 e 110).

buir para, através da "expectativa" amnistiante, provocar um incremento das respectivas ofensas([499]), postula a necessidade de um célere processo legislativo de forma a obstar a uma morosa discussão pública relativa à sua concessão: "Deve-se recusar rapidamente o pensamento ou, quando a justa causa seja dada, executá-la rapidamente"([500]). O problema desta posição é que possibilita a postergação, por exemplo, da função preventiva geral positiva da lei penal: com efeito, como sindicar essa morosidade na discussão, aprovação, promulgação, publicação e entrada em vigor da lei de amnistia? Formalmente, essa lentidão da entrada em vigor da amnistia seria muito dificilmente sindicável.

Uma solução materialmente mais aceitável, encontramo-la expressamente consagrada no direito italiano. Do n.º 2 do artigo 79.º da Constituição italiana, na redacção introduzida pela lei constitucional de 6 de Março de 1992([501]), resulta a inaplicação da amnistia aos factos cometidos após a apresentação do *disegno di legge*. De acordo com esta resposta, o limite temporal seria a data da apresentação do projecto ou da proposta de lei. A verdade é que a nossa Constituição omite por completo esta questão. Na sua omissão, poderemos afirmar semelhante limite no nosso direito? Infelizmente, cremos que a resposta seja negativa: o facto de se justificar *de lege ferenda*, não significa que se possa afirmar *de lege lata* semelhante solução no nosso ordenamento constitucional.

Julgamos, no entanto, que, *de lege lata*, será possível encontrar, ainda, fundamentação suficiente para apontar um limite que, não sendo, provavelmente, o ideal, surge, contudo, como intermédio em face do ideal e do limite da data anterior à do início da vigência da amnistia. É, neste ponto, que entra em análise a problemática da "referência encoberta ao futuro"([502]) referida por SÜß: tal referência deverá, ainda, ser rejeitada por conflituar com a área de protecção da proibição "de efeito para diante"([503]). Mas, afinal, qual o limite, intransponível, a partir do qual, haverá uma "referência encoberta ao futuro"? De certo que haverá uma tal referência proibida

---

([499]) Cfr. SCHÄTZLER, *Handbuch des Gnadenrechts...*, 2. neuarbeitete und erweiterte Auflage, 1992, pág. 215.

([500]) SCHÄTZLER, *Handbuch des Gnadenrechts...*, 2. neuarbeitete und erweiterte Auflage, 1992, pág. 215.

([501]) Para a compreensão do processo histórico que a originou, v. MANTOVANI, *Diritto Penale...*, terza edizione, 1992, págs. 833 e 834; e PADOVANI, *Diritto Penale*, quinta edizione, 1999, págs. 472 e 473.

([502]) SÜß, *Studien...*, SÖR 852, 2001, págs. 104 e 105.

([503]) Cfr. SÜß, *Studien...*, SÖR 852, 2001, pág. 104.

quando uma amnistia procure beneficiar factos cometidos entre a data da publicação e a data da entrada em vigor do diploma([504]). Mas não só. Julgamos ser de fixar, como limite temporal da referência futura encoberta, a aprovação parlamentar da amnistia([505]). O mesmo é dizer, a amnistia só poderá ser concedida a factos praticados até à véspera da data da aprovação da votação final global do respectivo projecto ou proposta de lei – artigo 168.º, n.º 2, da Constituição. É que, como resulta da observação de MARXEN, uma opção pela data da publicação, por exemplo, dificilmente se articula com a palavra final do órgão competente para a concessão de amnistias([506]). A amnistia, sendo um instituto excepcional com limites materiais de conteúdo cuja observância é incontestável num Estado de Direito não pode, como vimos, reportar-se a ofensa futuras. Ora, as ofensas que se produzam entre a aprovação final global e o dia anterior à data do início de vigência da lei de amnistia são, materialmente, futuras. Não é apenas, neste caso, a função preventiva geral da lei incriminadora que é obliterada, na medida em que os seus destinatários passam, então, a conhecer a vontade do Parlamento, sobre a matéria, vertida na sua aprovação em sede de votação final global de um diploma que aproveitará – caso entre em vigor – a factos praticados após aquela aprovação parlamentar. Mais do que isso, o próprio legislador parlamentar estará a promover a violação da lei criminal pois que, só formalmente, se poderá dizer que semelhante amnistia seja retroactiva, na medida em que aquilo que o legislador opera é, não uma mera análise póstuma de determinada situação acerca da qual decide da verificação de justa causa, concedendo a amnistia, mas, bem mais do que isso, a consideração prognóstica da manutenção de uma mesma situação até uma data determinada – sempre anterior ao dia da entrada em vigor da amnistia – a qual dificilmente deixará de ser, também, arbitrária porque injustificada([507]). Nas palavras de MARXEN, "a aprovação parlamentar refere-se também, parcialmente, a factos futuros. Isso é dificilmente compatível com a *Vorauswirkungsverbot*"([508]). É certo que apenas haverá cem por cento de certeza na vigência da lei de amnistia quando

---

([504]) Neste sentido, cfr. SÜß, *Studien...*, SÖR 852, 2001, pág. 105.

([505]) *De lege lata*, afigura-se excessivo, com efeito, o critério, proposto por SÜß, do início da discussão da lei (cfr. *Studien...*, SÖR 852, 2001, pág. 105). Na realidade, apenas de *lege ferenda* poderia tal marco ser fixado, uma vez que, nesse momento, os particulares não conhecem, ainda, a vontade do Parlamento.

([506]) Cfr. MARXEN, *Rechtliche...*, 1984, pág. 27.

([507]) Sobre a arbitrariedade, v., *infra*, n.º 5.1.2.

([508]) MARXEN, *Rechtliche...*, 1984, pág. 27.

esta, finalmente, entre em vigor([509]); contudo, como salienta Süß, não é menos verdade que "a experiência demonstra que uma lei de amnistia aprovada pelo Parlamento acabará, normalmente, por entrar em vigor"([510]). Pensamos ser, em suma, esta nossa posição equilibrada e susceptível de integrar materialmente o instituto da amnistia com as regras próprias do Estado de Direito, com a tutela dos bens jurídicos constitucionalmente imposta, com a excepcionalidade da concessão da amnistia e com a reserva parlamentar da competência amnistiante. Daí a necessidade de postular uma projecção à retroactividade amnistiante que seja, não meramente formal, mas, também ela, verdadeiramente substancial. É, também, uma solução que – não sendo a ideal([511]) – se configura como a solução possível de *lege lata*.

Na perspectiva da patologia constitucional, uma amnistia que refira um limite temporal ulterior ao limite *supra* identificado determinará uma inconstitucionalidade material parcial, havendo ainda lugar à aplicação da amnistia, mas tudo se passando como se o limite da véspera da palavra final parlamentar não tivesse sido preterido([512]).

V – Note-se que o problema que analisámos no presente ponto respeitou ao limite temporal que uma lei de amnistia pode estabelecer quanto à previsão normativa dos factos amnistiados e não naquilo que toca a outros factos como, a título de exemplo, o cumprimento da condição legalmente exigida na amnistia condicionada (*Appell-Amnestie*)([513]), ou o exercício do direito de renúncia. Claro está que o limite temporal para o cumprimento da condição ou para o exercício do direito de renúncia, por exemplo, será sempre ulterior à data do início de vigência da lei de amnistia([514]).

([509]) Cfr. Süß, *Studien...*, SöR 852, 2001, pág. 105.

([510]) Süß, *Studien...*, SöR 852, 2001, pág. 105.

([511]) V., *supra*, o texto do presente número.

([512]) Isto pressupondo que o recorte dos factos não seja todo ele efectuado para diante: neste último caso, a inconstitucionalidade será total.

([513]) A expressão é de Schätzler in *Handbuch des Gnadenrechts...*, 2. neuarbeitete und erweiterte Auflage, 1992, pág. 215.

([514]) Cfr. Schätzler, *Handbuch des Gnadenrechts...*, 2. neuarbeitete und erweiterte Auflage, 1992, pág. 215.

VI – O problema da não admissibilidade da amnistia "para diante" não se confunde com a questão da frequência de concessão de amnistias por parte do poder político([515])([516]).

VII – Finalmente, diga-se, ainda, que este carácter retroactivo – relativamente aos factos agraciados – permite compreender o facto de a amnistia não suspender sequer a norma primária da lei incriminadora. Nas palavras de Zagrebelsky, "todos os actos de clemência, e a amnistia entre estes, operam sempre *post factum*, enquanto o comportamento criminoso é realizado, a lei penal, enquanto norma primária ou proibitiva, era plenamente eficaz"([517]); daí que seja estruturalmente necessário que os actos de clemência sejam posteriores, e nunca anteriores, aos factos agraciados([518]). É que, por outras palavras, "não se pode dizer que a amnistia, em particular, suspende a eficácia da norma primária ou proibitiva no confronto dos destinatários"([519]), sendo o efeito, suspensivo ou derrogatório, da amnistia individualizável apenas "no confronto do preceito secundário, relativo aos órgãos judiciários, os únicos verdadeiros "destinatários" directos dos actos de clemência"([520])([521]).

5.1.2. Proibição do arbítrio

I – Formalmente, dir-se-á que a amnistia, como acto de clemência geral, realiza "sempre e necessariamente um derrogação ao princípio da igualdade"([522]). É que, por força da amnistia, apenas alguns dos factos que correspondam à previsão normativa da lei incriminadora irão ser efectivamente punidos([523]). Tem, pois, razão ZAGREBELSKY quando afirma que, se no ordenamento italiano valesse o princípio da igualdade no sentido

---

([515]) Cfr. MARXEN, *Rechtliche...*, 1984, págs. 27 e 28.
([516]) Sobre este ponto, v., *infra*, n.º 5.2.
([517]) ZAGREBELSKY, *Amnistia...*, 1974, pág. 70.
([518]) Como refere ZAGREBELSKY in *Amnistia...*, 1974, pág. 70.
([519]) ZAGREBELSKY, *Amnistia...*, 1974, pág. 70.
([520]) ZAGREBELSKY, *Amnistia...*, 1974, pág. 70.
([521]) Veja-se, contudo, que no caso da condição e da renuncia os destinatários não são apenas esses órgãos. De qualquer modo, quanto aos factos criminosos, a verdade é que os mesmos não são regulados pela amnistia.
([522]) ZAGREBELSKY, *Amnistia...*, 1974, pág. 81. V., também, as páginas seguintes.
([523]) Cfr. ZAGREBELSKY, *Amnistia...*, 1974, pág. 81.

indicado, não haveria qualquer possibilidade de se proceder, matematicamente, a uma harmonização com os institutos gerais de clemência, impondo-se a presumível conclusão de que "amnistia e perdão genérico são instrumentos incompatíveis com aquele princípio e que, não podendo excluir-se totalmente o seu emprego, estando previstos em explícitas normas constitucionais, o seu uso deverá ser contido nos limites mais restritos do princípio da igualdade"([524]), de modo a causar-lhe o menor prejuízo possível.

Não é, contudo, com esse sentido que, como refere ZAGREBELSKY, invocando exaustivamente a jurisprudência da *Corte Costituzionale*, tem vigorado o princípio da igualdade. Antes pelo contrário, com efeito, é com uma dimensão material([525]) que aquele princípio tem sido entendido; ou seja, a obrigação do legislador de observar o princípio da igualdade significa, não a impossibilidade de ditar normas especiais ou normas excepcionais para determinadas categorias de interessados, ainda que individualizados concretamente, mas o impedimento em ditar "normas diversas para situações objectivamente iguais, com o corolário recíproco (...) pelo qual normas diversas sejam ditadas para situações objectivamente e racionalmente diversas"([526]). O mesmo tendo sido, aliás, expressamente plasmado nas decisões do nosso Tribunal Constitucional([527]). De acordo com esta concepção material daquele princípio, a diversidade de tratamento que se exprime em leis especiais e excepcionais é admissível se, e enquanto, seja possível afirmar, objectiva e racionalmente, que a sua previsão, ainda que em via concreta, surja com um carácter de tal modo próprio que a permita destacar "da disciplina geral"([528]). Claro está que tal avaliação, naquilo que respeite a critérios de discricionariedade política próprios da actividade legislativa é, enquanto tal, insindicável([529]), mas já será possível o controlo da decisão legislativa ao nível de "critérios "lógicos" ou de racionalidade comuns quanto ao perfil da arbitrariedade e da injustificabilidade

---

([524]) ZAGREBELSKY, *Amnistia...*, 1974, págs. 81 e 82.

([525]) Sobre o espectro material do princípio da igualdade, cfr. MARIA DA GLÓRIA FERREIRA PINTO, *Princípio da igualdade: fórmula vazia ou fórmula "carregada" de sentido?*, B.M.J., N.º 358, 1986, págs. 47 e segs..

([526]) ZAGREBELSKY, *Amnistia...*, 1974, págs. 82 e 83.

([527]) Cfr. Ac. do T.C., n.º 510/98, ACÓRDÃOS DO TRIBUNAL CONSTITUCIONAL, 40.º Volume, 1998, pág. 190.

([528]) ZAGREBELSKY, *Amnistia...*, 1974, págs. 83 e 84.

([529]) Cfr. ZAGREBELSKY, *Amnistia...*, 1974, pág. 84.

da classificação operada pela lei em vista do diverso tratamento normativo"(530).

II – Daqui se retira que, no domínio específico da amnistia, o carácter material do princípio da igualdade não é "estruturalmente e necessariamente"(531) colocado em causa.
Assim se compreende que se não estivesse, entre nós, o instituto da amnistia previsto na Constituição, o mesmo não seria constitucionalmente interdito por violação do princípio da igualdade. Por outras palavras, a amnistia não é – por natureza – desconforme face ao princípio constitucional da igualdade(532).

III – Não sendo o instituto da amnistia, por natureza, violador do princípio da igualdade, não significa que uma amnistia não seja, violando aquele princípio, inconstitucional.
Uma lei de amnistia será, então, inconstitucional quando viole o princípio da igualdade (materialmente entendido). E violará esse princípio apenas quando, nas palavras do *Bundesverfassungsgericht*, "a regulação que o legislador deu a certos factos típicos não está manifestamente orientada por princípios de justiça, ou seja, quando não se encontram para ela quaisquer considerações racionais, que derivem da natureza das coisas ou sejam de qualquer outro modo evidentes"(533).
Sucede, claro está, que aquilo que seja "justo" ou "injusto" não se encontra ainda definido de forma absoluta, só podendo ser alcançado por aproximação, como refere LEMKE(534). Recorrendo ao ensinamento de RADBRUCH, LEMKE postula a igualdade como natureza e a universalidade como forma da justiça(535). "Por conseguinte, a justiça significa tratamento igual para o igual e tratamento desigual para o desigual perante o mesmo critério"(536). Voltamos, assim, ao coração do princípio da igualdade material descrito no início do presente número. Com efeito, como refere LEMKE,

---

(530) ZAGREBELSKY, *Amnistia...*, 1974, pág. 84.
(531) ZAGREBELSKY, *Amnistia...*, 1974, pág. 84.
(532) Neste sentido, cfr., entre nós, RUI PEREIRA, *O princípio da igualdade em Direito Penal*, O Direito, 1988, pág. 151.
(533) BVerfGE 10, 234 (pág. 246).
(534) Cfr. LEMKE, *Verfassungsrechtliche Schranken für Straffreiheitsgesetze*, RuP, 1984, pág. 200.
(535) Cfr. LEMKE, *Verfassungsrechtliche...*, RuP, 1984, pág. 200.
(536) LEMKE, *Verfassungsrechtliche...*, RuP, 1984, pág. 200.

não pode ser isto senão aquilo que o Tribunal Constitucional Federal alemão pretende como conteúdo do núcleo do princípio da igualdade quando refere a proibição do arbítrio (*Willkürverbot*)([537]). Decorrerá, por conseguinte do artigo 3.º (1) GG a proibição do arbítrio, naqueles termos, ainda quando semelhante diferenciação tenha assento em regras legais e segundo critérios objectivos, mas seja destituída de "considerações razoáveis (*vernünftigen Erwägungen*) que tornassem a generalidade evidente"([538]).

IV – No fundo, não se trata aqui senão da afirmação da proibição do arbítrio como um "limite externo da liberdade de conformação ou de decisão dos poderes públicos, servindo o princípio da igualdade como *princípio negativo de controlo*"([539]). Mais precisamente, no domínio da amnistia, a materialidade da igualdade como determinante heterónoma das funções do Estado([540]) – neste caso, a função legislativa – "implica a proibição de discriminações ilegítimas por via de lei (proibição do *arbítrio legislativo*, de tratamento diferenciado injustificado)"([541]). É, pois, sobre o sentido primário – negativo([542]) – do princípio da igualdade que nos debruçamos de momento.

V – É bem verdade que, como vimos, o legislador dispõe de uma discricionariedade que não pode ser controlada judicialmente([543]), somente sendo possível "verificar se o legislador ultrapassou o extremo limite do largo campo de discricionariedade que se lhe abre"([544]). Daí que não falte quem – em sede amnistiante – coloque em dúvida as verdadeiras possibilidades de controlo da proibição de arbítrio: na sugestiva expressão de MARXEN: "A proibição do arbítrio é capaz de atingir apenas casos extre-

---

([537]) Cfr. LEMKE, *Verfassungsrechtliche...*, RuP, 1984, pág. 200.
([538]) LEMKE, *Verfassungsrechtliche...*, RuP, 1984, pág. 200.
([539]) GOMES CANOTILHO e VITAL MOREIRA, *Constituição...*, 3.ª edição revista, 1993, pág. 127.
([540]) Cfr. GOMES CANOTILHO e VITAL MOREIRA, *Constituição...*, 3.ª edição revista, 1993, pág. 129; JORGE MIRANDA, *Manual de Direito Constitucional*, Tomo IV, *Direitos Fundamentais*, 3.ª edição, revista e actualizada, Coimbra, 2000, pág. 245.
([541]) GOMES CANOTILHO e VITAL MOREIRA, *Constituição...*, 3.ª edição revista, 1993, pág. 130.
([542]) Cfr. JORGE MIRANDA, *Manual...*, Tomo IV, 3.ª edição, revista e actualizada, 2000, pág. 238.
([543]) Cfr. BVerfGE 10, 234 (pág. 246).
([544]) BVerfGE 10, 234 (pág. 246).

mos"([545]), atendendo particularmente ao seu carácter genérico e dificilmente concretizável([546]).

VI – Cumpre, contudo, em nosso entender procurar avançar um pouco mais no estudo do impacto da proibição do arbítrio em sede específica do instituto da amnistia. Mais concretamente, na relação existente entre "a violação da norma penal proibitiva e a diversa reacção do ordenamento sobre o plano sancionatório"([547]). Coloca-se aqui a questão de saber em que casos é admissível – na perspectiva da igualdade –, face a um série de comportamentos todos igualmente integrantes da mesma previsão normativa, que a uns seja aplicada a sanção prevista na lei geral e a outros não seja a mesma aplicada. A amnistia, ainda segundo ZAGREBELSKY, reporta-se, essencialmente, ao "reconhecimento sucessivo da imperfeição da legislação penal no momento da comissão do facto, através de uma espécie de *supplementum legislationis* que, por meio da suspensão da norma sancionatória (...), respeita essencialmente à valoração do facto como ilícito penal (...)"([548]), daí que, neste caso, constituindo a amnistia uma actividade homogénea à da legislação substancial, ela própria possa considerar-se "instituto de direito substancial"([549]). O caso natural da amnistia "racional" será, para o autor, aquele que é determinado por um juízo de menor gravidade social, fundado em elementos que se possam sindicar como excepcionais, sendo presumivelmente insusceptíveis de reprodução no futuro ou pelo menos "dificilmente reproduzíveis"([550]). Isto porque, no caso contrário, "a exigência em adequar a legislação penal às situações concretas não deverá correctamente conduzir ao procedimento de clemência, mas à modificação legislativa estável([551]) que atribua relevância jurídica permanente aos elementos acidentais do facto em causa de modo a comportar a isenção da responsabilidade (...)"([552]). Da posição de ZAGREBELSKY se poderá dizer, em jeito de síntese, e recorrendo às palavras do próprio autor, que o "critério base de distinção entre as hipóteses de uso

---

([545]) MARXEN, *Rechtliche...*, 1984, pág. 49.
([546]) Cfr. MARXEN, *Rechtliche...*, 1984, pág. 50.
([547]) ZAGREBELSKY, *Amnistia...*, 1974, pág. 85.
([548]) ZAGREBELSKY, *Amnistia...*, 1974, pág. 86.
([549]) ZAGREBELSKY, *Amnistia...*, 1974, pág. 87.
([550]) ZAGREBELSKY, *Amnistia...*, 1974, pág. 87.
([551]) Cfr. MENEZES CORDEIRO, *Da Amnistia Laboral Perante a Constituição da República*, R.O.A., 1992, pág. 872.
([552]) ZAGREBELSKY, *Amnistia...*, 1974, pág. 87.

legítimo e as de uso ilegítimo da clemência é (...) o da existência de uma situação excepcional e presumivelmente irrepetível: se a situação não é excepcional e não é presumivelmente irrepetível não há espaço para a emanação de actos de clemência. No primeiro caso, com efeito, não se justificam derrogações à disciplina comum; no segundo, não se justificam derrogações limitadas ao período transacto (...). Em outros termos, se não fosse a excepcionalidade, não se poderia não dispor em via geral; se não fosse a irrepetibilidade, não se poderia não dispor em via abstracta"([553]). Assim exposta a tese, o seu autor, procurando antecipar objecções, logo reconhece que "Rigorosamente (...) todas as situações são teoricamente repetíveis"([554]), contudo o acento tónico da sua tese assentaria apenas na presumível irrepetibilidade, que seria a única solução capaz de fundar a não inconstitucionalidade de uma lei concreta([555]).

Em tese geral, e em comentário à posição ora descrita do autor italiano sempre se dirá que, em bom rigor, e quanto ao critério da excepcionalidade, este não é mais do que, afinal, a proibição do arbítrio enquanto interdição constitucional, resultante da igualdade material, do tratamento diferenciado, em que se consubstancia a lei da amnistia, quando não assente em situações também elas materialmente diferenciadas. Ou seja, ZAGREBELSKY concretiza, no domínio da amnistia, a proibição do arbítrio através do crivo da excepcionalidade([556])([557]): sendo a lei penal incriminadora a

---

([553]) ZAGREBELSKY, *Amnistia*..., 1974, pág. 93.
([554]) ZAGREBELSKY, *Amnistia*..., 1974, pág. 94.
([555]) Cfr. ZAGREBELSKY, *Amnistia*..., 1974, pág. 96.
([556]) Afirmando, entre nós, de igual modo, o carácter necessariamente excepcional da lei de amnistia *ex vi*, nomeadamente, do princípio da igualdade, cfr. GOMES CANOTILHO, *Direito Constitucional*..., 6.ª edição, 2002, pág. 670.
([557]) À luz desta excepcionalidade, a amnistia não poderá ser objecto de aplicação analógica. Não nos parece porém – uma vez que de lei penal negativa se trata – que se possa defender a sua interpretação restritiva: a interpretação permitida da lei de amnistia deve, em suma, pura e simplesmente, conter-se no texto da respectiva lei. A nossa jurisprudência é clara, aliás, na rejeição, tanto da interpretação restritiva, como da interpretação extensiva das leis de amnistia, ao postular que as mesmas devem ser interpretadas "nos exactos termos em que estão redigidas" (v., a mero título de exemplo, os Acórdãos do STJ de 30/6/1976, B.M.J. n.º 258, pág. 138; de 7/12/1977, B.M.J. n.º 72, pág. 111, e o Assento n.º 2/2001, do mesmo Tribunal, DR, I Série-A de 14 de Novembro, págs. 7225 e 7226): daqui resulta, como conclui o Supremo Tribunal de Justiça, neste último assento, que *"impõe-se uma interpretação declarativa"* (pág. 7226) das leis de ammnistia. É neste sentido que MENEZES CORDEIRO defende que as *"amnistias sejam interpretadas em termos*

regra, é a amnistia que precisa assentar em considerações racionalmente coerentes que permitam compreender a existência de uma situação materialmente singular. Já quanto ao requisito adicional da presumível irrepetibilidade, a verdade é que sendo este, com efeito, "elástico e (...) confuso"(558) e sendo, obviamente, menos facilmente utilizável que o simples critério da excepcionalidade, isoladamente considerado(559), se nos afigura como algo forçado afirmar a proibição de arbítrio aí onde haja uma situação materialmente excepcional, pelo simples facto de não haver uma "presunção de irrepetibilidade". Por outras palavras, este segundo requisito formulado por ZAGREBELSKY não pode ser afirmado como exigência do princípio da igualdade, porque pura e simplesmente o extravasa. É que, parece-nos ser justificação razoável a diferenciação de tratamento vertida na amnistia quando erigida com base numa situação substancialmente excepcional. Quando a situação a ser amnistiada tenha efectivamente o seu suporte material, os "limites externos da "discricionariedade legislativa" não serão violados"(560). Seja como for, uma coisa é certa, não decorre da

---

estritos" (*Da Amnistia...*, R.O.A., 1992, pág. 873). Cfr., finalmente, o artigo 120.°, § 2.°, do Código Penal de 1852.

Isto não obsta, contudo, a que a amnistia possa ser implícita. Encontramos, salvo melhor opinião, um importante precedente histórico no Tratado do Rio de Janeiro de 29 de Agosto de 1825 pelo qual Portugal reconheceu a independência do Brasil. Ora, no artigo 4.° desse tratado foi determinado o "total esquecimento das desavenças passadas" (SOARES MARTÍNEZ, *História Diplomática de Portugal*, 2.ª edição, Lisboa, 1992, pág. 346), o que, quanto a nós, consubstancia uma verdadeira amnistia beneficiando, desde logo, a pessoa do infante D. Pedro (agora reconhecido como Imperador do Brasil) pelas infracções atinentes à secessão que promovera. Só assim se compreende, de resto, que na ratificação deste tratado, vertida na carta de lei de 16 de Novembro de 1825, D. João VI se referisse expressamente à pessoa do seu primogénito como "Herdeiro e Sucessor destes Reinos" (SOARES MARTÍNEZ, *História...*, 2.ª edição, 1992, pág. 346). Na realidade, como justificar esta referência, "Não obstante os actos de rebelião praticados" (SOARES MARTÍNEZ, *História...*, 2.ª edição, 1992, pág. 376, nota 44)? Parece claro que, como refere SOARES MARTÍNEZ, "D. João VI não perdera a esperança numa reunificação dos dois reinos, através do príncipe D. Pedro" (SOARES MARTÍNEZ, *História...*, 2.ª edição, 1992, pág. 376, nota 44). Ora, tendo em vista tal desiderato, a qualificação operada na ratificação só faria sentido tendo preexistido um acto de graça. Daí, precisamente, a importância do referido tratado: o seu artigo 4.° consubstanciou, deste modo, esse acto de graça. Ele corresponde àquilo a que, hoje, a doutrina muito provavelmente apelidaria como de amnistia pacificadora.

(558) ZAGREBELSKY, *Amnistia...*, 1974, pág. 97.

(559) Cfr. ZAGREBELSKY, *Amnistia...*, 1974, pág. 97.

(560) ZAGREBELSKY, *Amnistia...*, 1974, pág. 127. Isto em tese geral.

proibição de arbítrio a necessidade de a lei de amnistia corresponder a uma situação presumivelmente irrepetível.

VII – Atente-se, finalmente, naquela que já no Capítulo I deste nosso estudo(561) referimos como a mais significativa – em termos de consequências – das situações violadoras do princípio da igualdade: a divergência substantiva de tratamento jurídico entre amnistia "própria" e amnistia "imprópria". Tratou-se, então, diga-se, não propriamente da identificação de amnistias inconstitucionais por violação do princípio da igualdade ao nível da situação fáctica a ser agraciada, mas antes de discriminações de efeitos injustificadas operadas a jusante da própria justa causa. Na realidade, qualquer lei de amnistia, na parte que restrinja os seus efeitos amnistiantes às situações ocorridas até ao trânsito em julgado da decisão condenatória(562), por exemplo, será inconstitucional por não constituir fundamento possível, de diferenciação substancial de tratamento, o mero caso julgado penal; do mesmo modo sendo inconstitucionais, por violação do princípio da igualdade, todas as normas de direito subsidiário que regulem a disciplina da amnistia "imprópria", em termos substancialmente discriminatórios em relação à amnistia dita "própria", a saber, por exemplo, o artigo 75.º, n.º 4, do Código Penal e o consequente não cancelamento, no registo criminal, das correspondentes decisões condenatórias. É chegado o momento de proceder – pois é este o local apropriado para tal – a esclarecimentos adicionais quanto à razão de ser da cedência, nesta matéria, do caso julgado penal em face do crivo da igualdade(563). É bem verdade que a dita distinção entre amnistia própria e imprópria pode possuir a virtualidade de ilustrar alguns efeitos que, sendo próprios da amnistia "própria", não ocorrem no âmbito da amnistia "imprópria" por força da natureza das coisas(564). O que daqui não se poderá extrair é uma clivagem radical entre os efeitos da amnistia própria e imprópria. Na verdade, entendemos que o caso julgado penal, tendo uma natureza específica e distintiva face aos restantes casos julgados(565), não poderá constituir

---

(561) V., *supra*, n.ºs 3.1.1. e 3.1.2.

(562) V., *supra*, n.º 3.1.1.

(563) Quanto à demais argumentação remetemos para tudo quanto deixámos escrito, *supra*, nos n.ºs 3.1.1. e 3.1.2.

(564) Como referimos, *supra*, no n.º 3.1.2.

(565) Como refere TAIPA DE CARVALHO, e na sequência da nossa tradição doutrinal (BELEZA DOS SANTOS, EDUARDO CORREIA, CAVALEIRO DE FERREIRA), impõe-se a recusa da reducionista "*perspectiva pancivilística do caso julgado*" (*Sucessão...*, 2.ª edição revista,

crivo suficiente de uma radical separação de águas entre os efeitos da amnistia([566]). Por outras palavras, a amnistia, quando entre em vigor ulteriormente ao trânsito em julgado de uma decisão condenatória, deverá pro-

---

1997, pág. 226). Isto resulta necessariamente da diferente natureza entre responsabilidade civil e responsabilidade criminal. Estando, consequentemente em causa, no processo penal, a pretensão punitiva do Estado – por contraposição ao que sucede no processo civil – o valor da certeza jurídica penal não é um valor formal, mas antes material (como refere CASTANHEIRA NEVES in *O Instituto dos "Assentos" e a Função Jurídica dos Supremos Tribunais*, Coimbra, 1983, pág. 39), visando, constitucionalmente, a proibição da dupla punição decorrente da consagração no n.º 5 do artigo 29.º da Constituição do princípio *ne bis in idem*. Por outras palavras, na feliz expressão de TAIPA DE CARVALHO, "a certeza jurídica consubstanciada no caso julgado penal não se afirma como absoluta, mas sim como forma, como meio ao serviço da segurança individual, como uma exigência da justiça penal ou, por outras palavras, como prevenção da arbitrariedade punitiva" (*Sucessão...*, 2.ª edição revista, 1997, pág. 223). Assim, o princípio do caso julgado penal visa essencialmente a protecção do arguido, constituindo uma "garantia política dos direitos fundamentais da pessoa" (TAIPA DE CARVALHO, *Sucessão...*, 2.ª edição revista, 1997, pág. 223). Daí que, como significativamente refere o autor, a propósito da aplicação retroactiva da lei penal de conteúdo mais favorável, não pode o caso julgado penal "constituir impedimento à concretização de mandamentos constitucionais que (...) visam a protecção dos direitos fundamentais", motivo pelo qual "seria contraditório (...) *invocar o caso julgado para obstar à aplicação de uma lei penal mais favorável*" (*Sucessão...*, 2.ª edição revista, 1997, págs. 223 e 224). Conclui, por conseguinte, TAIPA DE CARVALHO que, sendo a única dimensão da certeza – do caso julgado penal –, constitucionalmente tutelada, a garantia atinente ao *ne bis in idem* (artigo 29.º, n.º 5, da Constituição), ela não poderá conflituar com o princípio da aplicação retroactiva da lei penal mais favorável (artigo 29.º, n.º 4, 2.ª parte, da Constituição), donde decorre a inconstitucionalidade do n.º 4 do artigo 2.º do Código Penal (cfr. *Sucessão...*, 2.ª edição revista, 1997, pág. 224). Invoca ainda o autor, em abono da sua posição, a destrinça constitucional entre "*caso julgado em geral e caso julgado penal*" resultante do artigo 282.º, n.º 3, da Constituição, bem como as mais limitadas possibilidades de revisão das sentenças no caso julgado civil, por contraposição ao caso julgado penal, "tratando-se de revisão *in melius*" (*Sucessão...*, 2.ª edição revista, 1997, pág. 228), e ainda a flagrante discrepância na admissibilidade de revisão entre caso julgado penal condenatório e caso julgado penal absolutório (cfr. *Sucessão...*, 2.ª edição revista, 1997, pág. 231).

No preciso sentido da inconstitucionalidade do artigo 2.º, n.º 4, do Código Penal por violação do artigo 29.º, n.º 4, da Lei Fundamental, julgando inconstitucional o primeiro preceito, cfr. o Acórdão n.º 677/98 do Tribunal Constitucional (D.R., II Série, de 4 de Março de 1999, págs. 3243 e segs., sobretudo págs. 3246 e 3247). Entendendo, pelo contrário, que aquele artigo do Código Penal não posterga o artigo 29.º, n.º 4, da Constituição, por força da margem de liberdade de conformação de que dispõe o legislador, cfr. PAULO OTERO, *Ensaio sobre o Caso julgado Inconstitucional*, Lisboa, 1993, pág. 51.

([566]) Para as críticas doutrinais a esta diferença de efeitos, v., *supra*, n.º 3.1.2.

duzir, dentro do possível([567]), efeitos idênticos aos da amnistia "própria". O mesmo é dizer, tudo se deverá passar como se não tivesse existido condenação. Na realidade, sendo o limite do caso julgado no n.º 4 do artigo 2.º do C.P. inconstitucional por violação do princípio da igualdade([568]) então, por "maioria de razão"([569]), se deverá entender que a completa obliteração temporal da norma secundária da lei penal incriminadora (por efeito da amnistia) não poderá encontrar como obstáculo o caso julgado. Na verdade, mesmo do artigo 128.º, n.º 2, do C.P. se retira que o caso julgado não é, para amnistia, limite absolutamente intransponível, pois que as penas, principal e acessória, deverão cessar. Aquilo que se pretende, por conseguinte, é, apenas e só, que o caso julgado não seja utili-

---

([567]) Do fisicamente possível. V., *supra*, n.º 3.1.2.

([568]) O próprio artigo 2.º, n.º 4, do Código Penal, na realidade, desrespeita o princípio constitucional da igualdade como refere MARIA DOS PRAZERES BELEZA, relatora do citado Acórdão n.º 677/96 do Tribunal Constitucional, na sua *Declaração de Voto* nesse mesmo aresto (cfr. D.R. II Série, de 4 de Março de 1999, pág. 3248). No mesmo sentido, cfr. RODRIGUES MAXIMIANO, *Aplicação da Lei Penal no tempo e caso julgado*, R.M.P., ano 4.º, vol. 13, 1983, pág. 29; RUI PEREIRA, *O princípio*..., O Direito, 1988, págs. 134 e 135; do mesmo autor, *A Relevância da Lei Penal Inconstitucional de Conteúdo Mais Favorável ao Arguido*, R.P.C.C., Ano 1, 1991, pág. 59, nota 13; MARIA FERNANDA PALMA, *Direito Penal*..., 1994, págs. 130 e segs.; TAIPA DE CARVALHO, *Sucessão*..., 2.ª edição revista, 1997, págs. 234 e segs.; GERMANO MARQUES DA SILVA, *Direito Penal Português*, *Parte Geral I, Introdução e Teoria da Lei Penal*, Lisboa, 1997, pág. 270; CARLOTA PIZARRO DE ALMEIDA, *A (In)constitucionalidade da Ressalva do Caso Julgado no Artigo 2.º do CP (Acórdão n.º 677/98 do Tribunal Constitucional)*, in *Casos e Materiais de Direito Penal* (coordenação de Maria Fernanda Palma, Carlota Pizarro de Almeida e José Manuel Vilalonga), 2.ª edição, Coimbra, 2002, pág. 236.

O Tribunal Constitucional, contudo, e como vimos, *supra*, no presente número, afirmou a inconstitucionalidade do artigo 2.º, n.º 4, do Código Penal por violação do artigo 29.º, n.º 4 da Constituição.

([569]) Argumento *a fortiori* pois que a lei de conteúdo mais favorável (artigo 2.º, n.º 4, do Código Penal) não apaga a ilicitude da conduta, antes estabelecendo um regime que, em concreto, se revela mais favorável ao arguido. Ora, no caso da amnistia – sendo certo que, na nossa construção, não é eliminado, de igual modo, o ilícito –, a consequência da mesma se revela ainda mais favorável ao condenado na medida em que significa a renúncia estatal à sanção penal. O mesmo é dizer, apresenta efeitos mais radicais (porque mais favoráveis para quem dela beneficie) do que as simples leis penais de conteúdo mais favorável, isto para além de, como vimos (v., *supra*, n.ºs 4.3. e 5.1.1.), a sua aplicação retroactiva não depender sequer da mediação dos artigos 29.º, n.º 4, da Constituição ou 2.º, n.º 4, do Código Penal.

Tanto num caso como noutro, em suma, a fronteira do caso julgado não justifica um diferente tratamento a situações materialmente semelhantes.

zado para a produção de outros efeitos – como o da reincidência ou da subsistência da inscrição no registo criminal, por exemplo –, pois que esse respeito apenas "parcial" do caso julgado não é compatível com o princípio constitucional da igualdade. É pois, de concluir, que a retroactividade da amnistia implica a destruição do caso julgado penal([570]). Para a complementar justificação destas posições, remetemos para o que, oportunamente, deixámos escrito([571]). Temos, assim, que resulta do crivo da igualdade uma importante consequência para o nosso estudo: a amnistia será, tendencialmente, unitária. É o que flui da proibição da amnistia mera-

---

([570]) Em bom rigor não se coloca, neste ponto, o problema da desconformidade do direito subsidiário da amnistia em face do artigo 29.º, n.º 4, da Constituição. É que, já o verificámos, não se trata aqui da referência do caso julgado penal como um obstáculo à aplicação retroactiva da lei penal de conteúdo mais favorável. O problema aqui surge a jusante dessas considerações, pois que a lei de amnistia, por definição, é, ela própria, retroactiva. Deste modo, nenhuma interpretação, por mais rebuscada que seja, do n.º 4 do artigo 29.º da Constituição pode constituir obstáculo à aplicação retroactiva da amnistia, pelo simples motivo de que a retroactividade desta não carece da mediação do n.º 4 do artigo 29.º da Constituição.

Inquestionável, por conseguinte, a retroactividade da amnistia, o problema que se coloca é o da admissibilidade da discriminação baseada no trânsito em julgado do caso penal. Ora, parece claro que, invocando aqui o raciocínio de RUI PEREIRA acerca dos artigos 29.º, n.º 4, e 13.º da Constituição, há tratamento discriminatório sempre que se admita que "dois factos ilícitos cometidos nas mesmas circunstâncias e no mesmo momento poderiam ser objecto de tratamento substancialmente diverso em resultado da maior ou menor morosidade do julgamento" (*O princípio...*, O Direito, 1988, pág. 134).

Não deixa de ser curioso aliás que RUI PEREIRA, a propósito, especificamente, dos actos de graça de âmbito geral, esclareça que os mesmos deixam intocado o princípio da igualdade pressupondo que colocam "em idêntica situação todos aqueles que cometeram durante o mesmo período crimes similares" (*O princípio...*, O Direito, 1988, pág. 151). Ora, é precisamente nesta afirmação que encontramos a chave para a temática com que nos temos ocupado. A diferença substancial de efeitos jurídicos entre amnistia própria e imprópria não coloca em idêntica situação "todos aqueles que cometeram durante o mesmo período crimes similares". Por outras palavras, a delimitação temporal da lei amnistiante resulta do *tempus delicti*, sendo que, durante o período de tempo coberto pelo véu da amnistia, não é possível edificar diferenças radicais de regime nos alicerces – débeis – do caso julgado penal.

Aliás, como já foi também observado, a nossa lei penal – cfr. artigo 128.º, n.º 2, do Código Penal – não postula a intangibilidade do caso julgado. Contudo, a tangibilidade do caso julgado operada por aquele preceito é insuficiente para garantir um tratamento similar a situações em tudo semelhantes.

([571]) V., *supra*, n.ºs 3.1.1. e 3.1.2.

mente própria. Para as consequências da presente inconstitucionalidade, remetemos para o Capítulo III deste estudo([572]).

VIII – Quanto à análise que se possa operar no âmbito da relação entre o princípio da igualdade e os fins da amnistia, remetemos para o número 2 do presente parágrafo.

5.1.3. Proibição da amnistia individual

I – Sobre a lei na Constituição de 1976 muito se tem discutido quanto à consagração de um sentido material ou meramente formal. A doutrina, quanto a este ponto, diverge, sendo conveniente, contudo, e desde já, assentar no seguinte: a nossa jurisprudência constitucional de há muito tem interpretado o conceito de "norma" do artigo 277.º, n.º 1, da Constituição "no sentido formal, e assente, de qualquer preceito ou disposição inserida num diploma normativo"([573]), mesmo que de um acto individual e concreto se trate([574]). Partindo, por conseguinte, do conceito "formal de norma, viria o Tribunal Constitucional a perspectivá-lo, ainda, como "um conceito funcional, ou seja (…) funcionalmente adequado ao sistema de fiscalização da constitucionalidade (…)"([575]). Quanto ao problema da articulação desta posição com o artigo 268.º, n.º 4, da Constituição, a sua conjugação congruente seria obtida através da natureza meramente complementar da garantia proporcionada por este último preceito, traduzida na possibilidade de interposição de recurso administrativo contencioso contra todas aquelas "leis-formais" que transportassem conteúdo especial e concreto([576]), daqui decorrendo a não existência de um foro exclusivo dos tribunais administrativos para a apreciação e julgamento de todos os actos que possam ser, independentemente da forma, qualificados como actos materialmente administrativos. Por outras palavras, para o nosso Tribunal Constitucional, na presença de qualquer acto

---

([572]) V., *supra*, o parágrafo 6.º do presente estudo.

([573]) MARIA LÚCIA AMARAL PINTO CORREIA, *Responsabilidade do Estado e Dever de Indemnizar do Legislador*, Coimbra, 1998, pág. 297.

([574]) Cfr. JORGE MIRANDA, *Manual…*, Tomo V, 2.ª edição, 2000, pág. 143; MARIA LÚCIA AMARAL PINTO CORREIA, *Responsabilidade…*, 1998, pág. 297.

([575]) MARIA LÚCIA AMARAL PINTO CORREIA, *Responsabilidade…*, 1998, pág. 298.

([576]) Cfr. MARIA LÚCIA AMARAL PINTO CORREIA, *Responsabilidade…*, 1998, pág. 298.

sob a forma de lei, a jurisdição constitucional será sempre competente para dele julgar, não podendo ser prejudicada pela competência atribuída pelo artigo 268.º, n.º 4, da Constituição aos tribunais administrativos, termos em que esta última "não passe de um "mais", de uma garantia complementar que é conferida aos particulares"(577). Em bom rigor se diga que esta posição se aproxima da afirmação formalista segundo a qual, "Para a CRP, é lei todo o acto que por ela como tal for nomeado; e não o é todo e qualquer acto que transportar outro *nomen*"(578). Daí que JORGE MIRANDA – defensor da concepção material de lei – conclua pela "disfunção do regime"(579) que consiste em o Tribunal Constitucional qualificar como normas e controlar actos administrativos sob forma de lei(580).

Quanto a nós, sendo verdade que, como escreve JORGE MIRANDA, do artigo 18.º, n.º 3, da Constituição não se pode retirar que "a generalidade só se justifique a título excepcional para as leis restritivas de direitos, liberdades e garantias ou para as leis sancionatórias"(581), não nos parece exigível que, em abstracto, se afirme a exigência da generalidade e/ou abstracção de uma lei. Ali onde o texto constitucional claramente o exigir, o problema encontra-se, *ope lege*, resolvido. É o caso do artigo 18.º, n.º 3, da Constituição. Quanto ao mais, tudo se resume ao exercício da função legislativa no quadro material do Estado de Direito, sendo à luz dos seus cânones "que, em última análise, vêm a ser aferidas as leis gerais e concretas e as leis individuais"(582). Termos em que, em bom rigor, não faz hoje sentido manter a dicotomia: lei em sentido material/lei em sentido formal(583). Importa, antes, afirmar que toda a lei deve respeitar os princípios próprios do Estado de Direito, à cabeça dos quais se deverá erigir o princípio da igualdade. Se assim suceder, semelhante lei – mesmo individual – será não inconstitucional(584). Esta será a regra, havendo contudo que excepcionar não apenas as salvaguardas expressas da Lei Fundamen-

---

(577) MARIA LÚCIA AMARAL PINTO CORREIA, *Responsabilidade*..., 1998, pág. 299.
(578) MARIA LÚCIA AMARAL PINTO CORREIA, *Responsabilidade*..., 1998, pág. 302.
(579) JORGE MIRANDA, *Manual*..., Tomo V, 2.ª edição, 2000, pág. 153.
(580) Cfr. JORGE MIRANDA, *Manual*..., Tomo V, 2.ª edição, 2000, pág. 152.
(581) JORGE MIRANDA, *Manual*..., Tomo V, 2.ª edição, 2000, pág. 148.
(582) JORGE MIRANDA, *Manual*..., Tomo V, 2.ª edição, 2000, pág. 149.
(583) Expressamente neste sentido, cfr., entre outros, MARIA LÚCIA AMARAL PINTO CORREIA, *Responsabilidade*..., 1998, pág. 302.
(584) Como refere JORGE MIRANDA a propósito das leis individuais que obedeçam a critérios gerais de normação, apesar de formuladas para certo ou certos destinatários (*Manual*..., Tomo V, 2.ª edição, 2000, pág. 149).

tal – cfr. o já referido artigo 18.º, n.º 3, da Constituição – como as implícitas que resultarão da avaliação da substancialidade própria de cada lei em face dos princípios constitucionais do Estado de Direito, os quais poderão obrigar à verificação de generalidade e/ou abstracção de determinado(s) acto(s) legislativo(s).

II – É precisamente neste último ponto que entra em consideração a lei de amnistia. A lei de amnistia é, com efeito, indiscutivelmente, concreta([585]). A doutrina não o discute sequer pois tal resultaria do seu carácter exclusivamente retroactivo. Mas poderá deixar de ser genérica? É verdade que a Constituição não exige, expressamente, o carácter genérico para a lei de amnistia. O problema resume-se, pois, a saber se em face dos princípios constitucionais do Estado de Direito relevantes em sede de amnistia esta poderá ser individual.

III – Antes de encontrarmos resposta para esta questão cumpre determinar que tipo de generalidade pode estar em causa na lei de amnistia. Decididamente, quem entenda por generalidade "a permanência, a possibilidade de uma série indeterminada de aplicações no futuro"([586]), concluirá, com AFONSO QUEIRÓ, pela falta de generalidade da amnistia. É que as amnistias, como vimos([587]), só se aplicam "a factos passados"([588]); ora, as "leis materiais, se podem, como as amnistias, aplicar-se a factos passados, têm de poder aplicar-se, se o legislador o quiser, também a factos futuros – o que não sucede, necessariamente, com as leis de amnistia"([589]). E por aqui ficava a análise do autor, para quem o instituto representa uma excepção aos princípios da igualdade, da separação de poderes, etc.([590]).

Contudo, este crivo da "generalidade no tempo"([591]), não é, nem poderia ser, o único critério de determinação da generalidade de uma lei([592]).

([585]) Neste sentido, cfr. JORGE MIRANDA, *Sentido e Conteúdo da Lei como Acto da Função Legislativa*, in *Nos dez anos da Constituição* (organização de Jorge Miranda), Lisboa, 1987, pág. 179; do mesmo autor, *Manual...*, Tomo V, 2.ª edição, 2000, pág. 135.
([586]) AFONSO QUEIRÓ, *Anotação*, R.L.J., 1981, pág. 242.
([587]) V., *supra*, n.ºs 1.1., 4.3. e 5.1.1.
([588]) AFONSO QUEIRÓ, *Anotação*, R.L.J., 1981, pág. 242.
([589]) AFONSO QUEIRÓ, *Anotação*, R.L.J., 1981, pág. 242.
([590]) Cfr. AFONSO QUEIRÓ, *Anotação*, R.L.J., 1981, pág. 243.
([591]) AFONSO QUEIRÓ, *Anotação*, R.L.J., 1981, pág. 242.
([592]) Neste sentido, cfr. VIEIRA DE ANDRADE, *Parecer*, Coimbra, 1991 [ainda não publicado], págs. 8 e 9; e, particularmente, SÜß, *Studien...*, SÖR 852, 2001, págs. 116 e segs..

Aliás, em rigor, nada obsta a que não possam resultar da Constituição diversos sentidos de "generalidade", consoante o tipo de acto legislativo em causa. A tese da generalidade temporal, na verdade, procura retirar do artigo 18.º, n.º 3, da Constituição o crivo para o conceito de necessária aplicabilidade da lei a situações ocorridas no futuro, o que é, de todo, metodologicamente incorrecto. Além do mais, a tese de AFONSO QUEIRÓ fácil e rapidamente se satisfaz com a condenação da amnistia como "relíquia" do Antigo Regime, cuja admissibilidade, entre nós, resultava, apenas e só, da sua expressa consagração constitucional([593]); termos em que, abdica de qualquer tentativa de balizar o conteúdo de uma lei de amnistia em face dos princípios próprios do Estado de Direito. Tal solução é, aliás, contraproducente: por um lado, a amnistia é inadmissível num Estado de Direito; por outro lado, o legislador ordinário – tendo a figura da amnistia assento constitucional – poderá, a seu belo prazer, definir livremente todo e qualquer conteúdo à amnistia, por força da sua caracterização como "acto plural "político""([594]). Este percurso não poderá ser seguido como expressamente refere o Tribunal Constitucional, para quem o "caminho é o inverso"([595]).

IV – Do mesmo modo, também se poderia dizer que a lei de amnistia seria sempre genérica pois a mesma "estatui vários efeitos jurídicos"([596]) dos quais resultam "comandos dirigidos aos sujeitos do processo penal"([597]). Também não é esse, contudo, o sentido que se encontra subjacente à generalidade. É verdade que, inclusive, o arguido poderá surgir como destinatário da amnistia – através, por exemplo, do consequente direito de renúncia –, contudo, a generalidade que aqui se discute não é essa, mas antes a que é atinente, apenas e só, à delimitação dos factos agraciados.

V – Afastados, deste modo, estes dois possíveis sentidos da generalidade no âmbito da amnistia, cumpre, então, afirmar o sentido com que tomaremos em linha de conta a determinação da generalidade na lei de

---

([593]) Cfr. AFONSO QUEIRÓ, *Anotação*, R.L.J., 1981, pág. 243.

([594]) AFONSO QUEIRÓ, *Lições...*, Vol. I, 1976, pág. 94, nota 1.

([595]) Ac. do T.C., n.º 510/98, ACÓRDÃOS DO TRIBUNAL CONSTITUCIONAL, 40.º Volume, 1998, pág. 188.

([596]) SOUSA E BRITO, *Sobre a Amnistia*, R.J., 1986, pág. 33.

([597]) SOUSA E BRITO, *Sobre a Amnistia*, R.J., 1986, pág. 33.

amnistia. A generalidade consistirá na abrangência de "determinada(s) categoria(s) de factos ou de agentes"([598]), ou se se preferir a "propriedade da descrição dos destinatários ou do objecto ser feita através de conceitos gerais"([599]), pois que aí sim faz sentido afirmar a possibilidade da generalidade como característica da amnistia([600]).

Vejamos, então, as implicações dos princípios constitucionais em sede de lei de amnistia.

Quanto ao princípio da igualdade, importa, desde logo, dizer que o mesmo não obriga à emissão de leis genéricas([601]). Uma única situação respeitante a um arguido pode, com efeito, ser regulada por uma lei sem que isso determine a invalidade desta última por força do seu carácter individual. E isso será assim quando a natureza excepcional daquela situação assim o determine: a lei de amnistia individual poderia ser, assim, constitucionalmente admissível, em face do princípio da igualdade, sempre que se destinasse a resolver a situação de um arguido num caso concreto, desde que a sua singularidade legitimasse o seu diverso tratamento material. Por outras palavras, a proibição do arbítrio, permitindo o tratamento individual do "único"([602]), é compatível com as amnistias individuais([603]). Claro está que uma amnistia individual será, não obstante, materialmente inconstitucional, se colidir com o princípio da igualdade: isto é, se a situação amnistiada não for excepcional([604]).

([598]) FIGUEIREDO DIAS, *Direito Penal...*, *Parte Geral II...*, 1993, pág. 688.
No mesmo sentido, cfr. - a título de exemplo - MAURACH, GÖSSEL e ZIPF, *Strafrecht, Allgemeiner Teil, Teilband 2...*, 7. neuarbeitete und erweiterte Auflage, 1989, pág. 744.

([599]) SOUSA E BRITO, *Sobre a Amnistia*, R.J., 1986, pág. 32.

([600]) Cfr. SOUSA E BRITO, *Sobre a Amnistia*, R.J., 1986, pág. 32.

([601]) Como já tínhamos concluído no texto, *supra*, do presente número. No mesmo sentido, cfr. JORGE MIRANDA, *Manual...*, Tomo V, 2.ª edição, 2000, pág. 149.

([602]) MARXEN, *Rechtliche...*, 1984, pág. 31.

([603]) Contra, cfr. FIGUEIREDO DIAS, *Direito Penal...*, *Parte Geral II...*, 1993, pág. 694.
Estranha-se, no entanto, a posição do autor. Com efeito, e como se retira daquilo que deixámos escrito no presente número, a não generalidade, por si só, não é violadora do princípio da igualdade. Relembremos, apenas, a feliz expressão de JORGE MIRANDA, segundo a qual, as leis individuais têm "de não colidir com o princípio da igualdade; não podem abrir diferenciações arbitrárias" (*Manual...*, Tomo V, 2.ª edição, 2000, pág. 149). *A contrario sensu*, a lei individual não é, necessariamente, violadora do princípio da igualdade.

([604]) Cfr. MARXEN, *Rechtliche...*, 1984, pág. 31.

VI – Também o princípio do juiz natural não é conclusivo quanto a esta questão. Ao contrário do que escreve FIGUEIREDO DIAS[605], a amnistia individual não é desconforme ao princípio do juiz legal – artigo 32.°, n.° 9, da Constituição. Claro está que uma tal amnistia subtrairia um caso concreto à decisão do juiz natural. Simplesmente, não apenas essa medida de graça seria, não obstante, judicialmente controlável[606], ao contrário do que pretende aquele autor[607], como a *ratio* do princípio constitucional em análise consiste, na expressão de GOMES CANOTILHO e VITAL MOREIRA, "essencialmente na predeterminação do tribunal competente para o julgamento, proibindo a criação de tribunais *ad hoc* ou a atribuição da competência a um tribunal diferente do que era legalmente competente à data do crime"[608]. Ora, como facilmente se entenderá, uma amnistia individual não criaria um tribunal *ad hoc*, nem atribuiria a competência a um tribunal diferente do que era legalmente competente à data do crime. Antes pelo contrário, ela impediria o julgamento (amnistia individual "própria") *tout court*, termos em que seria absurdo invocar aquele princípio – pensado para tutela do arguido – para fundar a inconstitucionalidade de uma medida que, afinal, apenas o beneficiaria. Como refere MERTEN, o princípio do juiz legal não proíbe a (*Individual-*) *Abolition*, pois não faz parte da génese e da posição sistemática do princípio, a exigência da imposição de um julgamento e de uma penalidade a cada infractor de uma norma penal[609].

VII – Situação diferente é a que resulta da análise dos princípios da separação de poderes e do monopólio da função jurisdicional, por um lado, e da competência presidencial da concessão de indultos, por outro.

É necessário, porém, ter em conta, que, como recorda ALEXY, os princípios valem apenas como mandatos de optimização cuja realização depende das possibilidades jurídicas e fácticas existentes, e não como regras que valem, em princípio, como comandos definitivos, numa perspectiva de tudo ou nada[610]. Ora, da colisão daqueles princípios[611] com

---

[605] Cfr. FIGUEIREDO DIAS, *Direito Penal...*, *Parte Geral II...*, 1993, pág. 694.

[606] Neste sentido, referindo, na sequência da justa causa, que as leis de amnistia estão sujeitas a um controle de constitucionalidade, cfr. VIEIRA DE ANDRADE, *Parecer*, 1991, pág. 9.

[607] Cfr. FIGUEIREDO DIAS, *Direito Penal...*, *Parte Geral II...*, 1993, pág. 694.

[608] GOMES CANOTILHO e VITAL MOREIRA, *Constituição...*, 3.ª edição revista, 1993, pág. 207.

[609] Cfr. MERTEN, *Rechtsstaatlichkeit...*, 1978, págs. 46 e 47.

[610] Cfr. ALEXY, *Recht, Vernunft, Diskurs, Studien zur Rechtsphilosophie*, Frankfurt

o poder amnistiante do Estado (como contra-face do respectivo poder punitivo) resulta a interdição constitucional da amnistia individual. Ou seja, perante a condição de precedência exercício do poder amnistiante para uma situação individual em sede de perseguição criminal (C), prevaleceriam os princípios da separação de poderes e da reserva da função jurisdicional (D1) sobre a concessão de amnistia (D2): (D1PD2)C. Na expressão de MARXEN, há um "monopólio jurisdicional de imposição processual do direito criminal material no caso individual"([612]). Daí que, nas suas palavras, a "amnistia individual é um inadmissível acto jurisdicional em forma de lei"([613]). Em sentido próximo, refere BREITBACH que é com a generalidade da amnistia que se evita que o legislador, pronunciando-se sobre casos individuais, assuma, para si, actividade jurisdicional, desrespeitando, por conseguinte, o sistema de separação de poderes([614]). É, por conseguinte, através da universalidade do alcance da amnistia que se respeita o princípio do monopólio jurisdicional([615])([616]). Aliás, se assim não

am Main, 1995, págs. 216 e segs.; do mesmo autor, *Theorie der Grundrechte*, 3. Aufl., Frankfurt am Main, 1996, págs. 75 e segs..

([611]) Sobre a colisão de princípios seguimos aqui o pensamento de ALEXY: v. ALEXY, *Recht...*, 1995, págs. 196 e segs., e 217 e segs.; do mesmo autor, *Theorie...*, 3. Aufl., 1996, págs. 78 e segs..

([612]) MARXEN, *Rechtliche...*, 1984, pág. 31.

([613]) MARXEN, *Rechtliche...*, 1984, pág. 32.

([614]) Cfr. BREITBACH, *Amnestie – Medium politischer Integration*, RuP, 1990, pág. 183.

([615]) Cfr. Marxen, *Rechtliche...*, 1984, pág. 32.

SÜB refere, ainda, a violação da independência da magistratura (cfr. *Studien...*, SÖR 852, 2001, pág. 126).

([616]) Discordamos, por conseguinte, da afirmação segundo a qual a amnistia é necessariamente uma excepção ao princípio do monopólio jurisdicional (cfr. ALMEIDA LOPES, *Princípios Constitucionais de Separação de Poderes, da "reserva do juíz" e do Estado de Direito Democrático. Evolução do contencioso tributário aduaneiro*, R.D.P., Ano III, N.º 6, 1989, págs. 92 e segs.).

Afirmando, contudo, quanto às atribuições do poder moderador em relação ao poder judicial, que muito "mais importantes e graves, e por isso mesmo de mais difícil justificação, são as prerrogativas de amnistiar ou indultar crimes [da leitura do texto principal decorre que apenas concordamos com esta afirmação quanto ao indulto, devido ao seu carácter individual], e de perdoar e commutar penas já declaradas pelos tribunaes competentes", v. JOSÉ TAVARES, *O Poder...*, 1909, pág. 139. Sublinhando, de igual modo, mas já no nosso quadro constitucional, a dúvida sobre a legitimidade da amnistia "à luz do princípio da divisão de poderes", v. JORGE REIS NOVAIS, *Separação...*, 1997, pág. 29. Para além, claro está, da posição de AFONSO QUEIRÓ já nossa conhecida: v., *supra*, n.º 4.1.1.

Em geral, quanto às relações entre função legislativa e função jurisdicional, v. NUNO

fosse, admitir-se-ia uma fraude à Constituição: perante a interdição constitucional implícita da *Abolitio*([617]) – e na consequente impossibilidade de indultar uma situação individual antes do trânsito em julgado do respectivo processo – como justificar o seu contorno através do mero expediente da adopção da "forma de lei" para o acto respectivo? Daí que a doutrina alemã refira que a *Abolitio* só pode ter lugar através do instituto da amnistia vertido em lei genérica([618]).

Mas e quanto a um momento subsequente ao trânsito em julgado da decisão condenatória? Também as amnistias exclusivamente "impróprias"([619]) terão de ser estabelecidas de acordo com critérios de generalidade. É que, de outra forma, não seria possível harmonizar o poder amnistiante do Parlamento com o indulto ([620]) presidencial. O mesmo é dizer que, mesmo perante uma amnistia exclusivamente "imprópria", se impõe a sua generalidade: a materialidade da amnistia não pode ser a mesma do indulto. As amnistias exclusivamente "impróprias" individuais seriam, verdadeiramente, indultos "encobertos", daí resultando a sua inconstitucionalidade orgânica, formal e, inclusive, material por violação do princípio da separação de poderes, neste caso também da esfera do executivo, e não apenas do domínio do jurisdicional([621]). Só assim se compreende, aliás, a inserção sistemática da amnistia na alínea f) do artigo 161.º da Constituição, por contraposição ao artigo 134.º, alínea f), da Lei

---

PIÇARRA, *A Separação dos Poderes como Doutrina e Princípio Constitucional, Um contributo para o estudo das suas origens e evolução*, Coimbra, 1989, págs. 258 e segs..
  Para uma análise do princípio da separação de poderes no âmbito da lei penal, v. uma excelente síntese do pensamento beccariano (assentando a respectiva pedra de toque precisamente na generalidade da lei penal) in RAUL CARMO, *Distinção das Funções do Estado*, Coimbra, 1914, pág. 21. Em geral sobre o princípio da separação de poderes v., ainda, WANK, *Gewaltenteilung, Theorie und Praxis in der Bundesrepublik Deutschland*, JURA, 1991, págs. 622 e segs..

([617]) Cfr. SÜB, *Studien...*, SÖR 852, 2001, pág. 126.

([618]) Cfr., por exemplo, MERTEN, *Rechtsstaatlichkeit...*, 1978, pág. 45; MAURACH, GÖSSEL e ZIPF, *Strafrecht, Allgemeiner Teil, Teilband 2...*, 7. neuarbeitete und erweiterte Auflage, 1989, pág. 744.

([619]) Se é que o legislador a elas tem interesse em recorrer.

([620]) Neste sentido, cfr. SÜB, *Studien...*, SÖR 852, 2001, pág. 120.

([621]) Este último só poderá ser posto em causa, pois, ali onde a Constituição, excepcionalmente, o permita: é o caso do indulto.
  Quanto ao domínio do jurisdicional, cfr. JORGE MIRANDA, *Manual de Direito Constitucional*, Tomo VI, *Inconstitucionalidade e Garantia da Constituição*, Coimbra, 2001, págs. 258 e 259.

Fundamental, assento da competência presidencial de concessão, ouvido o Governo, de indultos.

Só assim se compreende, de resto, a evolução histórica da competência amnistiante: da *indulgentia principis*, surgiu como ramificação a amnistia "geral" e o indulto "individual", passando a primeira a ser entregue ao Parlamento com base na ideia da formulação parlamentar da lei material liberal.

Concluímos, assim, pela inconstitucionalidade da lei de amnistia individual, destine-se semelhante acto a individualizar o seu benefício antes ou depois do trânsito em julgado da respectiva decisão condenatória. Antes do trânsito em julgado, a amnistia individual violaria os princípios da separação de poderes e do monopólio da função jurisdicional. Depois do trânsito em julgado, só o indulto pode questionar os efeitos do caso julgado penal para uma situação individual, daí resultando a inconstitucionalidade da amnistia individual por violação – não apenas daqueles princípios – mas também da reserva presidencial do poder de indultar. Por outra palavras, os princípios da separação de poderes e do monopólio da função jurisdicional e a competência presidencial da concessão de indultos constituem verdadeiras "normas negativas de competência"[622][623] relativamente às leis de amnistia[624]; ou seja, delimitam negativamente a competência parlamentar da concessão de amnistias: ora, o resultado dessa delimitação negativa consiste na proibição da amnistia individual.

VIII – Cumpre esclarecer, então, o que se entende por amnistia geral. Já vimos que não está aqui em causa uma ideia de generalidade temporal tal como seria exigida por AFONSO QUEIRÓ. *Brevitatis causa*, diremos que

---

[622] Sobre as normas negativas de competência, cfr. ALEXY, *Theorie...*, 3. Aufl., 1996, pág. 223; ANDRÉ SALGADO DE MATOS, *A fiscalização administrativa da constitucionalidade, Contributo para o estudo das relações entre Constituição, Lei e Administração Pública no Estado Social de Direito*, Lisboa, 2000 [tese ainda não publicada], pág. 223.

[623] Daí que SüB refira funcionar o artigo 60.° II GG (competência indultante) como *Kompetenzsperre* (barreira de competência) da concessão de amnistias (cfr. *Studien...*, SÖR 852, 2001, pág. 120).

[624] Do mesmo modo que a competência parlamentar amnistiante constitui uma norma negativa de competência face à competência de concessão de indultos presidencial: MAURACH, GÖSSEL e ZIPF chamam, com efeito, a atenção para o facto de os indultos não poderem ser utilizados massivamente, situação que, a ocorrer, os transformaria numa "amnistia encoberta" (inadmissível) (cfr. *Strafrecht, Allgemeiner Teil, Teilband 2...*, 7. neuarbeitete und erweiterte Auflage, 1989, pág. 746).

para esta "generalidade em sentido estrito"([625]), para recorrer à expressão de MARCELLO CAETANO, bastará que a norma "respeite a uma categoria de pessoas e não a pessoas individualmente consideradas"([626]). Note-se que, inexistindo, numa lei retroactiva como a da amnistia, indeterminabilidade dos factos – no sentido da execução permanente ou vigência sucessiva de que falava MARCELLO CAETANO([627]) –, não existirá, consequentemente, indeterminabilidade das pessoas a quem esta lei será aplicável([628]): por outras palavras, os seus beneficiários serão determináveis no momento da sua entrada em vigor. Por definição, esta generalidade deve-se contentar, por conseguinte, com a *indeterminação*([629]) dos seus beneficiários: isto é, no momento do início da vigência de uma amnistia, a verdade é que não se saberá, ao certo, a identidade de todos os agentes agraciados, desde logo porque a prática de alguns desses factos poderá ser, ainda, desconhecida. Haverá, por conseguinte, generalidade([630]), desde que os seus beneficiários sejam indeterminados([631]): e tal sucederá, em princípio, se se recorrer à delimitação dos beneficiários da amnistia, através de uma categoria de pessoas e/ou de uma identificação típica dos factos agraciados([632]). A dife-

---

([625]) MARCELLO CAETANO, *Direito Constitucional*, Vol. I, *Direito Comparado. Teoria Geral do Estado e da Constituição. As Constituições do Brasil*, Rio de Janeiro, 1977, pág. 202.

([626]) MARCELLO CAETANO, *Direito Constitucional*, Vol. I, 1977, pág. 202.

([627]) Cfr. MARCELLO CAETANO: *Direito Constitucional*, Vol. I, 1977, pág. 202; *Manual de Direito Administrativo*, Vol. I, 10.ª edição (5.ª reimpressão) revista e actualizada por Freitas do Amaral, Coimbra, 1991, págs. 436 e 437.

([628]) E, assim, não poderia desde logo haver lei em sentido material para MARCELLO CAETANO: cfr. *Direito Constitucional*, Vol. I, 1977, pág. 202.

([629]) É precisamente o facto de amnistia se dever aplicar sempre a uma categoria de casos e ser indeterminada quanto aos destinatários que leva MARNOCO E SOUZA a concluir pelo carácter *geral* e *objectivo* da figura: cfr. MARNOCO E SOUZA, *Constituição...*, 1913, pág. 442.

([630]) Porque de generalidade se trata efectivamente: afirmando que "não há dúvida de que *a amnistia tem a sua generalidade*", cfr. VIEIRA DE ANDRADE, *Parecer*, 1991, pág. 9. No mesmo sentido, cfr. SÜß, *Studien...*, SÖR 852, 2001, págs. 116 e segs..

([631]) É isto precisamente que salienta SÜß: a amnistia gira, hoje, em torno da moderna compreensão do conceito de "*unbestimmt*" não já ligado à ideia oitocentista da indeterminabilidade (generalidade expansível no tempo), mas antes à ideia de indeterminação, a qual exige apenas que a regra não individualize os seus "destinatários", antes os delimitando, através de características genéricas, mediante a construção de categorias ou tipos: daí que, sendo a amnistia genérica, será também possível reconhecer o seu carácter normativo (cfr. *Studien...*, SÖR 852, 2001, págs. 116 e segs.).

([632]) V., *supra*, o texto do presente número.

rença é ténue, mas reside, fundamentalmente, pois, no grau de individualização dos beneficiários da amnistia[633]. Significativamente, segundo o Tribunal Constitucional Federal alemão, a amnistia é "uma lei em sentido material[634]. Não se regulam, como nos indultos, as consequências penais de casos particulares, mas sim de um número incalculável e indeterminado de casos, caracterizados por tipos"[635].

IX – Tudo isto considerado, a verdade é que subsiste, ainda, um problema: qual a fronteira entre a amnistia "geral" (legítima) e a amnistia "individual camuflada" (*getarnte Individualamnestie*) (ilegítima)?

Apesar de não ter sido imune a críticas[636], cremos não ser possível deixar de acolher a posição do Tribunal Constitucional Federal alemão vertida no aresto PLATOW[637]. Resulta da orientação deste tribunal que importa a uma lei de amnistia não consubstanciar um acto administrativo sob forma de lei, daí resultando a validade do § 8.º da StFG de 1954[638], por este não respeitar a apenas um determinado número de casos individuais, mas antes a uma delimitação legal genérica atinente a uma indeterminada multiplicidade de comportamentos[639]. É que aquele preceito regularia o círculo de delitos (*Kreis der Delikte*), para o qual a impunidade era concedida, segundo características gerais (*generellen Merkmalen*),

---

[633] Cfr. SÜß, *Studien*..., SöR 852, 2001, pág. 125.

[634] Claro está que, não possuindo uma indeterminabilidade, não seria, para MARCELLO CAETANO, uma norma genérica. De qualquer modo, note-se que a amnistia possui a qualidade da "novidade" que, para o autor, apartava a lei do regulamento: com efeito, a amnistia modifica a Ordem Jurídica. Cfr. MARCELLO CAETANO: *Direito Constitucional*, Vol. I, 1977, pág. 204; *Manual de Direito Administrativo*, Vol. I, 10.ª edição (5.ª reimpressão) revista..., 1991, pág. 97.
Afirmando, expressamente, constituir a amnistia uma "*medida normativa*, dotada das características de *objectividade* e de *impessoalidade*, que inclui ou funciona como *critério de decisão*, mesmo quando se entenda que os seus efeitos operam automaticamente – não sendo, por isso, susceptível de ser confundida com uma mera pluralidade de actos individuais sob forma legislativa" –, cfr. VIEIRA DE ANDRADE, *Parecer*, 1991, pág. 9. No mesmo sentido, como vimos, retirando da moderna construção do conceito de "*unbestimmt*" a indeterminação e, consequentemente, a generalidade e o carácter normativo da amnistia, cfr. SÜß, *Studien*..., SöR 852, 2001, págs. 116 e segs..

[635] BVerfGE 2, 213.

[636] V., por todos, MARXEN, *Rechtliche*..., 1984, págs. 33 e segs..

[637] V. BVerfGE 10, 234.

[638] Cfr. BVerfGE 10, 234 (pág. 238).

[639] Cfr. BVerfGE 10, 234 (pág. 239).

"normativizando, por conseguinte, o seu efeito jurídico para acções puníveis, delineadas de acordo com tipos factuais (*Sachtypen*)"([640]). Essa generalidade do § 8.º, presente no conteúdo da lei (*Gesetzesinhalts*) tem, também, a consequência pela qual uma indeterminada multiplicidade de factos criminais típicos se tornam sujeitos à consequência jurídica da amnistia([641]). Daí resultaria que o § 8.º da presente StFG não seria restrito às pessoas implicadas no "grupo PLATOW" uma vez que a sua delimitação genérica a isso não obrigaria([642]). Tal como não será relevante saber se as ofensas agraciadas por uma lei de amnistia o são em maior ou menor número([643]), termos em que a lei em apreciação não perderia a sua generalidade, atinente à restrição da norma amnistiante mediante factos típicos, apenas porque o legislador conhecia a situação do "grupo PLATOW", assumindo esta, provavelmente, a maior parte das acções puníveis agraciadas([644]). Tudo isto conduz à afirmação do *Bundesverfassungsgericht* de que nada será alterado pelo propósito perseguido pelo legislador na concessão de impunidade aos ilícitos da actividade noticiosa([645]). É aqui que, como se depreende, entra em acção o problema da "*getarntes Individualgesetz*"([646]). Segundo os juízes de Karlsruhe, só se pode falar, com propriedade, em amnistia individual camuflada, "quando o legislador pretende regular exclusivamente um certo caso individual ou um certo grupo de casos individuais e sumariza esse propósito camuflado, formulando características típicas genéricas"([647]), numa norma, de tal modo que apenas podem encontrar correspondência no desenho normativo correspondente, os elementos práticos concretos pensados pelo legislador([648]). "É necessário, por conseguinte, em primeiro lugar, ser justificada a observação segundo a qual a questão se coloca na sequência de uma lei individual; em primeiro lugar, então, estamos no domínio de um ulterior exame sobre se o legislador atribuiu prioritariamente uma formulação a uma norma, que deva ocultar o seu carácter individual"([649]). Ora, no exame "sobre se

---

([640]) BVerfGE 10, 234 (pág. 239).
([641]) Cfr. BVerfGE 10, 234 (pág. 239).
([642]) Cfr. BVerfGE 10, 234 (pág. 239).
([643]) Cfr. BVerfGE 10, 234 (pág. 242).
([644]) Cfr. BVerfGE 10, 234 (pág. 242).
([645]) Cfr. BVerfGE 10, 234 (pág. 244).
([646]) BVerfGE 10, 234 (pág. 244).
([647]) BVerfGE 10, 234 (pág. 244).
([648]) Cfr. BVerfGE 10, 234 (pág. 244).
([649]) BVerfGE 10, 234 (pág. 244).

uma norma representa uma lei individual ou uma regra jurídica geral, importa determinar, em primeiro lugar, o seu conteúdo através da interpretação"[650]. Sucede que, para essa interpretação, é "decisiva a vontade objectivada do legislador (*objektivierte Wille des Gesetzgebers*), como se depreende do teor das palavras da disposição legal e do contexto significativo em que se insere"[651]. Daqui resulta a importante conclusão segundo a qual a "representação subjectiva dos órgãos que participaram no processo legislativo ou dos seus membros individuais não é decisiva"[652]. Assim sendo, e como já se havia concluído pela não limitação, do § 8.º da lei em apreciação, aos casos do "grupo PLATOW" – na medida em que o seu conteúdo é "capaz de abranger muitas outras indeterminadas situações de facto"[653] –, não existe, objectivamente, uma lei individual[654]. "Se, por conseguinte, não existe, objectivamente, uma lei individual, é irrelevante se o "grupo PLATOW" teve para o legislador uma importância tão grande em contraste com outros casos, especialmente ainda desconhecidos, mas que se admite existirem, os quais, no essencial, não pesaram na decisão"[655]. "Se uma norma deve ser tratada, segundo o seu conteúdo objectivo e os seus possíveis efeitos, como proposição jurídica geral, não se torna numa lei individual camuflada lá porque os órgãos que participaram no processo legislativo tiveram a intenção de abranger predominantemente certos casos particulares, ou se para a decisão foi decisiva a representação de que um determinado número de casos é de qualquer modo abrangido pelo regime geral"[656]. Foi este mesmo entendimento seguido pelo nosso Tribunal Constitucional[657], para quem é, "aliás, normal que na votação das leis de amnistia se tenham em vista casos determinados de pessoas determinadas, sem prejuízo da definição através de conceitos gerais desses casos e dessas pessoas"[658].

---

[650] BVerfGE 10, 234 (pág. 244).
[651] BVerfGE 10, 234 (pág. 244).
[652] BVerfGE 10, 234 (pág. 244).
[653] BVerfGE 10, 234 (pág. 244).
[654] Cfr. BVerfGE 10, 234 (págs. 244 e 245).
[655] BVerfGE 10, 234 (págs. 244 e 245).
[656] BVerfGE 10, 234 (pág. 245).
[657] Cfr. Ac. do T.C., n.º 510/98, ACÓRDÃOS DO TRIBUNAL CONSTITUCIONAL, 40.º Volume, 1998, págs. 199 e 200.
[658] Ac. do T.C., n.º 510/98, ACÓRDÃOS DO TRIBUNAL CONSTITUCIONAL, 40.º Volume, 1998, pág. 199.

Claro está que a esta construção se poderia objectar, com MARXEN, que "violações abertas do legislador à proibição da amnistia individual dificilmente serão esperadas. O problema prático actual consiste na evasão da proibição: o legislador aprova uma lei de amnistia, geral na redacção, formulada de tal modo, que é aplicada na prática apenas a poucas constelações concretas, às quais o legislador, desde o início, quis atribuir com exclusividade a impunidade"[659]. Ora, teria sido a decisão do BVerfG precisamente no aresto "PLATOW" – tida como *Leitentscheidung* na matéria – que não poderia "convencer"[660]. É que, optar pela identificação da generalidade, através de uma interpretação objectiva, negando inclusive a qualificação de lei individual camuflada aos casos em que o órgão legislativo teve a intenção de abranger predominantemente certos casos particulares, equivale, praticamente, à desistência da categoria da amnistia individual camuflada[661], e, com ela, ao esvaziamento da própria proibição da amnistia individual, termos em que o legislador, bem vistas as coisas, não teria, neste ponto, a temer qualquer obstáculo[662]. Acresce ainda que diversos factores apontam – no domínio amnistiante – para a orientação subjectivista da interpretação da lei, a saber: o carácter de *Massnahmegesetz* da lei da amnistia aliado à sua delimitação temporal[663]; a sua retroactividade autonomamente considerada, o que faria da amnistia uma "*junger Gesetze*"[664] e, finalmente, a sua natureza excepcional[665]. Segundo MARXEN, tratando-se, em suma, de uma lei exclusivamente retroactiva não se justificaria, de resto, a interpretação objectiva da lei de amnistia pois que não seria necessário procurar adaptar a vontade legislativa ao ulterior desenvolvimento social[666]. Posto isto, conclui o autor que a fiscalização constitucional de uma lei de amnistia deve procurar operar a destrinça entre amnistia geral e amnistia individual "segundo critérios subjectivos. Os propósitos e ideias do legislador têm de dar a decisão para a

---

[659] MARXEN, *Rechtliche...*, 1984, págs. 32 e 33.

[660] MARXEN, *Rechtliche...*, 1984, pág. 33.

[661] Referindo, também, que o Tribunal Constitucional Federal alemão reduziu, no presente aresto, a extensão do conceito da "lei individual camuflada" a "zero", cfr. SCHÜNEMANN, *Amnestie und Grundgesetz, Zur Verfassungswidrigkeit einer Amnestie in der Parteispendenaffäre*, ZfR, 1984, págs. 138 e 139.

[662] Cfr. MARXEN, *Rechtliche...*, 1984, pág. 35.

[663] Cfr. MARXEN, *Rechtliche...*, 1984, págs. 35 e 36.

[664] MARXEN, *Rechtliche...*, 1984, pág. 36.

[665] Cfr. MARXEN, *Rechtliche...*, 1984, pág. 36.

[666] Cfr. MARXEN, *Rechtliche...*, 1984, pág. 36.

característica da generalidade"(667). Termos em que a proibição da amnistia individual é sempre infringida "quando o legislador, com uma amnistia, queira atingir apenas um determinado caso individual concreto seu conhecido ou um determinado grupo de tais casos individuais"(668). Essa violação da proibição da amnistia individual não seria ultrapassada pela adopção de uma formulação genérica no texto da lei, que tornasse possível, através de uma interpretação objectiva, a aplicação de semelhante amnistia a outros casos(669). "Apenas então, quando o legislador tenha escolhido a redacção geral na consciência (*Bewusstsein*) de que outros casos, por ele não conhecidos, fossem atingidos, é eliminada uma amnistia individual"(670).

Algo diferentemente, SÜß defendeu, recentemente, uma solução indiciária para esta questão: a dimensão do círculo de beneficiários, o conhecimento desses beneficiários pelo legislador e a categoria desenhada legalmente poderiam apontar para uma amnistia individual e, como tal, proibida(671): claro está que esta solução também passaria pela necessidade de recorrer a uma interpretação subjectivista da lei de amnistia(672).

Ex post, cumpre tomar posição sobre esta questão. MARXEN tem, efectivamente, razão quando afirma que a adopção de uma interpretação objectivista da lei de amnistia torna praticamente inexistente a figura da amnistia individual camuflada. Em bom rigor, contudo, ela ainda subsiste(673). Já não nos parece, contudo, que possa proceder a sua proposta da interpretação subjectivista das leis de amnistia. A posição que perfi-

---

(667) MARXEN, *Rechtliche...*, 1984, pág. 36.

(668) MARXEN, *Rechtliche...*, 1984, pág. 36.

(669) Cfr. MARXEN, *Rechtliche...*, 1984, pág. 36.

(670) MARXEN, *Rechtliche...*, 1984, pág. 36.

(671) Cfr. SÜß, *Studien...*, SÖR 852, 2001, págs. 134 e segs..

(672) Cfr. SÜß, *Studien...*, SÖR 852, 2001, pág. 134.

(673) É o caso, por exemplo, da amnistia que beneficie os Presidentes da República em funções durante o período de tempo x quando, durante esse período, por exemplo, apenas um Chefe de Estado tenha exercido as respectivas funções. Neste caso, o recurso à categoria "Presidentes da República" não permite afastar o carácter individual desta amnistia: ela não seria verdadeiramente indeterminada. Ou seja, à partida já se saberia que apenas uma pessoa dela poderia beneficiar: aquela, que durante o período x exerceu semelhante cargo. Semelhante lei seria, por conseguinte, inconstitucional pois que de um indulto camuflado (ou *abolitio* individual, dependendo o crivo da sua destrinça face ao indulto, do trânsito em julgado da decisão condenatória: v., *supra*, n.ºs 2.1. e 2.2.) se trataria.

lhamos em matéria de interpretação da lei é, claramente, objectivista, não nos parecendo que o carácter exclusivamente retroactivo da amnistia possa apontar noutro sentido. Desde logo, colocar-se-ia, um problema: como apurar o sentido exacto da lei de amnistia? No seu projecto, na sua discussão parlamentar, na sua aprovação parlamentar, na sua promulgação pelo Chefe de Estado([674])? Ainda que assim não fosse, não parece admissível a restrição do âmbito de aplicação de uma lei de amnistia por força de uma tal interpretação. O princípio da legalidade([675]) – no âmbito da amnistia – obstaria a uma tal interpretação: seria caso, pois, para se afirmar uma interpretação "proibida" em Direito Penal([676]) na medida em que a mesma restringiria o âmbito do alcance do sentido imediatamente apreensível das palavras da lei amnistiante([677]). Note-se, contudo, que a posição de MARXEN encerra, em si, algo de francamente paradoxal: haverá uma amnistia geral quando haja uma redacção geral escolhida "na consciência", pelo legislador, de que a mesma poderá beneficiar outros casos por ele não conhecidos. Mas, então, como demonstrar essa consciência? Uma tarefa, e bem difícil, como acabámos de verificar, é a da

---

([674]) Cfr. OLIVEIRA ASCENSÃO, *O Direito, Introdução e Teoria Geral (Uma perspectiva Luso-Brasileira)*, 10.ª edição revista (reimpressão), Coimbra, 1999, pág. 394.

([675]) Ao qual, também, se encontra sujeita a amnistia como lei penal negativa, como refere HILLENKAMP in *Offene oder verdeckte Amnestie – über Wege strafrechtlicher Vergangenheitsbewältigung*, JZ, 1996, pág. 186.

Note-se, contudo, que o carácter excepcional da amnistia obsta, de igual modo, à sua aplicação analógica e interpretação extensiva (para recorrer às categorias tradicionais da interpretação).

([676]) Cfr. MARIA FERNANDA PALMA, *Direito Penal...*, 1994, pág. 114; FRANCISCO AGUILAR, *Interpretação da Lei Penal*, in *Casos e Materiais de Direito Penal* (coordenação de Maria Fernanda Palma, Carlota Pizarro de Almeida e José Manuel Vilalonga), 2.ª edição, Coimbra, 2002, págs. 324 e 325.

([677]) No sentido da rejeição da interpretação restritiva, cfr. GERMANO MARQUES DA SILVA, *Direito Penal..., Parte Geral III ...*, 1999, pág. 242.

A nossa jurisprudência é clara na rejeição da interpretação restritiva – tal como, de resto, da interpretação extensiva – das leis de amnistia, ao postular que as mesmas devem ser interpretadas "nos exactos termos em que estão redigidas" (v., a mero título de exemplo, os Acórdãos do STJ de 30/6/1976, B.M.J. n.º 258, pág. 138; de 7/12/1977, B.M.J. n.º 72, pág. 111, e o Assento n.º 2/2001, do mesmo Tribunal, DR, I Série-A de 14 de Novembro, págs. 7225 e 7226): daqui resulta, como conclui o Supremo Tribunal de Justiça, neste último assento, que *"impõe-se uma interpretação declarativa"* (pág. 7226) das leis de amnistia. É neste sentido que MENEZES CORDEIRO defende que as *"amnistias sejam interpretadas em termos estritos"* (*Da Amnistia...*, R.O.A., 1992, pág. 873). Cfr., finalmente, o artigo 120.º, § 2.º, do Código Penal de 1852.

demonstração da vontade do legislador; outra, verdadeiramente hercúlea e como tal provavelmente retirada do campo de especulação dos simples mortais, é a da demonstração de que o legislador, ao optar por uma formulação genérica da norma amnistiante, tinha "consciência" de que essa mesma formulação pudesse aproveitar a outro(s) caso(s) para além daquele que lhe serviu de modelo. É que, importa relembrar, apenas com semelhante demonstração haveria, para MARXEN, uma verdadeira amnistia geral e, como tal, permitida. Será, bem pelo contrário, de adoptar uma posição objectivista na interpretação da própria lei de amnistia, daí resultando que só haverá uma amnistia individual camuflada ali onde o propósito oculto do legislador em beneficiar apenas determinada(s) pessoa(s) o tenha levado à adopção de tais formulações genéricas no texto da lei, de modo que as mesmas possam encontrar correspondência apenas nos elementos fácticos concretos pensados pelo legislador. Não foi, senão, este o sentido, como vimos, da posição defendida pelo *Bundesverfassungsgericht* alemão, à qual terá aderido o nosso Tribunal Constitucional. Daí resulta que o que importa é o apuramento do sentido objectivo da lei de amnistia[678], sendo que o mesmo poderá, por conseguinte, aproveitar, inclusive, a casos que "nunca passaram pela cabeça do legislador histórico"[679], situação insustentável à luz de uma construção subjectivista, como a de Marxen.

Quanto à solução de SÜß, a verdade é que a mesma, ao não abdicar de uma interpretação subjectivista da lei de amnistia, é passível das mesmas críticas que avançámos quanto à posição de MARXEN. Mais ainda, não só o próprio autor reconhece a sua falibilidade[680], como, em bom rigor, a sua aplicação determinará, as mais das vezes, não a inconstitucionalidade da amnistia por força da sua individualidade, mas antes por força da sua arbitrariedade, pois que SÜß afirma que, começando tudo pela determinação da razão fáctica de ser da norma, a sua não justificação conduz, desde logo, à sua inconstitucionalidade[681].

---

[678] Cfr. Ac. do T.C., n.º 510/98, ACÓRDÃOS DO TRIBUNAL CONSTITUCIONAL, 40.º Volume, 1998, pág. 199.
[679] Ac. do T.C., n.º 510/98, ACÓRDÃOS DO TRIBUNAL CONSTITUCIONAL, 40.º Volume, 1998, pág. 200.
[680] Cfr. SÜß, *Studien...*, SÖR 852, 2001, pág. 137.
[681] Cfr. SÜß, *Studien...*, SÖR 852, 2001, pág. 137.

5.1.4. Proibição da auto-amnistia

I – Algumas Constituições regulam expressamente a temática do favorecimento da classe política (auto-encobrimento) através de alguns institutos de clemência. É o caso do artigo 102.°, n.° 3, da Constituição espanhola de 1978. Dispõe este preceito que a "prerrogativa real de graça não será aplicável a nenhuma das previsões do presente artigo", sendo que os números anteriores daquele artigo determinam o julgamento para apuramento da responsabilidade criminal do Presidente e demais membros do Governo perante "la Sala de lo Penal del Tribunal Supremo" (n.° 1) e a necessidade de, quando a acusação respeitar a traição ou a qualquer delito contra a segurança do Estado no exercício das respectivas funções, a mesma ser apresentada por iniciativa da quarta parte dos membros do Congresso e merecer a aprovação da maioria absoluta do mesmo. Em suma, o artigo 102.°, n.° 3, da vigente Constituição espanhola proíbe o exercício real da graça em todos os casos de responsabilidade criminal de membros do Governo[682]. Claro está, que entra aqui, mais uma vez, em causa o problema da extensão da prerrogativa real de graça: parece, efectivamente, claro que o Rei não pode amnistiar por força do artigo 62.°, alínea i), da Lei Fundamental espanhola. Assim sendo, a limitação do artigo 102.°, n.° 3, em apreciação apenas poderá respeitar à concessão de "indultos particulares", como refere OBREGÓN GARCÍA[683]. Mas, e quanto à amnistia? Tivemos oportunidade de indicar já a nossa adesão à posição segundo a qual o artigo 62.°, alínea i), da Constituição espanhola não significa o repúdio constitucional do instituto da amnistia[684]. O certo,

---

[682] Em termos próximos, dispunha já a nossa Carta, nos termos do § 3.° do artigo 6.° (JOSÉ TAVARES, *O Poder...*, 1909, pág. 141; MARNOCO E SOUZA, *Direito...*, 1910, pág. 808 [em JORGE MIRANDA, o preceito em causa encontra-se identificado como § 4.° do mesmo artigo: *As Constituições Portuguesas, De 1822 ao Texto Actual da Constituição*, 3.ª edição, Lisboa, 1992, pág. 155]) do terceiro Acto Addicional (1895-96), em harmonia com o § 3.° do artigo 7.° do segundo Acto (1885): "Perdoando e moderando as penas impostas aos réus condemnados por sentença, á excepção de ministros d'estado, por crimes commettidos no exercicio das suas funcções, a respeito dos quaes só poderá ser exercida a prerogativa regia, tendo precedido petição de qualquer das Camaras legislativas" (JOSÉ TAVARES, *O Poder...*, 1909, págs. 141 e 142). As restrições, pelo menos quanto aos ministros de Estado, relativas ao uso da *graça moderadora* já vinham sendo de há muito defendidas: v. LOPES PRAÇA, *direito constitucional...*, vol. III, 1997 [reimpressão do original de 1880], págs. 258 e 259, nota 1.

[683] Cfr. OBREGÓN GARCÍA, *La Responsabilidad...*, 1996, pág. 143, nota 276.

[684] V., *supra*, n.° 4.1.1.

porém, é que o artigo 102.º, n.º 3, não fará, então, muito sentido na perspectiva de a amnistia revestir a forma de lei. Poderão os parlamentares auto-amnistiar-se? Sobre esta questão, impera o silêncio constitucional.

II – É extraordinariamente complexa a questão atinente ao autofavorecimento legislativo. Certamente que os deputados poderão aprovar um aumento dos respectivos vencimentos: não se pode encontrar aí, sem mais, uma inconstitucionalidade. Não nos propomos sequer, nem esse é o escopo do nosso trabalho, encontrar uma resposta universal para esse problema.

Em sede de legislação amnistiante, vários caminhos seriam em abstracto invocáveis – as garantias de imparcialidade do acto administrativo (artigos 44.º e seguintes do Código do Procedimento Administrativo), o princípio da transparência (*Transparenzprinzips*), o próprio desvio do poder legislativo, uma eventual analogia em face do regime das imunidades (artigo 157.º da Constituição), etc., – para afirmar a proibição do autofavorecimento (*Selbstbegünstigung*).

A discussão desta temática ficou, em grande parte, a dever-se – no que à amnistia respeita – à fracassada iniciativa legislativa da *Parteispendenamnestie* alemã de 1984 promovida pela CDU/CSU e pela FDP[685]. Pensada para obstar à perseguição criminal de delitos cometidos no universo das doações a partidos políticos, a mesma acabaria por ser retirada por força do seu desastroso impacto público[686]. Nesse mesmo ano, aliás a *Parteispendenamnestie* centrou a atenção da doutrina constitucional, contribuindo para a análise e discussão dos limites constitucionais à concessão de amnistias[687]. Particularmente, naquilo que nos interessa no presente ponto, é de salientar a afirmação consensual da doutrina no sentido da inconstitucionalidade de uma tal lei de amnistia, invocando, a generalidade dos autores, a violação da referida *Selbstbegünstigung* como seu fundamento autónomo.

Qual o fundamento a atribuir a essa proibição do autofavorecimento? Segundo SCHÜNEMANN, essa proibição – ainda que de invocação

---

[685] Para uma síntese da evolução política do problema, v. SCHÄTZLER, *Handbuch des Gnadenrechts...*, 2. neuarbeitete und erweiterte Auflage, 1992, págs. 250 e segs..

[686] Cfr. PESTALOZZA, *Die Selbstamnestie*, JZ, 1984, pág. 561; SCHÄTZLER, *Handbuch des Gnadenrechts...*, 2. neuarbeitete und erweiterte Auflage, 1992, pág. 251.

[687] Como resulta dos vários estudos citados no presente número.

escusada ao nível da *Parteispendenamnestie*(688) – assentaria na falta de imparcialidade (*Fehlende Umparteilichkeit*) violadora do princípio da transparência (*Transparenzprinzips*) erigido pelo BVerfG para o âmbito das "decisões em causa própria (*Entscheidungen in eigener Sache*)"(689)(690). Seriam indícios dessa violação o propósito claro da coligação governamental em garantir a impunidade dos doadores e políticos implicados, bem como o modo célere que aqueles partidos procuraram emprestar àquele particular processo legislativo(691).

Também em sentido próximo encontramos a tese de MARXEN. O autor, assentando a presente inconstitucionalidade no princípio da legalidade criminal e na racionalidade que o mesmo implica(692), conclui pela imprescindibilidade da observância do critério da lei racional para o apuramento da proibição do autofavorecimento(693). Nestes termos, se os parlamentares perseguirem apenas os seus meros interesses particulares, estaria colocado em causa a *allgemeiner Vernunft*, daí decorrendo a inconstitucionalidade da respectiva lei(694). Haverá sempre que procurar, então, a demanda de interesses extra-parlamentares, sendo certo que, não obstante, casos há em que a mesma se poderá configurar como de difícil prossecução: é o caso da determinação pelos parlamentares dos seus próprios vencimentos e outras regalias(695), havendo quem preconize para tal situação que os deputados apenas possam decidir dos vencimentos a ser auferidos pelos deputados de legislatura(s) seguinte(s), assim se evitando que os mesmos decidam em causa própria(696). Ora, como refere MARXEN, em sede de amnistia o controlo não poderá deixar de ser ainda mais apertado(697). O autor refere, ainda, duas outras possíveis sedes da *Selbstbegünstigungsverbot* amnistiante: a dedução das regras sobre a *Indemnität* e a *Immunität* – artigo 46.º n.ºs 1 e 2 GG(698) – bem como os institutos

---

(688) Uma vez que a mesma, segundo o autor, seria, desde logo, inconstitucional, por violação dos princípios da igualdade e do Estado de Direito: cfr. SCHÜNEMANN, *Amnestie...*, ZfR, 1984, pág. 143.
(689) BVerfGE 40, 296 (pág. 327).
(690) Cfr. SCHÜNEMANN, *Amnestie...*, ZfR, 1984, pág. 143.
(691) Cfr. SCHÜNEMANN, *Amnestie...*, ZfR, 1984, pág. 143.
(692) Cfr. MARXEN, *Rechtliche...*, 1984, pág. 38.
(693) Cfr. MARXEN, *Rechtliche...*, 1984, pág. 38.
(694) Cfr. MARXEN, *Rechtliche...*, 1984, pág. 39.
(695) Cfr. MARXEN, *Rechtliche...*, 1984, pág. 39.
(696) Cfr. KRÜGER *apud* MARXEN, *Rechtliche...*, 1984, pág. 39.
(697) Cfr. MARXEN, *Rechtliche...*, 1984, pág. 40.
(698) Cfr. MARXEN, *Rechtliche...*, 1984, pág. 40.

processuais penais da *Ausschliessung* e *Ablehnung* relativos ao juiz (§§ 22.° e seg. StPO)[699]. As primeiras, como regras excepcionais, deveriam ser objecto de um tratamento "restritivo"[700], o que excluiria, naturalmente, que a *ratio* de tais normas fosse contornada através da emissão de uma lei de amnistia; do mesmo modo, quanto às segundas, as mesmas seriam invocáveis, uma vez que também concretizam o princípio essencial segundo o qual ninguém – também não o legislador – pode ser juiz em causa própria (*Niemand, auch nicht der Gesetzgeber, darf Richter in eigener Sache sein*)[701], se bem que MARXEN reconheça a impossibilidade de aplicar *tout court* as regras de impedimentos ao domínio legislativo[702], uma vez que é ao império da consciência (*Gewissen*) que os deputados do *Bundestag* alemão se encontram sujeitos (artigo 38.° n.° 1 GG)[703]. Da dificuldade resultante em delimitar a proibição de autofavorecimento amnistiante conclui MARXEN pela impossibilidade de a mesma se referir à pessoa do deputado individual[704], devendo, bem pelo contrário, centrar-se no conteúdo; isto é, na exclusão de determinadas matérias "suspeitas de parcialidade"[705] da área dos objectos de admissível legislação[706]. E esse objecto, retirado ao legislador no domínio da amnistia, se resumiria no seguinte mandamento: "são inamnistiáveis os crimes que se encontrem num contexto imediato com a actividade política do deputado"[707]. Desta forma, não se excluiriam as amnistias que beneficiassem deputados de forma "indirecta", enquanto condutores, manifestantes, etc., mas apenas cujo enquadramento buscasse, precisamente, o privilegiar do campo de actuação política específica do deputado[708]. Finalmente, a proibição exposta incluiria também as correspectivas formas de evasão, como seria o caso de a *Abgeordnetenamnestie* se encontrar vertida numa previsão típica mais dilatada, susceptível de beneficiar outras pessoas[709]: seriam aqui válidas as considerações que o autor havia expendido quanto à

---

[699] Cfr. MARXEN, *Rechtliche...*, 1984, págs. 40 e 41.
[700] MARXEN, *Rechtliche...*, 1984, pág. 40.
[701] Cfr. MARXEN, *Rechtliche...*, 1984, págs. 40 e 41.
[702] Cfr. MARXEN, *Rechtliche...*, 1984, pág. 41.
[703] Cfr. MARXEN, *Rechtliche...*, 1984, pág. 41.
[704] Cfr. MARXEN, *Rechtliche...*, 1984, pág. 41.
[705] MARXEN, *Rechtliche...*, 1984, pág. 42.
[706] Cfr. MARXEN, *Rechtliche...*, 1984, pág. 42.
[707] MARXEN, *Rechtliche...*, 1984, pág. 42.
[708] Cfr. MARXEN, *Rechtliche...*, 1984, pág. 42.
[709] Cfr. MARXEN, *Rechtliche...*, 1984, pág. 42.

amnistia individual camuflada([710]), de modo que a validade (*Gültigkeit*) de uma semelhante lei estaria restringida à sua não aplicabilidade a deputados([711]).

Já, por seu turno, PESTALOZZA refere apenas a proibição da auto--amnistia (*Selbstamnestie*). Reportando-se à *Parteispendenamnestie*, o autor afirma, convictamente, a sua inconstitucionalidade([712]). Semelhante lei conduziria à imediata auto-amnistia dos Partidos Políticos e de deputados relativamente a crimes e contra-ordenações fiscais. Não poderia, por conseguinte, deixar de ser inconstitucional. Na verdade, não apenas esta amnistia não seria altruísta – ponto comum, segundo o autor, aos actos de clemência – como violaria uma regra de decoro mínima (*minimale Austandsregel*) característica de um Estado de Direito: quem de uma decisão esperar, directamente, vantagens ou desvantagens, não deve nela tomar parte([713]). Conclui PESTALOZZA pela afirmação segundo o qual a imediata auto-amnistia (*Selbstamnestie*) de partidos e deputados é inconstitucional, sendo que o indirecto autofavorecimento (*Selbstbegünstigung*) contradiz a Moral política([714]) na medida em que, não apenas os doadores permaneceriam, no futuro, dependentes de novas amnistias, como não permitiria a clara separação entre partidos políticos e Estado e, por consequência, a destrinça imprescindível entre os interesses dos doadores e os interesses da comunidade política([715]).

LEMKE salienta, de igual modo, o problema resultante de uma lei de amnistia beneficiar deputados que intervieram na formação da mesma([716]). A questão da própria consciência não se poderia configurar como uma resposta satisfatória para este assunto, estando na *Parteispendenamnestie* fundamentalmente em causa o saber se a "posição dupla" (*Doppelstellung*) do deputado enquanto representante parlamentar e enquanto representante de uma concreta organização partidária é compatibilizável com a prossecução do bem da universalidade a que o mesmo se encontra vinculado([717]). É verdade que o crivo da *Gewissen* poderia resolver *ab initio* esta questão quando o deputado se abstenha, ou não participe sequer, na respectiva

---

([710]) V., *supra*, n.º 5.1.3.
([711]) Cfr. MARXEN, *Rechtliche...*, 1984, pág. 42.
([712]) Cfr. PESTALOZZA, *Die Selbstamnestie*, JZ, 1984, pág. 561.
([713]) Cfr. PESTALOZZA, *Die Selbstamnestie*, JZ, 1984, pág. 561.
([714]) Cfr. PESTALOZZA, *Die Selbstamnestie*, JZ, 1984, pág. 561.
([715]) Cfr. PESTALOZZA, *Die Selbstamnestie*, JZ, 1984, pág. 561.
([716]) Cfr. LEMKE, *Verfassungsrechtliche...*, RuP, 1984, pág. 201.
([717]) Cfr. LEMKE, *Verfassungsrechtliche...*, RuP, 1984, pág. 201.

votação parlamentar([718]), mas *quid juris* se o deputado, não obstante, vota favoravelmente a concessão de uma amnistia com aqueles contornos? Haverá então que respeitar o princípio comum a "todos os processos de decisão" (*alle Entscheidungsprozesse*), segundo o qual "ninguém pode ser juiz em causa própria" (*niemand kann Richter in eigener Sache sein*), também no campo legislativo, quando esse alguém seja ao mesmo tempo acusado por essa mesma infracção([719]). Uma lei suportada por deputados de tal modo "enredados, não pode resistir a um exame de constitucionalidade"([720]). O autor vai ainda mais longe ao salientar o perigar da legitimidade democrática por força da simples intervenção, a nível de iniciativa legislativa, de um deputado que se encontre naquelas condições([721]), termos em que a *Straffreiheitsgesetz* de 1984 não resistiria a um exame de constitucionalidade se tivesse sido aprovada com os votos de deputados beneficiários da eliminação de processos de investigação pendentes([722]).

Mais recentemente, HILLENKAMP refere, a propósito do princípio da igualdade e da proibição de autofavorecimento, a necessidade de a amnistia não ser encarada como uns bónus revolucionário (*Revolutionsbonus*)([723]). Mereceriam algumas dúvidas, contudo, particularmente no que respeita à repercussão na "justa causa" amnistiante, a solução segundo a qual os deputados do *Bundestag*, quando membros do parlamento na altura da votação, deveriam ser excluídos da amnistia *ex vi* da proibição do autofavorecimento([724]).

Entre nós, este problema surge, por vezes, a propósito da questão da amnistiabilidade dos crimes de responsabilidade de titulares de cargos políticos([725]).

III – Trata-se, com efeito, de um problema delicado, mas para o qual urge encontrar uma resposta satisfatória. Parece claro, por um lado, que, nem as regras das garantias de imparcialidade do acto administrativo, nem as regras relativas à imparcialidade do juiz no âmbito do processo penal

---

([718]) Cfr. LEMKE, *Verfassungsrechtliche...*, RuP, 1984, pág. 201.
([719]) Cfr. LEMKE, *Verfassungsrechtliche...*, RuP, 1984, pág. 201.
([720]) LEMKE, *Verfassungsrechtliche...*, RuP, 1984, pág. 201.
([721]) Cfr. LEMKE, *Verfassungsrechtliche...*, RuP, 1984, pág. 201.
([722]) Cfr. LEMKE, *Verfassungsrechtliche...*, RuP, 1984, pág. 201.
([723]) Cfr. HILLENKAMP, *Offene oder verdeckte...*, JZ, 1996, pág. 186.
([724]) Cfr. HILLENKAMP, *Offene oder verdeckte...*, JZ, 1996, pág. 186.
([725]) Suscitando essa questão, cfr. GOMES CANOTILHO e VITAL MOREIRA, *Constituição...*, 3.ª edição revista, 1993, pág. 650.

podem ser transpostas para o domínio legislativo. O exercício da função legislativa dificilmente seria, aliás, compatível com aquelas mesmas regras pensadas para casos individuais. Daqui não se pode, no entanto, pretender extrair a afirmação da irrelevância do princípio da imparcialidade no domínio do legislativo. Da análise do pensamento dos autores que tivemos oportunidade de expor resulta apenas alguma hesitação doutrinal no âmbito da afirmação de um crivo concretizador da proibição do autofavorecimento. Alguns dos caminhos trilhados se afiguram como, aparentemente, promissores. MARXEN, como vimos, afirmou a inamnistiabilidade dos crimes que se encontrem num contexto imediato com a actividade política do deputado. Claro está que com esta fórmula o autor não esclarece se, afinal, estaríamos na presença de mais um crime inamnistiável – situação tratada pelo autor em outra sede([726]) – ou, se pelo contrário, poderiam ex-deputados beneficiar de uma amnistia que se encontrasse num contexto imediato com a sua actividade política ao tempo da infracção. Mais ainda, o que quer que se entenda por "contexto imediato com a actividade política do deputado", não pode deixar de se configurar como algo de difícil densificação: qual o exacto limite da fronteira entre a actividade política e a actividade não política de um deputado? Já, pelo contrário, a posição de HILLENKAMP, por exemplo, parece acabar por esvaziar o conteúdo de qualquer proibição no presente âmbito. E quanto à promissora referência de PESTALOZZA à auto-amnistia, a verdade é que a mesma não é devidamente delimitada: em face da mesma parece, com efeito, que a amnistia de contra-ordenações rodoviárias seria inconstitucional contanto que algum dos deputados tivesse sido condenado com uma coima, por ofensa ao Código da Estrada, ou tivesse a correr contra si o respectivo processo contra-ordenacional.

IV – Pela nossa parte, julgamos que a solução para esta questão não se afigura como unívoca, nem sequer como a resposta final para este problema. Vejamos, então, como, no nosso entendimento, a solução deverá ser equacionada. Em primeiro lugar, a auto-amnistia([727])([728]) deverá ser o

---

([726]) V., infra, n.º 5.1.5.

([727]) V., entre tantos outros exemplos históricos, a auto-amnistia de 22 de Setembro de 1983 dos militares argentinos relativos à generalidade dos crimes cometidos durante o período da ditadura militar (cfr. ANDREAS O'SHEA, Amnesty..., 2002, págs. 56, 57 e 59) e a auto-amnistia chilena de 1978 relativa ao período de 1973 a 1977 (cfr. ANDREAS O'SHEA, Amnesty..., 2002, págs. 58 e 59).

([728]) Não se nos afigura particularmente feliz a equiparação de AMBOS entre a feitura de uma amnistia autofavorecedora e a elaboração de uma causa de justificação como a do § 27.° da *Grenzgesetz* da DDR (cfr. AMBOS, *Zur Rechtswidrigkeit der Todesschüsse an der Mauer*, JA, 1997, págs. 989 e 990): por um lado, como vimos, a amnistia respeita à consequência jurídica do crime, deixando intocada a ilicitude (v., *supra*, os parágrafos 1.° e 2.° do presente estudo); por outro lado, o problema da invalidade da citada norma do ordenamento germânico oriental não conduz, ao contrário do que pretende grande parte da doutrina alemã (cfr., a mero título de exemplo, JAKOBS, *Untaten des Staates – Unrecht im Staat. Strafe für die Tötungen an der Grenze der ehemaligen DDR?*, GA, 1994, págs. 5 e segs.), à impunidade *ex vi* da invocação da interdição da retroactividade *in pejus* (artigo 103.° II GG). Com efeito, a invalidade da norma – que efectivamente não sobrevive ao teste radbruchiano da *Unerträglichkeit* (neste sentido, cfr., entre outros, FROMMEL, *Die Mauerschützenprozesse – eine unerwartete Aktualität der Radbruch'schen Formel*, in *Festschrift für Arthur Kaufmann*, Heidelberg, 1993, págs. 87 e segs.; ARTHUR KAUFMANN, *Die Radbruchsche Formel vom gesetzlichen Unrecht und vom übergesetzlichen Recht in der Diskussion um das im Namen der DDR begangene Unrecht*, NJW, 1995, pág. 84 [sobre a fórmula radbruchiana, cfr. RADBRUCH, *Gesetzliches Unrecht und übergesetzliches Recht*, SJZ, 1946, pág. 107: para uma análise da respectiva fórmula, v., por todos, ARTHUR KAUFMANN, *Die Radbruchsche Formel...*, NJW, 1995, págs. 82 e segs.]) – coloca, quanto a nós, esta problemática não ao nível do princípio da legalidade, que não será postergado pela aplicação da norma penal cominadora da pena, mas no mero plano da consciência da ilicitude (neste sentido, cfr. ROXIN, *Strafrecht...*, 3. Auflage, 1997, pág. 118): quem supõe erroneamente a validade de uma causa de justificação, ignora a ilicitude da respectiva conduta (trata-se pois do *Erlaubnisirrtum*, subespécie do *Verbotsirrtum*, a regular ainda pelo §17.° StGB). Trata-se, por conseguinte, de uma questão de exclusão da culpa ou de, pelo menos, atenuação da pena a resolver nos termos gerais (sobre a análise do caso na perspectiva da categoria da responsabilidade, cfr. ROXIN, *Strafrecht...*, 3. Auflage, 1997, págs. 822 e 823). É que, em bom rigor, sendo inválida a causa de justificação, nunca deixaram de ser validamente reguladoras dos disparos mortais dos guardas do muro as normas incriminadoras do homicídio (podendo depois haver o benefício da aplicação retroactiva, porque mais favorável, das normas da BRD: cfr. ROXIN, *Strafrecht...*, 3. Auflage, 1997, pág. 118), termos em que a invalidade da causa justificativa não significa uma retroactividade incriminadora na medida em que tecnicamente nunca houve "vazio normativo" (por outras palavras, não há aqui necessidade de identificar o direito supra-legal que deverá ocupar o lugar da norma justificadora: discordamos, assim, de ARTHUR KAUFMANN, *Die Radbruchse Formel...*, NJW, 1995, pág. 86): a inconstitucionalidade em causa operando *ex tunc* assim o determina; *ergo*, não se chega a afirmar *post factum* a ilicitude da conduta (neste sentido, cfr. a decisão do BVerfG de 24.11.1996 in JZ, 1997, págs. 142 e segs.). Uma última nota para assinalar que, *in casu*, a presente norma será inválida por preterição, desde logo, da dignidade da pessoa humana (para além do direito à vida como, de imediato, se apreende) como ideia de direito tradutora de uma ordem de valores axiológica e supra-legal: no fundo, quanto à *vexata quaestio* da lei injusta *tendemos*, não sem hesitações – por ser demasiado generosa para com o

crivo essencial que deverá nortear todo o pensamento nesta área. Simplesmente, importa precisar aqui o que se deverá entender por *Selbstamnestie*. Já verificámos que PESTALOZZA, invocando a proibição da mesma para concluir pela inconstitucionalidade da *Parteispendenamnestie*, não a caracteriza convenientemente. Na verdade, em abstracto, poder-se-ia falar de auto-amnistia em dois sentidos diferentes: auto-amnistia sempre que um deputado for beneficiado pela respectiva lei, independentemente da matéria a que ela respeitar([729]); ou, auto-amnistia apenas quando a matéria agraciada respeitar, de algum modo, à actividade do deputado enquanto tal; isto é, enquanto parlamentar, *maxime*, os crimes de responsabilidade de titulares de cargos políticos, quando cometidos por parlamentares. Ora, para nós, apenas na segunda perspectiva se afigura correcta a qualificação de auto-amnistia: quando os titulares do(s) órgão(s) amnistiante(s) procuram determinar a não punição de crimes que hajam cometido enquanto titulares desse(s) mesmo(s) órgão(s). A posição contrária, como facilmente se conclui, será claramente excessiva: a simples amnistia de uma categoria de contra-ordenações rodoviárias seria inconstitucional sempre que os deputados também as houvessem praticado: parece-nos, por conseguinte, que a tese de PESTALOZZA não poderá, sem mais, proceder. Poderemos, assim, concluir pela proibição constitucional da auto-amnistia, entendendo-se a mesma como a concessão de amnistia para crimes praticados por deputados no exercício das suas funções, quando os deputados beneficiados ainda o sejam, isto é, ainda exerçam as funções de parlamentar à data da amnistia([730]).

---

legislador –, a seguir a terceira via radbruchiana (cfr. o nosso *O Princípio da Dignidade da Pessoa Humana e a Determinação da Filiação em Sede de Procriação Medicamente Assistida*, R.F.D.U.L., Vol. XLI – N.º 2, 2000, pág. 663, nota 32) do *gesetzlichen Unrecht* por contradição intolerável da lei injusta com a ideia de justiça e com os mais elementares valores da ordem jurídica (*v. g.*, as normas jus-fundamentais) – também eles não supra-positivos, mas apenas supra-legais (sobre a rejeição do supra-positivo no direito nos termos da construção de Radbruch, é incontornável a leitura de ARTHUR KAUFMANN, in *Die Radbruchse Formel...*, NJW, 1995, pág. 85; e, mais sucintamente, in *Rechtsphilosophie*, 2. Überarbeitete und stark erweiterte Auflage, München, 1997, pág. 194, nota 8) – termos em que esta norma não seria verdadeiramente direito positivo, mas apenas um *não-direito*.

([729]) Parece ser este o sentido adoptado por PEDRO DURO in *O poder...*, 2000, pág. 34; e, do mesmo autor, *Notas...*, Themis, Ano II, n.º 3, 2001, pág. 336.

([730]) Alargando esta proibição a "outros crimes", mas com contornos que julgamos relevarem da proibição do arbítrio e/ou da proibição da amnistia individual, cfr. PEDRO DURO, *O poder...*, 2000, págs. 34 e 35; do mesmo autor, *Notas...*, Themis, Ano II, n.º 3, 2001, págs. 336 e 337.

Note-se que se trata de uma proibição que tem em vista deputados – responsáveis por crimes de responsabilidade de titulares de cargos políticos cometidos no exercício da função parlamentar – que ainda o sejam à data da amnistia. Assim, nada obsta a que o legislador conceda uma amnistia que beneficie deputados que já tenham cessado o exercício das suas funções([731]). Por outro lado, estão excluídos da presente proibição todos os restantes crimes([732]), mesmo quando a lei seja exclusivamente aplicada a deputados: uma tal lei poderá ser inconstitucional mas por violação do princípio da igualdade, cumprindo então apurar se haverá ou não alguma situação de excepcionalidade que a justifique([733]). Ainda quanto à generalidade do universo das infracções criminais não respeitantes às funções parlamentares, no caso de a lei não encontrar o seu campo de aplicação circunscrito aos deputados, não haverá, por maioria de razão, que questionar a conformidade da mesma em face da Constituição no âmbito da actual proibição.

Não foi senão este o sentido próximo da lei francesa de 15 de Janeiro de 1990 a qual, versando sobre o financiamento dos partidos políticos, incluía uma cláusula amnistiante para acções cometidas antes de 15 de Junho de 1989, da qual excluía, expressamente, todos os deputados que fossem membros do Parlamento ao tempo do facto ou ao tempo da respec-

---

([731]) Neste sentido, cfr. PEDRO DURO, *O poder*..., 2000, pág. 34; do mesmo autor, *Notas*..., Themis, Ano II, n.º 3, 2001, pág. 336.

Contra, cfr. JORGE MIRANDA, *Imunidades constitucionais e crimes de responsabilidade*, D.J., Vol. XV, Tomo 2, 2001, pág. 34.

([732]) Afirmando igualmente que, quanto a crimes cometidos fora do exercício de funções, os titulares de cargos políticos, "porque continuam a ser cidadãos como quaisquer outros, poderão beneficiar de amnistias e perdões genéricos (...) inclusive estando ainda no exercício das funções", v. JORGE MIRANDA, *Imunidades*..., D.J., 2001, pág. 33.

Em sentido contrário, cfr. PEDRO DURO, *O poder*..., 2000, págs. 34 e 35; do mesmo autor, *Notas*..., Themis, Ano II, n.º 3, 2001, pág. 337.

Não nos parece que a posição deste autor faça muito sentido neste ponto particular dos outros crimes que se dirijam aos deputados: então há auto-amnistia quando se aplique apenas a deputados, e não já quando se aplique a deputados e a outros particulares? Então, mas aí, na lógica do autor, não deveria valer, também, o princípio segundo o qual, "um titular de um órgão não "se pode amnistiar a si próprio"" (*O poder*..., 2000, pág. 35; *Notas*..., Themis, Ano II, n.º 3, 2001, pág. 337)?

([733]) V., *supra*, n.º 5.1.2.

Contra, afirmando, sem o justificar, que o princípio da igualdade impede a Assembleia da República de votar uma lei que vise amnistiar crimes cometidos por deputados, cfr. PEDRO DURO, *O poder*..., 2000, pág. 34; do mesmo autor, *Notas*..., Themis, Ano II, n.º 3, 2001, pág. 336.

tiva votação(734). Chamado a pronunciar-se, pelo Primeiro Ministro, mesmo antes da aprovação da lei, o *Conseil Constitutionnel* considerou que tal limitação se encontrava, objectiva e socialmente, fundada, pelo que a mesma não violava o princípio da igualdade, daqui decorrendo, no entanto, que seria excessiva a exclusão daqueles que tivessem sido deputados ao tempo da prática dos factos, mas já não o fossem ao tempo da respectiva votação(735).

HILLENKAMP rejeita a importação deste modelo por entender que o mesmo poderá colocar em causa a unidade da justa causa. É verdade que, nós próprios, sustentámos – até à exaustão(736) – a "irrepartibilidade" da justa causa(737). No entanto, a mesma só se impõe por força do princípio da igualdade. Ora, o princípio da igualdade não só não é absoluto, como deve ser conjugado com outros princípios constitucionais, a começar pelo do Estado de Direito e o inerente *Transparenzprinzipz* de que fala o *Bundesverfassungsgericht* alemão. Daí que, em sede de crimes de "responsabilidade" seja perfeitamente aceitável a exclusão de aproveitamento da respectiva amnistia aos deputados que a tenham aprovado, ainda que o facto tenha sido praticado durante o tempo agraciado pela lei de amnistia. Aliás, deste modo, a própria possibilidade de *Aufteilung* da justa causa temida por HILLENKAMP será aqui verdadeiramente residual: o autor receava a solução de a votação de um deputado do *Bundestag* obstar a que o mesmo pudesse beneficiar da respectiva amnistia; simplesmente não é essa verdadeiramente a nossa posição, de acordo com a ideia de *Selbstamnestie* por nós adoptada, segundo a qual estarão apenas excluídos os crimes de responsabilidade de titulares de cargos políticos que os deputados que aprovem a lei da amnistia tenham praticado na qualidade de deputados. Julgamos ser esta, com efeito, uma solução justa que concretiza equilibradamente as exigências de transparência e de imparcialidade do Estado de Direito(738), compatibilizando-as com o mandamento decorrente do princípio da igualdade.

---

(734) Cfr. SCHÄTZLER, *Handbuch des Gnadenrechts...*, 2. neuarbeitete und erweiterte Auflage, 1992, págs. 261 e 262.

(735) Cfr. SCHÄTZLER, *Handbuch des Gnadenrechts...*, 2. neuarbeitete und erweiterte Auflage, 1992, págs. 261 e 262.

(736) V., *supra*, n.ºs 3.1.1., 3.1.2., e 5.1.2.

(737) Cfr. HILLENKAMP, *Offene oder verdeckte...*, JZ, 1996, pág 186.

(738) Derivado, pelo Tribunal Constitucional Federal alemão, do princípio do Estado de Direito democrático, e, segundo o qual, "todo o processo de formação da vontade deverá ser transparente para os cidadãos e o respectivo resultado decidido perante os olhos

V – *Ex post*, nem tudo está ainda dito sobre este ponto: *quid juris*, na verdade, quanto à temática da promulgação e da referenda ministerial? Vimos já que os deputados não se podem auto-amnistiar, mas pode o mesmo princípio ser transposto para o Presidente da República([739]) e para o Primeiro-Ministro, por força da sua intervenção no processo legislativo através, para aquilo que aqui nos importa, da promulgação e referenda ministerial, respectivamente?

Julgamos que, atendendo à natureza política e jurídica dos institutos em causa – promulgação e ratificação –, a resposta não poderá deixar de ser afirmativa: isto é, o Presidente da República não poderá promulgar uma lei de amnistia que o beneficie relativamente a crimes que o mesmo tenha praticado, no exercício daquelas funções, naquele ou em anterior mandato([740]). Naturalmente que pressupomos aqui que a lei de amnistia em causa não se dirija exclusivamente ao Presidente da República x: se tal suceder, a lei será inconstitucional desde logo por configurar uma amnistia individual([741]). Se o Presidente da República, por conseguinte, e regressando à hipótese pressuposta inicialmente, promulgar aquela lei a mesma será inconstitucional([742])([743]). E tudo isto porque "ainda quando obrigatória, a promulgação não deixa de ser acto eminentemente político. Ela en-

---

do público" (BVerfGE 40, 296 [pág. 327]). Daí que não seja admissível a *Entscheidung in eigener Sache*, como vimos no texto do presente número.

([739]) Referenciando as amnistias concedidas em benefício de "ditadores" sul americanos, cfr. SCHABAS, *An Introduction to the International Criminal Court*, Cambridge, reprinted, 2003, págs. 68 e 69.

([740]) Referindo-se, pelo contrário, a todos os crimes, cfr. PEDRO DURO, *O poder...*, 2000, pág. 35; do mesmo autor, *Notas...*, Themis, Ano II, n.º 3, 2001, pág. 337.

([741]) V., *supra*, n.º 5.1.3.

Não invocando a proibição da amnistia individual, cfr. PEDRO DURO,, *O poder...*, 2000, pág. 35; do mesmo autor, *Notas...*, Themis, Ano II, n.º 3, 2001, pág. 337.

([742]) E isto, quer quando a promulgação seja livre (cfr. JORGE MIRANDA, *Manual...*, Tomo V, 2.ª edição, 2000, pág. 282), quer quando seja obrigatória (cfr. JORGE MIRANDA, *Manual...*, Tomo V, 2.ª edição, 2000, pág. 283). O próprio Tribunal Constitucional não poderá, aqui, pronunciar-se, em sede de fiscalização preventiva, pela inconstitucionalidade do diploma da A.R., pois o mesmo não padecerá, em si, de qualquer vício, resultando o mesmo apenas da ulterior promulgação. Somente em momento ulterior, com a completação do processo legislativo – promulgação incluída, por conseguinte –, se pode afirmar a inconstitucionalidade da presente lei, resultando esta da comunicação do vício promulgatório ao diploma em que se insere.

([743]) Nem poderá contornar esta proibição fazendo-se substituir nos termos legais. A lei promulgada pelo seu substituto será, por conseguinte, de igual modo inconstitucional.

volve sempre mais ou menos co-responsabilização política"(744), podendo a simples escolha do dia em concreto para a ela proceder "não ser indiferente politicamente ou projectar-se, de uma forma ou de outra, nas situações da vida pretendidas regular pelo legislador"(745). Juridicamente, claro está, a importância política da promulgação é espelhada pela expressa cominação operada pela Lei Fundamental da inexistência jurídica dos diplomas em relação aos quais se verifique a respectiva falta – artigo 137.º da Constituição(746).

E idêntico raciocínio deverá valer no âmbito da referenda ministerial. A falta de referenda ministerial determina, segundo o artigo 140.º, n.º 2, da Constituição, a inexistência jurídica do acto presidencial respectivo, neste caso a promulgação – artigos 140.º, n.º 1, e 134.º, alínea b), da Constituição. Muito discutida será certamente a questão atinente à obrigatoriedade da referenda ministerial quanto à promulgação das leis da Assembleia da República(747). Por nós, seguimos na íntegra o entendimento proposto por FREITAS DO AMARAL e PAULO OTERO, segundo o qual a referenda ministerial é obrigatória quando o seja também a anterior promulgação: nesse domínio, cede não apenas o controlo político do Governo sobre o acto presidencial – inadmissível, com efeito, em face de leis provenientes da Assembleia da República, pois que de outro modo estaríamos na presença de "um veto absolutíssimo do Governo sobre as próprias leis do parlamento"(748) invertendo-se, deste modo, as "regras constitucionais de responsabilidade política"(749), e atribuindo-se ao Governo "uma *faculté d'empêcher* por razões políticas dotada de uma força jurídica superior relativamente ao poder de veto político do Presidente da República"(750) –, como inclusive "o controlo governativo da conformidade constitucional da intervenção presidencial"(751). Fora dos casos em que o Presidente da República não esteja obrigado a promulgar uma lei parlamentar, a refe-

---

(744) JORGE MIRANDA, *Manual...*, Tomo V, 2.ª edição, 2000, pág. 285.
(745) JORGE MIRANDA, *Manual...*, Tomo V, 2.ª edição, 2000, pág. 285.
(746) Sobre a importância da falta de promulgação, v. GOMES CANOTILHO e VITAL MOREIRA, *Constituição...*, 3.ª edição revista, 1993, pág. 602.
(747) Claramente quanto à obrigatoriedade, cfr., entre outros, JORGE MIRANDA, *Manual...*, Tomo V, 2.ª edição, 2000, págs. 301 e 302.
(748) FREITAS DO AMARAL e PAULO OTERO, *O Valor...*, 1997, pág. 66.
(749) FREITAS DO AMARAL e PAULO OTERO, *O Valor...*, 1997, pág. 66.
(750) FREITAS DO AMARAL e PAULO OTERO, *O Valor...*, 1997, pág. 66.
(751) FREITAS DO AMARAL e PAULO OTERO, *O Valor...*, 1997, pág. 56. Cfr., ainda, a página 57 da mesma obra.

renda "limita-se a assumir o valor de mero mecanismo de controlo da validade jurídica do acto a referendar"([752]). Ora, em sede do problema que agora nos ocupa, de certo que o leitor já se apercebeu que o mesmo se situa a jusante da análise, que acabámos de citar, dos dois eminentes publicistas: a questão aqui não é a de controlar juridicamente a promulgação presidencial, mas antes a de saber se a futura lei deverá padecer de um vício resultante não das actividades parlamentar e presidencial, mas, pelo contrário, da actividade do próprio autor da referenda. Em nosso entendimento, o titular da referenda deve recusar a mesma sempre que se trata de uma amnistia que o beneficie no âmbito da prática de crimes de responsabilidade de titulares de cargos políticos que o mesmo tenha praticado no exercício dessas mesmas funções, salvo o caso de a promulgação ter sido obrigatória, situação em que, não obstante, a futura lei será inconstitucional: é que apesar dos diferentes contornos jurídicos não nos parece ser de admitir a invocação, por parte do Governo, da inconstitucionalidade da sua própria intervenção para recusar uma referenda em princípio obrigatória. Numa perspectiva de interdependência dos órgãos do poder político, uma resposta diferente, abriria as portas para todo o tipo de utilização abusiva por parte do Governo deste tipo de argumentação, a qual seria, para todos efeitos, inultrapassável([753]). Resta saber, em bom rigor, quem é o titular do poder de referendar: a Constituição não o diz expressamente, mas tudo indica que em sede da promulgação das leis de Assembleia da República – como é o caso das leis de amnistia – seja competente, exclusivamente, o Primeiro-Ministro([754])([755]). Deste modo, a referida proibição respeita ao chefe de Governo([756]): a lei de amnistia que o beneficie pela prática de crimes de "responsabilidade" que tenha cometido enquanto Primeiro-Ministro, na respectiva ou, em anterior, legislatura, será, por esse simples facto, inconstitucional([757])([758]). Também aqui cumpre sublinhar que pres-

---

([752]) FREITAS DO AMARAL e PAULO OTERO, *O Valor*..., 1997, pág. 67.

([753]) Cfr. FREITAS DO AMARAL e PAULO OTERO, *O Valor*..., 1997, págs. 66 e 67; JORGE MIRANDA, *Manual*..., Tomo V, 2.ª edição, 2000, págs. 301 e 302.

([754]) Neste sentido, cfr. GOMES CANOTILHO e VITAL MOREIRA, *Constituição*..., 3.ª edição revista, 1993, pág. 609.

([755]) A Lei n.º 74/98, de 11 de Novembro, estabelece precisamente o mesmo, no seu artigo 11.º, n.º 3.

([756]) Contra, falando em "membros do Governo", cfr. PEDRO DURO,, *O poder*..., 2000, pág. 35; do mesmo autor, *Notas*..., Themis, Ano II, n.º 3, 2001, pág. 337.

([757]) O próprio Tribunal Constitucional não poderá, aqui, pronunciar-se, em sede de fiscalização preventiva, pela inconstitucionalidade do diploma da A.R., pois o mesmo não

supomos que a lei de amnistia não se dirija exclusivamente ao Primeiro--Ministro: se tal suceder a lei será inconstitucional por consubstanciar uma amnistia individual([759]). Aquilo que sucede é que, quando tal lei seja aplicável também ao Primeiro-Ministro, com os contornos *supra* assinalados, a mesma será inconstitucional por configurar uma auto-amnistia.

VI – Finalmente, é de referir que, à semelhança do que defendemos quanto aos deputados([760]), não padecerá – no âmbito do presente limite material – de qualquer inconstitucionalidade a lei que beneficie anteriores Presidentes da República e/ou Primeiros-Ministros por crimes cometidos no exercício daquelas funções([761]).

VII – Uma última questão merece ser clarificada: esta proibição da auto-amnistia, por crimes de responsabilidade de titulares de cargos políticos, relativamente aos que tenham uma intervenção directa no processo amnistiante, apresenta uma natureza móvel: isto é, haverá, ainda, nos termos propostos, uma *Selbstamnestie* inconstitucional, quando se verifique uma permuta entre as qualidades de deputado, Presidente da República e Primeiro-Ministro entre o momento da prática do(s) facto(s) e a concessão da amnistia. Por exemplo, haverá, ainda, uma auto-amnistia proibida quando se trate de beneficiar condutas relativas a crimes de responsabilidade de titulares de cargos políticos que beneficiem um actual Presidente da República por crimes que o mesmo haja praticado no exercício de anteriores funções parlamentares.

VIII – A nossa posição no presente ponto acaba por se aproximar do desvio de poder legislativo como vício de conteúdo do acto legislativo

---

padecerá, em si, de qualquer vício, resultando o mesmo apenas da ulterior referenda. Somente em momento ulterior, com a completação do processo legislativo – referenda incluída, por conseguinte –, se pode afirmar a inconstitucionalidade da presente lei, resultando esta da comunicação do vício referendário ao acto de promulgação e, deste, ao diploma em que se insere.

([758]) Nem poderá contornar esta proibição fazendo-se substituir nos termos legais. A referenda efectuada pelo seu substituto será, por conseguinte, de igual modo inconstitucional.

([759]) V., *supra*, o n.º 5.1.3., bem como o texto do presente número.

([760]) V., *supra*, o texto do presente número.

([761]) O que não dispensa, claro está, a aferição de outros limites, como o decorrente do princípio da igualdade.

resultante da contradição entre o seu fim e o fim constitucionalmente assumido([762]). É que, como vimos([763]), não faz parte do fim de um Estado de Direito que um titular de um cargo político com intervenção directa no processo legislativo (e, como tal, no processo amnistiante) se possa aproveitar desse facto para obter uma amnistia relativamente a condutas que tenha praticado no exercício dessas mesmas funções. Nem é essa, decididamente, a *ratio* da consagração constitucional da amnistia e da excepcionalidade do seu carácter([764]). No fundo, e em poucas palavras, o fundamento que acabámos por invocar para a presente proibição – a imparcialidade e a transparência próprias de um *demokratische Rechtsstaat*([765]) – como que antecede e presume a demonstração efectiva de um desvio de poder: e presume-o inilidivelmente.

IX – Nenhuma outra resposta, nesta matéria, se configura – salvo melhor opinião – como aceitável. Admitir, com efeito, a validade de uma auto-amnistia implicaria, para além da violação já assinalada dos princípios da imparcialidade e da transparência próprios de um Estado de Direito, uma grosseira fraude à Constituição([766]). Na realidade, em face do artigo 117.º, n.º 3, dificilmente se compreenderá que, prevendo a Lei Fundamental a possibilidade de perda de mandato para os titulares de cargos políticos por crimes que pratiquem no exercício das suas funções([767]),

---

([762]) Sobre o desvio de poder legislativo, v. JORGE MIRANDA, *Manual...*, Tomo VI, 2001, págs. 40 e segs..

([763]) V., *supra*, o texto do presente ponto.

([764]) V., *supra*, n.º 5.1.2. e, *infra*, n.º 5.2.

([765]) Sobre o Estado de Direito democrático, v., entre outros, JORGE REIS NOVAIS, *Contributo para uma Teoria do Estado de Direito, Do Estado de Direito liberal ao Estado social e democrático de Direito*, Coimbra, 1987, págs. 221 e segs.; CRISTINA M. M. QUEIROZ, *Os Actos Políticos no Estado de Direito, O problema do controle jurídico do poder*, Coimbra, 1990, págs. 197 e segs.; MAUNZ e ZIPPELIUS, *Deutsches Staatsrecht*, 30. Auflage, München, 1998, págs. 66 e segs., 89, 90, 120, 121, 123 e 124; HESSE, *Grundzüge des Verfassungsrechts der Bundesrepublick Deutschland*, Neudruck der 20. Auflage, Heidelberg, 1999, págs. 118 e segs..

([766]) Sobre a figura da fraude à Constituição, cfr. GOMES CANOTILHO, *Direito Constitucional...*, 6.ª edição, 2002, pág. 1054.

([767]) Não se trata, repita-se, de um problema de inamnistiabilidade, por natureza, de determinado tipo de crimes. Discordamos, pois, do entendimento de JORGE MIRANDA segundo o qual os crimes praticados por titulares de cargos políticos seriam, sem mais, inamnistiáveis (cfr. JORGE MIRANDA, *Imunidades...*, D.J., 2001, págs. 33 e 34). Semelhante solução só poderá, quando muito, ser defendida *de lege ferenda* (cfr. algo de semelhante

possam os mesmos – quando titulares dos órgãos de soberania com intervenção directa no processo legislativo – auto-amnistiar-se, assim se furtando, não apenas à "comum" punição penal, como também à constitucionalmente desejada perda de mandato([768]). Facilmente se compreenderá, por conseguinte, que os intervenientes no processo legislativo – também por este motivo – não se podem auto-amnistiar.

5.1.5. Inamnistiabilidade decorrente da necessidade de tutela penal de certos bens jurídicos

I – É extraordinariamente controversa a questão relativa à existência, ou não, de imposições jurídico-constitucionais implícitas de criminalização. Claro está que, sendo as mesmas explícitas, a descriminalização das

---

– quanto à amnistia – no projecto da nossa primeira Constituição republicana, o qual nos casos de crime de responsabilidade apenas concedia competência ao Congresso para comutar e perdoar penas: *ergo*, nunca amnistiar [solução que viria a ser rejeitada: cfr. MARNOCO E SOUZA, *Constituição...*, 1913, pág. 441]). É que de acordo com o direito constitucional vigente, não existe, em bom rigor, uma verdadeira obrigação de criminalização explícita para este tipo de crimes (v., *infra*, n.º 5.1.5.): *ergo*, falha a inamnistiabilidade.

Por outro lado, acresce ainda que semelhante solução seria susceptível de conflituar de um modo injustificado, porque excessivo, com o princípio da igualdade, como decorre daquilo que deixamos escrito ao longo do presente número. É que, tendo em conta que a regra não poderá deixar de ser a da "irrepartibilidade" da justa causa (*ex vi* do princípio da igualdade), a *Aufteilung* da mesma não pode ser senão meramente residual (*ex vi* dos princípios da imparcialidade e transparência próprios de um Estado de Direito democrático). Ora, julgamos ser a nossa construção, girando em torno do conceito de auto--amnistia, a solução mais justa por compatibilizar equilibradamente as exigências de transparência e de imparcialidade do Estado de Direito com o mandamento decorrente do princípio da igualdade (o qual sairia completamente postergado perante uma pura solução de inamnistiabilidade).

Para uma interessante discussão acerca da admissibilidade da amnistia para os crimes do *SED-Regimes*, v., entre tantos outros, JÄGER, *Amnestie für staatliche Verbrechen?*, KJ, 1990, págs. 467 e segs.; PERELS, *Keine Privilegien für Staatsverbrecher*, KJ, 1990, págs. 472 e segs.; SENDLER, *Unrechtsstaat und Amnestie*, NJ, 1995, págs. 225 e 226.

([768]) A isto acresce que nos artigos 130.º, n.º 3, e 160.º, n.º 1, alínea d), da Constituição, encontramos – quanto ao Presidente da República e deputados, respectivamente – mais do que uma possibilidade, uma injunção constitucional de destituição do cargo presidencial e perda de mandato parlamentar, em caso de condenação – necessariamente transitada em julgado – por crimes de responsabilidade praticados no exercício das respectivas funções.

mesmas será inconstitucional(⁷⁶⁹). Mas, para além da eventual e esporádica referência do legislador constituinte à necessidade de criminalizar a conduta x ou y, haverá ou não imposições jurídico-constitucionais implícitas de criminalização? Uma primeira afirmação parece certa: a existência de imposições constitucionais explícitas de criminalização – radicando normalmente em condicionalismos históricos, e seus respectivos traumas, bem situados(⁷⁷⁰) –, atento o seu carácter singular não permite extrair consequências "a favor ou contra um dever para criminalizar (*Pflicht zur Pönalisierung*) outros factos"(⁷⁷¹). Seja como for, não existe, actualmente, na Constituição portuguesa, qualquer exigência explícita específica de criminalização(⁷⁷²), termos em que nos deteremos, de seguida, apenas na

---

(⁷⁶⁹) Bem como, não havendo criminalização, deverá o legislador promovê-la, sob pena de inconstitucionalidade por omissão. Neste sentido, cfr. FIGUEIREDO DIAS e COSTA ANDRADE, *Direito Penal, Questões Fundamentais, A Doutrina Geral do Crime*, Coimbra, 1996, pág. 68; FIGUEIREDO DIAS, *Temas Básicos da Doutrina Penal, Sobre os Fundamentos da Doutrina Penal, Sobre a Doutrina Geral do Crime*, Coimbra, 2001, pág. 59.

(⁷⁷⁰) Neste sentido, cfr. MÜLLER-DIETZ, *Zur Problematik verfassungsrechtlicher Pönalisierungsgebote*, in *Festschrift für Eduard Dreher zum 70. Geburtstag*, Berlin, 1977, págs. 103 e 104; CONCEIÇÃO CUNHA, *"Constituição e Crime", Uma Perspectiva da Criminalização e da Descriminalização*, Porto, 1995, pág. 312.

(⁷⁷¹) MÜLLER-DIETZ, *Zur Problematik...*, in *Festschrift...*, 1977, pág. 104. Neste sentido, cfr., também, CONCEIÇÃO CUNHA, *"Constituição..."*, 1995, págs. 315 e 316.

(⁷⁷²) Neste sentido, cfr. GOMES CANOTILHO e VITAL MOREIRA, *Constituição...*, 3.ª edição revista, 1993, pág. 192. Quando muito, poder-se-ia, com CONCEIÇÃO CUNHA, falar – para casos como o do artigo 117.º, n.º 3, da C.R.P. – de uma imposição expressa "muito vaga, uma vez que a Constituição apenas refere que "a lei determina os crimes de responsabilidade dos titulares de cargos políticos", nada dizendo sobre qual o tipo de comportamento que deverá ser criminalizado" (*"Constituição..."*, 1995, pág. 309). Cfr., igualmente, FARIA COSTA, *O Perigo em Direito Penal (Contributo para a sua Fundamentação e Compreensão Dogmáticas)*, Coimbra, 1992, pág. 206.

Na realidade, quanto às Leis n.ºs 8/75, de 25 de Julho, 16/75, de 23 de Dezembro, e 18/75, de 26 de Dezembro, relativas à incriminação e julgamento dos agentes e responsáveis da PIDE/DGS – expressamente ressalvadas pela Constituição como leis constitucionais (artigos 290.º, n.º 1, e 294.º), e consubstanciando uma verdadeira auto-derrogação constitucional (sobre auto-rupturas constitucionais, v. GOMES CANOTILHO, *Direito Constitucional...*, 6.ª edição, 2002, págs. 1063 e 1064) em face do prisma temporal do princípio da legalidade criminal (irretroactividade *in pejus*: artigo 29.º, n.ºs 1, 3 e 4, 1.ª parte [no mesmo sentido, cfr. JORGE MIRANDA, *Manual...*, Tomo VI, 2001, págs. 20 e 21]), de validade duvidosa (consubstanciando um "mau exemplo" de "perversão política do Direito Penal", segundo CAVALEIRO DE FERREIRA in *Direito Penal Português, Parte Geral, I*, 2.ª edição, Lisboa, 1982, págs. 18 e 19) uma vez que se aproximam perigosamente da ideia de lei injusta postergadora (neste caso) da hetero-vinculação axiológica da Consti-

questão relativa às imposições constitucionais de criminalização implícitas.

II – Debrucemo-nos, então, sobre as imposições constitucionais implícitas de criminalização. As imposições absolutas implícitas de criminalização poderão ser entendidas, quer no sentido de que "onde se perfilasse um autêntico bem jurídico constitucionalmente credenciado, deveria o legislador criar a respectiva incriminação para o facto que o lesasse ou pusesse em perigo", quer "no sentido de que o legislador ordinário o deveria fazer sempre que da própria ordem axiológica constitucional derivassem critérios de necessidade e de medida da criminalização imposta"([773]).

tuição formal (sobre esta vinculação, cfr. PAULO OTERO, *Lições de Introdução ao Estudo do Direito*, I Volume, 2.º Tomo, Lisboa, 1999, págs. 344 e segs.) –, a verdade é que as mesmas não poderão deixar de ser consideradas, hoje, senão como caducas (neste sentido, cfr. JORGE MIRANDA, *Manual de Direito Constitucional*, Tomo II, *Constituição*, 4.ª edição, revista e actualizada, Coimbra, 2000, pág. 44).

Finalmente, não nos parece que a pertença a organizações que perfilhem a ideologia fascista possa ser considerada como imposição constitucional explícita de criminalização: é verdade que tais associações se encontram constitucionalmente interditas (artigo 46.º, n.º 4); contudo, uma coisa é a respectiva interdição – provável *aberratio ictus* legislativa pós-revolucionária, uma vez que o Estado Novo não terá consubstanciado um regime fascista (neste sentido, cfr., entre outros, LOEWENSTEIN, *Teoría de la Constitución* [tradução da edição alemã de 1959], 2.ª edición, Barcelona, 1976, pág. 458; PAULO OTERO, *A Democracia Totalitária, Do Estado Totalitário à Sociedade Totalitária, A Influência do Totalitarismo na Democracia do Século XXI*, Cascais, 2001, págs. 139 e segs.; JORGE MIRANDA, *Manual de Direito Constitucional*, Tomo I, *Preliminares, O Estado e Os Sistemas Constitucionais*, 7.ª edição, revista e actualizada, Coimbra, 2003, págs. 328 e 329), de duvidosa legitimidade, pois que não se compreende os dois pesos e duas medidas em matéria de liberdade associativa (*v.g.*, a permissão *a contrario sensu* de associações de extrema-esquerda totalitária) – outra, e bem diferente, é a injunção constitucional de punição da inobservância daquela proibição através do direito penal. O salto da primeira para a segunda afirmação parece-nos logicamente excessivo e valorativo-materialmente desnecessário (cfr. artigo 18.º, n.º 2, da Constituição, pelo menos quanto à mera participação em tais associações). Quanto à referência que é efectuada na alínea d) do n.º 1 do artigo 160.º da Constituição, a mesma pressupõe que o deputado tenha sido condenado criminalmente *caso haja previsão penal*: não está, por conseguinte, o legislador penal obrigado a intervir nesta matéria (participação em organizações que perfilhem a ideologia fascista) independentemente do juízo de carência de tutela penal.

Quanto às consequências das imposições explícitas de criminalização em sede de (in)amnistiabilidade, v., *infra*, o texto do presente número.

([773]) ANABELA MIRANDA RODRIGUES, *A Determinação da Medida da Pena Privativa da Liberdade (Os Critérios da Culpa e da Prevenção)*, Coimbra, 1995, pág. 290, nota 327.

Tanto num caso, como noutro, a doutrina tende, maioritariamente, a rejeitar a sua admissibilidade([774]). E o raciocínio utilizado assenta, invariavelmente, no princípio da necessidade, como "princípio legitimador primário da intervenção penal"([775]). Por outras palavras, e recorrendo ao ensinamento de FIGUEIREDO DIAS, temos que o **"princípio da congruência ou da analogia substancial entre a ordem axiológica constitucional e a ordem legal dos bens jurídicos** protegidos pelo direito penal"([776]) implica uma "relação de mútua referência"([777]) entre a ordem axiológica constitucional e a ordem legal dos bens jurídicos, "no sentido de que todo o bem jurídico penalmente relevante tem de encontrar uma referência, expressa ou implícita, na ordem constitucional dos direitos e deveres fundamentais"([778]), o mesmo é dizer, "não pode haver criminalização onde se não divise o propósito de tutela de um bem jurídico-penal"([779]). Ora, desta afirmação, resulta que, por sua vez, a "asserção inversa se não revela exacta: a asserção (...) segundo a qual sempre que exista um bem jurídico digno de tutela penal aí deve ter lugar a intervenção correspondente. O que significa, no fim, que o conceito material de crime é essencialmente constituído pela noção de bem jurídico dotado de dignidade penal; mas que a esta noção tem de acrescer ainda *um qualquer outro critério* que torne a criminalização legítima"([780]). Esse critério adicional vem a ser não mais do que "o da *necessidade (carência) de tutela penal*"([781]). Os princípios da necessidade e da subsidiariedade que dele resultam([782]), "constituem, em último termo, manifestações do princípio jurídico-constitucional da *proibição de excesso* em matéria de limitação de direitos fundamentais, ou princípio da *proporcionalidade em sentido amplo*"([783]). Tudo isto significando que a "violação de um bem jurídico-penal não basta por si para

---

([774]) Cfr. FIGUEIREDO DIAS, *A propos de Beccaria et de la politique criminelle portugaise actuelle*, in *International congress Cesare Beccaria and modern criminal policy*, Milano, 1990, págs. 224 e 225; ANABELA MIRANDA RODRIGUES, *A Determinação...*, 1995, pág. 291, nota 327; ROXIN, *Strafrecht...*, 3. Auflage, 1997, pág. 24.

([775]) ANABELA MIRANDA RODRIGUES, *A Determinação...*, 1995, pág. 291, nota 327.

([776]) FIGUEIREDO DIAS in *Direito Penal...*, Parte Geral II..., 1993, pág. 72.

([777]) FIGUEIREDO DIAS e COSTA ANDRADE, *Direito Penal...*, 1996, pág. 68.

([778]) FIGUEIREDO DIAS e COSTA ANDRADE, *Direito Penal...*, 1996, pág. 68.

([779]) FIGUEIREDO DIAS, *Temas Básicos...*, 2001, pág. 57.

([780]) FIGUEIREDO DIAS, *Temas Básicos...*, 2001, pág. 57.

([781]) FIGUEIREDO DIAS, *Temas Básicos...*, 2001, pág. 57.

([782]) Cfr. FIGUEIREDO DIAS, *Direito Penal...*, Parte Geral II..., 1993, pág. 446.

([783]) FIGUEIREDO DIAS, *Direito Penal...*, Parte Geral II..., 1993, pág. 446.

desencadear a intervenção, antes se requerendo que esta seja absolutamente indispensável à livre realização da personalidade de cada um na comunidade"([784]), limitação de intervenção penal esta que "(mesmo independentemente do mandamento expresso contido no artigo 18.°, n.° 2 da C.R.P.) derivaria sempre, aliás, do princípio jurídico-constitucional da *proporcionalidade em sentido amplo*, que, como é sabido, faz parte dos princípios inerentes ao Estado de Direito"([785]). Daí que, em suma, "(...) da existência de um valor jurídico-constitucionalmente reconhecido como integrante de um direito ou de um dever fundamental não é legítimo deduzir sem mais a exigência de criminalização dos comportamentos que o violam"([786]). Não poderá, por conseguinte, e em abstracto, "ser ultrapassado o inevitável entreposto constituído pelo critério da necessidade ou da *carência de pena*. Critério que, em princípio, caberá ao legislador ordinário utilizar e que só em casos gritantes poderá ser jurídico-constitucionalmente sindicado, nomeadamente por violação eventual do princípio da proporcionalidade em sentido estrito (v.g., quando o legislador ordinário entendesse sancionar o homicídio doloso apenas com sanções jurídico-civis([787]); ou quando ele decidisse"([788]) – parecendo aderir aqui FIGUEIREDO DIAS à posição de COSTA ANDRADE([789]) – "subverter por completo a ordenação axiológica constitucional, descriminalizando totalmente a lesão de valores pessoais e criminalizando de forma maciça a lesão de valores patrimoniais!)"([790]).

Já COSTA ANDRADE, anteriormente, afirmara que os "mesmos princípios constitucionais e as mesmas categorias político-doutrinais [que fundamentam a limitação da intervenção do Direito Penal] têm o seu reverso que aponta no sentido contrário"([791]). Esclarece, no entanto, o autor, não

---

([784]) FIGUEIREDO DIAS, *Temas Básicos...*, 2001, pág. 57.

([785]) FIGUEIREDO DIAS, *Temas Básicos...*, 2001, págs. 57 e 58.

([786]) FIGUEIREDO DIAS e COSTA ANDRADE, *Direito Penal...*, 1996, pág. 69; FIGUEIREDO DIAS, *Temas Básicos...*, 2001, págs. 59 e 60.

([787]) V., também, FIGUEIREDO DIAS e COSTA ANDRADE, *Direito Penal...*, 1996, pág. 69.

([788]) FIGUEIREDO DIAS, *Temas Básicos...*, 2001, pág. 60.

([789]) Cfr. COSTA ANDRADE, *O Novo Código Penal e a Moderna Criminologia*, in *Jornadas de Direito Criminal, O Novo Código Penal Português e Legislação Complementar, I*, Lisboa, 1983, pág. 227, nota 34.

([790]) FIGUEIREDO DIAS, *Temas Básicos...*, 2001, pág. 60.

([791]) COSTA ANDRADE, *Contributo para o conceito de contra-ordenação (A experiência alemã)*, R.D.E., Anos VI/VII, 1980/1981, pág. 118.

ser líquida "a existência de imperativos absolutos de criminalização de raiz constitucional"([792]) já sendo, contudo, não arriscado "sustentar que a *objektive Wertordnung* (SAX) constitucional implica imperativos relativos de criminalização"([793]), daí resultando, como "inquestionável a inconstitucionalidade de leis que descriminalizando infracções lesivas de valores pessoais, mantivessem ou reforçassem a criminalização de lesões dos valores patrimoniais"([794]), o mesmo valendo para as leis que, "pelo recorte da ilicitude ou pelo teor das sanções subvertessem claramente a hierarquia querida pela Constituição entre aquelas ordens de valores"([795]). Sobre as primeiras, escreve, noutro local, o autor, "Hoje é pacífico o entendimento de que a dignidade penal de uma conduta não decide, só por si e de forma definitiva, a questão da criminalização. À *legitimação negativa*, mediatizada pela dignidade penal, tem de acrescer a *legitimação positiva*, mediatizada pelas decisões em matéria de *técnica de tutela (Schutztechnik)*"([796]).

Por sua vez, FARIA COSTA, não operando a destrinça entre imposições absolutas e relativas, rejeita a existência de "imposições de criminalização"([797]), pelo menos no sentido de uma "*obrigação de penalização* por ofensa de bens constitucionalmente protegidos"([798]). Na construção do autor, "os bens jurídico-penais estão *antes* da própria ordem axiológica constitucional e *vivem* na ordem jurídica"([799]), termos em que "se a ordem constitucional protege o bem jurídico da vida e se a ordem penal também o faz, há aqui uma coincidência de normatividades e de sentidos que não é fruto, neste particular, de uma vinculação directa e imediata da ordem penal à ordem constitucional. O bem jurídico da vida, postulando-se como um bem jurídico essencial, cuja protecção é exigida pela ordem jurídica global, vincula materialmente as ordens constitucional e penal a que o protejam. Por isso se dá a coincidência de protecção entre a ordem cons-

---

([792]) COSTA ANDRADE, *O Novo Código…*, in *Jornadas…, I,* 1983, pág. 227, nota 34.
([793]) COSTA ANDRADE, *O Novo Código…*, in *Jornadas…, I,* 1983, pág. 227, nota 34.
([794]) COSTA ANDRADE, *O Novo Código…*, in *Jornadas…, I,* 1983, pág. 227, nota 34.
([795]) COSTA ANDRADE, *O Novo Código…*, in *Jornadas…, I,* 1983, pág. 227, nota 34.
([796]) COSTA ANDRADE, *A "Dignidade Penal" e a "Carência de Tutela Penal" como Referências de uma Doutrina Teleológico-Racional do Crime*, R.P.C.C., Ano 2, 1992, págs. 185 e 186.
([797]) Cfr. FARIA COSTA, *O Perigo…*, 1992, págs. 189, 201 e segs., 215 e 217.
([798]) FARIA COSTA, *O Perigo…*, 1992, pág. 206. O autor ressalva, contudo, os, então, artigos 88.º e 120.º, n.º 3, da Constituição.
([799]) Na brilhante síntese de ANABELA MIRANDA RODRIGUES (*A Determinação…*, 1995, pág. 294, nota 327).

titucional e a ordem penal"(800). Isto não desvincula, contudo, como logo acrescenta o autor, "o direito penal da tutela conformadora com que nunca podemos deixar de compreender a Lei Fundamental. Dir-se-ia mesmo que a reforça, no momento em que se perceba e aceite, com razão, a pluralidade das diferenças normativas. De sorte que, se, por absurdo, o legislador ordinário viesse descriminalizar, em absoluto, o bem jurídico da vida ele estaria a violar, como atrás demonstrámos, o princípio da igualdade e o princípio da tendencial coincidência material protectora – no que se refere a bens jurídicos pertencentes àquele núcleo essencialíssimo sem o qual a comunidade não é sequer pensável – que a ordem global impõe relativamente à ordem constitucional e à ordem penal"(801).

ANABELA MIRANDA RODRIGUES, por sua vez, e na esteira daquilo que observámos quanto ao pensamento de FIGUEIREDO DIAS, afirma, de igual modo, "a inexistência, quer de imposições absolutas, quer relativas de criminalização"(802), resultante do reconhecimento da "necessidade" como "princípio legitimador primário da intervenção penal"(803), cuja valoração exige a utilização e verificação de uma série de realidades e conhecimentos das ciências empíricas que deveria "dizer respeito ao âmbito de liberdade de conformação legislativa"(804).

Já na escola de Lisboa, MARIA FERNANDA PALMA segue idêntico raciocínio ao que acabámos de expor. Na sua feliz expressão: "Não haverá (...) incriminações obrigatórias contra a necessidade de punir"(805). O mesmo é dizer, a autora erige também a necessidade ou carência de tutela penal como crivo inultrapassável da legitimação da criminalização. De modo que, ali onde "for absolutamente irrelevante ou até criminógena a tutela penal, apesar da dignidade punitiva de certa conduta, o Estado deve abster-se de incriminar"(806). Apenas "onde o Direito Penal for o instrumento

---

(800) FARIA COSTA, O Perigo..., 1992, pág. 270.
(801) FARIA COSTA, O Perigo..., 1992, págs. 270 e 271.
(802) ANABELA MIRANDA RODRIGUES, A Determinação..., 1995, pág. 291, nota 327.
(803) ANABELA MIRANDA RODRIGUES, A Determinação..., 1995, pág. 291, nota 327.
(804) ANABELA MIRANDA RODRIGUES, A Determinação..., 1995, pág. 291, nota 327.
(805) MARIA FERNANDA PALMA, Constituição e Direito Penal, As questões inevitáveis, in Perspectivas Constitucionais, Nos 20 Anos da Constituição de 1976 (Organização: Jorge Miranda), Volume II, Coimbra, 1997, pág. 234.
(806) MARIA FERNANDA PALMA, Constituição..., in Perspectivas..., Volume II, 1997, pág. 234.

adequado de protecção de bens jurídicos essenciais, há um dever de realizar a segurança dos cidadãos através desse tipo de meios"([807]).

RUI PEREIRA, acentuando a ordem de bens jurídicos "implicitamente" consagrada na Constituição([808]), afirma que seria "inaceitável que os bens jurídicos que estão no topo desta ordem constitucional – a vida, a integridade pessoal e a liberdade – não beneficiassem de tutela penal. Esta afirmação não contraria, frise-se, o reconhecimento de requisitos de legitimidade da incriminação([809]). Apenas assenta na constatação de que eles se verificam relativamente a bens jurídicos primordiais e "aposta" na sua verificação futura: até por razões de igualdade, as incriminações do homicídio, do aborto (pelo menos não consentido e, se consentido, respeitante aos casos em que se possa estabelecer uma analogia material entre vida intra-uterina e vida posterior ao nascimento), das ofensas corporais graves, do sequestro e da violação, afiguram-se tão persistentes ao nosso horizonte histórico como a existência do próprio direito penal"([810]). Não significa isto – o próprio autor o salienta – que os crimes referidos estejam "previstos na Constituição"([811]) pois que "o direito penal substantivo é, todo ele, um desenvolvimento, parcialmente deixado ao arbítrio legislativo, do direito constitucional"([812]), daqui resultando a afirmação segundo a qual o "próprio crime de homicídio tem contornos dependentes do arbítrio legislativo"([813]), podendo, porventura – a título de exemplo –, "aceitar-se a constitucionalidade da despenalização"([814]) das "hipóteses de homicídio piedoso a pedido da vítima (e de auxílio ao suicídio)"([815]), baseando-se, ainda, nesta perspectiva a questão do aborto que constituirá, deste modo, uma "incriminação obrigatória porque a garantia de inviolabilidade da

---

([807]) MARIA FERNANDA PALMA, *Constituição...*, in *Perspectivas...*, Volume II, 1997, pág. 234.
([808]) Cfr. RUI PEREIRA, *O Crime de Aborto e a Reforma Penal*, Lisboa, 1995, pág. 76.
([809]) V. RUI PEREIRA, *O Dolo de Perigo (Contribuição para a Dogmática da Imputação Subjectiva nos Crimes de Perigo Concreto)*, Lisboa, 1995, págs. 139 e segs..
([810]) RUI PEREIRA, *O Crime...*, 1995, págs. 76 e 77.
([811]) RUI PEREIRA, *O Crime...*, 1995, pág. 77.
([812]) RUI PEREIRA, *O Crime...*, 1995, pág. 77.
([813]) RUI PEREIRA, *O Crime...*, 1995, pág. 77.
([814]) RUI PEREIRA, *O Crime...*, 1995, pág. 77.
([815]) RUI PEREIRA, *O Crime...*, 1995, pág. 77.

vida humana abrange a vida pré-natal"([816]), mas não se podendo deduzir desta afirmação "o âmbito da incriminação"([817]).

Last, but not the least, encontramos a investigação mais desenvolvida, entre nós, sobre o presente assunto, no estudo de CONCEIÇÃO CUNHA, "Constituição e Crime"([818]). A autora opera a destrinça entre imposições absolutas e relativas de criminalização, rejeitando as primeiras([819]), mas aceitando as segundas, na esteira do pensamento de COSTA ANDRADE. Na verdade, as imposições constitucionais absolutas de criminalização entendidas como vinculação do legislador ordinário à protecção penal de determinados valores tutelados constitucionalmente([820]) não podem ser aceites por quem, como é o caso da autora, não sacrifica a "necessidade" de tutela penal no altar da defesa das imposições de criminalização: a conhecida afirmação da autora da "*tendencial* convergência entre elevada dignidade penal e necessidade de tutela penal, assim como, inversamente, entre reduzida dignidade penal e desnecessidade de tutela penal"([821]), e a consequente "constatação" segundo a qual condutas como o genocídio, o homicídio e as ofensas corporais graves não podem deixar de ser incriminadas([822]), "não implica o abandono do juízo de carência de tutela penal, pois pode-se dizer que não se põe em causa a criminalização destas condutas, precisamente porque se torna evidente estarem preenchidos, em relação a elas, os pressupostos em que assenta este juízo"([823]). É claro que, como escreve CONCEIÇÃO CUNHA, constitui pressuposto da sua tese a "necessidade de existência do Direito Penal, pelo menos, no momento histórico em que nos situamos..."([824]), sendo claro que, "se existisse (...) um outro sistema – melhor – de defesa dos bens jurídicos básicos, primordiais, para uma comunidade, de tal forma que pudesse substituir o Direito Penal, todo o nosso trabalho deixaria de fazer sentido..."([825]). Já, porém, quanto às

---

([816]) RUI PEREIRA, *O Crime*..., 1995, pág. 78.

([817]) RUI PEREIRA, *O Crime*..., 1995, pág. 78.

([818]) V., sobretudo, a III parte do mesmo: CONCEIÇÃO CUNHA, "*Constituição*...,1995, págs. 271 e segs..

([819]) Cfr., entre outras, a afirmação enfática na página 424 (CONCEIÇÃO CUNHA, "*Constituição*..., 1995).

([820]) Cfr. CONCEIÇÃO CUNHA, "*Constituição*..., 1995, pág. 327, nota 912.

([821]) CONCEIÇÃO CUNHA, "*Constituição*..., 1995, pág. 424.

([822]) Cfr. CONCEIÇÃO CUNHA, "*Constituição*..., 1995, pág. 227.

([823]) CONCEIÇÃO CUNHA, "*Constituição*..., 1995, pág. 227.

([824]) CONCEIÇÃO CUNHA, "*Constituição*..., 1995, pág. 227, nota 639.

([825]) CONCEIÇÃO CUNHA, "*Constituição*..., 1995, pág. 227, nota 639.

imposições implícitas relativas, como referimos, a autora postula o seu reconhecimento e isto, quer no sentido "da relação que se faça interceder entre o aspecto da dignidade e o aspecto da carência de tutela penal"[826] – que no fundo acabámos de referir nas linhas que imediatamente atrás deixamos escritas –, quer no sentido "*de um princípio de harmonia e coerência entre ordem de bens jurídico-penais e ordem de valores constitucionais*"[827], pois que "seria inconstitucional criar uma ordem de bens jurídico-penais de forma a inverter a ordem de valores constitucional"[828].

No domínio da doutrina publicista, VIEIRA DE ANDRADE escreve o seguinte: "Também o legislador não é livre ao definir o tipo legal do crime de homicídio (pelo menos de pessoas nascidas) ou ao proibir a comercialização de aparelhos de escuta (...). Em todos estes casos, a Constituição vincula apertadamente o legislador e, expressa ou implicitamente, determina no essencial as soluções que este deve consagrar. Não está, assim, em causa apenas o dever que o legislador tem de organizar ou assegurar o fornecimento das prestações, ou seja, a *obrigatoriedade* da intervenção legislativa, mas também sobretudo o grau de determinação do conteúdo da intervenção legislativa organizadora ou prestadora, ou seja a sua *vinculação*. Por outras palavras, estamos perante a prática de "actos legislativos constitucionalmente devidos", que configuram uma *concretização jurídico--interpretativa* da Constituição"[829]. Especificamente quanto ao artigo 18.º da Constituição, o autor afirma não deverem estar sujeitas ao regime dos direitos, liberdades e garantias, "faculdades ou garantias como, por exemplo, as de pretender o sancionamento penal da violação de bens jurídicos fundamentais (com excepção de alguns deles, como a vida)"[830].

GOMES CANOTILHO e VITAL MOREIRA, afirmando a inexistência de um critério constitucional "que permita definir que condutas é que podem ou devem ser definidas e punidas como crimes não existindo nenhuma específica *obrigação constitucional de penalização*"[831], depressa reconhecem, contudo, a existência de "muitos bens constitucionais cuja desprotecção penal não seria compreensível (direito à vida, à integridade

---

[826] CONCEIÇÃO CUNHA, "*Constituição*...", 1995, pág. 327, nota 912.

[827] CONCEIÇÃO CUNHA, "*Constituição*...", 1995, pág. 327, nota 912.

[828] CONCEIÇÃO CUNHA, "*Constituição*...", 1995, pág. 328.

[829] VIEIRA DE ANDRADE, *Os Direitos Fundamentais na Constituição Portuguesa de 1976*, 2.ª edição, Coimbra, 2001, pág. 189.

[830] VIEIRA DE ANDRADE, *Os Direitos*..., 2.ª edição, 2001, pág. 182, nota 31.

[831] GOMES CANOTILHO e VITAL MOREIRA, *Constituição*..., 3.ª edição revista, 1993, pág. 192.

pessoal, ao bom nome e reputação, etc.)"(832). Não obstante, "a verdade é que, traduzindo-se as penas num sacrifício imposto ao condenado, é a penalização (mais do que a ausência dela) que normalmente carecerá de justificação, por um lado, quanto à sua necessidade e, por outro lado, quanto à proporcionalidade da medida de pena, devendo entender-se, desde logo, que só podem ser objecto de protecção penal os *direitos e interesses constitucionalmente protegidos*. Além disso só deve haver sanção criminal quando tal se mostre necessário para salvaguardar esses bens constitucionais"(833).

Posição claramente distinta das anteriores é a sustentada, entre nós, por PAULO OTERO. Ao postular um "princípio constitucional da proibição de privação arbitrária da vida humana"(834), o autor retira da sua vertente garantística, como expressão da inviolabilidade da vida humana e da sua inerente dignidade, imperativos directamente fundados na "ordem de valores da Constituição"(835), a saber, a incriminação do homicídio e do aborto(836). E "se a ausência de normas legislativas suficientes para garantir a execução das normas constitucionais destinadas a tutelar a inviolabilidade da vida humana se configura como uma situação geradora de inconstitucionalidade por omissão"(837), o retrocesso no grau de garantia destas normas constitucionais, "constitui, igualmente, fonte de inconstitucionalidade da respectiva intervenção do legislador"(838), pelo que "qualquer descriminalização da interrupção voluntária da gravidez, traduzindo uma verdadeira "licença legal para matar", tal como qualquer descriminalização do homicídio, representando a permissão ou, pelo menos, a indiferença do Direito perante situações de privação arbitrária da vida humana, serão sempre comportamentos legislativos violadores da Constituição e,

---

(832) GOMES CANOTILHO e VITAL MOREIRA, *Constituição...*, 3.ª edição revista, 1993, pág. 192.

(833) GOMES CANOTILHO e VITAL MOREIRA, *Constituição...*, 3.ª edição revista, 1993, pág. 192.

(834) PAULO OTERO, *A proibição de privação arbitrária da vida*, in *Vida e Direito, Reflexões Sobre um Referendo* (Organizadores: Jorge Bacelar Gouveia e Henrique Mota), Cascais, 1998, pág. 149.

(835) PAULO OTERO, *A proibição...*, in *Vida e Direito...*, 1998, pág. 149.

(836) Cfr. PAULO OTERO, *A proibição...*, in *Vida e Direito...*, 1998, págs. 147 e 149; do mesmo autor, *Personalidade e Identidade Pessoal e Genética do ser Humano: Um perfil constitucional da bioética*, Coimbra, 1999, págs. 59 a 61.

(837) PAULO OTERO, *Personalidade...*, 1999, pág. 59.

(838) PAULO OTERO, *Personalidade...*, 1999, pág. 59.

neste sentido, inconstitucionais"([839]). Por outras palavras, PAULO OTERO postula, cristalinamente, a existência de imposições constitucionais absolutas de criminalização([840]). Mas não só, também imposições relativas são, pelo autor, sustentadas como facilmente se conclui da afirmação segundo a qual, "deve ter-se como inconstitucional qualquer reforma penal que introduza um modelo de justiça criminal que, numa relação comparativa face aos crimes contra as pessoas, seja mais severo na definição da moldura penal dos crimes contra o património"([841]).

III – Cumpre, uma vez mais, tomar posição sobre o presente problema. Sendo incontestável que a solução das imposições constitucionais implícitas absolutas de criminalização se nos afigurou como sedutora([842]), a verdade é que a mesma, ao prescindir da mediação do crivo essencial da necessidade da pena, não pode ser aceite. Por nós, com efeito, não podemos deixar de aceitar a "necessidade" como "princípio legitimador primário da intervenção penal"([843]), lembrando aqui que, na expressão de FIGUEIREDO DIAS, há que acrescentar à dignidade penal, "*um qualquer outro critério* que torne a criminalização legítima"([844]), do mesmo modo se devendo entender a muito feliz afirmação de COSTA ANDRADE, segundo a qual "a dignidade penal de uma conduta não decide, só por si e de forma

---

([839]) PAULO OTERO, *Personalidade...*, 1999, págs. 59 e 60.
O autor considera, inclusive, inconstitucional o referendo de 28 de Junho de 1998 (*A proibição...*, in *Vida e Direito...*, 1998, págs. 149 e 150; *Personalidade...*, 1999, pág. 60), bem como o Acórdão do Tribunal Constitucional n.º 288/98, de 18 de Abril, que procedeu à fiscalização preventiva da constitucionalidade e legalidade da proposta de referendo constante da Resolução da Assembleia da República n.º 16/98 (*A proibição...*, in *Vida e Direito...*, 1998, págs. 149 e 150; *Personalidade...*, 1999, págs. 60 e 61, nota 143), e, ainda pelos mesmos motivos, o artigo 142.º do Código Penal ao permitir, o "designado aborto terapêutico, eugénico e criminológico" (*Personalidade...*, 1999, pág. 61).

([840]) As quais não se resumem, aliás, na construção do autor, ao produto da proibição da privação arbitrária da vida humana. Veja-se o caso da identidade genética do ser humano, cuja garantia – por força do artigo 26.º, n.º 3, da Constituição – obriga o legislador a "estabelecer num prazo razoável, sob pena de inconstitucionalidade por omissão, um conjunto de mecanismos tendentes a garantir a identidade genética do ser humano, incluindo meios jurídico-criminais" (PAULO OTERO, *Personalidade...*, 1999, pág. 86).

([841]) PAULO OTERO, *Personalidade...*, 1999, pág. 61.
([842]) Cfr. a pura alusão, sem tomada de posição, no nosso *O Princípio da Dignidade...*, R.F.D.U.L., 2000, pág. 661, incluindo a nota 24.
([843]) ANABELA MIRANDA RODRIGUES, *A Determinação...*, 1995, pág. 291, nota 327.
([844]) FIGUEIREDO DIAS, *Temas Básicos...*, 2001, pág. 57.

definitiva, a questão da criminalização"[845], devendo, à legitimação negativa que a caracteriza, acrescer a *"legitimação positiva"*[846], intervindo, então, o princípio da "carência de tutela penal"[847].

E, em boa verdade, semelhante resposta é aquela a que chegamos no âmbito das imposições implícitas relativas de criminalização. No sentido que frequentemente se tem em mente – o segundo referido por CONCEIÇÃO CUNHA[848] – da "harmonia e coerência entre ordem de bens jurídico-penais e ordem de valores constitucionais"[849]. De facto, não se nos afigura como correcto, numa perspectiva constitucional, afirmar, sem mais, a inconstitucionalidade de uma lei que, por exemplo, mantivesse ou reforçasse a criminalização de lesões de valores patrimoniais, ao mesmo tempo que descriminalizasse infracções lesivas de valores pessoais[850]. E isto porque reconhecemos, em parte, razão à argumentação de ANABELA MIRANDA RODRIGUES: decorre da exigência da valoração da carência de tutela penal, como "princípio legitimador primário da intervenção penal"[851], a "inexistência (...) de imposições (...) relativas de criminalização"[852]. O mesmo é dizer que é, em abstracto, admissível que o legislador, por encontrar uma solução que tutele adequadamente certos bens jurídicos pessoais por meios não penais, descriminalize certas infracções que os ameacem, conservando, concomitantemente, e não obstante, infracções sobre valores patrimoniais. Por outras palavras, o crivo da necessidade, impede a existência, quer de imposições absolutas, quer de imposições relativas de criminalização. Não é senão isto que, muito justamente, é realçado por MARIA FERNANDA PALMA, ao afirmar que "o princípio da igualdade não impede, em absoluto, que se incriminem condutas pelo facto de exibirem dignidade punitiva idêntica (ou até mesmo inferior) a outras relativamente às quais haja desaparecido a necessidade de punir"[853]. É esta, e só esta,

---

[845] COSTA ANDRADE, *A "Dignidade...*, R.P.C.C., 1992, pág. 185.
[846] COSTA ANDRADE, *A "Dignidade...*, R.P.C.C., 1992, pág. 186.
[847] COSTA ANDRADE, *A "Dignidade...*, R.P.C.C., 1992, pág. 186.
[848] Cfr. CONCEIÇÃO CUNHA, *"Constituição...*, 1995, pág. 327, nota 912.
[849] CONCEIÇÃO CUNHA, *"Constituição...*, 1995, pág. 327, nota 912.
[850] V., *supra*, no texto do presente número, as posições de COSTA ANDRADE e PAULO OTERO.
[851] ANABELA MIRANDA RODRIGUES, *A Determinação...*, 1995, pág. 291, nota 327.
[852] ANABELA MIRANDA RODRIGUES, *A Determinação...*, 1995, pág. 291, nota 327.
[853] MARIA FERNANDA PALMA, *Constituição...*, in *Perspectivas...*, Volume II, 1997, pág. 235.

a solução aceitável na perspectiva do princípio da proporcionalidade vertido no n.º 2 do artigo 18.º da Constituição([854]).

Como explicar, então, que seja tão comum encontrar na doutrina, mesmo entre os autores com posições substancialmente idênticas à nossa, ressalvas no sentido da interdição da sancionação do "homicídio doloso apenas com sanções jurídico-civis"([855]) ou da interdição da subversão, por completo, da "ordenação axiológica constitucional, descriminalizando totalmente a lesão de valores pessoais e criminalizando de forma maciça a lesão de valores patrimoniais!"([856])? A explicação é muito simples: assenta na verificação de que hoje([857]), a negação de qualquer forma de incriminação de certos bens jurídicos constitucionalmente essenciais como a vida, a integridade física, a liberdade, o bom nome e reputação([858]), a identidade genética, etc., será, em princípio, inconstitucional, apenas e tão só, porque a simples tutela civil de tais bens não se consubstancia como suficiente, não se vislumbrando, de igual modo, qualquer outro modo de tutela a ser implantado pelo legislador que permita, de forma adequada, substituir – nos termos do princípio da subsidiariedade resultante da análise da carência de tutela penal – a tutela criminal. Não se poderá é excluir, deste modo, que o legislador "criminal" possa, num futuro que, de qualquer maneira, não se afigura próximo, demonstrar a adequação para tutela daqueles bens mais preciosos – aqueles que apresentem uma maior conexão com a dignidade da pessoa humana([859]) – de outros meios menos gravosos que os penais e, por isso, prevalecentes de acordo com a subsidiariedade e fragmentariedade próprias do Direito Penal. Não é, aliás, senão neste sentido que, como vimos, se enquadram expressamente as posições, entre outros, de CONCEIÇÃO CUNHA e RUI PEREIRA. A primeira autora, afirma a *tendencial* convergência entre elevada importância do bem a tutelar e particular gravidade"([860]), radicando nesta última a análise

---

([854]) V. GOMES CANOTILHO e VITAL MOREIRA, *Constituição...*, 3.ª edição revista, 1993, pág. 152.

([855]) FIGUEIREDO DIAS, *Temas Básicos...*, 2001, pág. 60.

([856]) V. FIGUEIREDO DIAS (citando o exemplo de COSTA ANDRADE), *Temas Básicos...*, 2001, pág. 60.

([857]) Princípio do século XXI.

([858]) Cfr. GOMES CANOTILHO e VITAL MOREIRA, *Constituição...*, 3.ª edição revista, 1993, pág. 192.

([859]) Cfr. o artigo 1.º da Constituição.

([860]) CONCEIÇÃO CUNHA, *"Constituição...*, 1995, pág. 226.

da "necessidade de tutela penal"(861), que não dispensa(862). Daí que, nas suas próprias palavras e pressupondo, no momento histórico em que nos situamos, a necessidade de existência do próprio Direito Penal(863), a verificação da exigência de intervenção penal em relação a condutas "como o genocídio, homicídio e ofensas corporais graves (...) não implica o abandono do juízo de carência de tutela penal, pois pode-se dizer que não se põe em causa a criminalização destas condutas, precisamente porque se torna evidente estarem preenchidos, em relação a elas, os pressupostos em que assenta este juízo"(864). De modo idêntico, RUI PEREIRA, afirmando ser "inaceitável que (...) a vida, a integridade pessoal, a liberdade (...) não beneficiassem de tutela penal"(865), depressa esclarece que não dispensa os requisitos de legitimidade da incriminação, assentando a sua posição "na constatação de que eles se verificam relativamente a bens jurídicos primordiais e "aposta" na sua verificação futura"(866). Não se aceita, no entanto, a posição da primeira autora, quanto às imposições relativas de criminalização: aliás, neste ponto, a posição de CONCEIÇÃO CUNHA(867) afigura-se-nos como flagrantemente contraditória. O postulado da autora da "*tendencial* convergência entre elevada dignidade penal e necessidade de tutela penal"(868) e que a leva a negar as imposições absolutas de criminalização(869), acaba por ser contrariado pela sua defesa das imposições relativas de criminalização(870) para as quais a autora parece esquecer aquilo que havia escrito em sede de "necessidade" de intervenção penal(871). Resta, por conseguinte, concluir, quanto a este ponto que, quanto a nós, seria hoje(872) inconstitucional a lei que descriminali-

---

(861) CONCEIÇÃO CUNHA, "*Constituição*...*, 1995, pág. 227.
(862) Cfr. CONCEIÇÃO CUNHA, "*Constituição*...*, 1995, págs. 226 e 227.
(863) Cfr. CONCEIÇÃO CUNHA, "*Constituição*...*, 1995, pág. 227, nota 639.
(864) CONCEIÇÃO CUNHA, "*Constituição*...*, 1995, pág. 227.
(865) RUI PEREIRA, *O Crime*...*, 1995, pág. 76.
(866) RUI PEREIRA, *O Crime*...*, 1995, pág. 76.
(867) Crítica extensível a COSTA ANDRADE, como resulta, *supra*, da posição do autor.
(868) CONCEIÇÃO CUNHA, "*Constituição*...*, 1995, pág. 424.
(869) Cfr., entre outras, claramente, a pág. 424 (CONCEIÇÃO CUNHA, "*Constituição*...*, 1995).
(870) Cfr. CONCEIÇÃO CUNHA, "*Constituição*...*, 1995, pág. 328, incluindo a respectiva nota 918.
(871) Cfr. CONCEIÇÃO CUNHA, "*Constituição*...*, 1995, págs. 327, nota 912, e 328.
(872) Princípio do século XXI.

zasse, por exemplo, o homicídio doloso([873]): tal resulta de uma verificação que não prescinde da intervenção do princípio da necessidade; antes pelo contrário, resulta da sua intervenção, termos em que tais actuações legislativas negadoras, por exemplo, de uma protecção penal mínima a certos bens jurídicos imprescindíveis à afirmação da dignidade da pessoa humana seriam – hoje – constitucionalmente inadmissíveis. Agora, chegamos a semelhantes resultados, mais uma vez o repetimos, respeitando o crivo da proporcionalidade a que o legislador ordinário se encontra adstrito e negando, por conseguinte, a existência – ortodoxa – de imposições implícitas, absolutas ou relativas, de criminalização, porquanto as mesmas se contentam com a análise da questão atinente à constelação problemática da "dignidade penal"([874]).

IV – Sobre o presente ponto, duas notas se justificam ainda. Em primeiro lugar, para precisar que resulta da nossa posição a recusa de uma mera, e eventual, sanção política para os casos em que a descriminalização de uma infracção – o homicídio doloso, por exemplo – se configurasse como materialmente inaceitável por força da tutela do bem respectivo não poder ser, adequadamente, proporcionada por qualquer meio não penal menos gravoso([875]). O mesmo é dizer que reconhecemos ao legislador ordinário a discricionariedade legislativa para, em princípio, determinar a extensão, que poderá ser mais ou menos variável, de cada ilícito criminal – por força do critério de legitimação apontado – em relação ao qual seja necessária a intervenção protectora do direito penal([876]). Já naquilo que especificamente importa, contudo, ao exame da necessidade desta intervenção, não reconhecemos nenhum monopólio ao legislador penal: aí poderão tanto os tribunais "comuns" – através da fiscalização difusa –, como o Tribunal Constitucional, ajuizar criticamente os critérios legislativos, contanto que o façam apenas utilizando critérios jurídicos decorrentes da interpretação constitucional e, nunca, recorrendo a juízos de oportunidade política ou de mérito, esses sim crivos constitucionalmente

---

([873]) No fundo, quando estejam em causa casos de "vida ou morte". Cfr. MÜLLER--DIETZ, *Zur Problematik...*, in *Festschrift...*, 1977, pág. 113.

([874]) Rejeitando, igualmente, as "obrigações de penalização", cfr. PULITANÒ, *Obblighi Costituzionali di Tutela Penale?*, R.I.D.P.P., 1983, pág. 525.

([875]) Cfr. ANABELA MIRANDA RODRIGUES, *A Determinação...*, 1995, pág. 291, nota 327.

([876]) Cfr. RUI PEREIRA, *O Crime...*, 1995, pág. 78.

reservados ao exercício das funções legislativa e governativa([877]). Neste aspecto, não concordamos com a visão que nos parece excessivamente restritiva de ANABELA MIRANDA RODRIGUES([878]).

Em segundo lugar, importa de algum modo precisar, ainda, que tanto menor deverá ser a *judicial self-restraint* no caso da descriminalização das infracções sobre bens jurídicos conexionados com a dignidade da pessoa humana([879]), bem como, de igual modo, "o ónus da prova implícito no próprio princípio da subsidiariedade joga em sentido inverso consoante se trate de descriminalizar ou antes de criminalizar *ex novo*"([880]), significando isto que deverá o mesmo ser mais exigente no caso da descriminalização de bens conexos com aquela dignidade, devendo o legislador demonstrar racionalmente a desnecessidade da respectiva tutela penal por a protecção ser razoavelmente conseguida através "de outros meios suficientemente eficazes ou por total inadequação (inidoneidade) do Direito Penal (ou ainda pelo facto da tutela penal implicar mais custos do que benefícios)"([881]).

V – Em jeito de sinopse sempre diríamos que a questão das imposições de criminalização implícitas se encontra intimamente relacionada com a matéria dos Direitos Fundamentais. Mais ainda, diríamos que se trata por excelência de um dos grandes pontos de contacto entre a disciplina do Direito Penal e a disciplina dos Direitos Fundamentais([882]). Daí que toda a nossa posição se tenha alicerçado na combinação dos princípios inerentes aos dois ramos do direito. Quanto a este último, é de toda a utilidade notar que aquilo que, basicamente, está em discussão no presente número é a questão respeitante aos "direitos à protecção" (*Rechte auf Schutz*) entendendo-se como tal "os direitos do titular do direito funda-

---

([877]) Cfr. MARIA FERNANDA PALMA, *Declaração de Voto*..., ACÓRDÃOS DO TRIBUNAL CONSTITUCIONAL, 40.º Volume, 1998, pág. 204.

([878]) Cfr. ANABELA MIRANDA RODRIGUES, *A Determinação*..., 1995, pág. 291, nota 327.

([879]) Neste sentido, cfr. DRIENDL *apud* CONCEIÇÃO CUNHA, "*Constituição*..., 1995, pág. 428.

([880]) COSTA ANDRADE, *O Novo Código*..., in *Jornadas*..., I, 1983, pág. 228, nota 34.

([881]) CONCEIÇÃO CUNHA, "*Constituição*..., 1995, pág. 432.

([882]) Sobre as relações entre o Direito Penal e a Constituição v., entre outros, AUGUSTO SILVA DIAS, *A Relevância Jurídico-Penal das Decisões de Consciência*, Coimbra, s/d, págs. 65 e segs.; MARIA FERNANDA PALMA, *Constituição*..., in *Perspectivas*..., Volume II, 1997, págs. 229 e segs..

mental frente ao Estado para que este o proteja de intervenções de terceiros"([883]). Trata-se de direitos subjectivos([884]) que, baseando-se em princípios, dependem das possibilidades fácticas e jurídicas([885]), pelo que, seguindo a construção de ALEXY, há que "distinguir também claramente entre posições *prima facie* e posições definitivas"([886]). Como refere ALEXY, estamos na presença de direitos que, diferentemente dos direitos a prestações *stricto sensu* (os direitos fundamentais sociais), se enquadram "perfeitamente na tradição da compreensão liberal dos direitos fundamentais"([887]), sendo evidente a sua fundamentação dentro do quadro do "clássico modelo contratualista do Estado"([888]) já que a renúncia ampla a direitos a uma efectiva autoprotecção "pode ser justificada racionalmente apenas se o indivíduo, em troca desta renúncia, obtém uma efectiva protecção estatal"([889]). Tais direitos – os direitos à protecção – diferenciam-se dos direitos de defesa porque estes últimos são direitos "face ao Estado para que este omita intervenções"([890]), enquanto os primeiros consubstanciam direitos "face ao Estado para que este se encarregue de que terceiros omitam intervenções"([891]). Claro está que ali onde haja direitos à protecção haverá correspondentes "deveres de protecção estatais"([892])([893]),

---

([883]) ALEXY, *Theorie...*, 3. Aufl., 1996, pág. 410.
([884]) Cfr. ALEXY, *Theorie...*, 3. Aufl., 1996, pág. 414.
([885]) Cfr. ALEXY, *Theorie...*, 3. Aufl., 1996, pág. 414.
([886]) ALEXY, *Theorie...*, 3. Aufl., 1996, pág. 414.
([887]) ALEXY, *Theorie...*, 3. Aufl., 1996, pág. 414.
([888]) ALEXY, *Theorie...*, 3. Aufl., 1996, pág. 414.
([889]) ALEXY, *Theorie...*, 3. Aufl., 1996, pág. 415.
([890]) ALEXY, *Theorie...*, 3. Aufl., 1996, pág. 415.
([891]) ALEXY, *Theorie...*, 3. Aufl., 1996, pág. 415.
([892]) ALEXY, *Theorie...*, 3. Aufl., 1996, pág. 418.
Sobre os *staatliche Schutzpflichten* (e, em especial, na perspectiva de uma *strafrechtlichen Schutz*), v., para além do pensamento de ALEXY que seguimos no presente parágrafo, BLECKMANN, *Staatsrecht II – Die Grundrechte*, 4., neubearbeitete Auflage, Köln/Berlin/Bonn/München, 1997, págs. 337 e segs.; STEIN, *Staatsrecht*, 16., neu bearbeitete Auflage, Tübingen, 1998, págs. 268, 269 e 456 e segs.; HESSE, *Grundzüge...*, Neudruck der 20. Auflage, 1999, págs. 155, 156, 162, 293 e 294.

([893]) Retirando estes deveres do princípio do Estado de Direito, sublinhando precisamente o facto de a garantia de defesa de direitos e liberdades não poder ser assegurada apenas contra o Estado, cfr. BAPTISTA MACHADO, *Introdução ao Direito e ao Discurso Legitimador*, 5.ª reimpressão, Coimbra, 1991, pág. 59.

Em geral, sobre o conceito material de Estado de Direito, v., entre nós, CAVALEIRO DE FERREIRA, *Direito Penal..., Parte Geral, I*, 2.ª edição, 1982, págs. 83 e 84.

de tal modo que a "não proibição (...) pode constituir uma lesão dos direitos à protecção"[894].

ALEXY chama, ainda, a atenção para as consequências da diferença estrutural dos direitos à protecção em face dos direitos de defesa. Os primeiros, ao contrário dos segundos, não são, para os destinatários, proibições de destruição mas antes mandatos de proteger ou promover algo[895]. Assim, se está proibido destruir algo, está proibida toda a acção que provoque uma destruição, de modo que a omissão de cada acção individual de destruição "é uma condição necessária e só a omissão de todas as acções de destruição (...) é uma condição suficiente para o cumprimento da proibição de destruição (...) e, com ele, para a satisfação do direito de defesa, enquanto que para o cumprimento dos mandatos de protecção ou promoção, à semelhança, em geral, do cumprimento dos direitos às prestações, é suficiente a realização de somente uma acção adequada de protecção ou promoção"[896]. Daqui resulta que "quando são adequadas várias acções de protecção ou promoção, nenhuma delas é necessária para o cumprimento do mandato de protecção ou promoção; apenas é necessário que se realize alguma delas. Só se existe uma única acção adequada de protecção ou promoção, a mesma é necessária para o cumprimento do direito à prestação. Neste caso, a estrutura do direito às prestações é igual à do direito de defesa"[897]. Em regra, contudo, tenha-se presente que existem meios de protecção mais ou menos eficazes e que, por outro lado, os deveres de protecção têm o carácter de princípios "o que significa que podem entrar em colisão com outros princípios"[898].

Não se pense, no entanto, que, conforme sublinha ALEXY, a tendencial diferença estrutural entre direitos de defesa e direitos à protecção não se deve repercutir nos "limites dos campos de acção do legislador e da competência do Tribunal Constitucional"[899]. Isto porque como, desde logo, salienta o autor, não é verdadeiro o pré-entendimento segundo o qual as questões atinentes aos direitos de defesa estão já previamente decididas na Constituição, não podendo subsistir qualquer dúvida acerca da correcção do texto constitucional e das regras da sua argumentação, ao passo que

---

[894] ALEXY, *Theorie*..., 3. Aufl., 1996, pág. 418.
[895] Cfr. ALEXY, *Theorie*..., 3. Aufl., 1996, pág. 420.
[896] ALEXY, *Theorie*..., 3. Aufl., 1996, pág. 421.
[897] ALEXY, *Theorie*..., 3. Aufl., 1996, pág. 421.
[898] ALEXY, *Theorie*..., 3. Aufl., 1996, pág. 422.
[899] ALEXY, *Theorie*..., 3. Aufl., 1996, pág. 426.

no universo dos direitos à protecção tudo é duvidoso e susceptível de ser posto em causa([900]). Como exemplo da não veracidade deste último préjuízo, ALEXY refere, não inocentemente, ao ilustrar "posições de direitos à protecção que ninguém põe seriamente em dúvida"([901]), a "protecção face a lesões corporais através das normas de direito penal"([902]). Ora, e aqui entramos no núcleo do problema, os limites do campo de acção do legislador e da competência do Tribunal Constitucional poderão orientar-se "unicamente por questões substanciais. Em última instância, a questão substancial aponta (...) para saber se, do ponto de vista do direito constitucional, uma determinada protecção é tão importante que o seu outorgamento, ou não outorgamento, não pode ficar nas mãos da simples maioria parlamentar"([903]). Este modo de perspectivar o assunto permite a ALEXY resolver o problema do prognóstico: não interessam, em sede deste, soluções de "tudo ou nada. Nem o legislador pode partir de quaisquer prognósticos, nem o Tribunal Constitucional Federal pode substituir ilimitadamente os prognósticos do legislador pelos seus próprios, nem sequer é possível formular uma regra simples que delimite definitivamente, em todos os casos, a competência de prognóstico do legislador e a competência de controlo do Tribunal Constitucional Federal"([904]). Tudo assentará, pelo contrário, num postulado de graduação que levará necessariamente em conta o "princípio de direito fundamental respectivamente afectado"([905]). Na síntese do autor, "o problema do prognóstico converte-se num problema de ponderação entre o respectivo princípio jus-fundamental material afectado e o princípio formal da competência da decisão do legislador democraticamente legitimada. Os outros múltiplos pontos de vista que devem ser tomados em consideração deverão fazer-se valer no âmbito desta ponderação"([906]). Deste modo, conclui ALEXY pela afirmação segundo a

---

([900]) Cfr. ALEXY, *Theorie*..., 3. Aufl., 1996, págs. 425 e 426.
([901]) ALEXY, *Theorie*..., 3. Aufl., 1996, pág. 426.
([902]) ALEXY, *Theorie*..., 3. Aufl., 1996, pág. 426.
Aliás, ALEXY afirmara, desde logo, como exemplo de uma situação em que existe "sem dúvida" um dever de protecção, apenas restando "dúvidas acerca da sua subjectivação", o caso da protecção face ao assassinato e ao homicídio (*Theorie*..., 3. Aufl., 1996, pág. 413). Mais ainda, acrescenta o autor, "Não pode duvidar-se que o Estado está obrigado a levar a cabo esta protecção através, por exemplo, de proibições jurídico-penais e da imposição de sanções" (*Theorie*..., 3. Aufl., 1996, pág. 413).
([903]) ALEXY, *Theorie*..., 3. Aufl., 1996, pág. 426.
([904]) ALEXY, *Theorie*..., 3. Aufl., 1996, págs. 426 e 427.
([905]) ALEXY, *Theorie*..., 3. Aufl., 1996, pág. 427.
([906]) ALEXY, *Theorie*..., 3. Aufl., 1996, pág. 427.

qual em matéria de justiciabilidade dos direitos à protecção, "não aparece nenhum problema que não se apresente também no âmbito dos direitos de defesa"([907]), quando muito podendo afirmar-se que nos direitos à protecção, devido à sua referência ao futuro, tem um maior peso o prognóstico, o que, de qualquer modo, não passa de uma mera diferença de grau([908]).

Em suma, poderemos afirmar que a posição de ALEXY, na perspectiva dos direitos fundamentais, se coaduna, em tudo, com aquilo que defendemos na perspectiva do direito penal: não apenas na necessidade de ponderação de princípios (desde logo o da necessidade[[909]]), mas também na admissibilidade do controlo por via judicial das decisões legislativas que restrinjam os direitos à protecção estatal, passando, finalmente pela verificação de que, no presente momento, há certas infracções – ALEXY refere, a título de exemplo, o assassinato, o homicídio e as condutas lesivas da integridade física([910]) – relativamente às quais o Estado se encontra obrigado a emitir e conservar proibições jurídico-penais e respectivas sanções para efectivar a protecção dos correspondentes direitos subjectivos adscritos([911]).

VI – Mas, aqui chegados, perguntará o leitor avisado pela implicação, ou não, das considerações expostas em sede da questão da amnistiabilidade. Tal como tantos outros problemas que se colocam em sede de amnistia, também este não tem sido objecto de um estudo devidamente aprofundado.

Parece incontroverso, no entanto, que, quem admite a existência de imposições implícitas de criminalização e postule, em simultâneo, o entendimento da amnistia como lei descriminalizadora retroactiva([912]), facilmente operará a ponte entre a temática das *Pönalisierungsgebote* e a constelação da amnistiabilidade. Esta realidade é expressamente sublinhada por MARIA FERNANDA PALMA em declaração de voto ao Acórdão n.º 510/98 do Tribunal Constitucional. Nas suas palavras, como a amnistia é verdadei-

---

([907]) ALEXY, *Theorie*..., 3. Aufl., 1996, pág. 428.
([908]) Cfr. ALEXY, *Theorie*..., 3. Aufl., 1996, pág. 428.
([909]) Princípio da necessidade que é, também, tido em conta por BAPTISTA MACHADO, quando refere a obrigação de adopção dos meios repressivos "que se mostrem *indispensáveis* (o itálico é nosso) à tutela da segurança, dos direitos e liberdades dos cidadãos" in *Introdução*..., 5.ª reimpressão, 1991, pág. 59.
([910]) Cfr. ALEXY, *Theorie*..., 3. Aufl., 1996, págs. 413 e 426.
([911]) Cfr. ALEXY, *Theorie*..., 3. Aufl., 1996, pág. 413.
([912]) V., *supra*, n.º 2.4.

ramente uma lei "descriminalizadora temporária"([913]) e como o Tribunal Constitucional "reconheceu, ao menos implicitamente, a existência de incriminações obrigatórias e de limites materiais à descriminalização"([914]), não serão *"quaisquer razões"* que poderão justificar a amnistia([915]). Centrando as suas afirmações no âmbito do princípio da igualdade, a verdade, porém, é que a autora refere que os limites materiais à descriminalização deverão estar, de igual modo, presentes na amnistia.

Por nós, tivemos oportunidade de recusar essa qualificação da lei de amnistia. Mas, significará isto que quem não qualifique a amnistia como lei descriminalizadora, nega *ipso facto* a inamnistiabilidade de certas infracções? Julgamos que não.

O autor que sobre a matéria avança a construção mais original é, ao que tudo indica, MARXEN. Baseando-se na decisão do *Bundesverfassungsgericht* relativa à reforma de 1975 do § 218.° StGB, MARXEN aceita o "princípio do mandamento de criminalização (*Pönalisierungsgebots*) para os mais importantes bens jurídicos"([916]). E, assim sendo, não o questiona, nem sequer procurando justificar, argumentativamente, a sua razão de ser. Antes pelo contrário, esclarece, desde logo, que é pressuposto, da sua construção quanto à amnistia, a existência do "princípio de um dever criminal (*Strafpflicht*) constitucional do legislador"([917]), pelo que apenas se limita a retirar as suas implicações e consequências no espectro amnistiante([918]). Ora, aquela tarefa do legislador pode, sem mais, caber numa regra criminal inserida num "sistema total penal (*strafrechtlichen Gesamtsystem*) que seja baseado na estrita execução das normas"([919]). Ora, aquilo que o legislador já não poderá fazer é subverter esse sistema, adoptando, por exemplo, uma regra que torne a perseguição criminal puramente dependente de critérios de oportunidade, ou estabelecendo, para um crime, um limite prescricional de tal modo curto, termos em que a respectiva perseguição e condenação não seriam mais do que meras

---

([913]) MARIA FERNANDA PALMA, *Declaração de Voto...*, ACÓRDÃOS DO TRIBUNAL CONSTITUCIONAL, 40.° Volume, 1998, pág. 203.

([914]) MARIA FERNANDA PALMA, *Declaração de Voto...*, ACÓRDÃOS DO TRIBUNAL CONSTITUCIONAL, 40.° Volume, 1998, pág. 204.

([915]) Cfr. MARIA FERNANDA PALMA, *Declaração de Voto...*, ACÓRDÃOS DO TRIBUNAL CONSTITUCIONAL, 40.° Volume, 1998, pág. 204.

([916]) MARXEN, *Rechtliche...*, 1984, pág. 51.

([917]) MARXEN, *Rechtliche...*, 1984, pág. 51.

([918]) Cfr. MARXEN, *Rechtliche...*, 1984, pág. 51.

([919]) MARXEN, *Rechtliche...*, 1984, pág. 51.

miragens([920]). É que, segundo MARXEN, estas e outras medidas semelhantes "fazem da lei um espantalho (*Popanz*)"([921]), uma vez que a desaprovação expressa na lei incriminadora "é apenas aparente"([922]), ninguém a levando a sério; *ergo,* não possuindo, verdadeiramente, qualquer "função de orientação legal"([923]). É, então, precisamente nesta discussão que MARXEN introduz a problemática da amnistia: esta pertence aos meios que estão disponíveis para o legislador, acerca da redução do alcance prático de uma regra criminal([924]). Sendo verdade, com efeito, que há cada vez maiores freios na perseguição criminal, não devemos esquecer, segundo o autor, que o processo penal foi, primeiramente, "fundado na estrita execução da lei"([925]), o que implica a injustiça e inadmissibilidade da observação meramente formal segundo a qual o dever criminal estatal estaria cumprido com a mera existência da regra incriminadora([926]). Aliás, tal raciocínio, para MARXEN, não seria procedente, ainda, de acordo com o desenvolvimento teórico da Ciência do Direito: a inter-relação entre *Norm* e *Sachverhalt* significa para a "validade prática"([927]) da primeira que a sua realidade só é ganha através da referência a casos (*Fällen*), produzida através do seu tratamento prático (*praktischen Handhabung*)([928]). Ou seja, uma norma, cuja concretização seja interrompida através da impossibilidade do seu tratamento prático, transforma a sua comunicação numa realidade não compromissória, isto é, meramente facultativa (*unverbindlichen*), de modo que a censura legal pretendida acaba por não ultrapassar o estádio da tentativa([929]). Ora, para MARXEN é precisamente deste modo que pode actuar uma amnistia: esta, interferindo no domínio da perseguição criminal, acaba por macular a lei penal (incriminadora) pois "fica com a matéria da lei; ela subtrai-lhe casos"([930]), assim impedindo "a confirmação e concretização da regra penal"([931]) o que contraria a missão, que o autor

---

([920]) Cfr. MARXEN, *Rechtliche*..., 1984, págs. 51 e 52.
([921]) MARXEN, *Rechtliche*..., 1984, pág. 52.
([922]) MARXEN, *Rechtliche*..., 1984, pág. 52.
([923]) MARXEN, *Rechtliche*..., 1984, pág. 52.
([924]) Cfr. MARXEN, *Rechtliche*..., 1984, pág. 52.
([925]) MARXEN, *Rechtliche*..., 1984, pág. 52.
([926]) Cfr. MARXEN, *Rechtliche*..., 1984, pág. 52.
([927]) MARXEN, *Rechtliche*..., 1984, pág. 52.
([928]) Cfr. MARXEN, *Rechtliche*..., 1984, págs. 52 e 53.
([929]) Cfr. MARXEN, *Rechtliche*..., 1984, pág. 53.
([930]) MARXEN, *Rechtliche*..., 1984, pág. 53.
([931]) MARXEN, *Rechtliche*..., 1984, pág. 53.

pressupõe, da imposição dos referidos *Ponälisierungsgebote*([932]). Aqui chegado, MARXEN salienta que os deveres criminais do Estado no domínio da legislação amnistiante (*Amnestiegesetzgebung*) deverão encontrar diferenciações([933]), a primeira das quais respeita, desde logo, ao âmbito da amnistia: esta poderá respeitar, quer à área da perseguição criminal, quer à área da execução da pena e da execução penal([934]), sendo que nestes dois domínios, cuja fronteira radica no caso julgado da decisão jurisdicional([935]), os deveres criminais estatais diferenciam-se quanto aos efeitos([936]). E tudo isto surgindo como resultado da já referida decisão do Tribunal Constitucional Federal alemão: o legislador tem, através de regras criminais, de operar a "desaprovação jurídica (*rechtliche Missbilligung*)"([937]) das infracções a determinados bens jurídicos. Pelo que o legislador que faz cessar a "perseguição" através de uma amnistia desrespeita esta tarefa já que, como fora referido, retira à lei criminal a "matéria" necessária à sua concretização e realização, obstando à conexão entre *Norm* e *Sachverhalt* na decisão jurisdicional([938]). Pelo contrário, uma amnistia que envolva a execução da pena e do sistema penal já não se opõe à necessária completude da "desaprovação jurídica" obtida através da decisão jurisdicional, porque limita a sua intervenção às consequências jurídicas, conservando intocado o conteúdo (*Inhalt*) do julgamento([939]). Mas, assim sendo, conclui MARXEN que a liberdade do legislador não poderá ser a mesma em ambos os casos por força da pré-existência, na segunda construção, de um caso julgado determinante de uma pena ou outra consequência jurídica([940]). Invoca, então, o autor um pretenso paralelo com o facto de a discussão no Tribunal Constitucional Federal alemão a propósito do § 218.º StGB se ter centrado em torno da punibilidade([941]). Significará isto, contudo, que o legislador poderá intervir, em sede de amnistia, após o trânsito em julgado? Nada disso, responde MARXEN, avançando com o lugar paralelo da imprescritibilidade: esta manifesta a vontade legislativa no sentido da

---

([932]) Cfr. MARXEN, *Rechtliche...*, 1984, pág. 53.
([933]) Cfr. MARXEN, *Rechtliche...*, 1984, pág. 53.
([934]) Cfr. MARXEN, *Rechtliche...*, 1984, pág. 53.
([935]) Cfr. MARXEN, *Rechtliche...*, 1984, pág. 53.
([936]) Cfr. MARXEN, *Rechtliche...*, 1984, pág. 53.
([937]) MARXEN, *Rechtliche...*, 1984, pág. 53.
([938]) Cfr. MARXEN, *Rechtliche...*, 1984, pág. 53.
([939]) Cfr. MARXEN, *Rechtliche...*, 1984, págs. 53 e 54.
([940]) Cfr. MARXEN, *Rechtliche...*, 1984, pág. 54.
([941]) Cfr. MARXEN, *Rechtliche...*, 1984, pág. 54.

necessária execução de certas sanções([942]). Ora, se assim é, então encontra-se aí implícita uma decisão contra a amnistiabilidade (*Amnestierbarkeit*) das penas que sejam imprescritíveis([943]). De outro modo, se o legislador amnistiasse penas imprescritíveis, o mínimo que se poderia dizer era a circunstância de ter incorrido num "venire contra factum proprium"([944]), em que o legislador se censuraria a si próprio([945]). É o caso, no direito alemão, da execução das penas por genocídio e das penas de prisão perpétua (§ 79.º alínea 2 StGB), bem como da execução de internamento de segurança (§ 79.º alínea 4 frase 1 StGB)([946]). Tal vinculação jurídica do legislador, de acordo com MARXEN, é ainda mais forte naqueles casos em que a regulamentação legal se encontra fundada em obrigações resultantes do direito internacional([947]). Pelo contrário, na área da perseguição criminal, os deveres de criminalização estatais têm um efeito directo, retirando o autor da decisão já aludida do *Bundesverfassungsgericht* a existência de "deveres absolutos de criminalização"([948]). Quanto à delimitação do âmbito destes deveres absolutos de criminalização, MARXEN, salientando o facto de essa tarefa extravasar o âmbito do escopo da sua monografia, realça, no entanto, o facto de os mesmos só fazerem sentido – no âmbito daquela jurisprudência – para bens jurídicos especialmente valiosos que se encontrem no topo da hierarquia constitucional de direitos fundamentais([949]), referindo que o possível limite mínimo daquelas obrigações tenha sido alcançado na referência à vida pré-natal, exemplificando, como objecto de outros deveres absolutos de criminalização, delitos contra a vida humana pós-natal, bem como, provavelmente, delitos graves contra a integridade física ou ofensas, com recurso à força, contra a liberdade ou a propriedade([950]). Ora, destes deveres de criminalização resultaria, para o legislador, a obrigação de não estender, quanto a tais ofensas, laivos de oportunidade na perseguição penal, estando, pois, o *Gesetzgeber* necessariamente obrigado a manter o princípio da legalidade([951]). Mas, se assim

---

([942]) Cfr. MARXEN, *Rechtliche...*, 1984, pág. 54.
([943]) Cfr. MARXEN, *Rechtliche...*, 1984, pág. 54.
([944]) MARXEN, *Rechtliche...*, 1984, pág. 54.
([945]) Cfr. MARXEN, *Rechtliche...*, 1984, pág. 54.
([946]) Cfr. MARXEN, *Rechtliche...*, 1984, pág. 54.
([947]) Cfr. MARXEN, *Rechtliche...*, 1984, pág. 54, nota 196.
([948]) MARXEN, *Rechtliche...*, 1984, pág. 55.
([949]) Cfr. MARXEN, *Rechtliche...*, 1984, pág. 55.
([950]) Cfr. MARXEN, *Rechtliche...*, 1984, pág. 55.
([951]) Cfr. MARXEN, *Rechtliche...*, 1984, pág. 55.

é, então, este raciocínio será necessariamente transferido, *ohne weiteres*, para a amnistia em sede da perseguição criminal, pois que, neste domínio, ela apresenta características de um juízo de oportunidade – pretendido pelo legislador – contrário ao princípio da legalidade[952]. MARXEN também salienta o facto de, quanto aos deveres de criminalização explícitos, não haver lugar à subsistência de dúvidas: em face do artigo 26.º alínea 2 GG[953], o legislador que amnistiasse aqueles crimes apenas cumpriria a sua obrigação superficialmente, termos em que daí surgiria uma situação de inconstitucionalidade[954]. Por outras palavras, os crimes previstos nos §§ 80.º e 80.º a) StGB – que cumprem o referido dever constitucional – não são susceptíveis de ser objecto de uma amnistia que envolva a área da perseguição[955]. De todos os considerandos expostos, extrai o autor uma importante conclusão para o seu trabalho: a necessidade de operar uma destrinça terminológica[956]. É que, como verificámos nas últimas linhas, o domínio dos deveres de criminalização do Estado manifesta-se, para MARXEN, com diferentes contornos jurídicos consoante nos encontramos no domínio da perseguição ou da execução do direito penal[957]. "Consequentemente, amnistia não é igual a amnistia"[958]. Ora, assim sendo, MARXEN postula a dispensa do vocábulo *Amnestie* como *Gesamtbegriff*, propondo em sua substituição – como conceito geral de referência – o conceito de *Straffreiheit*[959] o qual poderemos traduzir como "impunidade". A *Straffreiheit*, por sua vez, seria então constituída por dois sub-conceitos: o de "amnistia" para o âmbito da execução da pena[960] e o da *Generalabolition* para o campo da perseguição criminal, reutilizando-se, deste modo, o antigo conceito de *Abolition*[961], mas precisando o mesmo através da junção do prefixo *General*, para que o mesmo seja identificável com a

---

[952] Cfr. MARXEN, *Rechtliche...*, 1984, pág. 55.
[953] GG: Artigo 26.º (1) 1. São inconstitucionais os actos que sejam susceptíveis de atentar contra a convivência pacífica entre os povos e sejam realizados com essa intenção, em especial aqueles que se destinem a uma guerra de agressão; 2. Aqueles actos deverão ser metidos sob pena.
[954] Cfr. MARXEN, *Rechtliche...*, 1984, pág. 56.
[955] Cfr. MARXEN, *Rechtliche...*, 1984, pág. 56.
[956] Cfr. MARXEN, *Rechtliche...*, 1984, págs. 56 e 57.
[957] Cfr. MARXEN, *Rechtliche...*, 1984, pág. 56.
[958] MARXEN, *Rechtliche...*, 1984, pág. 56.
[959] Cfr. MARXEN, *Rechtliche...*, 1984, págs. 56 e 57.
[960] Cfr. MARXEN, *Rechtliche...*, 1984, pág. 56.
[961] Cfr. MARXEN, *Rechtliche...*, 1984, pág. 57.

realidade em análise e, também, pelo acto de o encerramento de um único processo ser constitucionalmente inadmissível ainda que através de uma *Straffreiheitsgesetz*([962]). Poderemos, em síntese, afirmar que a tese de MARXEN, quanto aos deveres estatais implícitos de criminalização, conduz o autor à edificação do seguinte esquema: *Straffreiheit* = 1-*Generalabolition*, em face da qual devem ser excluídos os delitos relativamente aos quais exista um dever estatal de criminalização([963]); ou 2-*Amnestie*, que não pode pretender beneficiar penas que sejam imprescritíveis([964]).

Ainda na doutrina alemã, a aceitação ou não de crimes inamnistiáveis não é, seguramente, pacífica. Assim, MERTEN retira, da obrigação constitucional de tutela de especiais bens jurídicos, a existência de crimes inamnistiáveis([965]), pois que a validade abstracta das leis criminais não é, por si só, suficiente se não for seguida de consequências concretas para o infractor([966]). É que o recurso a amnistias implica a progressiva destruição da função de chamada da norma incriminatória, uma vez que elas premeiam os infractores, afrontando a *Gesetzesloyalität* dos cidadãos cumpridores da lei, ao desapontá-los na sua confiança pela justiça da lei penal([967]). O autor mostra-se principalmente preocupado com a onda de terrorismo que à data – década de 70 do século XX – abalava as democracias da Europa Ocidental, desde logo a da R.F.A., perante a aparente falta de vontade política na luta contra aquele fenómeno criminoso([968]), lembrando, ainda, que se o Estado de Direito vale também, e indubitavelmente, para os criminosos, deve valer "não apenas e não em primeira linha para eles"([969]), devendo ser dada prioridade à protecção da universalidade e ao cuidado para com as vítimas dos crimes([970]). Conclui, então, MERTEN, que se o legislador

---

([962]) Cfr. MARXEN, *Rechtliche...*, 1984, págs. 56 e 57.

([963]) Cfr. MARXEN, *Rechtliche...*, 1984, pág. 57.

([964]) Cfr. MARXEN, *Rechtliche...*, 1984, pág. 57. O autor refere, na sua conclusão, a palavra "delitos". Contudo, da análise prévia e respectiva justificação da sua posição (expostas, *supra*, no nosso texto), julgamos que se trata de um lapso, uma vez que a sua argumentação para a nova "amnistia" se resume ao âmbito das "penas" (cfr. *Rechtliche...*, 1984, págs. 53 a 56).

([965]) Cfr. MERTEN, *Rechtsstaatlichkeit...*, 1978, págs. 19 e segs..

([966]) Cfr. MERTEN, *Rechtsstaatlichkeit...*, 1978, pág. 24.

([967]) Cfr. MERTEN, *Rechtsstaatlichkeit...*, 1978, págs. 25 e 26.

([968]) Cfr. MERTEN, *Rechtsstaatlichkeit...*, 1978, págs. 28 e 29.

([969]) MERTEN, *Rechtsstaatlichkeit...*, 1978, pág. 29.

([970]) Cfr. MERTEN, *Rechtsstaatlichkeit...*, 1978, pág. 29.

tem obrigação de proteger importantes bens constitucionais[971] através da punição criminal, então ele não se pode esquivar a estes deveres através de amnistias indiscriminadas[972]. Já, pelo contrário, BREITBACH, por exemplo, defende a não existência de crimes inamnistiáveis, pois que, de outro modo, se poderiam obstaculizar objectivos, "supostamente" mais valiosos[973], como uma unificação nacional[974].

Entre nós[975], uma hiper-inamnistiabilidade chegou a ser "defendida" por MARNOCO E SOUZA ao postular a inadmissibilidade da amnistia quanto aos crimes comuns[976].

Mais recentemente, PAULO OTERO defende expressamente a ponte entre deveres de criminalização implícitos relativos e a inamnistiabilidade. Atentemos, com efeito, nas suas palavras: "De igual modo, deve ter-se como inconstitucional qualquer reforma penal que introduza um modelo de justiça criminal que, numa relação comparativa face aos crimes contra as pessoas, seja mais severo na definição da moldura penal dos crimes contra o património[977], tal como será inconstitucional qualquer lei de amnistia que privilegie os crimes contra as pessoas, nomeadamente os crimes contra a vida, em detrimento, por exemplo, dos crimes contra o património ou contra o Estado"[978].

Defendendo, também entre nós, a existência de crimes inamnistiáveis, PEDRO DURO indica como limite à amnistia os "crimes que incorporam a ofensa aos mais importantes bens jurídicos de um determinado

---

[971] BLANKE conclui pela impossibilidade da concessão de amnistias relativamente a crimes graves: as catástrofes que assolaram a Humanidade no século XX (simbolizadas nos nomes de Auschwitz e Gulag) obrigam à adopção de um novo nível civilizacional (cfr. *Der "Rechtshistorikerstreit" um Amnestie: Politische Klugheit, moralische Richtigkeit und Gerechtigkeit bei der Aufarbeitung deutscher Vergangenheiten*, KJ, 1995, pág. 150).

[972] Cfr. MERTEN, *Rechtsstaatlichkeit...*, 1978, pág. 29.

[973] Cfr. BREITBACH, *Amnestie...*, RuP, 1990, pág. 184.

[974] Cfr. BREITBACH, *Amnestie...*, RuP, 1990, pág. 184.

[975] V., *infra*, o parágrafo 9.º do nosso estudo quanto à questão da amnistiabilidade de facto nas nossas Idades Média e Moderna.

[976] Quer no final de vigência da Carta, quer na vigência da Constituição de 1911: cfr. MARNOCO E SOUZA, respectivamente in *Direito...*, 1910, pág. 808; e *Constituição...*, 1913, pág. 441.

[977] V., *supra*, no texto do presente número a posição do autor quanto às imposições relativas de criminalização.

[978] PAULO OTERO, *Personalidade...*, 1999, pág. 61.

ordenamento"[979]. Uma lei que lhes seja dirigida mais não significa do que "o exercício arbitrário do poder político"[980].

Outros autores, como GOMES CANOTILHO e VITAL MOREIRA, por sua vez, suscitam a questão da "insusceptibilidade de amnistia de certas categorias de crimes, como são os crimes contra a humanidade e os crimes de responsabilidade[981]"[982].

O nosso Tribunal Constitucional, por seu turno, duvida da existência de "crimes absolutamente inamnistiáveis"[983], parecendo tomar como certa a sua inexistência quanto ao direito interno[984].

VII – Quanto a nós, julgamos ser de operar destrinças quanto aos vários aspectos referenciados pela doutrina.

Comecemos, então, pelas imposições constitucionais de criminalização. Tivemos oportunidade de afirmar que só reconhecemos as imposições explícitas, não as implícitas[985]. Quanto às imposições explícitas parece-nos ser de afirmar que o legislador se deve abster de amnistiar essas mesmas condutas[986]. Sendo certo que, para nós, a amnistia não descriminaliza, não é menos verdade que o seu carácter de não punição – que se distingue da não punibilidade[987] – ao inactivar a estatuição da norma penal incriminadora contrariaria uma imposição constitucional explícita de criminalização. Esta última exige, não apenas, que o legislador edite uma norma incriminadora – ou se abstenha de a eliminar – mas também

---

[979] PEDRO DURO,, *O poder...*, 2000, pág. 31; do mesmo autor, *Notas...*, Themis, Ano II, n.º 3, 2001, pág. 334.

[980] PEDRO DURO,, *O poder...*, 2000, pág. 31; do mesmo autor, *Notas...*, Themis, Ano II, n.º 3, 2001, pág. 334.

[981] Quanto a estes útimos não cremos que sejam, sem mais, inamnistiáveis: v., *supra*, n.º 5.1.4.

[982] GOMES CANOTILHO e VITAL MOREIRA, *Constituição...*, 3.ª edição revista, 1993, pág. 650.

[983] Ac. do T.C., n.º 510/98, ACÓRDÃOS DO TRIBUNAL CONSTITUCIONAL, 40.º Volume, 1998, pág. 198.

[984] Cfr. Ac. do T.C., n.º 510/98, ACÓRDÃOS DO TRIBUNAL CONSTITUCIONAL, 40.º Volume, 1998, pág. 198.

[985] V., *supra*, o texto do presente número.

[986] Claro está que o problema não chega sequer a colocar-se quando exista uma imposição constitucional explícita de inamnistiabilidade, *rectius* uma proibição constitucional explícita de amnistiabilidade de determinados factos ou agentes: nesse caso, uma amnistia com esse objecto seria, desde logo, flagrantemente inconstitucional.

[987] V., *infra*, o parágrafo 8.º do presente estudo.

que o legislador não possa impedir a punição através de um obstáculo legislativo *ad hoc* como é o caso da amnistia. De outro modo, perante uma imposição de criminalização constitucional explícita, o legislador poderia fazer cumprir a Lei Fundamental, editando apenas a correspondente norma incriminadora, mesmo que todos os anos amnistiasse as infracções a essa norma praticadas durante o ano anterior. Claro está que um legislador que procedesse desse modo cumpriria o seu dever de criminalização apenas formalmente, pois que, materialmente, o mesmo seria violado. Parece-nos, portanto, que, neste ponto, será de aceitar a construção de MARXEN[988], podendo ser, por conseguinte, afirmado que a amnistia de uma infracção, relativamente à qual haja uma imposição constitucional explícita de criminalização, será materialmente inconstitucional.

Mas, não se poderia criticar, neste ponto, a nossa construção? Então e nos casos de "justa causa"? Parece-nos claramente improcedente semelhante linha de argumentação: do mesmo modo que a existência de imposições constitucionais explícitas de criminalização dispensa o legislador de demonstrar a necessidade da criminalização de certa conduta – mas já não a necessidade de demonstrar a extensão da respectiva delimitação típica –, sendo a mesma como que presumida pelo legislador constituinte, também – e simetricamente – poderemos afirmar que o legislador constituinte presume – também inilidivelmente – a inexistência de "justa causa" suficiente para que, relativamente àquelas infracções, se pudesse editar uma lei amnistiante. Deste modo, ali onde haja imposições constitucionais explícitas de criminalização[989] haverá, *ipso jure*, inamnistiabilidade.

Diferentemente se coloca a questão no âmbito das designadas imposições constitucionais implícitas de criminalização. Tivemos oportunidade de recusar a sua existência no sentido clássico da sua utilização, isto é, no entendimento nos termos do qual resultam certos deveres de criminalização, para o legislador, do simples facto da existência de certos bens jurídicos relativamente aos quais se reconhece, consensualmente, uma elevada dignidade punitiva[990]. Assim sendo, não sendo neste domínio prescindível o crivo da necessidade como critério positivo, densificador, daquilo que deve ser punido, só nos resta rejeitar, neste ponto, a existência de uma comunicação entre imposições constitucionais implícitas de criminaliza-

---

[988] Cfr. MARXEN, *Rechtliche...*, 1984, pág. 56.

[989] V., *supra*, o texto do presente número.

[990] Do mesmo modo que rejeitámos as imposições implícitas relativas de criminalização: v., *supra*, o texto do presente número.

ção e infracções inamnistiáveis: inexistindo as primeiras não se poderão afirmar as segundas.

Diferentemente, ali onde se afirme, claramente, a necessidade de intervenção punitiva do Estado para promoção da tutela jurídica de certos bens jurídicos – *maxime* os imprescindíveis à dignidade da pessoa humana –, será inconstitucional a amnistia negadora da tutela operada pelas correspondentes infracções. Neste caso, verifica-se a intervenção do crivo da "necessidade", não se podendo afirmar estarmos perante uma imposição de criminalização implícita. Com efeito, naqueles casos extremos – de vida ou morte, na expressão de MÜLLER-DIETZ[991] – em que se não vislumbra, hoje[992], outro meio de tutela que não o penal, é dever do Estado proporcionar essa mesma protecção nos termos da doutrina de ALEXY[993]. Ora, o Estado que cumpra esse dever, criminalizando o homicídio doloso, por exemplo, mas amnistiando-o, anualmente, de modo a que ninguém, verdadeiramente, pela prática dessa conduta, seja punido, viola a sua obrigação: quando muito, apenas se poderia afirmar que o cumprimento da obrigação estatal fora "formalmente" cumprido; nunca, porém, se poderá afirmar o cumprimento material, neste caso, do dever estatal de protecção. Com efeito, o Estado, ali onde se não vislumbre – em cada momento histórico[994] – outro modo de protecção de um direito fundamental, que não o penal, não pode, pura e simplesmente, negar a punição de todas as infracções a esse direito através da amnistia. Sendo certo que, de acordo com a nossa construção, a amnistia não elimina o ilícito criminal da conduta, não é menos verdade que a mesma, ao negar a punição da respectiva conduta, nega a protecção do Estado, ali onde se imponha a intervenção da *ultima ratio* do poder estatal. Mas, objectará o leitor mais atento, então e a existência de outros institutos como o da prescrição, por exemplo, será inconstitucional relativamente aos crimes e/ou às sanções atinentes às infracções dos bens jurídicos em relação aos quais se verifique a necessidade da intervenção do direito penal? A resposta que se nos oferece propor é, em princípio, negativa: isto é, admitindo, hoje, a necessidade da criminalização do homicídio doloso[995], nada, em nosso entendimento, obsta a que a perseguição criminal do mesmo possa, – *ex lege* – e após um período

---

[991] Cfr. MÜLLER-DIETZ, *Zur Problematik...*, in *Festschrift...*, 1977, pág. 113.
[992] Princípio do século XXI.
[993] *Supra* exposta.
[994] V., *supra*, o texto do presente número.
[995] V., *supra*, o texto do presente número.

de tempo considerável([996]), cessar. E isto sem contrariar tudo aquilo que temos vindo a postular ao longo das presentes linhas: é que, em bom rigor, o princípio da necessidade também intervém, de modo distinto, ao longo do tempo. Ou seja, quanto maior for o lapso de tempo que tiver decorrido entre a prática do crime, por exemplo, e o momento actual, menor será o fundamento preventivo da necessidade da punição([997]), daí que seja constitucionalmente admissível a adopção pelo legislador do instituto da prescrição também para os crimes relativamente aos quais se verifique, à partida, a necessidade da punição.

Importa ter ainda presente a muito interessante construção de MARXEN por nós descrita([998]). O autor propôs, para além da repercussão das imposições explícitas e implícitas – tendo sido por nós rejeitadas estas últimas([999]) – de criminalização no campo da amnistia, a necessária conexão entre imprescritibilidade e inamnistiabilidade. Por outras palavras, sempre que se verificasse a imprescritibilidade de certas penas([1000]), o legislador ordinário não poderia amnistiar as mesmas. Este entendimento de MARXEN é, para nós, dificilmente aceitável: não apenas carece de uma fundamentação que o autor não conseguiu apresentar, como é estruturalmente incongruente quando perspectivado no conjunto da posição do autor no que à inamnistiabilidade respeita.

Senão, vejamos: desde logo, MARXEN não explica verdadeiramente o porquê, no caso da existência de sanções penalmente imprescritíveis, da impossibilidade da concessão de amnistias. É certo que, no seu entender, invocando o § 79.º alínea II StGB([1001]), o legislador alemão que amnistiasse uma pena aplicada por crime de genocídio (*Völkermords*) incorreria num "*venire contra factum proprium*"([1002]). Mas, a verdade é que haveria, ainda neste caso, na posição de MARXEN, um pressuposto que passa, pelo menos aparentemente, despercebido ao autor: a amnistia só poderia, então, ser entendida como uma prescrição. Ora, é isto que importava justificar.

([996]) São seguramente discutíveis, neste contexto, os prazos prescricionais actualmente vigentes no nosso Código Penal.

([997]) Cfr. FIGUEIREDO DIAS in *Direito Penal…, Parte Geral II…*, 1993, págs. 703 e 704.

([998]) V., *supra*, o texto do presente número.

([999]) V., *supra*, o texto do presente número.

([1000]) Como vimos, *supra*, no texto do presente número, o autor restringe a questão da imprescritibilidade ao campo das penas.

([1001]) Explicitado, *supra*, no texto do presente número.

([1002]) V., *supra*, o texto do presente número.

Temos, assim, que a posição de MARXEN não se mostra congruente nos seus próprios termos ao não admitir que uma lei de amnistia pudesse "contrariar" o Código Penal germânico, que não passa afinal de uma fonte hierarquicamente idêntica. Por outro lado identifica, ainda que não conscientemente, amnistia com prescrição: ora, trata-se, na realidade, de dois institutos díspares, o que é, desde logo, visível no diferente modo como é atribuída a respectiva competência legislativa. Mas não só. Na expressão de FREUND, a amnistia consubstancia tanto um perdão como um esquecimento([1003]) ao passo que a prescição consubstanciaria, basicamente, um esquecimento fruto do decurso de um considerável espaço de tempo. A prescrição pressupõe já resolvido o dever estatal de intervenção penal, produzindo o seu efeito num momento em que a própria necessidade daquela intervenção já não subsiste([1004]) fruto da marcha inexorável do tempo([1005]); pelo contrário, a amnistia surge num momento anterior em que subsiste, ainda, em situação de normalidade, a necessidade de intervenção do direito penal: daí o seu carácter excepcional e a nossa afirmação segundo a qual, ali onde seja mais vincadamente necessária a intervenção penal – no caso dos crimes contra os bens jurídicos mais essenciais([1006]) – não poderá ser concedida a amnistia([1007]). Não parece, pois, que a consagração, em lei ordinária, de crimes imprescritíveis – admitindo que tal fosse constitucionalmente possível([1008]) – possa ter como resultado, por si só, a

---

([1003]) Colocando o autor o acento tónico no carácter imposto deste esquecimento. Cfr. FREUND, *Amnestie – Ein Auferlegtes Vergessen*, Der Staat, 1971, págs. 177 e 187.

([1004]) Em princípio.

([1005]) Cfr. FIGUEIREDO DIAS, *Direito Penal..., Parte Geral II...*, 1993, págs. 701 e 702.

([1006]) Aqueles relacionados desde logo com a dignidade da pessoa humana, como vimos, *supra*, no texto do presente número.

([1007]) V., *supra*, o texto do presente número.

([1008]) Compartilhamos das dúvidas expressas por FIGUEIREDO DIAS in *Direito Penal..., Parte Geral II...*, 1993, págs. 703 e 704. Na realidade, na perspectiva das finalidades preventivas da punição, não há qualquer justificação possível para o estabelecimento de crimes imprescritiveis. Apenas finalidades absolutas retributivas são susceptíveis de explicar o recurso a esta solução: dificilmente, as mesmas, serão, contudo, constitucionalmente legítimas.

Afirmando ser a proibição da imprescritibilidade uma das consequências possíveis do princípio da necessidade da pena, mas admitindo uma adaptação da soberania punitiva do Estado aos princípios de direito internacional penal quanto aos crimes contra valores essenciais da comunidade internacional, cfr. MARIA FERNANDA PALMA, *Tribunal Penal Internacional e Constituição Penal*, in *Casos e Materiais de Direito Penal* (coordenação de Maria Fernanda Palma, Carlota Pizarro de Almeida e José Manuel Vilalonga), Coimbra, 2.ª edição, 2002, págs. 285 e 286.

proibição de amnistiar. Certamente que, juridicamente, não o tem, quando muito podendo haver naquela consagração um certo significado político, como terá sido o caso alemão de 1979, tendo-se, então, pretendido colocar um ponto final no debate acerca da conveniência, ou não, de uma amnistia para todos os crimes praticados na Segunda Guerra Mundial([1009]). Mas, e no caso de a imprescritibilidade se encontrar vertida numa convenção internacional([1010])([1011])? MARXEN, como vimos([1012]), invoca esse argu-

---

([1009]) Cfr. SCHÄTZLER, *Handbuch des Gnadenrechts*..., 2. neuarbeitete und erweiterte Auflage, 1992, pág. 215.

Já FREUND atribuira a impossibildade da amnistia e prescrição das mais graves atrocidades cometidas pelo regime nacional socialista alemão ao facto de as mesmas, por tão enormes e incomensuráveis, se encontrarem, muito provavelmente, retiradas da disponibilidade do povo alemão: tendo sido a maioria dos sacrificados, pelo Estado Nazi, não-alemães, a própria Alemanha teria de poder ser "perdoada" pela restante Humanidade, antes de se poder sequer discutir uma amnistia interna (cfr. *Amnestie*..., Der Staat, 1971, págs. 185 e 186).

([1010]) É o caso do artigo 29.º do Estatuto de Roma do Tribunal Penal Internacional, nos termos do qual, os crimes sujeitos à jurisdição deste tribunal não estarão sujeitos a qualquer *statute of limitations*.

([1011]) Situação bem diversa consiste em saber se um tratado internacional pode proceder à criação de crimes inamnistiáveis. Desconhecendo, embora, a existência de qualquer tratado nesse sentido à data da feitura da presente dissertação, cremos que semelhante tratado (proposto recentemente – sob a forma de protocolo adicional ao Estatuto do T.P.I. –, como sua principal tese, por ANDREAS O'SHEA in *Amnesty*..., 2002, págs. 316 e segs., como forma de conciliar o reconhecimento internacional de amnistias nacionais com o tribunal penal internacional [note-se, contudo, que o autor, mesmo perante os crimes mais graves, admite excepções; isto é, todos os crimes inamnistiáveis propostos pelo autor – a começar pelo genocídio – poderiam, em concreto, e em situações excepcionais – mais uma vez o reconhecimento do carácter excepcional da amnistia –, ser desvirtuados em crimes, afinal, amnistiáveis: cfr. ANDREAS O'SHEA, *Amnesty*..., 2002, págs. 323 e segs., e 332 e segs.]) será – numa primeira análise – constitucionalmente legítimo pelo menos se o carácter inamnistiável for circunscrito aos crimes atentatórios dos bens jurídicos mais directamente conexionados com a dignidade humana: estaremos então perante uma inamnistiabilidade que decorre expressamente de fonte internacional e à qual Portugal poderá obrigar-se sem necessidade de prévia revisão constitucional. Tratar-se-á de uma proibição explícita de amnistiabilidade que, enquanto o tratado vincular juridicamente o Estado português, fará padecer de ilegalidade *sui generis* (quanto à desconformidade da lei ordinária em face de um tratado, v., entre outros, RUI MEDEIROS, *Relações entre Normas constantes de Convenções Internacionais e Normas Legislativas na Constituição de 1976*, O Direito, Ano 122.º, 1990, págs. 368 e 369, e 373 e segs.; JORGE MIRANDA, *Manual*..., Tomo VI, 2001, págs. 24 e segs.; do mesmo autor, *Curso de Direito Internacional Público*, Cascais, 2002, págs. 175 e segs.: tenha-se presente que os tribunais comuns tem o dever de recusar a aplicação de uma lei preteridora de um tratado internacional [neste sentido,

mento em abono da sua tese(^{1013}). Em primeiro lugar haveria, também aqui, que discutir a constitucionalidade de tal norma(^{1014})(^{1015}). Ainda que fosse

---

cfr. RUI MEDEIROS, *Relações entre Normas...*, O Direito, 1990, págs. 376 e 377; GOMES CANOTILHO e VITAL MOREIRA, *Constituição...*, 3.ª edição revista, 1993, págs. 795, 797 e 798]) qualquer lei de amnistia que lhe seja desconforme (note-se que este vício pode acabar por ser secundário, caso seja precedido de uma eventual inconstitucionalidade da lei de amnistia quando seja clara a verificação da necessidade de aplicação da pena para dar cumprimento aos deveres estatais de protecção dos direitos fundamentais imprescindíveis à afirmação mínima da dignidade humana em sociedade: v., *supra*, o texto principal do presente parágrafo).

(^{1012}) V., *supra*, o texto do presente número.

(^{1013}) V. MARXEN, *Rechtliche...*, 1984, pág. 54, nota 196.

(^{1014}) Parecendo indiciar a respectiva inconstitucionalidade por violação da princípio da necessidade da punição, cfr., como vimos, FIGUEIREDO DIAS, *Direito Penal..., Parte Geral II...*, 1993, págs. 703 e 704.

Pelo contrário, opinando pela conformidade constitucional da imprescritibilidade *ex vi* da prevalência da dignidade humana que lhe seria subjacente, cfr. LOPES DA MOTA, *Impunidade e direito à memória – a questão da imprescritibilidade dos crimes contra a paz e a humanidade no Estatuto do Tribunal Penal Internacional*, R.M.P., Ano 20.°, 1999, pág. 36.

Em sentido próximo, mas ainda mais extremado, JORGE MIRANDA entende que a questão da constitucionalidade da imprescritibilidade dos crimes da competência do Tribunal Penal Internacional não tem sequer razão de ser em virtude de "o instituto da prescrição não ter guarida constitucional" (cfr. *Direito Internacional...*, 2000, págs. 72 e segs., sobretudo, pág. 74).

Numa posição intermédia, como vimos, afirmando ser a proibição da imprescritibilidade uma das consequências possíveis do princípio da necessidade da pena, mas admitindo uma adaptação da soberania punitiva do Estado aos princípios de direito internacional penal quanto aos crimes contra valores essenciais da comunidade internacional, cfr. MARIA FERNANDA PALMA, *Tribunal...*, in *Casos...*, 2.ª edição, 2002, págs. 285 e 286.

Em nosso entender, haverá claramente que operar uma destrinça: quanto ao Estatuto de Roma do Tribunal Penal Internacional, em face da parte final do novo n.° 7 (sobre a possível recepção material das normas do Estatuto do T.P.I. operada por este preceito, cfr. JORGE MIRANDA, *Curso...*, 2002, pág. 160) do artigo 7.° da Constituição, introduzido pela Lei Constitucional n.° 1/2001 (quinta revisão constitucional), de 12 de Dezembro (cuja não inconstitucionalidade pressupomos: contra, afirmando a inconstitucionalidade deste preceito por preterição de normas constitucionais originárias e de valores transcendentes pré-constitucionais, cfr. JORGE BACELAR GOUVEIA, *Reflexões sobre a 5.ª Revisão da Constituição Portuguesa*, in *Nos 25 Anos da Constituição da República Portuguesa de 1976, Evolução Constitucional e Perspectivas Futuras*, Lisboa, 2001, págs. 637 e segs., sobretudo págs. 639 e 640), não se poderá já questionar a constitucionalidade do artigo 29.° daquela convenção internacional (divergimos, assim, da posição de JORGE MIRANDA [v., *supra*, o texto da presente nota] para quem um novo preceito constitucional não seria

não inconstitucional, não se nos afigura que da consagração do carácter imprescritível de certos crimes pudesse decorrer a inamnistiabilidade dos mesmos([1016]). Na realidade, do carácter imprescritível – legalmente con-

---

necessário em sede da questão da imprescritibilidade dos crimes da competência do T.P.I.). Pelo contrário, quanto a disposições semelhantes vertidas em outras convenções internacionais, o problema voltará, em nosso entender, a colocar-se, sendo que nos inclinamos para uma resposta desfavorável à sua conformidade em face do artigo 18.º da nossa Constituição.

([1015]) V., *infra*, o parágrafo 6.º do presente estudo.

Note-se que a consequência da inconstitucionalidade de uma regra internacional é diferente da consequência da inconstitucionalidade de uma regra interna: esta última é, em regra, nula (v., contudo, *supra*, n.º 4.2.), enquanto a primeira será ineficaz. Sobre os valores jurídicos da inconstitucionalidade no direito português, v., entre outros, MIGUEL GALVÃO TELES, *Eficácia dos Tratados na Ordem Interna Portuguesa (Condições, Termos e Limites)*, C.T.F., N.º 106, 1967, págs. 96 e segs.; do mesmo autor, *Inconstitucionalidade Pretérita*, in *Nos dez anos da Constituição (organização de Jorge Miranda)*, Lisboa, 1987, págs. 310 e 326 e segs.; MARCELO REBELO DE SOUSA, *O Valor Jurídico do Acto Inconstitucional*, I, Lisboa, 1988, págs. 230 e segs.; RUI MEDEIROS, *Valores Jurídicos Negativos da Lei Inconstitucional*, O Direito, Ano 121.º, 1989, págs. 485 e segs.; do mesmo autor, *A Decisão de Inconstitucionalidade. Os Autores, o Conteúdo e os Efeitos da Decisão de Inconstitucionalidade da Lei*, Lisboa, 1999, págs. 37 e segs., e 138 e segs.; JORGE BACELAR GOUVEIA, *O Valor Positivo do Acto Inconstitucional*, Lisboa, 1992, págs. 28 e segs.; OLIVEIRA ASCENSÃO, *O Direito...*, 10.ª edição revista (reimpressão), 1999, págs. 288 e 289; JORGE MIRANDA, *Manual...*, Tomo VI, 2001, págs. 89 e segs.; GOMES CANOTILHO, *Direito Constitucional...*, 6.ª edição, 2002, págs. 1002 e 1003.

([1016]) Quando muito, há quem defenda a existência – que tendemos a rejeitar (v. a questão chave do Tratado de Sèvres de 1920 relativa ao julgamento de crimes cometidos por turcos no contexto da primeira Grande Guerra – embrionária dos futuros crimes contra a Humanidade [neste sentido, cfr. SCHABAS, *An Introduction...*, reprinted, 2003, pág. 4] –, que acabou por não ser implantada pela simples não ratificação do mesmo pela própria Turquia, tendo sido então substituída pelo Tratado de Lausanne de 1923, contendo uma "Declaração de Amnistia" para todos os crimes cometidos entre 1 de Agosto de 1914 e 20 de Novembro de 1922 [cfr. SCHABAS, *An Introduction...*, reprinted, 2003, pág. 4]; por outro lado, e em bom rigor, a amnistia nunca foi invocada como defesa nos julgamentos de Nuremberga [como acaba por reconhecer ANDREAS O'SHEA in *Amnesty...*, 2002, pág. 313], não lhe sendo oponíveis os princípios dele decorrentes quanto às imunidades; finalmente, veja-se o próprio efeito amnistiante pré-kosovar dos Acordos de Paz de Dayton [cfr. ANDREAS O'SHEA, *Amnesty...*, 2002, pág. 314]) – de um princípio internacional absoluto de inamnistiabilidade quanto a certos tipos de crimes (cfr. KNOOPS, *Surrendering to International Criminal Courts: Contemporary Practice and Procedures*, New York, 2002, pág. 337): o mesmo não é afirmar, contudo, que a inamnistiabilidade decorra da imprescritibilidade (e a prová-lo está a proposta de criação de um protocolo adicional ao Estatuto do T.P.I. a ter por objecto precisamente a inamnistiabilidade [v, *supra*, nota

1011]: se o artigo 29.º daquele Estatuto [aliás, diga-se que o ponto onde se discute doutrinalmente o problema da amnistia em sede do Estatuto do T.P.I. é, não o artigo 29.º, mas antes os artigos 17.º, relativo à admissibilidade dos processos no quadro da complementaridade, e 20.º, relativo à admissibilidade de uma *ne bis in idem "defense"*: cfr. ANDREAS O'SHEA, *Amnesty*..., 2002, págs. 125 e 126; KNOOPS, *Surrendering*..., 2002, págs. 335 e segs.; SCHABAS, *An Introduction*..., reprinted, 2003, págs. 69 e 70] resolvesse o problema, aquela proposta seria desnecessária [sobre a admissibilidade da inamnistiabilidade explícita de fonte internacional, v., *supra*, nota 1011]; de igual modo, não excluindo *totalmente* a legitimidade da concessão de uma amnistia interna em face do Estatuto do T.P.I., cfr. KNOOPS, *Surrendering*..., 2002, pág. 338). Diga-se, de qualquer modo, que a nossa posição conduzirá, na quase totalidade das situações, às mesmas soluções jurídicas das construções que, retirando as imposições constitucionais/internacionais implícitas de criminalizar e de não amnistiar directamente do princípio da dignidade da pessoa humana, afirmam a existência, para aquilo que aqui importa, de crimes inamnistiáveis por natureza. A nossa divergência face a esta doutrina é, pois, fundamentalmente, uma diferença – a nosso ver constitucionalmente imposta – de método: chegamos, no essencial, aos mesmos resultados mas não postergando a categoria da carência de tutela penal constitucionalmente vertida no n.º 2 do artigo 18.º da Constituição. O mesmo é dizer que a inconstitucionalidade de uma amnistia – quanto a este ponto – decorre não apenas da natureza dos crimes envolvidos, mas também da necessidade de intervenção punitiva do Estado para promoção da tutela jurídica de certos bens jurídicos: só ali onde for clara e inequívoca a verificação da necessidade de intervenção do direito penal – e sê-lo-á, certamente, quanto aos bens imprescindíveis à dignidade da pessoa humana (cfr., *supra*, o texto principal do presente parágrafo) – se poderá afirmar a inconstitucionalidade da respectiva lei de amnistia.

Questão diversa, mas não sem o seu interesse, é a que respeita à legitimidade da rejeição de pedidos de extradição com fundamento na concessão de uma amnistia pelo Estado requerido ou, mesmo, em situação limite (em abstracto, pouco verosímil) pelo próprio Estado requerente. Sobre o assunto – que verdadeiramente extravasa o objecto da nossa investigação, merecendo inclusive um tratamento autónomo em sede das matérias da aplicação da lei penal no espaço e da extradição – diremos apenas, como princípio de resposta, que uma amnistia interna do Estado requerido ou internacional – desde que, neste último caso, abranja o caso *sub judice* – pode, se for válida, ser invocada como fundamento de recusa de extradição. Mais ainda, pode mesmo uma amnistia concedida pelo próprio Estado requerente fundar, desde que seja válida, uma recusa de cooperação internacional legítima por parte do Estado requerido (as convenções internacionais não tratam, por vezes, do problema relativamente ao Estado requerente embora não haja alternativa à relevância da sua amnistia, uma vez que o pedido de extradição face a ela consubstancia um *venire contra factum proprium*: cfr. PRADEL e CORSTENS, *Droit pénal européen*, deuxième édition, Paris, 2002, pág. 142). Importa contudo, quer num caso, quer noutro, que a lei penal em causa seja competente – à luz dos seus próprios critérios

sagrado – de um crime ou respectiva sanção resulta apenas, quanto a nós, uma presunção segundo a qual a respectiva necessidade de intervenção do direito penal se conservará, numa situação de normalidade, *ad aeternum*. Ora, no caso da amnistia não é isso que está em causa: não é o problema da necessidade da punição, numa situação de normalidade, que se coloca, mas antes o de saber se existe, ou não, uma justa causa capaz de, em face de determinado circunstancialismo histórico, justificar um tratamento mais favorável: neste caso, a não punição. Por outras palavras, a imprescritibilidade pressupõe a necessidade de tutela criminal perpétua de certas infracções em situações de normalidade, enquanto a amnistia pressupõe uma situação de excepção que justifica a não punição de determinadas infracções e/ou agentes. Termos em que pode ser perfeitamente concedida uma amnistia mesmo relativamente a um crime imprescritível: sendo o fundamento dos dois institutos diverso, nada obriga a que a impossibilidade da operacionalidade da prescrição([1017]) implique a interdição da concessão da amnistia. Mais ainda, não se compreende, de todo, o facto de MARXEN ter operado uma *summa divisio* nesta matéria: porquê atender, só no âmbito da perseguição penal, às *Pönalisierungsgebote* e já não no âmbito da execução da pena? E, vice-versa, porquê atender ao critério da imprescritibilidade apenas em sede da pena e já não em sede da perseguição criminal? Tal cisão em termos de regime, em bom rigor, e lida com atenção a tese de MARXEN, resulta, única e simplesmente, da reverência teutónica ao sacrossanto caso julgado. Só assim se explica que, para o autor, a margem de liberdade do legislador seja substancialmente diversa consoante as situações a beneficiar se encontrem a montante ou a jusante do trânsito em julgado da decisão penal condenatória. Semelhante destrinça é, para nós,

---

internos de delimitação do respectivo âmbito de aplicação espacial (direito penal internacional) – para regular o pedaço de vida em juízo. Estas soluções são aliás próximas das consagradas, quer no *Model Treaty on Extradition* de 1990 das Nações Unidas, quer na Convenção europeia de extradição de 1957 (fruto do segundo protocolo adicional de 1978), na Convenção de Schengen de 1990, na Convenção de 1996 relativa à extradição entre os Estados membros da União Europeia (cfr. HUET e KOERING-JOULIN, *Droit pénal international*, deuxième édition mise à jour, Paris, 2001, pág. 364; PRADEL e CORSTENS, *Droit...*, deuxième édition, 2002, pág. 142; KNOOPS, *Surrendering...*, 2002, pág. 338), e na Lei n.º 65/2003, de 23 de Agosto – cfr. artigo 11.º, alínea a) –, que aprova o regime jurídico do mandado de detenção europeu.

([1017]) Admitindo que ela seja possível face à nossa Constituição: ora, para nós, actualmente, apenas será admissível a imprescritibilidade estabelecida no Estatuto de Roma do T.P.I., por força da parte final do já mencionado n.º 7 do artigo 7.º da Constituição, introduzido na quinta revisão constitucional (2001).

inaceitável como já tivemos oportunidade de demonstrar[1018]: ela viola o princípio da igualdade sendo, como tal, inconstitucional na medida em que permitiria, para dois crimes semelhantes praticados na mesma data, tratamentos jurídicos díspares, uma vez que haveria limites materiais à *Amnestie*[1019] que não limitariam a *Generalabolition*[1020], pelo que um desses crimes poderia beneficiar da amnistia, mas já não o outro, e tudo isto pelo simples facto da verificação de uma diferente celeridade processual no julgamento de ambas as infracções[1021]. Mas, mesmo que não fosse constitucionalmente inadmissível, esta destrinça de MARXEN revelar-se-ia suceptível de críticas adicionais. Em primeiro lugar, qual o motivo pelo qual os deveres de protecção criminal do Estado terminam com o trânsito em julgado das decisões condenatórias? Dir-se-á, com efeito, que, se assim fosse, então tais deveres seriam meramente formais pois que, em bom rigor, o direito penal dispensaria, quase absolutamente, a categoria da punição[1022]. Em segundo lugar, porquê restringir o limite da imprescritibilidade ao domínio da sanção? Então, onde haja imprescritibilidade em sede de perseguição criminal de um crime, não haveria, *ipso jure*, inamnistiabilidade, mas já onde houvesse imprescritibilidade da sanção penal haveria inamnistiabilidade: mas porquê? E não haverá aqui, no fundo, também uma outra contradição? Por um lado, afirma o autor que os deveres de protecção penal não se repercutem no campo da sanção; mas por outro lado, logo esclarece que a imprescritibilidade da sanção penal se repercute no domínio amnistiante por força da "necessidade" de execução de semelhantes penas[1023]: mas essa "necessidade" não será, afinal de contas, expressão daqueles deveres de intervenção penal? O autor não chega a justificar esta circunstância, tudo indicando, porém, que tal surge como uma compensação pelo facto de ter restringido a actuação das *Pönalisierungsgebote* ao domínio da perseguição criminal, resultado a que chegou por força da já referida homenagem à "santidade" do caso julgado. Concluímos, pois, pela rejeição, também, da divisão classificatória proposta por MARXEN: rejeitando os seus fundamentos, e perante a incons-

---

[1018] V., *supra*, n.ºs 3.1.1., 3.1.2., e 5.1.2.
[1019] V., *supra*, o texto do presente número.
[1020] V., *supra*, o texto do presente número.
[1021] V., *supra*, n.ºs 3.1.1., 3.1.2., e 5.1.2.
[1022] O que não é possível como resulta da análise efectuada, *supra*, no texto do presente número.
[1023] V., *supra*, o texto do presente número.

titucionalidade dos efeitos que adviriam do seu regime, não nos restou outra alternativa.

5.2. *Quanto ao fim*

I – Constitui objecto do presente ponto tornar explícito algo que, no fundo, já se encontra pressuposto naquilo que fomos, ao longo do presente estudo, assinalando. A questão que ora se coloca é a seguinte: haverá fins constitucionalmente legítimos e fins constitucionalmente ilegítimos de uma amnistia?

A doutrina invoca uma incessante panóplia de fins com base nos quais, tradicionalmente, a amnistia foi concedida e avança inclusive com diversas classificações: por magnanimidade, por bondade e amor, festiva, pacificadora, mobilizadora, correctiva do direito, correctiva da jurisprudência ou da administração, de política geral[1024], etc. Outros autores preferem, ainda, classificações dicotómicas, como é o caso de MARXEN, com a sua cisão entre a *rechtskonstituierende*[1025] e a *rechtsperpetuierende Amnestie*[1026].

É o legislador livre na eleição de qualquer um destes fins? A questão é, particularmente, controversa em torno de dois pontos: a) é uma amnistia meramente celebrativa constitucionalmente admissível?; b) deve o legislador prosseguir apenas fins de política criminal?

II – As respostas a estas e outras questões já terão sido, certamente, antecipadas pela leitura do nosso estudo. Com efeito, tivemos oportuni-

---

[1024] Para uma análise a estas e outras categorias v., entre nós, SOUSA E BRITO, *Sobre a Amnistia*, R.J., 1986, págs. 42 e segs.; e, por todos, a extensa análise da fenomenologia do instituto operada recentemente por SÜß in *Studien...*, SÖR 852, 2001, págs. 186 e segs..

[1025] A *rechtskonstituierende Amnestie* pretende operar a transferência, de um estado não técnico de emergência em que prevalece a ilegalidade, para uma condição de normalidade, na qual a validade do Direito é assegurada. O exemplo histórico aproximado, segundo o autor, foi o da amnistia resultante da Paz de Westfália de 1648 (cfr. MARXEN, *Rechtliche...*, 1984, págs. 9 e 10).

[1026] A *rechtsperpetuierende Amnestie* decorre tendo por pano de fundo uma contínua condição de normalidade. Ela visa apenas a cessação de uma fase em que essa condição de normalidade foi ameaçada. Será este tipo de amnistia, segundo o autor, o característico da recente história do direito penal (cfr. MARXEN, *Rechtliche...*, 1984, págs. 9 e segs.).

dade de salientar a necessidade de verificação de uma situação excepcional que legitimasse a concessão de uma amnistia([1027]).

Dessa afirmação resulta, para o presente ponto, desde logo, a urgência da clarificação operada por ZAGREBELSKY: aquilo que importa na perspectiva da concessão de um acto de graça supra-individual é a racionalidade objectiva do merecimento do benefício de certos factos em detrimento de outros; já não sendo, por conseguinte, relevante a justificação da oportunidade da concessão da amnistia([1028]). É que, só para os factos importa averiguar se houve, ou não, observância do princípio da igualdade([1029]). Daqui resulta que constitui uma absoluta perda de tempo procurar retirar da ocasião escolhida pelo legislador para a concessão da amnistia uma qualquer conclusão quanto à admissibilidade, ou não, da respectiva medida de clemência. Neste ponto, por conseguinte, reconhecemos inteira razão ao entendimento do nosso Tribunal Constitucional ao, na sequência, entre nós, de SOUSA E BRITO([1030]), postular a destrinça entre causas do acto amnistiante e causas de cada norma de amnistia que o diploma contém: "Estas últimas incluem as anteriores, que habitualmente se relacionam com as circunstâncias que limitam temporalmente a amnistia, mas também as excedem, excepto se o diploma contém uma única disposição legal. A doutrina não faz habitualmente esta distinção, concluindo apressadamente da constitucionalidade ou inconstitucionalidade da causa do acto para a constitucionalidade ou inconstitucionalidade de cada uma das normas que contém. Mas é claro que, tratando-se de constitucionalidade material, só esta última está em questão, e ela depende de todas as circunstâncias que especificam os actos amnistiados e não apenas das que são comuns a todos os actos amnistiados que são abrangidos pela mesma lei formal amnistiante"([1031]). Daí que, o "problema (...) não se põe relativamente à constitucionalidade do acto amnistiante total dada a sua causa, mas relativamente à configuração concreta de cada norma de amnistia. A delimitação dos factos amnistiados tem de ser feita segundo critérios susceptíveis de generalização (...) em função de circunstâncias não arbitrárias, mas

---

([1027]) V., *supra*, n.º 5.1.2.
([1028]) Cfr. ZAGREBELSKY, *Amnistia...*, 1974, pág. 104.
([1029]) Cfr. ZAGREBELSKY, *Amnistia...*, 1974, pág. 104.
É esta, também, segundo nos parece (ao utilizar a expressão *sachliche Grund*) a posição de SÜB in *Studien...*, SÖR 852, 2001, pág. 137.
([1030]) Cfr. SOUSA E BRITO, *Sobre a Amnistia*, R.J., 1986, pág. 41.
([1031]) Ac. do T.C., n.º 510/98, ACÓRDÃOS DO TRIBUNAL CONSTITUCIONAL, 40.º Volume, 1998, pág. 191.

razoáveis do ponto de vista dos fins do Estado de Direito"([1032]). Já não se concorda, porém, com o Tribunal Constitucional quando este afirma, na sequência do pensamento de SOUSA E BRITO([1033]), que "(...) todos os fins possíveis de um Estado de direito podem relevar, e não apenas os que supõem uma prévia definição dos factos puníveis, que são os fins das penas. Nada disto impede que se critiquem os abusos da amnistia, quando usada como meio de sacrificar a política criminal (...). Só que tais opções não se assumem abertamente como fim, na verdade irracional, da amnistia, mas como fim subsidiário de uma amnistia justificada pelos seus fins tradicionais, como o comemorativo"([1034]). Na verdade, o Tribunal Constitucional português consegue ir ainda mais longe, ao sugerir, porventura inconscientemente, uma verdadeira fraude à Constituição, ao referir que a recusa de meios orçamentais suficientes para a política criminal possa estar na origem de uma legítima e admissível amnistia([1035]): isto é, os deputados ao aprovarem o Orçamento de Estado estariam já a aprovar, implicitamente, uma lei de amnistia o que coloca, inevitavelmente, a interrogação sobre o momento da efectiva decisão política sobre a concessão daquele acto de clemência. Claro está que rejeitamos este entendimento. Desde logo, aquela promissora destrinça operada, entre nós, por SOUSA E BRITO e pelo Tribunal do Palácio Ratton, acaba, no plano da justificação da amnistia, por conduzir a 0 (zero) resultados! Por outras palavras, para justificar a legitimidade constitucional de uma norma de amnistia vale, bem vistas as coisas, praticamente tudo, inclusive o fim comemorativo, o que é verdadeiramente inaceitável. Como explicar que o crime x seja amnistiado por ocasião do Natal – e por causa do Natal –, e já não qualquer outro crime, por exemplo? Em suma, diríamos que o Tribunal Constitucional nega, em sede de fim/causa da amnistia, tudo aquilo que postulara em sede do princípio da igualdade([1036]). Não é, por conseguinte, de estranhar a declaração de voto de MARIA FERNANDA PALMA que – vencida neste ponto da fundamentação – salienta que o "apagamento dos crimes praticados durante uma certo lapso temporal coloca, desde logo, os agentes

---

([1032]) Ac. do T.C., n.º 510/98, ACÓRDÃOS DO TRIBUNAL CONSTITUCIONAL, 40.º Volume, 1998, pág. 194.

([1033]) Cfr. SOUSA E BRITO, Sobre a Amnistia, R.J., 1986, pág. 44.

([1034]) Ac. do T.C., n.º 510/98, ACÓRDÃOS DO TRIBUNAL CONSTITUCIONAL, 40.º Volume, 1998, pág. 196.

([1035]) Cfr. Ac. do T.C., n.º 510/98, ACÓRDÃOS DO TRIBUNAL CONSTITUCIONAL, 40.º Volume, 1998, pág. 196.

([1036]) V., *supra*, o n.º 5.1.2.

desses crimes numa posição de privilégio perante os restantes, que carece de ser fundamentada à luz do artigo 13.º da Constituição. Não são *quaisquer razões*, que se aproximam perigosamente do puro arbítrio político, que permitem distinguir entre agentes de crimes tipicamente idênticos os que são e os que não são puníveis"([1037]). Retomando a nossa posição, sempre diremos, por conseguinte, que tudo se resume ao apuramento da razão determinante de cada norma de amnistia. Se a mesma se fundar numa situação fáctica excepcional que justifique, na perspectiva do crivo da igualdade, um tratamento de privilégio, a concessão da amnistia será, respeitados todos os demais requisitos por nós elencados([1038]), não inconstitucional: a partir deste ponto torna-se desnecessário procurar o apuramento de qualquer outro fim – de política criminal ou não – que tenha concorrido na formação da vontade política legislativa. Desde que a amnistia se justifique racionalmente, como modo de acudir a uma excepção facticamente relevante, na perspectiva finalista encontra-se constitucionalmente legitimada; circunstância esta que não será alterada pela concorrência de qualquer outra motivação – assumida ou não – ainda que politicamente menos nobre. Resulta daqui que a resposta a todas as interrogações formuladas no início do presente ponto se encontra, desde já, assente. O ponto cardial, orientador do instituto de que nos temos ocupado, não é outro senão o princípio da igualdade, devendo este ser, por conseguinte, o critério a seguir pelo legislador ordinário([1039])([1040]). Serão,

---

([1037]) MARIA FERNANDA PALMA, *Declaração de Voto*..., ACÓRDÃOS DO TRIBUNAL CONSTITUCIONAL, 40.º Volume, 1998, pág. 204.

([1038]) V., *supra*, os n.ºs 4.1.1., 4.2., 5.1.1., 5.1.3., 5.1.4. e 5.1.5.

([1039]) Em bom rigor, embora ao longo desta dissertação se refira a palavra "violação" para qualificar a preterição do princípio da igualdade, a verdade é que o vício que melhor explica esta desconformidade é o do "desvio de poder legislativo": é que a avaliação da preterição de um princípio constitucional como o da igualdade passa, necessariamente, por uma ponderação, como observa JORGE MIRANDA, *Manual*..., Tomo VI, 2001, págs. 40 e segs.. Relativamente a este princípio, v., *supra*, n.º 5.1.4.

([1040]) Adoptando a justa causa num sentido não inteiramente coincidente, uma vez que esta poderia respeitar a outros fins estaduais, cfr. VIEIRA DE ANDRADE, *Parecer*, 1991, págs. 5 e 6.

Do mesmo modo, postulando a excepcionalidade da amnistia perante a irrenunciável tarefa social de punir, EDUARDO CORREIA e TAIPA DE CARVALHO concluem pela afirmação da legitimidade das medidas de clemência "apenas quando ocorrerem situações em que a defesa da comunidade sócio-política seja melhor realizada através da clemência que não da punição" (*Direito Criminal – III (2)*..., 1980, pág. 17). Apenas discordamos dos autores no âmbito demasiado lato que postulam em sede de justa causa.

por isso, irrelevantes e estéreis, em nosso entender, as discussões que possam subsistir acerca da admissibilidade, ou não, de fins amnistiantes exteriores à política criminal ou acerca da fronteira dos fins de política criminal.

A título de exemplo, podemos referir três das situações que, mais significativamente, se têm discutido em torno da constelação problemática da finalidade da concessão de amnistias. Em primeiro lugar, o caso paradigmático das amnistias celebrativas. Parece resultar claramente da fundamentação do Acórdão n.º 510/98 do Tribunal Constitucional, a validade constitucional dos "fins tradicionais, como o comemorativo"([1041]). Autores que, adoptando posição idêntica à nossa, defendem a imprescindibilidade da observância do princípio da igualdade, são levados a concluir, bem pelo contrário, pela inconstitucionalidade da amnistia celebrativa([1042]). Em bom rigor, contudo, cabe operar aqui uma precisão: do ponto de vista da conformidade constitucional de uma lei de amnistia é absolutamente inócua a questão de saber se a oportunidade do acto legislativo em si coincide com o Natal, a Páscoa, o Ramadão, o Yom Kippur, etc.: na verdade, é absolutamente indiferente, no que respeita ao juízo de constitucionalidade, a determinação do dia do ano em que a "amnistia" é aprovada, promulgada ou entre em vigor. Assim, uma amnistia "natalícia", não será inconstitucional pelo facto de ser natalícia, mas também não passará a ser não inconstitucional pelo facto de o ser. Importa, como vimos([1043]), saber se para cada norma amnistiante há uma razão substantiva, de justiça, que permita concluir pela não violação do princípio da igualdade. Ora, a verdade é que o "Natal" não constitui motivo que racionalmente permita compreender a concessão de uma amnistia: o mesmo não explica o merecimento amnistiante de uma categoria de pessoas e/ou de factos relativamente a todos os restantes, isto é, os "não amnistiados". Termos em que se poderá afirmar que uma amnistia "meramente" celebrativa([1044])([1045]) será em

---

([1041]) Ac. do T.C., n.º 510/98, ACÓRDÃOS DO TRIBUNAL CONSTITUCIONAL, 40.º Volume, 1998, pág. 196.

([1042]) Cfr., por todos, ZAGREBELSKY, Amnistia..., 1974, pág. 104.

([1043]) V., supra, o n.º 5.1.2., bem como o texto do presente número.

([1044]) No texto principal referimos exemplos de natureza eminentemente digna e intemporal (porque religiosa), mas a nossa posição é válida para qualquer outra celebração de cariz mais secular, como por exemplo, a eleição de um Presidente da República, o início de funções de um novo Parlamento (celebrações políticas), a vitória de Portugal no Campeonato do Mundo de Berlinde (celebração desportiva), etc..

([1045]) Note-se, ainda, que a amnistia celebrativa, quando associada a uma regulari-

princípio inconstitucional, não por ser celebrativa, mas pelo facto de carecer de justificação em sede do princípio da igualdade([1046]). Mas, então, dir-se-á: e as amnistias pacificadoras que, por exemplo, ponham fim a uma guerra civil([1047]) serão, sem mais, inconstitucionais? Claro que não([1048]), mas em bom rigor, as mesmas não são meras amnistias celebrativas: embora possam celebrar o fim da guerra e o reinício de uma conciliação nacional, a verdade é que elas vão mais além, podendo as respectivas normas apresentar uma justificação racional suficiente em face do crivo da igualdade, situação que pode resultar do facto de a guerra ter diminuído consideravelmente a função de chamada de determinadas normas incriminadoras, em geral ou perante determinadas categorias de indivíduos, o que poderá ser suficiente para justificar um tratamento de benefício para uma situação fáctica de anormalidade.

A segunda situação é a que respeita às chamadas amnistias "correctivas do Direito"([1049]). Quanto a estas, cabe realçar que a sua caracterização corrente é verdadeiramente inaceitável. Em primeiro lugar, se se coloca um problema ao nível da previsão ou estatuição de uma norma incriminadora, a sua "correcção" passará pela reforma legislativa dessa

---

dade na sua concessão, reveste resultados absolutamente inadmissíveis. SCHÄTZLER salienta os resultados nefastos a que a prática francesa, de concessão de amnistias celebrativas (de eleição do Presidente da República), conduziu: os condutores franceses esperavam já a amnistia e, em 1988, não apenas a maior parte das coimas rodoviárias ficou por pagar, como morreram mais de 10.000 pessoas nas estradas, um número sete por cento superior ao que se verificara no ano anterior, sendo que até pouco antes das eleições desse ano, o número de acidentes chegara mesmo a representar um acréscimo de quinze vírgula sete por cento por comparação com igual período do ano anterior (cfr. *Handbuch des Gnadenrechts...*, 2. neuarbeitete und erweiterte Auflage, 1992, págs. 262 e 263).

([1046]) Criticando este tipo de amnistias em face, também, do princípio da igualdade, cfr. PEDRO TEIXEIRA DE SÁ, *Direito Sem Graça...*, S.J., 2000, págs. 276 e 277.

Criticando estas amnistias por inadmissibilidade político-criminal, cfr. FIGUEIREDO DIAS, *Direito Penal..., Parte Geral II...*, 1993, págs. 686 e 687.

([1047]) Trata-se, com efeito, de guerras particularmente dolorosas. Ainda para mais quando, em simultâneo, forem confessionais: veja-se o caso das guerras religiosas francesas do século XVI e a subsequente amnistia vertida no Édito de Nantes de 1598 (cfr. KÖHLER, *Strafgesetz, Gnade und Politik nach Rechtsbegriffen*, in *Rechtsdogmatik und Rechtspolitik* [herausgegeben von Karsten Schmidt], Berlin, 1990, pág. 69).

([1048]) Com dúvidas, cfr. ZAGREBELSKY, *Amnistia...*, 1974, pág. 102.

([1049]) V., entre outros, SOUSA E BRITO, *Sobre a Amnistia*, R.J., 1986, págs. 42 e 43; SCHÄTZLER, *Handbuch des Gnadenrechts...*, 2. neuarbeitete und erweiterte Auflage, 1992, págs. 213 e 214.

mesma norma, e não pela amnistia([1050]). Em segundo lugar, a reforma legislativa dessa norma incriminadora, por ser mais favorável – e é o caso pois que, de contrário, nem se discutiria o recurso à amnistia – irá ser retroactivamente aplicada([1051]), pelo que será desnecessário o recurso à amnistia([1052]). Até porque, como vimos, a amnistia nem sequer descriminaliza, pelo que a sua intervenção a este nível não se mostraria muito relevante. Quando muito, poderia dizer-se que um perdão geral poderia ser útil para antecipar uma reforma legislativa ao "perdoar" substancialmente as respectivas penas. Mas, mesmo aí([1053]), as figuras de clemência geral não poderão pretender constituir o substituto permanente de uma reforma legislativa([1054]). Em suma, e falando apenas de amnistia, sempre diríamos que esta, também neste domínio, careceria de ser justificada em face do princípio da igualdade: se o for, então será materialmente admissível. Note-se, porém, que a questão se pode, ainda, colocar noutros termos: quando a doutrina alude às amnistias correctivas do direito antecipadoras de reformas legislativas das normas incriminadoras, a verdade é que a excepcionalidade que justifica um benefício legislativo pode surgir não ao nível dos factos, mas ao nível de um diferente modo de perspectivar certos ilícitos criminais por parte da maioria governante, daí que não haverá, em regra, motivo para a concessão da amnistia, sendo que, claro está, sempre que uma determinada norma incriminadora se mostre, por exemplo, desnecessária para a tutela do bem jurídico cuja protecção legal era o seu fito, a amnistia nunca poderá ser entendida como o meio adequado a adoptar pois que, como vimos([1055]), ela não contraria a previsão normativa das normas incriminadoras. Quando muito, pode-se dizer, para estes últimos casos,

---

([1050]) Neste sentido, cfr. SCHÄTZLER, *Handbuch des Gnadenrechts...*, 2. neuarbeitete und erweiterte Auflage, 1992, pág. 212.

([1051]) V. artigo 29.º, n.º 4, 2.ª parte, da Constituição.

([1052]) É o que se poderia dizer de uma viatura automóvel com um pneu vazio: seria "correctiva" deste problema a intervenção que consistisse na substituição da bateria do automóvel?

([1053]) E este já não é o objecto do presente estudo.

([1054]) Neste sentido, cfr. ZAGREBELSKY, *Amnistia...*, 1974, pág. 101.

Em sentido idêntico quanto ao próprio indulto, cfr. MARNOCO E SOUZA, *Constituição...*, 1913, pág. 512. Segundo o autor, o indulto deveria ser utilizado também excepcionalmente de modo a pairar sobre a organização judiciária, sendo as imperfeições do sistema repressivo de correcção apenas legislativa. Termos em que em que se desvirtua e compromete o sistema quando "se transforma tal direito numa engrenagem ordinária do mecanismo penal" (autor, obra e página citados na presente nota).

([1055]) V., *supra*, n.ºs 2.4. e 5.1.2.

que, não intervindo o legislador, revogando as incriminações desnecessárias, as mesmas poderão, com este fundamento, ser julgadas inconstitucionais, recusando os tribunais, consequentemente, a sua aplicação([1056]).

Por último, de acordo com a nossa posição, torna-se, também, desnecessário saber se razões como a sobrecarga de processos, a sobrelotação dos estabelecimentos prisionais ou o aumento dos seus custos de manutenção, serão motivos que tornem constitucionalmente admissível uma amnistia([1057]). Também aqui, mais uma vez o repetimos, a amnistia não será inconstitucional se a motivação legislativa for, precisamente, essa. Importa, antes, saber se existe algo mais: uma justificação racional para cada facto amnistiado e/ou categoria de agentes. Ali onde essa razão existir, a amnistia será válida; onde tal não suceder, a respectiva norma será inconstitucional([1058]).

III – Em suma, reafirmamos que o limite ao arbítrio legislativo é operado, apenas e exclusivamente, pelo princípio da igualdade. Se este for respeitado, a amnistia pode ser acompanhada das mais diferentes motivações, ainda que politicamente não muito nobres, sendo tal circunstância verdadeiramente irrelevante. Importa, apenas, e por conseguinte, saber se cada norma está, nesse particular aspecto, justificada. Se tal suceder, a respectiva amnistia encontra-se, nos quadros do Estado de Direito, racionalmente fundada. Se tal não suceder, então, não haverá prossecução de um fim estatal – por mais nobre que seja – que permita ultrapassar aquela invalidade. É verdade que, tradicionalmente, a prossecução dos fins do Estado permitia postergar esta exigência. Contudo, a amnistia tem, hoje, de ser enquadrada no âmbito do Estado de Direito que a acolhe: e, no seu

---

([1056]) Diferente de todas estas hípoteses, em nosso entender, será a de uma amnistia "correctiva" da jurisprudência. Neste caso, a amnistia poderá justificar-se em nome da própria igualdade: para obstar que agentes que pratiquem os factos na vigência de uma mesma norma penal incriminadora possam ser punidos, enquanto outros, pelo simples facto de ainda não terem sido julgados, beneficiariam de uma nova jurisprudência que "afastaria" a tipicidade de algumas condutas até então consideradas como criminosas.

([1057]) Criticando claramente este tipo de amnistias, cfr. TAIPA DE CARVALHO, *Sucessão...*, 1990, pág. 11; FIGUEIREDO DIAS, *Direito Penal..., Parte Geral II...*, 1993, págs. 686 e 687; PEDRO TEIXEIRA DE SÁ, *Direito Sem Graça...*, S.J., 2000, págs. 276 e 277.

([1058]) Invocando, também aqui, uma conflitualidade de uma amnistia resultante somente destas motivações em face do princípio da igualdade, cfr. TAIPA DE CARVALHO, *Sucessão...*, 1990, pág. 11; PEDRO TEIXEIRA DE SÁ, *Direito Sem Graça...*, S.J., 2000, pág. 277.

interior, deve ser particularmente aferida à luz daquele que, quanto a nós, representa o assento constitucional das doutrinas da dispensa/justa causa: o princípio da igualdade. A amnistia já não pode ser entendida, assepticamente, como um corpo estranho na ordem constitucional, simples expressão do carácter histórico-cultural do Direito. Carece, pelo contrário, de ser balizada, como todo o Direito Penal, de resto, nos cânones do constitucionalismo hodierno([1059]).

5.3. *Quanto aos efeitos*

I – Já analisámos os limites existentes quando à delimitação de efeitos contrária ao princípio da igualdade([1060]). Vimos, por exemplo, que uma amnistia meramente "própria", seria inconstitucional([1061]). Remetemos para o que deixámos, então, escrito.

Remetemos, igualmente, para o ponto, *supra*, em que discutimos a temática da revogabilidade da amnistia([1062]).

Aquilo que nos importa, de momento, avaliar respeita, pelo contrário, às seguintes questões: pode o legislador adoptar uma *grâce amnistiante* ou uma amnistia judiciária (II) ou, ainda, apôr condições à amnistia (III)? E poderá, um seu potencial beneficiário, a ela renunciar (IV)?

II – A verdade é que a amnistia, no plano da consequência jurídica, deve ser perspectivada como uma "renúncia imediata à sanção" para utilizar a expressão de SÜB ([1063]). Por outras palavras, deve operar *ex lege*([1064]) no sentido de que não é possível que se faça depender os seus efeitos de uma ulterior decisão de um órgão estatal([1065]). Ora, o assento para tais afirmações é, também ele, constitucional. Por um lado, e uma vez mais, o monopólio da função jurisdicional não permite que o Parlamento faça depender, no caso concreto, a concessão de uma amnistia por si determinada,

---

([1059]) Cfr. Pedro Teixeira de Sá, *Direito Sem Graça...*, S.J., 2000, págs. 275 e segs..

([1060]) V., *supra*, n.ºs 3.1.1., 3.1.2., 5.1.2. e 5.2.

([1061]) V., *supra*, n.º 3.1.1.

([1062]) V., *supra*, n.º 4.3.

([1063]) Cfr. Süb, *Studien...*, SöR 852, 2001, pág. 143.

([1064]) Neste sentido, cfr. Süb, *Studien...*, SöR 852, 2001, pág. 150.

([1065]) Cfr., em sentido não inteiramente coincidente, Süb, *Studien...*, SöR 852, 2001, pág. 152.

de uma ulterior decisão por parte de um órgão executivo([1066]). Por outro lado, o princípio da legalidade exige que a norma amnistiante resulte do texto legal como verdadeira lei([1067]) e não como uma mera norma habilitante de competência, ainda para mais, quando se trata de uma competência indelegável([1068]), daqui resultando, de igual modo, a sua desconformidade em face do artigo 161.º, alínea f), da Constituição. Mais ainda, os princípios da igualdade na aplicação da lei penal, da legalidade e da tutela jurisdicional efectiva obstariam a que a amnistia acabasse por ser concedida através de uma decisão insindicável de um órgão executivo([1069]): com efeito como assegurar, em tal caso, uma uniformidade de critérios? Semelhante poder conflituaria ainda com a atribuição presidencial exclusiva da competência indultante([1070]): só o Chefe de Estado tem o poder de perdoar individualmente. De outro modo, aliás, aquilo que o Presidente da República não pode fazer – indultar antes do trânsito em julgado (*abolitio*) – acabaria por poder ser feito por um qualquer gabinete criado, para o efeito, pelo Parlamento.

Note-se que esta imposição constitucional obsta ainda a que o próprio legislador possa fazer depender de uma sua ulterior decisão a concessão de uma amnistia([1071]).

A natureza imediata da amnistia significa – em suma – que esta não deverá carecer de ulterior prescrição por parte de um órgão estatal. Diferentemente, cremos que a utilização de conceitos não propriamente determinados – apesar de dever ser evitada pelo legislador([1072]) – não significa que a amnistia seja, desde logo, inconstitucional([1073]). Se, no entanto, não

---

([1066]) Cfr. SÜß, *Studien...*, SöR 852, 2001, págs. 152 e 153.

([1067]) Isto é, munida da decisão legislativa (generalidade) e não criadora de um ulterior espaço de decisão. Cfr. SÜß, *Studien...*, SöR 852, 2001, págs. 155 e 156.

([1068]) Como vimos, *supra*, no n.º 4.1.1.
E o facto de se tratar de uma competência indelegável resulta basicamente do princípio da competência. Daí que, por exemplo, a proposta de SILVESTRE PINHEIRO FERREIRA da delegação da prerrogativa régia amnistiante aos governadores dos "distantes estados d'Asia e d'Africa" (*Projecto...*, Tomo I, 1831, pág. 412) não pudesse ser aceite na vigência da Carta.

([1069]) Cfr. SÜß, *Studien...*, SöR 852, 2001, págs. 155 e segs..

([1070]) Como vimos, *supra*, no n.º 4.1.1.

([1071]) Neste expresso sentido, cfr. SÜß, *Studien...*, SöR 852, 2001, págs. 152 e 163.

([1072]) Também neste domínio será exigível a *lege certa*. Cfr. SÜß, *Studien...*, SöR 852, 2001, págs. 164 e 165.

([1073]) Neste sentido, SÜß refere o privilégio interpretativo da judicatura (cfr. *Studien...*, SöR 852, 2001, págs. 163, 165 e 166).

for de todo inteligível o sentido da amnistia, ela não poderá ser aceite pois que de outro modo estaríamos na presença de uma – constitucionalmente interdita – delegação de competência amnistiante do legislador nas magistraturas.

Mas, *ex post*, o que dizer quanto às questões que, em concreto, formulámos?

A *grâce amnistiante* por nós descrita no Capítulo I([1074]) não pode, perante este cenário, afirmar-se como uma figura constitucionalmente admissível. Na realidade, ao fazer depender a concessão da amnistia de um ulterior decreto de um órgão do Estado, facilmente se compreende que, em face da nossa argumentação, *supra* aduzida, ela não poderia proceder([1075]). Em bom rigor, não se trata sequer de uma amnistia([1076]).

Mas, e quanto à amnistia judiciária por nós igualmente descrita no Capítulo I([1077])? A questão é, de facto, mais complexa. Atente-se que esta amnistia seria sempre "imprópria", pois só produziria os seus efeitos após o trânsito em julgado da decisão condenatória([1078]), o que explica que esta figura não tenha merecido acolhimento entre nós. Discordamos, pois, neste ponto, da posição sustentada por SüB: o autor qualifica esta figura como uma modalidade da amnistia condicional([1079]) e conclui pela possibilidade da sua operacionalidade também em sede de perseguição criminal([1080]), atribuindo, assim, ao Ministério Público, ao juiz de instrução e ao juiz de julgamento, antes da apreciação da matéria de facto, uma competência para ajuizar se determinado crime irá exceder, ou não, determinada moldura penal, e consequentemente de atribuir, com base nesse juízo, a amnistia, através da extinção do processo: é que, de acordo com o autor, a hipótese seria idêntica à questão dos conceitos indeterminados([1081]). Salvo melhor entendimento, discordamos deste pensamento: esta amnistia – uma

---

([1074]) V., *supra*, n.º 2.5.

([1075]) Constitui exemplo histórico daquilo que acabámos de referir a amnistia francesa de 1879 aprovada aquando da rebelião da Comuna Parisiense: foi então concedida a amnistia por crimes políticos a todos aqueles que fossem ou viessem a ser perdoados pelo Presidente da República num período de três meses subsequente à sua publicação (cfr. SüB, *Studien...*, SöR 852, 2001, pág. 166).

([1076]) Neste sentido, cfr. SüB, *Studien...*, SöR 852, 2001, págs. 166 e segs..

([1077]) V., *supra*, n.º 2.6.

([1078]) V., *supra*, n.º 2.6.

([1079]) Cfr. SüB, *Studien...*, SöR 852, 2001, pág. 168.

([1080]) Cfr. SüB, *Studien...*, SöR 852, 2001, págs. 169 e 170.

([1081]) Cfr. SüB, *Studien...*, SöR 852, 2001, pág. 170.

vez que exige a aferição da medida concreta da pena – deve ser efectuada apenas no final do julgamento([1082]). É esse o momento em que a pena é, de acordo com a lei processual penal, calculada: logo, se o legislador amnistiante fixar esse critério, deve entender-se que não prescinde da realização do julgamento. Quanto à questão dos conceitos indeterminados, facilmente se verifica a fragilidade da argumentação de SÜß: a fixação da medida concreta da pena depende da avaliação ponderada de um sem número de circunstâncias que concorram no caso concreto; ora, o problema dos conceitos indeterminados respeita à interpretação da própria lei de amnistia, termos em que, em definitivo, não é possível operar uma ponte entre a solução encontrada para os conceitos indeterminados e a solução a encontrar para a amnistia judiciária.

Mas, uma vez aqui chegados, cumpre apurar se semelhante amnistia será admissível. Nos casos em que, à data da entrada em vigor da lei, já havia condenação transitada em julgado, nenhum problema de "imediação" se chega a equacionar([1083]). Quanto aos restantes, sucede que, se, por um lado, o núcleo da decisão é tomado pelo Parlamento, a verdade é que os seus efeitos ficam dependentes da decisão judicial: é um juiz que "decreta" a amnistia para o caso concreto, como consequência, por exemplo, de não aplicar pena superior a um determinado limite fixado na amnistia. Apesar de conservármos algumas dúvidas quanto a este ponto, inclinamo-nos para afirmar a compatibilidade desta amnistia, também quanto a estes casos, relativamente ao requisito da imediação([1084]), na medida em que não chega a ser criado um espaço de livre decisão para os tribunais.

Contudo, em face do crivo da igualdade, muito dificilmente se poderá afirmar a não inconstitucionalidade da amnistia judiciária: com efeito, como apurar o substrato material de excepcionalidade que justificaria semelhante amnistia? Não se orientando a mesma, as mais das vezes, pela natureza das infracções, a verdade é que se aplica, em princípio, senão a todas – amnistia geral([1085]) –, pelo menos, relativamente a um grande número de infracções: ora, salvo situações muito excepcionais – que, de todo, não excluímos –, dificilmente surgirá uma situação fáctica que torne

---

([1082]) V., *supra*, n.º 2.6.

([1083]) Neste sentido, cfr. SÜß, *Studien...*, SöR 852, 2001, pág. 169.

([1084]) Não concordando, contudo, com SÜß quando este afirma estarmos aqui na mera presença de conceitos indeterminados como vimos, *supra*, no texto do presente número.

([1085]) O exemplo clássico desta é a amnistia da Paz de Westfália (cfr. SÜß, *Studien...*, SöR 852, 2001, pág. 182).

compreensível uma amnistia de tão lato espectro. A verdade, bem pelo contrário, leva-nos a afirmar que estas amnistias andam associadas à prossecução de certos fins – celebrativos ou de descongestionamento dos aparelhos estatais de perseguição criminal e de execução de penas – que não o da igualdade, sendo, como tal, inconstitucionais.

III – Quanto ao segundo assunto, e em primeiro lugar, deve ser destacado o facto de, para a doutrina da natureza descriminalizadora da amnistia, o estabelecimento de uma condição amnistiante ser necessariamente inconstitucional. Com efeito, se uma conduta deixa de ser ilícita, não pode o Estado pretender condicionar o benefício do seu novo carácter – não ilícito – à prática de determinado acto por parte do seu autor.

Mas, não sendo essa a nossa posição[1086], julgamos que, em princípio, a possibilidade de fixação de condições ao benefício de uma amnistia será constitucionalmente não proibida[1087]. Aliás isto resulta precisamente daquilo que acabámos de defender: a renúncia imediata do Estado não é aqui posta em causa, uma vez que a produção de efeitos da amnistia não é deixada nas mãos de uma segunda intervenção decisória do mesmo ou de um outro órgão estatal, mas antes dos próprios destinatários da amnistia[1088]. Claro está que esta afirmação genérica não dispensa a análise casuística do tipo de condição fixado para avaliar da sua conformidade *de per si* em face da Constituição. Mas aquilo que queremos salientar é apenas a circunstância de, em abstracto, o legislador ordinário poder estabelecer condições ao benefício da amnistia[1089]. Isto porque, como vimos, as condutas agraciadas continuam a ser ilícitas, nada impedindo, por conseguinte, que o benefício das mesmas possa, então, ser condicionado. Importa, não obstante, que seja sempre respeitado o princípio da igualdade. É que, como o dissemos em mais de uma ocasião[1090], sendo a igualdade

---

[1086] V., *supra*, n.º 2.4.

[1087] Nesse sentido, cfr., entre nós, EDUARDO CORREIA e TAIPA DE CARVALHO, *Direito Criminal – III (2)*..., 1980, pág. 19.

[1088] Neste sentido, cfr. SÜß, *Studien*..., SöR 852, 2001, pág. 168.

[1089] Em sede de amnistia condicionada, é bom ter presente o processo sul-africano *post-apartheid* com a concessão de amnistia, em nome da pacificação nacional, a ser condicionada a um *full disclosure* por parte dos beneficiários da mesma relativamente aos crimes praticados (cfr. KENDALL THOMAS, *Der Verfassung der Amnestie: Der Fall Südafrika*, in *Amnestie oder Die Politik der Erinnerung in der Demokratie* [herausgegeben von Gary Smith und Avishai Margalit], Frankfurt am Main, 1997, págs. 179 e segs.; ANDREAS O'SHEA, *Amnesty*..., 2002, págs. 42 e segs.).

[1090] V., *supra*, n.ºs 3.1.1., 3.1.2., 5.1.2. e 5.2.

o único crivo norteador da concessão de uma amnistia, não poderá o legislador eleger determinados factos e/ou agentes como merecedores da mesma no cumprimento do tratamento desigual para uma situação objectivamente singular, para, afinal, acabar por contrariar este tratamento desigual de uma situação única, introduzindo um critério condicional que desvirtue a concessão da própria amnistia ao consubstanciar uma ulterior destrinça entre factos amnistiáveis e não amnistiáveis. Em suma, diríamos que o estabelecimento de uma condição ao exercício de uma amnistia não será inconstitucional contanto que seja respeitado o princípio da igualdade também no âmbito dessa mesma fixação. Deve tal condição – a ser utilizada – possuir, também ela, uma justificação racional, em sede de igualdade, de forma a que se não possa afirmar o seu carácter arbitrário. Claro está que, no caso de se concluir pela arbitrariedade de uma condição, a mesma será inconstitucional por violação do artigo 13.º da Constituição, tudo se passando, por conseguinte, como se o legislador não tivesse condicionado a respectiva amnistia[1091]. Note-se, por fim, que qualquer condição deverá ser inserida no articulado da correspondente lei de amnistia pois que de nada valerá se, por ser aprovada, ulteriormente, pela Assembleia da República, acabar por "entrar em vigor" após o início da vigência da respectiva amnistia. Neste caso, a amnistia será, para todo e qualquer efeito, incondicionada uma vez que a lei condicionante, por mais desfavorável, não poderia ter aplicabilidade retroactiva: não tendo vigência retroactiva e uma vez que se reporta a uma lei – a lei de amnistia – também ela retroactiva, a verdade é que a lei condicionante não chega a produzir efeitos[1092].

IV – Resta tratar da última questão. Se, por amnistia, se entender uma lei descriminalizadora retroactiva, então seguramente que se concluirá pela não admissibilidade da sua renúncia[1093]. Com efeito, se o ilícito penal for eliminado, ainda que retroactivamente, não haverá fundamento bastante para a invocação de uma renúncia: dificilmente se compreenderia que, nesse caso, o beneficiado pudesse impor o seu julgamento ao Estado quando, a sua conduta, para todos os efeitos, deixara de constituir um crime. Para quem, como nós, postula o carácter de não punição da amnistia, que se situa num estádio posterior ao da teoria geral da infracção,

---

[1091] V., *supra*, n.º 5.1.2., e *infra*, n.º 6.1.4.
[1092] V., *supra*, n.º 4.3.
[1093] V., *supra*, n.º 2.4.

surge como admissível a possibilidade da "renúncia" à amnistia([1094]). Esta "renuncia" surgirá, então, como expressão do direito fundamental ao bom nome consagrado constitucionalmente no artigo 26.º da Lei Fundamental. Note-se que, quanto a nós, esta manifestação apenas faz sentido no quadro de uma amnistia, já não no âmbito de uma descriminalização. É que quanto a esta, desaparecendo a desaprovação criminal pela prática de uma conduta, não faz sentido, mais uma vez se insiste, a imposição de um julgamento para a avaliação de uma conduta que se sabe, à partida, não ser ilícita.

Este direito à renúncia à amnistia, expressamente exigido pela *Corte Costituzionale*([1095]), deve, segundo julgamos, ser, não obstante, objecto de uma importante precisão quanto aos seus efeitos. Não é correcta, quanto a nós, uma referência, pura e simples, a uma "renúncia à amnistia". Semelhante instituto deixaria implícita a ideia segundo a qual se um arguido renunciasse à amnistia e se, no final do consequente julgamento, fosse considerado culpado da prática do crime, pelo qual fora acusado, poderia o mesmo ser condenado, por exemplo, a uma pena de prisão, tendo a correspondente obrigação de a cumprir. Na realidade, porém, discordamos de semelhante entendimento. Parece-nos, com efeito, que essa renúncia à amnistia não poderá ser compreendida num sentido puramente técnico, mas apenas enquanto *direito à continuação do processo (Recht auf Fortsetzung des Verfahrens)*, para utilizar a expressão de SCHÄTZLER([1096]). Significa este direito não mais do que a possibilidade de o acusado requerer a continuação do processo tendo em vista a, por si esperada, absolvição([1097]). Não significa isto, contudo, que o tribunal, no final do julgamento, deva concluir, necessariamente, pela absolvição([1098]).

([1094]) Admitindo, entre nós, a renúncia, cfr. LEVY MARIA JORDÃO, *Commentario…*, Tomo I, 1853, pág. 257; CAVALEIRO DE FERREIRA, *Direito Penal…, Parte Geral, II*, 1982, pág. 505. EDUARDO CORREIA e TAIPA DE CARVALHO admitem que o diploma de amnistia possa prever este instituto: cfr. *Direito Criminal – III (2)…*, 1980, pág. 20.
Contra, cfr. MAIA GONÇALVES in *As Medidas…*, R.P.C.C., 1994, págs. 17 e 18.
([1095]) V. sent. n.º 175 de 1971. Sobre este aresto, v., por todos, ZAGREBELSKY, *Amnistia…*, 1974, págs. 121 e segs..
([1096]) Cfr. SCHÄTZLER, *Handbuch des Gnadenrechts…*, 2. neuarbeitete und erweiterte Auflage, 1992, pág. 217.
([1097]) Cfr. SCHÄTZLER, *Handbuch des Gnadenrechts…*, 2. neuarbeitete und erweiterte Auflage, 1992, pág. 218.
([1098]) Cfr. SCHÄTZLER, *Handbuch des Gnadenrechts…*, 2. neuarbeitete und erweiterte Auflage, 1992, pág. 218.

Se entender que o arguido é culpado pela prática de um crime que foi amnistiado, deverá ordenar o arquivamento do processo. Não se julgue, não obstante, que o exercício deste direito é inócuo: é que o tribunal, como salienta SCHÄTZLER, pode, desde logo, considerar o arguido culpado não – ou não apenas – pelo crime constante da acusação, mas por um outro – ou outros – que não tenha sido beneficiado pela amnistia. Quando assim for – e respeitadas as regras de alteração de factos processuais([1099]) que, note-se, de qualquer modo poderiam obrigar a um outro julgamento –, o arguido deverá ser condenado em conformidade com o novo enquadramento jurídico-penal da sua conduta([1100]) e/ou de acordo com os novos factos entretanto apurados. Esta "renúncia à amnistia" é, por conseguinte, uma figura *sui generis*: ela impõe-se constitucionalmente([1101]) em nome do direito fundamental ao bom nome, mas circunscreve-se ali onde este direito carece de ser tutelado, não decorrendo dela a "punição" do agente, ali onde o Estado – através de uma lei de amnistia válida – o não quer. Poderíamos dizer, em suma, que nem em sede de amnistia pode um arguido pretender que um tribunal o sancione criminalmente pela prática de uma conduta contra a vontade validamente expressa do legislador. Contudo, e ao contrário de uma lei desincriminadora, não deve, nesta sede, o legislador ordinário coarctar ao arguido o direito de obter a realização de um julgamento([1102]) quanto a um facto que, como vimos, continua a ser criminalmente ilícito.

([1099]) V. artigos 358.º e 359.º do Código de Processo Penal, para a fase de julgamento.

([1100]) Neste sentido, cfr. SCHÄTZLER, *Handbuch des Gnadenrechts...*, 2. neuarbeitete und erweiterte Auflage, 1992, págs. 218 e 219: o arguido deverá pagar, inclusive, na totalidade, as despesas do processo.

([1101]) Cfr. SCHÄTZLER, *Handbuch des Gnadenrechts...*, 2. neuarbeitete und erweiterte Auflage, 1992, pág. 219.

([1102]) Por outra palavras, deve qualquer lei de amnistia consagrar o *direito à continuação do processo* assim entendido. Quando tal não suceder, incorre, quanto a nós, o Estado em responsabilidade civil decorrente dessa mesma omissão legislativa.

CAPÍTULO III

DA AMNISTIA INVÁLIDA

No presente capítulo iremos versar sobre a amnistia inconstitucional (§ 6.º) e ilegal (§ 7.º).

§ 6.º A amnistia inconstitucional

I – Já tivemos oportunidade de afirmar que a lei de amnistia é uma lei penal([1103]) de conteúdo mais favorável para o arguido([1104]). Facilmente se compreende esta classificação se atendermos ao facto de a amnistia determinar a não punição pela prática de determinados factos.

A questão que, de momento, se coloca, é outra: a amnistia, pelo facto de ser uma lei penal de conteúdo mais favorável, deve ser aplicada, sem mais, mesmo quando for inconstitucional? Encontramo-nos, assim, situados no âmago da problemática das leis penais inconstitucionais de conteúdo mais favorável ao arguido.

II – Em geral, esta discussão não encontra uma resposta consensual na doutrina. No conflito "aparente" entre a obrigação de os tribunais julgarem segundo a Constituição (artigo 204.º da Constituição) e a necessária não desconformidade dos actos jurídico-públicos em geral, e dos legislativos em particular, face à Lei Fundamental (artigo 3.º, n.º 3, da Constituição), por um lado, e a aplicação do regime mais favorável (artigo 29.º, n.º 4, da Constituição), por outro, a jurisprudência portuguesa tende a privilegiar o segundo preceito([1105]). Isto é, uma lei penal inconstitucional deveria ser aplicada, mesmo quando for inconstitucional, sempre que fosse mais favorável ao arguido.

A nossa doutrina constitucional acaba por postular uma concepção argumentativa e tecnicamente diversa mas cujos resultados, as mais das vezes, serão idênticos. Assim, JORGE MIRANDA postula a destrinça entre a lei inconstitucional que deixe de qualificar como ilícito certo facto e a lei

---

([1103]) V., *supra*, entre outros, n.ºs 1.1., 2.4. e 4.3.

([1104]) Não dependendo, contudo, o seu carácter retroactivo da imposição constitucional da retroactividade *in melius*. V., *supra*, n.ºs 4.3. e 5.1.1.

([1105]) Cfr. Ac. do S.T.J. de 2 de Fevereiro de 1988, B.M.J. n.º 374, págs. 188 e segs.; Ac. do S.T.J. de 10 de Fevereiro de 1988, B.M.J. n.º 374, págs. 196 e segs.; Ac. do S.T.J. de 2 de Março de 1988, B.M.J. n.º 375, págs. 208 e segs..

inconstitucional que "qualificar como ilícito o facto (embora na veste de ilícito de mera ordenação social ou disciplinar) ou se o punir com pena menos grave"([1106]). No primeiro caso, não poderá ser aplicada "a lei anterior (que o qualifique) (...) visto que a sua repristinação acarreteria retroactividade de lei penal incriminadora"([1107]); ao passo que, nas restantes situações, "poderá (deverá) a lei anterior entender-se repristinada, mas no limite da estatuição daquela"([1108]), sendo que, neste último caso, "não será, pois, a lei declarada inconstitucional a ser aplicada, será a outra lei, em certos termos"([1109]). Argumenta o autor que, em qualquer das hipóteses, não é preterido o princípio da constitucionalidade ([1110]), pois que "nunca é aplicada *qua tale* uma norma declarada inconstitucional com força obrigatória geral. Ela é tida em conta só *negativamente*; e é tida em conta mesmo aí, não por si, mas à luz do princípio cogente dos artigos 29.º, n.º 4 e 282.º, n.º 3, 2.ª parte, o qual tem eficácia incondicionada e imediata"([1111]).

Solução que se nos afigura idêntica é a de GOMES CANOTILHO e VITAL MOREIRA. Os autores, frisando a impossibilidade de um juiz aplicar uma lei inconstitucional, concluem que sendo certo que "ela não pode ser aplicada, por ser inconstitucional (...) mas a lei repristinada não pode ser aplicada em sentido mais desfavorável"([1112]).

Pelo contrário, RUI PEREIRA, postulando a prevalência do princípio da constitucionalidade, defende a aplicação da lei penal revogada pela lei penal inconstitucional mais favorável([1113]), com a seguinte certeza: quando o agente ignorar a inconstitucionalidade de uma norma penal mais favorável anterior à prática do facto, haverá que distinguir consoante a norma em causa desincrimine o facto ou apenas degrade a sua dignidade punitiva([1114]). No primeiro caso, haverá um problema de consciência da ilicitude, beneficiando o agente, ou do regime dos artigos 16.º, n.º 1, *in fine*, n.º 3 e 15.º

([1106]) JORGE MIRANDA, *Manual...*, Tomo VI, 2001, pág. 264.
([1107]) JORGE MIRANDA, *Manual...*, Tomo VI, 2001, pág. 264.
([1108]) JORGE MIRANDA, *Manual...*, Tomo VI, 2001, pág. 264.
([1109]) JORGE MIRANDA, *Manual...*, Tomo VI, 2001, pág. 264.
([1110]) Sobre o princípio da constitucionalidade, v. JORGE MIRANDA, *Contributo para uma Teoria da Inconstitucionalidade*, reimpressão, Coimbra, 1996, págs. 232 e segs..
([1111]) JORGE MIRANDA, *Manual...*, Tomo VI, 2001, págs. 264 e 265.
([1112]) GOMES CANOTILHO e VITAL MOREIRA, *Constituição...*, 3.ª edição revista, 1993, pág. 193.
([1113]) Cfr. RUI PEREIRA, *A Relevância...*, R.P.C.C., 1991, pág. 64.
([1114]) Cfr. RUI PEREIRA, *A Relevância...*, R.P.C.C., 1991, pág. 66.

do código Penal, ou do artigo 17.º, n.º 1, do mesmo diploma consoante a norma incriminadora inconstitucional seja, respectivamente, um crime "predominantemente de "criação política""([1115]) ou, pelo contrário, indispensável à "relevância axiológica da conduta"([1116])([1117]). Na segunda hipótese, uma vez que a norma mais favorável não é descriminalizadora, o agente "não estará (...) em erro sobre a ilicitude, sendo-lhe inaplicáveis as disposições constantes dos artigos 16.º e 17.º do Código Penal"([1118]): estará apenas em erro sobre a "gravidade do ilícito, sendo o seu erro desculpável (...). Por consequência, tal erro deve ser considerado na determinação da medida da pena (artigo 72.º do Código Penal) ou na sua atenuação especial (artigos 73.º e 74.º do Código Penal), dependendo o seu tratamento, em uma ou outra sede, do grau de desfasamento existente entre a severidade das punições decretadas pela norma constitucional e pela norma inconstitucional de conteúdo mais favorável"([1119]).

III – Por nós, a razão assiste, neste ponto, por inteiro, a RUI PEREIRA. Com efeito, a afirmação da aplicação da lei mais favorável pressupõe, logicamente, a não inconstitucionalidade da mesma. É, por conseguinte, de rejeitar a tese segundo a qual as disposições sobre sucessão de leis penais no tempo se aplicam independentemente da validade ou invalidade da lei([1120]). É que, nos termos da nulidade, a norma anterior não chegou juridicamente a cessar a sua vigência, como bem observa RUI MEDEIROS([1121]). Na expressão do autor, "ela mantém-se em vigor e continua a ser aplicável após a decisão de inconstitucionalidade. Ou seja, no rigor dos princípios, e apesar da tentativa de revogação, a norma anterior nunca deixou de vigorar. A configuração da declaração de inconstitucionalidade como um caso de sucessão de leis penais é, por conseguinte, uma solução simplista que parte de um pressuposto inexacto"([1122]). Por outras palavras, a solução do problema não passa, ao contrário do que pretendem autores

---

([1115]) CAVALEIRO DE FERREIRA, Lições de Direito Penal, Parte Geral, I, A Lei Penal e a Teoria do Crime no Código Penal de 1982, 4.ª edição, Lisboa, 1992, pág. 338.
([1116]) Cfr. FIGUEIREDO DIAS, O Problema da Consciência da Ilicitude em Direito Penal, 4.ª edição, Coimbra, 1995, págs. 398 e segs..
([1117]) Cfr. RUI PEREIRA, A Relevância..., R.P.C.C., 1991, págs. 66 e 67.
([1118]) RUI PEREIRA, A Relevância..., R.P.C.C., 1991, págs. 68 e 69.
([1119]) RUI PEREIRA, A Relevância..., R.P.C.C., 1991, pág. 69.
([1120]) Neste sentido, cfr. RUI MEDEIROS, A Decisão..., 1999, pág. 754.
([1121]) Cfr. RUI MEDEIROS, A Decisão..., 1999, pág. 754.
([1122]) RUI MEDEIROS, A Decisão..., 1999, pág. 754.

como JORGE MIRANDA, GOMES CANOTILHO e VITAL MOREIRA, pela invocação do n.º 4 do artigo 29.º da Constituição como um "limite autónomo à repristinação"([1123]). Segundo RUI MEDEIROS, deve a limitação desse efeito "ser ponderada e decidida autonomamente em face das circunstâncias do caso. E essa é uma tarefa a que o n.º 4 do artigo 282.º pretende, justamente, dar resposta"([1124]).

Do mesmo modo se rejeita a invocação, nesta sede, da 2.ª parte do n.º 3 do artigo 282.º da Constituição. A verdade é que deste segmento daquele artigo constitucional resulta apenas o estabelecimento de uma excepção ao princípio geral da intangibilidade dos casos julgados quando – mediante decisão do Tribunal Constitucional – a norma respeitar a matéria penal, disciplinar ou de ilícito de mera ordenação social e for de conteúdo menos favorável ao arguido. Explicitando o problema: a primeira parte daquele preceito estabelece uma excepção ao princípio da constitucionalidade([1125]), apenas se podendo aplicar às decisões judiciais "fundadas em norma inconstitucional que *ainda não havia sido declarada como tal à data do seu trânsito em julgado*"([1126]). Assim, o artigo 282.º, n.º 3, 1.ª parte, da Constituição, permitindo a produção de efeitos a actos feridos de nulidade, "procede a uma sanação ou convalidação expressa dos efeitos do caso julgado ferido de inconstitucionalidade"([1127]). Ao fazê-lo, "a Constituição acaba também por convalidar ou constitucionalizar um efeito de uma norma inconstitucional"([1128]), podendo então dizer-se que "a norma inconstitucional não produz quaisquer efeitos, salvo, em princípio, o efeito de caso julgado das decisões judiciais aplicadoras de uma tal norma"([1129]). Ora, por sua vez, a 2.ª parte do n.º 3 do artigo 282.º da Constituição deve ser interpretada "como excepção ao princípio da ressalva ou constitucionalização do caso julgado inconstitucional"([1130]), sendo o seu motivo principalmente determinante não a inconstitucionalidade, mas antes "o princípio da aplicação da norma penal (ou equiparada) mais favorável ao arguido"([1131]). Sucede, que no caso em apreço – lei

---

([1123]) RUI MEDEIROS, *A Decisão...*, 1999, pág. 755.
([1124]) RUI MEDEIROS, *A Decisão...*, 1999, pág. 755.
([1125]) Cfr. PAULO OTERO, *Ensaio...*, 1993, págs. 84 e 89.
([1126]) PAULO OTERO, *Ensaio...*, 1993, pág. 84.
([1127]) PAULO OTERO, *Ensaio...*, 1993, pág. 88.
([1128]) PAULO OTERO, *Ensaio...*, 1993, pág. 88.
([1129]) PAULO OTERO, *Ensaio...*, 1993, pág. 88.
([1130]) PAULO OTERO, *Ensaio...*, 1993, pág. 90.
([1131]) PAULO OTERO, *Ensaio...*, 1993, pág. 90.

penal mais favorável inconstitucional – não haverá lugar à aplicação da 2.ª parte do n.º 3 do artigo 282.º da Constituição; mas, antes, ao princípio da ressalva do caso julgado inconstitucional constante da primeira parte daquele preceito([1132]). Tenha-se, contudo, em vista que esta primeira parte do n.º 3 do artigo 282.º da Constituição, como refere PAULO OTERO, não é uma norma de habilitação "para os juízes escolherem entre aplicar ou recusar a aplicação de uma norma inconstitucional: o artigo 207.º([1133]) constitui um princípio que não admite excepções ou derrogações. Os tribunais têm o especial dever de nunca aplicarem normas violadoras da Constituição"([1134]). Termos em que, o artigo 282.º, n.º 3, da Constituição, não podendo ser tido como uma norma habilitadora de competência, deverá ser configurado apenas "como uma norma limitativa dos poderes de intervenção dispositiva do Tribunal Constitucional em matéria de efeitos da declaração de inconstitucionalidade"([1135]). Em suma, diremos, citando RUI PEREIRA, que o "único argumento que se pode retirar, em rigor, da tangibilidade do caso julgado ante a declaração de inconstitucionalidade de norma de conteúdo menos favorável aponta, "a contrario sensu", para a intangibilidade do caso julgado em face de declaração de inconstitucionalidade de norma de conteúdo mais favorável ao arguido"([1136]).

Ex post se compreende, ainda, a nossa rejeição do entendimento de JORGE MIRANDA *supra* exposto. O autor postula que a sua construção não contraria o princípio da constitucionalidade([1137]). Isto porque a norma declarada inconstitucional só "é tida em conta (...) *negativamente*"([1138]). Esta afirmação é, verdadeiramente, incompreensível no caso de a lei inconstitucional desincriminar determinada conduta. É que, como vimos([1139]), para o autor, nesse caso, a lei anterior, não pode ser tida por aplicável, "visto que a sua repristinação acarreteria retroactividade de lei penal incriminadora"([1140]). Ora, já vimos que os artigos 29.º, n.º 4, e 282.º, n.º 3, 2.ª parte, da Constituição, ao contrário do que pretende JORGE MIRANDA,

---

([1132]) Neste sentido, cfr. VITALINO CANAS, *Introdução às Decisões de Provimento do Tribunal Constitucional*, 2.ª edição, revista, Lisboa, 1994, pág. 164.
([1133]) Artigo 204.º após a quarta revisão constitucional (1997).
([1134]) PAULO OTERO, *Ensaio...*, 1993, pág. 89.
([1135]) PAULO OTERO, *Ensaio...*, 1993, pág. 89.
([1136]) RUI PEREIRA, *A Relevância...*, R.P.C.C., 1991, págs. 73 e 74.
([1137]) Cfr. JORGE MIRANDA, *Manual...*, Tomo VI, 2001, pág. 265.
([1138]) JORGE MIRANDA, *Manual...*, Tomo VI, 2001, pág. 264.
([1139]) V., *supra*, o texto do presente número.
([1140]) JORGE MIRANDA, *Manual...*, Tomo VI, 2001, pág. 264.

não podem ser chamados à colação em sede de lei penal mais favorável inconstitucional([1141]). Mas, não é isso que pretendemos, agora, realçar: o problema reside, de momento, no facto de ser logicamente incongruente a afirmação segundo a qual a norma inconstitucional é tida em conta apenas "negativamente" no caso de essa norma ser desincriminadora. Com efeito, se a norma inconstitucional é "desincriminadora", isso significa que o seu efeito é apenas e só o de revogar a norma anterior, impedindo consequentemente a sua aplicação. Ora, se a norma anterior não é aplicada([1142]), isso significa que a norma inconstitucional desincriminadora foi verdadeiramente relevante no seu propósito, e não apenas "negativamente": antes pelo contrário, a solução passou pela sua aplicação. Não é o resultado final igual ao da sua aplicação? Como é óbvio, a resposta não pode deixar de ser afirmativa. Mas, se assim é, o princípio da constitucionalidade acaba por ser desrespeitado. E a prova de que assim é encontra-se implicitamente reconhecida na contra-argumentação de JORGE MIRANDA: o autor afirma expressamente não rejeitar que a sua solução acabe por "permitir ao Governo descriminalizar qualquer facto à revelia da Assembleia da República, ignorando a reserva de competência"([1143]), justificando esta sua conclusão pela circunstância de, "na ocorrência de um fenómeno de sucessão de leis penais no tempo"([1144]), revelar ser "bem menos grave a preterição de um princípio orgânico do que a de um princípio material"([1145]). Nestas palavras do autor, encontramos, claramente, a preterição do princípio da constitucionalidade: em primeiro lugar, o autor afirma estarmos perante um caso de sucessão de leis penais no tempo; em segundo lugar, reconhece haver uma inconstitucionalidade pela preterição de um critério orgânico. Em suma, JORGE MIRANDA faz prevalecer as regras relativas à sucessão de leis penais sobre o princípio da constitucionalidade. Já tivemos oportunidade de rejeitar este raciocínio, invocando o pensamento de autores como RUI PEREIRA e RUI MEDEIROS([1146]). Relembramos, aqui, que sendo uma norma inconstitucional, a norma por si "revogada", na verdade, nunca deixa de vigorar ainda quando for menos favorável ao arguido, termos em que não nos encontramos, verdadeira-

---

([1141]) V., *supra*, o texto do presente número.

([1142]) Como explica, a título de exemplo, RUI MEDEIROS, há casos em que não é possível afirmar a aplicação da lei repristinada (cfr. *A Decisão...*, 1999, pág. 761).

([1143]) JORGE MIRANDA, *Manual...*, Tomo VI, 2001, pág. 265.

([1144]) JORGE MIRANDA, *Manual...*, Tomo VI, 2001, pág. 265.

([1145]) JORGE MIRANDA, *Manual...*, Tomo VI, 2001, pág. 265.

([1146]) V., *supra*, o texto do presente número.

mente, perante um problema de sucessão de leis penais no tempo: este pressupõe, logicamente, a validade das leis em causa.

IV – Passando, de seguida, à análise da amnistia, tivemos oportunidade de concluir estarmos na presença de uma lei penal mais favorável ao arguido([1147]).

Na transposição da solução *supra* adoptada, importa, ainda, observar que, não sendo a amnistia uma lei que desincrimine uma conduta([1148]), não deixa o seu regime de se aproximar mais do das leis descriminalizadoras do que do das leis que, por exemplo, se limitam a desagravar a moldura penal da sanção criminal([1149]). Aqui chegados, cumpre, também, referir, com relevância para esta questão, o facto de, já o verificámos, a lei de amnistia ser necessariamente retroactiva([1150]). Assim sendo, significa isto que ela nunca vigorava à data da prática do facto. Trata-se, por conseguinte, de uma lei posterior à data da prática do facto e cuja retroactividade resulta directamente da natureza do instituto e não da 2.ª parte do n.º 4 do artigo 29.º da Constituição, a qual está pensada para as leis penais de carácter não retroactivo.

Perante estas características, fácil é de compreender que, adaptando a tese de RUI PEREIRA, sempre diremos que a mesma se deverá aplicar também no domínio da amnistia, apesar de esta não ser desincriminadora: o facto de obstacularizar à sanção penal e à perseguição criminal pela prática do ilícito assim o justifica. Assim sendo, estará aqui em causa o *regime das normas penais inconstitucionais mais favoráveis ao arguido que sejam posteriores à prática do facto*.

Já tivemos oportunidade de defender que a "identificação da norma válida constitui um *prius* relativamente à sua aplicação"([1151]). Pelo que, recorrendo ainda à expressão de RUI PEREIRA, a "obrigação de aplicar, exclusivamente, normas constitucionais precede e conforma a obrigação de aplicar as normas de conteúdo mais favorável ao arguido"([1152]). E se é verdade que as expectativas do arguido poderão ser frustradas pela não aplicação da lei penal inconstitucional de conteúdo mais favorável, não é

([1147]) V., *supra*, n.ºs 1.1., 2.4., 4.3., e 5.1.2.
([1148]) V., *supra*, n.º 2.4.
([1149]) V., *supra*, n.º 5.1.2.
([1150]) V., *supra*, n.ºs 1.1., 4.3., e 5.1.1.
([1151]) RUI PEREIRA, *A Relevância*…, R.P.C.C., 1991, pág. 64.
([1152]) RUI PEREIRA, *A Relevância*…, R.P.C.C., 1991, pág. 64.

menos verdade que RUI PEREIRA tem razão ao restringir o problema – nos termos *supra* expostos([1153]) – às situações em que a norma existe e vigora no momento da prática do facto([1154]). Na expressão do autor, "tais expectativas só são atendíveis quando contemporâneas do seu facto – isto é, enquanto expectativas do *agente*. Expectativas adquiridas posteriormente não influíram na sua (não) determinação conforme ao direito. A cognoscibilidade da lei penal requerida pelo princípio da legalidade não abrange, por natureza, a lei futura (...). Demais, só existirão expectativas quando o agente conhecer a lei penal inconstitucional e ignorar a sua inconstitucionalidade. Se o agente ignorar a própria existência daquela lei, não poderá esperar, obviamente, que ela lhe seja aplicada"([1155]). Por outras palavras, não nos encontramos, em sede de amnistia, sequer numa das situações de consideração do problema da consciência da ilicitude([1156]). *Ergo*, deverão os tribunais([1157]), na presença de uma lei de amnistia inconstitucional, pura e simplesmente, negar a sua aplicação – artigos 3.º, n.º 3, 204.º e 277.º, n.º 1, da Constituição – aplicando antes a norma penal cominadora da sanção([1158]).

V – Cumpre efectuar, porém, uma ressalva importante à nossa posição. Como vimos, *supra*, uma amnistia pode constar de um tratado inter-

---

([1153]) V., *supra*, o texto do presente número.
([1154]) Cfr. RUI PEREIRA, *A Relevância...*, R.P.C.C., 1991, pág. 65.
([1155]) RUI PEREIRA, *A Relevância...*, R.P.C.C., 1991, pág. 65.
([1156]) Como resulta, por maioria de razão, da tese de RUI PEREIRA *supra* exposta.
([1157]) Face às principais características da amnistia desempenha aqui papel não menos relevante o Ministério Público. Note-se que, dele dependendo o exercício da acção penal, o Ministério Público deve sindicar a constitucionalidade de uma lei de amnistia: apenas quando concluir pela sua não inconstitucionalidade, deve determinar a não abertura do processo ou a extinção do mesmo, se este já existir, na fase de inquérito. A esta solução pode chegar, certamente, mesmo a doutrina que considera o Ministério Público como órgão administrativo constitucional independente: neste sentido, v., entre outros, PAULO OTERO, *O Poder de Substituição em Direito Administrativo. Enquadramento Dogmático-Constitucional*, II vol., Lisboa, 1995, pág. 577; ANDRÉ SALGADO DE MATOS, *A fiscalização...*, Lisboa, 2000, pág. 243, nota 1242. Na síntese deste último autor, "os órgãos administrativos independentes de garantia de criação constitucional são titulares de competência para a desaplicação de normas legais inconstitucionais que disponham no âmbito em que desempenhem a sua função de controlo" (*A fiscalização...*, Lisboa, 2000, págs. 244 e 245).
([1158]) Neste sentido, quanto às leis penais inconstitucionais mais favoráveis *post facto* em geral, cfr., ainda, VITALINO CANAS, *Introdução...*, 2.ª edição, revista, 1994, págs. 162 e 163.

nacional([1159]). Ora, sucede que Portugal não pode vincular-se a normas de direito internacional convencional opostas à Constituição([1160]). Quando tal suceda, apesar de os actos internacionais *qua tale* não serem "susceptíveis de inconstitucionalidade"([1161]), se-lo-ão os respectivos conteúdos "enquanto deles se desprendam"([1162]), termos em que um juízo de inconstitucionalidade de normas jurídico-internacionais se deva, naturalmente, limitar "à ordem interna do Estado cujos órgãos de fiscalização o emitem, e não para além dele"([1163]).

O nosso texto constitucional estabelece a respectiva fiscalização preventiva – artigo 278.º, n.º 1, – e sucessiva([1164]), concreta – artigo 280.º, n.º 1, alíneas a) e b), – e abstracta – artigo 281.º, n.º 1, alínea a), todos da Constituição.

Ora, a importante excepção a que nos referiamos respeita à disposição consagrada no artigo 277.º, n.º 2, da Lei Fundamental. Nos termos deste número, a "inconstitucionalidade orgânica ou formal de tratados internacionais regularmente ratificados não impede a aplicação das suas normas na ordem jurídica portuguesa, desde que tais normas sejam aplicadas na ordem jurídica da outra parte, salvo se tal inconstitucionalidade resultar de violação de uma disposição fundamental". Da leitura desta norma resulta, desde logo, que a mesma não se aplica a acordos sob forma simplificada([1165]) – o que de qualquer modo seria irrelevante em sede de amnistia([1166]) –, mas apenas a tratados. Mas mesmo quanto a estes, afecta apenas a fiscalização sucessiva, deixando intocável a possibilidade de fiscalização preventiva([1167]). Mais ainda – no âmbito da fiscalização sucessiva concreta ou abstracta – esta disposição versa apenas sobre inconstitucionalidade orgânica ou formal, nunca sobre inconstitucionali-

---

([1159]) V., *supra*, n.º 4.1.1.

([1160]) Cfr. JORGE MIRANDA, *Manual...*, Tomo VI, 2001, pág. 164.

([1161]) JORGE MIRANDA, *Manual...*, Tomo VI, 2001, pág. 165.

([1162]) JORGE MIRANDA, *Manual...*, Tomo VI, 2001, pág. 165.

([1163]) JORGE MIRANDA, *Manual...*, Tomo VI, 2001, pág. 165.

([1164]) Injustamente criticada, quanto a nós, por alguma doutrina: cfr. JORGE MIRANDA, *Manual...*, Tomo VI, 2001, págs. 167 e 168.

([1165]) Cfr. JORGE MIRANDA, *Manual...*, Tomo VI, 2001, pág. 166. Defendendo o mesmo autor, uma interpretação extensiva do preceito de modo a incluir também os acordos em forma simplificada, cfr. JORGE MIRANDA, *Curso...*, 2002, pág. 170.

([1166]) Pois que como vimos, *supra*, no n.º 4.1.1., uma amnistia só poderá constar de um tratado e nunca de um acordo em forma simplificada.

([1167]) Neste sentido, cfr. JORGE MIRANDA, *Manual...*, Tomo VI, 2001, pág. 167.

dade material: quando se verifique, então, a preterição de uma disposição de competência ou forma de um tratado com uma disposição amnistiante, esta será, não obstante, aplicável desde que se verifiquem, em simultâneo, dois crivos. O primeiro (positivo) releva da necessária reciprocidade na ordem jurídica internacional; já o segundo (negativo) ressalva a hípotese de a disposição de competência ou forma desrespeitada consubstanciar uma "disposição fundamental". Quanto àquilo que se entenda por violação de uma "disposição fundamental", concordamos com as quatro hipóteses sugeridas por JORGE MIRANDA: incompetência absoluta (aprovação por um órgão sem competência de aprovação)([1168]); incompetência relativa (aprovação pelo Governo de um tratado sobre uma das matérias indicadas na primeira parte do artigo 161.º, alínea i), da Constituição)([1169]); aprovação de tratado sem respeito dos prazos impostos pelo n.º 10 do artigo 115.º da Constituição na decorrência de um resultado negativo em referendo([1170]); inexistência jurídica da deliberação da assembleia da república por falta de *quorum* ou de maioria de aprovação([1171]).

Podemos, assim, concluir, de qualquer modo, que, quando esteja em causa um tratado amnistiante([1172]), e caso estejam verificados todos os requisitos por nós descritos, a referida amnistia, não obstante orgânica ou formalmente inconstitucional, deverá ser aplicada, nos termos da excepcional determinação do artigo 277.º, n.º 2, da Constituição([1173]). Trata-se, com efeito, de uma excepção em face do princípio da constitucionalidade dos actos jurídico-públicos do Estado: artigos 3.º, n.º 3, e 204.º da Constituição. Semelhante excepção deve a sua legitimidade ao facto de encontrar assento no próprio texto constitucional. Atente-se, contudo, a dois aspectos que se nos afiguram relevantes: como vimos, o artigo 277.º, n.º 2, da Constituição não obsta à fiscalização preventiva da constitucionalidade orgânica ou formal de um tratado; por outro lado, esta derrogação constitucional não opera – pura e simplesmente – no domínio da inconstitucionalidade material, termos em que uma amnistia materialmente inconstitucional, ainda quando conste de tratado internacional, deverá ter, nos

---

([1168]) Cfr. JORGE MIRANDA, *Manual...*, Tomo VI, 2001, págs. 166 e 167.
([1169]) Cfr. JORGE MIRANDA, *Manual...*, Tomo VI, 2001, pág. 167.
([1170]) Cfr. JORGE MIRANDA, *Manual...*, Tomo VI, 2001, pág. 167.
([1171]) Cfr. JORGE MIRANDA, *Manual...*, Tomo VI, 2001, pág. 167.
([1172]) E relembramos que uma amnistia só poderá constar de um tratado: v., *supra*, n.º 4.1.1.
([1173]) É pois um caso de valor positivo do acto inconstitucional. Sobre o tema, v. JORGE BACELAR GOUVEIA, *O Valor...*, 1992, págs. 39 e segs..

termos gerais por nós estudados no presente parágrafo, a sua aplicação recusada no ordenamento jurídico português([1174]).

VI – Quanto à hipotese da inconstitucionalidade de uma lei de enquadramento da concessão de amnistias, remetemos para o tratamento dispendido a essas matérias nos lugares próprios([1175]).

6.1. *Concretização*

Acabámos de concluir, em princípio, pela não aplicação da amnistia inconstitucional. Importa, de seguida, concretizar esta nossa afirmação.

6.1.1. *A inconstitucionalidade orgânica e/ou formal de uma lei de amnistia*

I – Será de certo essa a solução no âmbito de uma inconstitucionalidade orgânica e/ou formal de uma lei de amnistia. Nesse caso, seguramente que não haverá lugar à aplicação de nenhuma das normas da lei de amnistia([1176]).

6.1.2. *A inconstitucionalidade material de uma norma de amnistia*

I – Quanto à inconstitucionalidade material de uma norma de amnistia, sempre diremos que a mesma se restringe, em princípio, à própria norma. Isto é, se, num mesmo diploma, houver mais de uma norma amnistiante, a inconstitucionalidade deverá ser apurada norma a norma; ou, *rectius*, segmento de norma a segmento de norma. Ou seja, poderá *v.g.* a amnistia do crime x ser inconstitucional mas não já a amnistia do crime y. Nesse caso não se deverá aplicar a lei de amnistia apenas na sua norma/ /segmento de norma que "amnistie" o crime x.

([1174]) É o que resulta, como regra, do texto que deixámos escrito, *supra*, no presente número.

([1175]) V., *supra*, n.º 4.1.2., e *infra*, parágrafo 7.º.

([1176]) Ressalvada, claro está, a excepção que acabámos de descrever, nas últimas páginas do texto, quanto ao artigo 277.º, n.º 2, da Constituição.

II – Esta é a regra, mas em sede de inconstitucionalidade material, haverá que ter em conta, ainda, a natureza específica da inconstitucionalidade. Assim, se, *v.g.*, a amnistia estabelecer a sua aplicação a factos que se cometam à data da sua entrada em vigor ou, ainda, em momento posterior, estaremos perante uma inconstitucionalidade material parcial, pois que a amnistia em caso algum se poderá aplicar a factos praticados após esse limite temporal: haveria aqui uma violação aberta da proibição de "efeito para diante"[1177].

Já no que respeita à auto-amnistia, temos que a amnistia será, de igual modo, e em princípio[1178], parcial. Isto é, ressalvados os agentes em relação aos quais se possa configurar a situação de auto-amnistia[1179], a norma de amnistia, quanto ao mais, poderá ser aplicada às restantes situações por ela previstas[1180].

Quanto às amnistias arbitrária e individual, por exemplo, as mesmas serão, em regra, pura e simplesmente inaplicáveis. Ressalvamos apenas a hipótese de, quanto à primeira, a sua injustificação resultar de uma previsão excessiva, isto é, relativa a factos e/ou agentes em relação aos quais não opere o carácter excepcional amnistiante. Nesta última hipótese, haverá uma inconstitucionalidade parcial, não se aplicando a amnistia apenas a estes últimos factos.

6.1.3. *A inconstitucionalidade material de um limite à amnistia*

I – Encontramo-nos, neste ponto, perante uma situação de certo modo inversa à da amnistia arbitrária. É que aqui a amnistia não é arbitrária, apenas o sendo, as mais das vezes, uma norma que restringe o alcance da norma de amnistia. Suponhamos, por exemplo, uma norma de amnistia não inconstitucional que beneficiasse, no que respeita aos crimes x e y, os funcionários públicos. Simplesmente, suponha-se, ainda, que o legislador havia ainda consagrado, num número do mesmo artigo, uma outra norma segundo a qual: "A presente amnistia não beneficia os funcionários públicos do sexo feminino". Neste caso, das duas uma, ou existia

---

[1177] V., *supra*, n.º 5.1.1.

[1178] Ressalva-se a hipótese de a amnistia respeitar apenas aos crimes e titulares por nós indicados, *supra*, no n.º 5.1.4.

[1179] V., *supra*, n.º 5.1.4.

[1180] V., *supra*, n.º 5.1.4.

uma razão objectiva que, para o contexto do período temporal amnistiado, legitimasse, no altar da igualdade, semelhante limite, ou, então, teríamos de concluir pela inconstitucionalidade deste limite([1181]). Sendo esta norma inconstitucional, então teremos a referida norma de amnistia aplicada aos funcionários públicos de ambos os sexos.

II – Será esta, também, a solução a observar quanto às normas subsidiárias inconstitucionais por preterição da igualdade. Assim, *v.g.* perante a inconstitucionalidade do artigo 75.º, n.º 4, do Código Penal([1182]), teremos que a amnistia, quando beneficie situações já transitadas em julgado, não poderá relevar em termos de reincidência.

6.1.4. *A inconstitucionalidade de uma condição à amnistia*

I – Tivemos oportunidade de sustentar a não inconstitucionalidade, por si só, do estabelecimento de uma condição à amnistia([1183]).

Nessa medida, aquilo que importa, agora, realçar é o facto de uma determinada condição amnistiante poder ser, ela própria, materialmente inconstitucional, por violação, por exemplo, do princípio da igualdade.

([1181]) Note-se que a situação final seria idêntica caso a norma amnistiante dispusesse *ab initio* pela sua aplicabilidade apenas a funcionários públicos do sexo masculino. Admitindo, uma vez mais, que o substrato excepcional amnistiante existiria relativamente a ambos os sexos, estaríamos na presença de uma inconstitucionalidade parcial deste segmento de norma (v., *supra*, n.º 6.1.2.), termos em que a amnistia beneficiaria de igual modo os funcionários públicos do sexo feminino. Não nos parece sequer que haja aqui necessidade de recorrer à figura das sentenças aditivas: é que nestas últimas "há um segmento ou uma norma que se acrescenta com idêntico fim" (JORGE MIRANDA, *Manual...*, Tomo VI, 2001, pág. 80); ora, no presente caso, o que temos é apenas uma decisão redutiva ou de inconstitucionalidade parcial (neste caso, horizontal ou quantitativa) em que cai o segmento de norma "sexo masculino" para que a norma seja salva (cfr. a destrinça entre decisões redutivas e decisões aditivas em JORGE MIRANDA, *Manual...*, Tomo VI, 2001, pág. 80). É pois apenas de um problema de redução que se trata (sobre a redução da lei constitucional, cfr. RUI MEDEIROS, *A Decisão...*, 1999, págs. 433 e segs.).

Sobre a figura das sentenças aditivas, cfr. VITALINO CANAS, *Introdução...*, 2.ª edição, revista, 1994, págs. 46 e segs., e 187 e 188; RUI MEDEIROS, *A Decisão...*, 1999, págs. 456 e segs.; JORGE MIRANDA, *Manual...*, Tomo VI, 2001, págs. 79 e segs.; GOMES CANOTILHO, *Direito Constitucional...*, 6.ª edição, 2002, pág. 1009.

([1182]) V., *supra*, n.ºs 3.1.2. e 5.1.2.

([1183]) V., *supra*, n.º 5.3.

Nesse caso – apenas sendo inconstitucional a referida condição – aplicar-se-á, sem mais, a amnistia.

6.2. Da limitação de efeitos da inconstitucionalidade

I – Concluímos pela impossibilidade de os tribunais – em sede de fiscalização difusa da constitucionalidade – aplicarem as normas de amnistia inconstitucionais. Devem, pelo contrário, aplicar as normas criminais definidoras da sanção([1184]).

II – Mas, e é esta a questão que agora se coloca, poderão os efeitos daquela inconstitucionalidade ser limitados, de forma a que se acabe por aplicar a norma inconstitucional de amnistia aos casos concretos?

Antes de mais, convém relembrar que há desde logo um efeito que, como vimos, a norma de amnistia inconstitucional, caso seja tida em conta, pode suscitar: a saber, o da intangibilidade do respectivo caso julgado([1185]) em face da declaração de inconstitucionalidade pelo Tribunal Constitucional. Mas poderá o Tribunal Constitucional ir mais além e permitir a produção de efeitos a uma norma inconstitucional? O artigo 282.º, n.º 4, permite ao Tribunal Constitucional fixar os efeitos da inconstitucionalidade com alcance mais restrito do que o previsto nos n.ºs 1 e 2 do mesmo artigo da Constituição quando "a segurança jurídica, razões de equidade ou interesse público de excepcional relevo, que deverá ser fundamentado, o exigirem".

Por outras palavras, para além do efeito automático da intangibilidade do caso julgado aplicador de norma penal de conteúdo mais favorável – artigo 282.º, n.º 3, 1.ª parte, da C.R.P. –, o Tribunal Constitucional poderá restringir ainda mais os efeitos da respectiva inconstitucionalidade?

Concordamos, em regra, com RUI PEREIRA, quando refere que o recurso ao n.º 4 do artigo 282.º da Constituição "só se justifica nos casos em que os tribunais, *generalizadamente*, não julgaram, por si, a norma inconstitucional recusando a respectiva aplicação, e não foram interpostos recursos das suas decisões: ter-se-ão formado casos julgados indiscutivelmente intangíveis, por força do disposto na primeira parte do n.º 3 do

---

([1184]) V., *supra*, n.ºs 6 e 6.1.
([1185]) V. artigo 282.º, n.º 3, 1.ª parte, da Constituição.

artigo 282.° da Constituição; a mera atribuição de eficácia *ex nunc* à declaração de inconstitucionalidade servirá, então, a equidade, promovendo o tratamento igualitário de factos idênticos e contemporâneos"([1186]). É este um entendimento restritivo sobre o n.° 4 do artigo 282.° da Constituição mas que, segundo o autor, obsta à verificação de situações de desigualdade, que de outro modo poderiam surgir uma vez que não se encontra previsto "qualquer modo de articulação entre o seu regime e o processo da fiscalização concreta da constitucionalidade (prévio à declaração com força obrigatória geral)"([1187]).

Simplesmente, esta solução depara-se com um obstáculo em sede de norma de amnistia. É que, como vimos, a amnistia é necessariamente retroactiva([1188]). Assim sendo, a aplicação de semelhante construção no domínio amnistiante, determinaria, formalmente, que a declaração de inconstitucionalidade com força obrigatória geral pelo Tribunal Constitucional apenas produziria efeitos *ex nunc*: só que, coloca-se a questão, que efeitos? Não beneficiando a amnistia factos futuros, daqui decorre que esta tese, aplicada à amnistia, significaria, pura e simplesmente, que o uso pelo Tribunal Constitucional do n.° 4 do artigo 282.° da Constituição equivaleria a uma total eliminação dos efeitos da inconstitucionalidade. Isto é, para todos os efeitos, tudo se passaria como se não tivesse havido inconstitucionalidade. Por outras palavras, postular a desaplicação meramente *ex nunc* de uma norma de amnistia é o mesmo que defender que a mesma nunca seja desaplicada.

Ora, se semelhante construção não nos parece, em abstracto, de rejeitar quando tenha no seu fundamento as razões de equidade invocadas por RUI PEREIRA, a verdade é que este último resultado a que a mesma conduz, em sede de amnistia, nos suscita dúvidas em face do referido n.° 4 do artigo 282.° da Constituição. Julgamos, com efeito, que a *ratio* deste preceito é a possibilidade conferida ao Tribunal Constitucional para restringir os efeitos – no caso em discussão, o efeito temporal – da inconstitucionalidade, mas não já de os eliminar totalmente. A letra da Constituição parece clara, nesse aspecto, ao referir a fixação de efeitos com "alcance mais restrito do que o previsto nos n.°s 1 e 2". É verdade que a limitação de efeitos *ex nunc*, neste caso, seria formalmente inatacável pois que ninguém questiona que o Tribunal Constitucional possa determinar os

---

([1186]) RUI PEREIRA, *A Relevância*..., R.P.C.C., 1991, pág. 74.
([1187]) RUI PEREIRA, *A Relevância*..., R.P.C.C., 1991, pág. 74.
([1188]) V., *supra*, n.°s 1.1., 4.3. e 5.1.1.

efeitos da inconstitucionalidade apenas a partir da data da respectiva declaração, ou inclusive a partir da data da sua publicação([1189]). Simplesmente, como vimos, no caso de uma lei exclusivamente retroactiva, isto equivaleria a declarar a sua inconstitucionalidade negando qualquer efeito decorrente da mesma, já que esta não beneficia factos futuros. Dito de outro modo, formalmente o Tribunal Constitucional respeitaria o artigo 282.º, n.º 4, da Constituição, mas materialmente desrespeitá-lo-ia se eliminasse os efeitos *ex tunc* da inconstitucionalidade de uma amnistia.

Em suma, diremos que, em tese, concordamos com a posição de RUI PEREIRA, ainda quando a mesma se possa equacionar no âmbito da amnistia. Contudo, neste domínio, a mesma apenas poderá ser sustentada, quanto a nós, *de lege ferenda*, mediante uma alteração constitucional do teor do actual n.º 4 do artigo 282.º da Constituição. Ou seja, *de lege lata*, não nos parece sustentável admitir que o Tribunal Constitucional possa atribuir uma mera eficácia *ex nunc* à declaração de inconstitucionalidade de uma norma de amnistia. É que, ao fazê-lo, o Tribunal Constitucional não estará a "limitar" os efeitos da declaração de inconstitucionalidade, estará, antes pelo contrário, a "eliminar" todos os seus efeitos, o que não nos parece, de todo, consentâneo com o regime constitucional vigente.

Note-se, ainda, que semelhante resultado se deverá impor em sede de fiscalização concreta e difusa para quem – não é, diga-se, o nosso caso – sustente a validade da *ratio* do n.º 4 do artigo 282.º da Constituição em sede de fiscalização concreta e difusa([1190]). Com efeito, não faria sentido reconhecer, *de lege lata*, em sede de fiscalização concreta uma faculdade que é recusada em sede de fiscalização sucessiva abstracta. Mas não corresponde sequer esta última questão ao nosso pensamento. Para nós, em fiscalização difusa, o tribunal deve desaplicar a norma inconstitucional, não podendo fazer uso do artigo 282.º, n.º 4, da Constituição: a isso o obrigam, entre outros, os artigos 3.º, n.º 3, e 204.º da Lei Fundamental, sendo aquele primeiro preceito excepcional([1191]) e como tal inaplicável em sede de fiscalização concreta. Como refere MIGUEL GALVÃO TELES, "a faculdade prevista no n.º 4 do artigo 282.º apenas é concedida ao Tribunal

---

([1189]) Cfr. GOMES CANOTILHO e VITAL MOREIRA, *Constituição...*, 3.ª edição revista, 1993, págs. 1042 e 1043.

([1190]) Neste sentido, cfr., entre outros, PAULO OTERO, *Ensaio...*, 1993, pág. 126; RUI MEDEIROS, *A Decisão...*, 1999, págs. 743 e segs.; JORGE MIRANDA, *Manual...*, Tomo VI, 2001, pág. 271.

([1191]) Como reconhece JORGE MIRANDA, *Manual...*, Tomo VI, 2001, pág. 271.

Constitucional e este só a pode exercer quando haja lugar a pronúncia com eficácia *erga omnes*. Daí decorre que os tribunais "comuns" sejam, até que haja utilização do n.º 4 do artigo 282.º, obrigados a "recusar a aplicação" de leis inconstitucionais; e que o seja o próprio Tribunal Constitucional no exercício da fiscalização concreta"([1192]). Termos em que, "o acto normativo inconstitucional por si não produz efeito (...) e que o efeito limitado previsto no n.º 4 do artigo 282.º é constituído com a sentença do Tribunal Constitucional"([1193]).

III – Analisámos no ponto anterior a construção de RUI PEREIRA relativamente ao crivo da equidade. Mas, coloca-se, ainda, a questão: poderá, com base em outro fundamento, o Tribunal Constitucional limitar os efeitos da sua declaração de inconstitucionalidade? Com certeza que sim: quando a segurança jurídica([1194]) ou um interesse público de excepcional relevo o determinem. Mais ainda: em bom rigor, também, pelo menos em teoria, por razões de equidade poderá haver uma utilização do n.º 4 do artigo 282.º da Constituição. Importa, contudo é que – em face dos contornos específicos da figura da amnistia – o "limite" não equivalha à negação de todos os efeitos da inconstitucionalidade; situação que, como vimos, decorreria da supressão dos seus efeitos *ex tunc*. Ou seja, qualquer limitação de efeitos, nos termos do actual artigo 282.º, n.º 4, da Constituição, terá de consubstanciar não mais do que isso mesmo – uma restrição – e nunca uma supressão de todos os efeitos da respectiva declaração de inconstitucionalidade.

Diga-se, de qualquer modo, que tem aqui plena aplicação – até por maioria de razão porque de amnistia tratamos – a afirmação de RUI MEDEIROS, segundo a qual, as razões que podem excepcionalmente justificar a limitação de efeitos da decisão de inconstitucionalidade da *lex mitior* posterior à data da prática dos factos, "são, à partida, menos relevantes"([1195]) do que quando está em causa uma *lex mitior* que vigorava no momento da prática do facto ([1196]).

([1192]) MIGUEL GALVÃO TELES, *Inconstitucionalidade...*, in *Nos dez anos...*, 1987, págs. 330 e 331.

([1193]) MIGUEL GALVÃO TELES, *Inconstitucionalidade...*, in *Nos dez anos...*, 1987, pág. 331.

([1194]) V. o exemplo de RUI MEDEIROS in *A Decisão...*, 1999, pág. 757.

([1195]) RUI MEDEIROS in *A Decisão...*, 1999, pág. 757.

([1196]) Nunca podendo a amnistia, claro está, respeitar, como vimos, a esta última situação.

§ 7.º A amnistia ilegal

I – No presente parágrafo, trataremos a título meramente incidental, porque já ligeiramente deslocado do núcleo do objecto da nossa tese([1197]), da questão atinente à temática, ainda não discutida na doutrina, da amnistia ilegal. Seremos, por conseguinte, breves destacando apenas alguns dos aspectos que se nos afiguram como essenciais.

II – Vem este parágrafo a propósito da figura da lei de enquadramento da concessão de amnistias, medida cuja admissibilidade constitucional tivemos oportunidade de sustentar, *supra*, no Capítulo II do presente escrito. Remetemos agora para tudo quanto foi então aduzido a título da respectiva argumentação([1198]).

III – Podendo a Assembleia da República aprovar uma semelhante lei – artigo 161.º, alínea c), da Constituição –, a mesma não poderá ser revogada ou de outro modo contrariada por uma lei de amnistia, uma vez que se trata de uma lei paramétrica de valor reforçado – artigo 112.º, n.º 3, da Lei Fundamental([1199]).

Sucede, então, que o vício de que enferma a lei de amnistia será não o da inconstitucionalidade, mas antes o da ilegalidade: ilegalidade por violação de lei de valor reforçado. É este o entendimento tradicional da nossa doutrina e – em face do teor do texto constitucional – não vemos como se possa, de *lege lata*, argumentar de outro modo([1200]). Importa reter

---

([1197]) O qual versa sobre o enquadramento constitucional da amnistia.
([1198]) V., *supra*, n.º 4.1.2.
([1199]) V., *supra*, n.º 4.1.2.
([1200]) Questão diversa consiste em saber se não se justificará, de *lege ferenda*, a solução da inconstitucionalidade indirecta que é adoptada em outos ordenamentos: a lei de amnistia que inobservasse, então, o seu parâmetro, seria objecto, não de um juízo de ilegalidade, mas de um juízo de "inconstitucionalidade material indirecta". Para uma defesa desta solução, v., por todos, BLANCO DE MORAIS: *As Leis...*, 1998, pág. 660; *Direito Constitucional II*, *Relatório*, Suplemento da R.F.D.U.L., 2001, págs. 143 e 144.

aqui o fundamento dogmático para esta solução: "o que está em causa (...) é, primariamente, a contradição entre duas normas não constitucionais, não é a contradição entre uma norma ordinária e uma norma constitucional"([1201]). Por outras palavras, quando a desconformidade ocorrer relativamente a um parâmetro não vertido na Constituição, não se deverá falar em inconstitucionalidade: "Não havendo regulamentação directa das matérias pela Constituição, não se justifica falar em inconstitucionalidade"([1202]).

IV – Esta solução é, aliás, corroborada pelo respectivo regime de fiscalização([1203]). Na realidade, os artigos 280.° e 281.° da Constituição referem a ilegalidade, a par da inconstitucionalidade, como vício a ser objecto de fiscalização jurisdicional. Tratando-se, neste caso, de uma ilegalidade proveniente de uma relação de desconformidade em face de uma lei de valor reforçado (mais precisamente de enquadramento), temos que existe "um rigoroso paralelismo processual entre a tramitação e os efeitos dos institutos de controlo sucessivo (abstracto e concreto) da constitucionalidade e da legalidade das leis"([1204]). Por outras palavras, esta ilegalidade só não será susceptível de fiscalização preventiva([1205]) ou por omissão([1206]). Quanto à fiscalização da ilegalidade por violação de lei de valor reforçado, sucessiva concreta e abstracta, a mesma é, como acabámos de ver, decalcada da simetricamente correspondente fiscalização da constitucionalidade: é o que deriva, respectivamente, do artigo 280.°, n.° 2, alíneas a)([1207]) e d)([1208]), em conjugação com os n.°s 3, 4, 5 e 6 da mesma

---

([1201]) JORGE MIRANDA, Manual..., Tomo VI, 2001, pág. 25.

([1202]) JORGE MIRANDA, Manual..., Tomo VI, 2001, pág. 26.

([1203]) Neste sentido, cfr. JORGE MIRANDA, Manual..., Tomo VI, 2001, pág. 27.

([1204]) BLANCO DE MORAIS, Direito Constitucional..., Suplemento da R.F.D.U.L., 2001, pág. 143. O autor já o havia referido na sua tese de doutoramento, tendo, em virtude disso, concluído pelo carácter *objectivamente redundante* da figura da fiscalização da ilegalidade em relação à da fiscalização da constitucionalidade, termos em que se justificaria a eliminação da primeira em sede de futura revisão constitucional (cfr. As Leis..., 1998, pág. 660).

([1205]) Cfr. BLANCO DE MORAIS, As Leis..., 1998, pág. 660.

([1206]) Pelo menos no caso da amnistia essa possibilidade seria, mesmo teoricamente, de rejeitar uma vez que a Assembleia da República não pode encontrar-se adstrita, por força da lei de enquadramento, à obrigatoriedade da emissão de uma amnistia: v., *supra*, n.° 4.1.2.

Cfr. JORGE MIRANDA, Manual..., Tomo VI, 2001, pág. 291.

([1207]) Cfr. o artigo 280.°, n.° 1, alínea a) da Constituição.

([1208]) Cfr. o artigo 280.°, n.° 1, alínea b) da Constituição.

disposição da Lei Fundamental, e do artigo 281.º, n.º 1, alínea b)([1209]), em conjugação com os n.ºs 2 e 3 daquele artigo, bem como com o artigo 282.º, todos da Constituição.

Termos em que, valem aqui, *mutatis mutandis*, as observações feitas no parágrafo anterior([1210]) quanto a estas matérias.

V – Um ponto se impõe, contudo, para o esclarecimento de uma questão prévia. Apenas faz sentido recusar a aplicação de uma lei de amnistia por desconformidade face à respectiva lei de enquadramento da concessão de amnistias([1211]), quando esta última não seja inconstitucional([1212]), pois que, se o for, não poderá produzir a sua função paramétrica([1213]), daqui decorrendo que a fiscalização da constitucionalidade desta deverá preceder a fiscalização da legalidade da subsequente lei de amnistia([1214])([1215]). Assim, ao conhecer da ilegalidade de uma lei de amnistia, por violação da lei de enquadramento, em sede de fiscalização sucessiva concreta, o Tribunal Constitucional "não pode deixar de conhecer da *questão da inconstitucionalidade que se lhe depare acerca das próprias normas cuja violação se invoca para fundamentar a alegada ilegalidade*"([1216]). Do mesmo modo, tendo sido requerido para declarar a ilegalidade de uma lei de amnistia, por desconformidade perante a respectiva lei de enquadramento, o Tribunal Constitucional pode pôr em causa a constitucionalidade da norma paramétrica invocada para fundamentar a ilegalidade daquela([1217]).

([1209]) Cfr. o artigo 281.º, n.º 1, alínea a) da Constituição.

([1210]) V., *supra*, o parágrafo 6.º do presente estudo.

([1211]) Note-se que a recusa de aplicação de uma lei, com fundamento na sua ilegalidade resultante da desconformidade em face de lei reforçada, pode e deve ser realizada pelos próprios tribunais comuns (neste sentido, cfr. RUI MEDEIROS, *Relações entre Normas...*, O Direito, 1990, págs. 376 e 377; GOMES CANOTILHO e VITAL MOREIRA, *Constituição...*, 3.ª edição revista, 1993, págs. 795, 797 e 798).

([1212]) Por ser, ela própria, desconforme face à Constituição.

([1213]) Isto decorre, desde logo, da circunstância de o Parlamento – actualmente – não estar vinculado à emissão de uma semelhante lei de enquadramento. V., *supra*, n.º 4.1.2.

([1214]) Neste sentido, cfr. GOMES CANOTILHO e VITAL MOREIRA, *Constituição...*, 3.ª edição revista, 1993, pág. 1023.

([1215]) O que é válido, desde logo, em sede de fiscalização difusa da constitucionalidade: artigo 204.º da Constituição.

([1216]) GOMES CANOTILHO e VITAL MOREIRA, *Constituição...*, 3.ª edição revista, 1993, pág. 1023.

([1217]) Cfr. GOMES CANOTILHO e VITAL MOREIRA, *Constituição...*, 3.ª edição revista, 1993, págs. 1036 e 1037.

Finalmente, diga-se que existindo uma lei de enquadramento, nos termos expostos, uma ulterior lei de amnistia poderá ser, cumulativamente, inconstitucional, por violação directa da Constituição([1218]), e ilegal, por violação daquela lei paramétrica. Quando tal ocorrer, "o conhecimento da inconstitucionalidade([1219]) deve em princípio preceder o da ilegalidade, podendo aliás tornar supérfluo o conhecimento desta"([1220]).

VI – Quanto à ilegalidade *sui generis* resultante da desconformidade de uma norma amnistiante em face de um tratado internacional, remetemos para o que deixámos oportunamente escrito([1221]).

([1218]) Sublinhe-se o carácter directo desta desconformidade: cfr. JORGE MIRANDA, *Manual...*, Tomo VI, 2001, págs. 26 e 27, nota 3.

([1219]) Inconstitucionalidade directa: JORGE MIRANDA, *Manual...*, Tomo VI, 2001, págs. 26 e 27, nota 3.

([1220]) GOMES CANOTILHO e VITAL MOREIRA, *Constituição...*, 3.ª edição revista, 1993, pág. 1023. É o que resulta da tese da "consumpção de vícios" do nosso Tribunal Constitucional (v., entre outros, acórdãos n.ºs 268/88 de 21 de Dezembro e 280/90 de 23 de Outubro): cfr. BLANCO DE MORAIS, *As Leis...*, 1998, pág. 660; JORGE MIRANDA, *Manual...*, Tomo VI, 2001, págs. 26 e 27, nota 3. Note-se que esta tese, em face do actual desenho constitucional da fiscalização da legalidade, não se deverá aplicar quando a inconstitucionalidade for apenas "indirecta".

([1221]) V., *supra*, n.º 5.1.5.

CAPÍTULO IV

NATUREZA JURÍDICA DA AMNISTIA

No presente capítulo iremos tratar da questão atinente à natureza jurídica da amnistia (§ 8.º), concluindo pelo resultado a que chegámos em sede da sua evolução histórica (§ 9.º).

§ 8.º Natureza substantiva *vs* processual

I – Chegados ao presente capítulo, mais não resta senão extrair algumas ilações acerca daquilo que, ao longo deste nosso estudo, foi sendo escrito.

II – É bem verdade que a amnistia não é uma descriminalização([1222]). Se o fosse, a questão da sua natureza jurídica estaria *ipso facto* resolvida: ninguém duvidaria, então, da sua qualificação substantiva.

III – Não sendo uma descriminalização, cumpre, então, determinar se ainda nos encontramos perante um instituto de natureza substantiva([1223]).
Defende um certo sector doutrinal a tese do carácter puramente processual da amnistia([1224]). Os argumentos aduzidos são, fundamentalmente, dois. Desde logo, a amnistia que entre em vigor antes do trânsito em julgado de uma decisão sobre um caso por ela beneficiado terá por resultado, não a absolvição, mas antes a extinção do procedimento criminal (com o respectivo arquivamento)([1225]). Por outro lado, é invocado, também, o próprio artigo 103.º II GG: o princípio da legalidade só valeria no âmbito de ulteriores modificações desfavoráveis do direito penal material, sendo o respectivo critério de determinação deste último não mais do que a "conexão imediata com o facto"([1226]); isto é, só as circunstâncias que pertencem ao "acontecer do facto"([1227]) e das quais depende a punibilidade hão-de ser incluídas na protecção do artigo 103.º II GG, pois que o agente "faz depender (...) a sua actuação da confiança na ocorrência ou não ocor-

---

([1222]) V., *supra*, n.º 2.4.

([1223]) Cfr. JAKOBS, *Strafrecht, Allgemeiner Teil, Die Grundlagen und die Zurechnungslehre*, 2., neubearbeitete und erweiterte Auflage, Berlin/New York, 1993, pág. 346.

([1224]) Nesse sentido, cfr. MAURACH, GÖSSEL e ZIPF, *Strafrecht, Allgemeiner Teil, Teilband 2...*, 7. neuarbeitete und erweiterte Auflage, 1989, pág. 744.

([1225]) Cfr. FIGUEIREDO DIAS, *Direito Penal..., Parte Geral II...*, 1993, pág. 692.

([1226]) ROXIN, *Strafrecht...*, 3. Auflage, 1997, pág. 912.

([1227]) ROXIN, *Strafrecht...*, 3. Auflage, 1997, pág. 913.

rência dessas circunstâncias. Assim, por exemplo, o orador parlamentar recorrerá, sem receio, a palavras fortes, se e porque sabe que o ampara a protecção do § 36.º e que, posteriormente, também não poderá vir a ser privado da mesma. Mas ninguém pode confiar em como não será castigado porque se vai produzir a prescrição (...) ou se vai aprovar uma amnistia. É que trata-se de circunstâncias que não se podem afirmar no momento do facto e nas quais ninguém se pode fiar"([1228]). Tratar-se-ia, assim, a amnistia de um mero pressuposto de procedibilidade a orbitar – por ser alheio ao facto – apenas no sistema do Direito Processual Penal. Na síntese de ROXIN, "Os critérios de conteúdo em que se baseiam as categorias jurídico-materiais da responsabilidade e dos pressupostos da punibilidade mais além da responsabilidade voltam a encontrar-se, também, no direito processual. Por isso não são tais critérios os que determinam a delimitação de ambos os campos do Direito, mas antes o artigo 103.º II GG e a pertença ao acontecer do facto. As circunstâncias que excluem a pena e que, pela sua falta de vinculação com o complexo do facto, não estão sujeitas à proibição de retroacividade (...) pertencem ao Direito processual"([1229]). A amnistia seria, assim, um mero impedimento (pressuposto negativo) à perseguição ou – após o trânsito em julgado condenatório – à execução([1230]).

IV – Uma outra corrente doutrinária postula a natureza mista do instituto. As figuras do direito de graça constituíram, assim, "do ponto de vista jurídico-substantivo, uma causa de aniquilamento do dever de executar a sanção, do ponto de vista jurídico-processual um pressuposto processual"([1231]).

V – Tradicionalmente, a doutrina opinava, no entanto, pelo cunho exclusivamente substantivo do direito de graça. A amnistia seria então um instituto substantivo fruto do "esquecimento" por si ordenado([1232]), *rectius* do "apagar" da infracção([1233]).

([1228]) ROXIN, *Strafrecht...*, 3. Auflage, 1997, pág. 913.
([1229]) ROXIN, *Strafrecht...*, 3. Auflage, 1997, pág. 915.
([1230]) Cfr. FIGUEIREDO DIAS, *Direito Penal..., Parte Geral II...*, 1993, págs. 692 e 693.
([1231]) FIGUEIREDO DIAS, *Direito Penal..., Parte Geral II...*, 1993, pág. 692.
([1232]) V., *supra*, n.º 1.1.
([1233]) Será obviamente assim para os defensores do seu carácter descriminalizador: v., *supra*, n.º 2.4.

VI – Para nós, o elemento histórico-cultural da evolução do Direito não pode ser desprezado. Assim, não se poderá deixar de reconhecer uma natureza substantiva à amnistia. Simplesmente, como vimos, o véu, com que a amnistia cobre o facto criminoso, não "apaga" verdadeiramente a ilicitude da conduta beneficiada([1234]). Esse "esquecimento" que consubstancia, verdadeiramente, o núcleo da amnistia não significa mais do que a emanação de um mandamento, dirigido aos órgãos de perseguição criminal e execução de penas, de proibição da efectivação da punição, isto é, de um "pressuposto negativo da punição"([1235]) recorrendo à afirmação de FI-

---

([1234]) V., *supra*, n.ºs 1.1. e 2.4.

([1235]) E não pressuposto negativo da punibilidade pois que estes ainda respeitarão ao acontecer do facto, termos em que pressupõem a produção de um facto futuro: cfr. COBO DEL ROSAL e VIVES ANTÓN, *Derecho Penal...*, 5.ª Edición corregida, aumentada y actualizada, 1999, pág. 430; LUZÓN PEÑA, *La Punibilidad*, in *Libro Homenaje al Profesor Doctor Don José Cerezo Mir* (organizado por Díez Ripollés, Romeo Casabona, Gracia Martín, Higuera Guimerá), Madrid, 2002, pág. 835. Nem se invoque em sentido contrário o facto de, segundo o artigo 127.º do Código Penal, a amnistia extinguir a responsabilidade criminal (rejeitamos, assim, a interpretação de TERESA BELEZA in *Direito Penal*, 2.º vol., Lisboa, 1980, pág. 371): é que, como refere a maioria da doutrina espanhola quanto ao artigo 130.º do Código Penal espanhol (preceito que, não se referindo expressamente à amnistia, estabelece um elenco de causas de extinção da responsabilidade criminal), o facto de o legislador se referir a causas de extinção da responsabilidade criminal demonstra claramente que considera que existiu um delito – e, consequentemente, responsabilidade criminal – mas que essa obrigação contraída pelos infractores não pode já ser exigida (cfr. o lugar paralelo da extinção das obrigações no Direito Civil); por outras palavras, na extinção da responsabilidade criminal – ao contrário do que sucede com a ausência de punibilidade – houve crime (neste sentido, cfr., entre outros, LANDROVE DÍAZ, *Las Consecuencias...*, cuarta edición, revisada..., 1996, pág. 131; MOLINA BLÁZQUEZ, *La aplicación de la Pena, Estudio práctico de las consecuencias jurídicas del delito*, 2.ª edición, actualizada, Barcelona, 1998, pág. 83; BOLDOVA PASAMAR, *Lecciones de Consecuencias Jurídicas del Delito, El sistema de penas, medidas de seguridad, consecuencias accesorias y responsabilidad civil derivada del delito* (organizado por Gracia Martín), 2.ª Edición, Valencia, 2000, págs. 275 e 276; PATRICIA FARALDO CABANA, *Las Causas de Levantamiento de la Pena*, Valencia, 2000, págs. 93 e segs.). Finalmente, a própria lei chega a indicar cristalinamente a operacionalidade da amnistia a jusante da categoria da punibilidade: é o caso dos artigos 237.º e 238.º do Código de Processo Penal. Nos termos da alínea b) do n.º 1 do primeiro daqueles preceitos, constitui requisito de confirmação de sentença penal estrangeira a *punibilidade* pela própria lei penal portuguesa do facto que motivou a condenação. Ora, estabelece o artigo 238.º do mesmo diploma que *verificando-se todos os requisitos necessários para a confirmação* (*ergo*, que também o facto seja *punível* pela lei portuguesa, como vimos), *mas encontrando-se extintos*, segundo a lei portuguesa, *o procedimento criminal ou a pena por efeito de uma amnistia* (entre outras causas), a confirma-

GUEIREDO DIAS([1236]), facto que coloca a amnistia – no âmbito do universo penal substantivo – em órbita da doutrina da consequência jurídica, e não já em órbita da teoria geral da infracção, como resultava do pensamento coevo. Este mandamento do "esquecimento" significa não mais do que a renúncia estatal à sanção penal. É deste modo aliás que Süß caracteriza a consequência jurídica da amnistia([1237]).

Em suma, poderemos afirmar a natureza predominantemente substantiva da amnistia: a isso o impõe o elemento cultural do Direito, bem como a moderna compreensão da doutrina da consequência jurídica.

Como, porém, do seu cariz substantivo resultam efeitos processuais que erigem a amnistia em verdadeiro pressuposto processual([1238]), não se nos afigura, de todo, errado afirmar, também, a sua natureza mista. Diga-se, de todo o modo, que o cunho processual do instituto é um mero reflexo da sua essência material([1239]).

ção é concedida mas a força executiva das penas ou medidas de segurança aplicadas é denegada, o que demonstra, por conseguinte, que a amnistia consubstancia um instituto situado a jusante da punibilidade e da teoria geral da infracção.

No sentido da negação da inserção sistemática do instituto da amnistia na categoria da punibilidade e correspondente inserção do mesmo no espectro doutrinal das consequências jurídicas, cfr., entre outros, FIGUEIREDO DIAS, *Direito Penal..., Parte Geral II...*, 1993, págs. 44, 45 e 692; LANDROVE DÍAZ, *Las Consecuencias...*, cuarta edición, revisada..., 1996, págs. 131 e segs.; MAPELLI CAFFARENA e TERRADILLOS BASOCO, *Las Consecuencias Jurídicas del Delito*, tercera edición, Madrid, 1996, págs. 221 e segs.; MOLINA BLÁZQUEZ, *La Aplicación...*, 2.ª edición, actualizada, 1998, págs. 83 e segs.; BOLDOVA PASAMAR, *Lecciones...*, 2.ª Edición, 2000, págs. 275 e segs.; PATRICIA FARALDO CABANA, *Las Causas...*, 2000, págs. 93 e segs.. Contra, afirmando que a ausência de amnistia "funciona também como condição objectiva de punibilidade", cfr. TERESA BELEZA, *Direito Penal*, 2.º vol., 1980, pág. 371.

Sobre a destrinça entre punição e punibilidade, v. MARCELLO CAETANO, *Lições de Direito Penal, Súmula das prelecções feitas ao curso do 4.º ano jurídico no ano lectivo de 1938-39*, Lisboa, 1939, págs. 278 e 279; FIGUEIREDO DIAS, *Sobre o Estado...*, R.P.C.C., 1992, págs. 30 e segs.; do mesmo autor, *Direito Penal..., Parte Geral II...*, 1993, pág. 45.

([1236]) FIGUEIREDO DIAS, *Direito Penal..., Parte Geral II...*, 1993, pág. 692.

([1237]) Cfr. SÜß, *Studien...*, SÖR 852, 2001, págs. 88 e 143.

([1238]) Neste sentido, cfr., entre outros, FIGUEIREDO DIAS, *Direito Penal..., Parte Geral II...*, 1993, págs. 692 e 693; ROXIN, *Strafverfahrensrecht*, 25. völlig neu bearbeitete Auflage, München, 1998, pág. 159; VOLK, *Strafprozeßrecht*, München, 1999, pág. 115.

([1239]) Neste sentido, cfr. BOLDOVA PASAMAR, *Lecciones...*, 2.ª Edición, 2000, pág. 277; PATRICIA FARALDO CABANA, *Las Causas...*, 2000, pág. 96.

Em geral, aliás, o direito processual penal, pela própria natureza das coisas, não apresenta uma dimensão puramente formal. Referindo, desde logo, ser a relação substan-

Rejeitamos, por conseguinte, – e totalmente – todas as orientações puramente processuais da natureza jurídica da amnistia. Quanto ao primeiro argumento dos seus defensores, *supra*, referido, bom é de ver que o mesmo não prova rigorosamente nada. Na verdade, o arquivamento, e não a absolvição, será, também, a consequência jurídica de uma lei que descriminalize a conduta ainda não sujeita a julgamento: poder-se-á, por isso, dizer que a lei descriminalizadora – por não determinar a absolvição – tem natureza jurídica puramente processual?

Certamente que não. Por outro lado, o argumento retirado do artigo 103.º II GG não só é, como ROXIN o reconhece, puramente formal([1240]), como pressupõe, ainda, a inaplicabilidade do princípio da proibição da retroactividade *in pejus* às matérias do Direito Processual Penal([1241]), mesmo relativamente àquelas que contendam com os direitos fundamentais do arguido ou, de qualquer modo, revelem uma "conexão fundamentadora da responsabilidade do arguido"([1242]). Desconhece, por conseguinte, a doutrina autónoma da consequência jurídica: a fronteira que procura delimitar é a que separa a teoria geral da infracção do direito processual penal. Ora, semelhante entendimento não é apenas redutor, pois que o direito penal não existe sem a respectiva estatuição normativa, como é substancialmente questionável, desde logo, porque se acaba por reconhecer a proximidade substancial entre as categorias da punibilidade e ramificações daquilo que seria já processo([1243]), mas *ex vi* de um expediente formalista, opta-se por apartá-las irremediavelmente. O que não deixa de ser curioso, pois que ROXIN reconhece que a amnistia opera o efeito de exclusão da pena "com independência do Direito processual penal"([1244]),

---

cial entre o direito processual penal e o direito penal mais forte que as relações dos direitos civil e administrativo com as respectivas congéneres adjectivas, termos em que o direito penal *lato sensu* incluiria o próprio direito processual penal, cfr. CAVALEIRO DE FERREIRA, *Direito Penal...*, *Parte Geral, I*, 2.ª edição, 1982, págs. 21 e 22.

([1240]) Cfr. ROXIN, *Strafrecht...*, 3. Auflage, 1997, pág. 913.

([1241]) Como reconhece ROXIN in *Strafrecht...*, 3. Auflage, 1997, págs. 913 e segs..

([1242]) MARIA FERNANDA PALMA, *Direito Penal...*, 1994, pág. 126.

([1243]) É o caso de ROXIN in *Strafrecht...*, 3. Auflage, 1997, págs. 913 e segs., particularmente, pág. 914.

([1244]) ROXIN, *Strafrecht...*, 3. Auflage, 1997, pág. 911.

Ou seja, por outras palavras: a não imposição de uma pena *ex vi* de uma amnistia é concebível sem a existência de um processo; isto é, uma amnistia não carece de um processo para ser relevante.

como resulta da sua análise ao critério material proposto por HILDE KAUFMANN[1245], da supressão mental do processo penal como critério de delimitação entre Direito material e formal[1246].

([1245]) Exposto por ROXIN in *Strafrecht*..., 3. Auflage, 1997, págs. 911 e 912.
([1246]) Claro está que, em face deste critério, a amnistia será direito substantivo: cfr. ROXIN, *Strafrecht*..., 3. Auflage, 1997, pág. 911.

§ 9.º Da *Gnade vor Recht* ao *Recht vor Amnestie*

I – Tradicionalmente, como tivemos oportunidade de referir([1247]), a amnistia fazia parte da chamada *indulgentia principis*. Verdadeiramente o exercício da graça real "precedia o direito". A mera vontade do "príncipe" marcava o sentido do seu alcance e da sua legitimidade([1248]). Claro está que semelhante estado de coisas não era limitado à matéria da amnistia: era comum a toda a clemência régia. Com a "tendência real para a monopolização do poder político e do poder punitivo"([1249]), o rei converteu-se em "senhor absoluto, detentor directo de um poder divino para governar com justiça e, portanto, responsável somente perante Deus, titular exclusivo do poder legiferante ("quid principi placuit legis habet vigorem"), colocado acima das suas próprias leis ("princeps a legibus solutus"), administrador e juiz único e supremo"([1250]). Assim, "ilimitado o "ius puniendi" do rei, este vê na pena o mais eficaz meio de defesa da sua pessoa e do seu domínio"([1251]). É por isso que, com a "*instrumentalização política da lei penal*"([1252]), a pena se assume como "condição para absolutismo régio"([1253]). Ora, faz parte desta "plenitudo potestatis"([1254]), o "direito de

---

([1247]) V., *supra*, n.ºs 1.1. e 4.1.1.

([1248]) Cfr. MARCELLO CAETANO, *História do Direito Português (Sécs. XII-XVI)*, 4.ª edição, Lisboa, 2000, pág. 403.

([1249]) TAIPA DE CARVALHO, *Condicionalidade Sócio-cultural do Direito Penal*, in *Estudos em Homenagem aos Professores Doutores M. Paulo Merêa e G. Braga da Cruz II*, B.F.D.U.C., vol. LVIII, 1982, pág. 1068.

([1250]) TAIPA DE CARVALHO, *Condicionalidade...*, in *Estudos...*, B.F.D.U.C., 1982, pág. 1069.

([1251]) TAIPA DE CARVALHO, *Condicionalidade...*, in *Estudos...*, B.F.D.U.C., 1982, pág. 1071.

([1252]) TAIPA DE CARVALHO, *Condicionalidade...*, in *Estudos...*, B.F.D.U.C., 1982, págs. 1071 e 1072.

([1253]) TAIPA DE CARVALHO, *Condicionalidade...*, in *Estudos...*, B.F.D.U.C., 1982, pág. 1072.

([1254]) TAIPA DE CARVALHO, *Condicionalidade...*, in *Estudos...*, B.F.D.U.C., 1982, pág. 1075.

perdoar"([1255]). Na realidade, o "poder de conceder graça está conexionado com o poder de legislar: se apenas o rei pode fazer as leis, só ele goza da faculdade de impedir a sua aplicação"([1256]).

Ora, como salienta TAIPA DE CARVALHO, "neste cenário político-jurídico, não admira que *voluntariedade e arbitrariedade* se imponham como características fundamentais da graça real"([1257]). Daí que, seguindo "uma longa tradição, as medidas de clemência (...) eram, frequentemente, utilizadas para celebrar acontecimentos felizes para o rei e sua família ou para todo o reino: nascimento de um príncipe, tratado de paz ou vitória sobre nação inimiga. A Semana Santa era também ocasião para os reis cristãos mostrarem o seu "amor de Nosso Senhor Jesus Cristo", concedendo perdões gerais. Mas, tal como desde sempre e ainda nos nossos dias, a concessão de graça foi, muitas vezes, determinada por motivos políticos. Considerada como meio de pacificação social, a *clemência* foi, frequentemente, usada *como arma política* ao serviço exclusivo da manutenção do poder. E foi, especialmente, em função do poder que a "indulgentia principis" foi vista por Maquiavel (...), e pelo absolutismo monárquico, servido por uma filosofia política da relativização dos meios"([1258]).

Retenhamos, pois, esta ideia da evolução do direito de clemência: tal como a sua contra-face – o "jus puniendi" – encontrava-se funcionalmente adstrito à conservação do poder. Daí que, ainda quando sujeitos a certas condicionantes – a saber, fundamentalmente a justiça([1259]) e a natureza dos crimes([1260]) – a verdade é que, não obstante, o direito de clemência foi

---

([1255]) TAIPA DE CARVALHO, *Condicionalidade...*, in *Estudos...*, B.F.D.U.C., 1982, pág. 1075.

([1256]) TAIPA DE CARVALHO, *Condicionalidade...*, in *Estudos...*, B.F.D.U.C., 1982, pág. 1075.

([1257]) TAIPA DE CARVALHO, *Condicionalidade...*, in *Estudos...*, B.F.D.U.C., 1982, págs. 1075 e 1076. V., do mesmo autor, *História...*, in *Estudos...*, 2002, pág. 136.

([1258]) TAIPA DE CARVALHO, *Condicionalidade...*, in *Estudos...*, B.F.D.U.C., 1982, pág. 1076. V., do mesmo autor, *História...*, in *Estudos...*, 2002, págs. 136 e 137.

([1259]) Cfr. TAIPA DE CARVALHO, *Condicionalidade...*, in *Estudos...*, B.F.D.U.C., 1982, pág. 1077, nota 68. V., do mesmo autor, *História...*, in *Estudos...*, 2002, pág. 137.

([1260]) Cfr. TAIPA DE CARVALHO, *Condicionalidade...*, in *Estudos...*, B.F.D.U.C., 1982, pág. 1077; do mesmo autor, *História...*, in *Estudos...*, 2002, págs. 137 e 138; CAVALEIRO DE FERREIRA, *Direito Penal...*, *Parte Geral, II*, 1982, pág. 504; e, particularmente, BARBAS HOMEM, *Judex Perfectus, Função Jurisdicional e Estatuto Judicial em Portugal (1640-1820)*, Coimbra, 2003, págs. 167 a 169.

Como refere BARBAS HOMEM, apesar de teorizados muitas vezes como institutos de Direito Natural de modo a justificar a limitação do poder régio, as figuras da Clemência

arbitrariamente exercido([1261])([1262]), fruto da prerrogativa régia([1263]). Nas palavras de ANTÓNIO HESPANHA se, "ao ameaçar punir (mas punindo, efectivamente, muito pouco), o rei se afirmava como justiceiro, dando realização a um tópico essencial no sistema medieval e moderno da legitimação do poder, ao perdoar, ele cumpria um outro traço da sua imagem – desta vez como pastor e como pai – essencial também à legitimação. A mesma mão que ameaçava com castigos impediosos, prodigalizava, chegado o momento, as medidas de graça. Por esta dialéctica do temor e da clemência, o rei constituía-se, ao mesmo tempo em senhor de Justiça, e mediador da Graça (...). Da parte dos seus súbditos, este modelo de legitimação do poder cria um certo habitus de obediência, tecido, ao mesmo tempo, com os laços do temor e do amor. Teme-se a ira regis; mas, até à consumação do castigo, não se desespera da misericórdia (...). Trata-se, afinal, de um modelo de exercício do poder coercitivo que evita, até à consumação final da punição, a "desesperança" dos súbditos em relação ao poder; e que, por isso mesmo, tem uma capacidade quase ilimitada de prolongar (ou reiterar) a obediência e o consenso (...) ... a disciplina penal real visava, sobretudo, uma função política – a da defesa da supremacia simbólica do rei, enquanto titular supremo do poder punitivo e do correspondente poder de agraciar"([1264]). Note-se que este estado de coisas subsistiu ainda perante a concordância generalizada com a dispensa tomista. Particular

---

foram muitas vezes utilizadas mesmo quanto aos *crimes atrozes* (cfr. *Judex Perfectus...*, 2003, pág. 168).

O que nos leva a concluir pela inexistência, *de facto*, de crimes inamnistiáveis nas nossas Idades Média e Moderna.

([1261]) Neste sentido, cfr. TAIPA DE CARVALHO, *Condicionalidade...*, in *Estudos...*, B.F.D.U.C., 1982, pág. 1077, nota 68.

([1262]) Retenham-se, nesse sentido, as pertinentes palavras de BARBAS HOMEM, para quem, em face do uso sistemático dos poderes régios de clemência (normalmente exercidos em audiências públicas, o que denota então, como agora, uma preocupação do poder político em agradar à opinião pública), "os textos penais quer da Idade Média quer da Idade Moderna suscitam uma interrogação fundamental acerca do seu alcance efectivo: a regra sancionatória penal era a que se encontrava definida nas terríveis disposições das leis portuguesas ou era antes a das cartas de indulto e de amnistia?" (*A Lei da Liberdade*, Volume I, *Introdução Histórica ao Pensamento Jurídico, Épocas Medieval e Moderna*, Cascais, 2001, pág. 124).

([1263]) Cfr. TAIPA DE CARVALHO, *Condicionalidade...*, in *Estudos...*, B.F.D.U.C., 1982, págs. 1077 e 1078. V., do mesmo autor, *História...*, in *Estudos...*, 2002, pág. 138.

([1264]) ANTÓNIO HESPANHA, *Da "iustitia" à "disciplina"*, in *Justiça e Litigiosidade: História e Prospectiva*, Lisboa, 1993, págs. 316 e 317.

avanço, em sede doutrinal de amnistia – que não, como vimos, em sede de exercício – representou a doutrina da dispensa (*dispensatio*) a qual permitiu "integrar pela primeira vez correctamente os actos de graça (...) na teoria geral da lei"([1265]). Tratava-se, no fundo de saber, se o governante poderia dispensar o cumprimento das leis humanas. S. TOMÁS DE AQUINO responde afirmativamente a esta questão: "(...) quem tem o poder de governar a comunidade tem o poder de dispensar da lei humana que criou por sua autoridade, isto é, de conceder a licença de não cumprir o preceito da lei relativamente às pessoas ou aos casos em que a lei é deficiente. Se, porém, sem essa razão, por sua mera vontade, concede licença, ou não é fiel, ao dispensar, ou é imprudente: infiel, se não tem em vista o bem comum; imprudente, se ignora a razão de dispensar"([1266]) torna-se, então, lícito agir contra as palavras de tal lei na medida em que esta é nociva à comunidade: deve-se, então, recusar a aplicação dessa lei pois que não estando ordenada ao bem comum, não tem razão de ser e, não tendo razão de ser, não tem poder de obrigar([1267]).

II – Não é já de estranhar a rejeição visceral, por parte do Século das Luzes, do direito de clemência. Desde logo, o emprego recorrente da clemência não poderia deixar de ser visto negativamente por ROUSSEAU, pois que o crime é contrário ao pacto social e à vontade geral que o alicerça: ora, "quem quer que recuse obedecer à vontade geral a isso será coagido por todo o corpo [social]"([1268]). BECCARIA, por sua vez, desfere uma crítica de fundo à graça, restringindo temporariamente a virtualidade das suas figuras aos sistemas penais com penas ainda claramente severas. Nas suas palavras, à "medida que as penas se tornam mais suaves a clemência e o perdão tornam-se menos necessários. Feliz a nação em que eles fossem funestos! Então a clemência, essa virtude que foi por vezes para um soberano o suplemento de todos os deveres do trono, deveria ser excluída de uma legislação perfeita onde as penas fossem suaves e o sistema de julgar regular e expedito (...). Esta é a tácita desaprovação que os benéficos distribuidores da felicidade pública dão a um código (...).

([1265]) SOUSA E BRITO, *Sobre a Amnistia*, R.J., 1986, pág. 25.

([1266]) S. TOMÁS DE AQUINO *apud* SOUSA E BRITO, *Sobre a Amnistia*, R.J., 1986, págs. 25 e 26.

([1267]) Cfr. SOUSA E BRITO, *Sobre a Amnistia*, R.J., 1986, pág. 26.

([1268]) ROUSSEAU, *Du Contrat Social, Ou Principes du Droit politique*, Paris, s/d [reimpressão do original francês de 1762], Livro I, Título VII, pág. 21.

Mas considere-se que a clemência é a virtude do legislador e não do executor das leis; que ela deve resplandecer no código, e não nos juízos particulares; que fazer ver aos homens que se podem perdoar os delitos e que a pena não é a necessária consequência deles é fomentar a esperança enganadora da impunidade, é fazer crer que, uma vez que é possível o perdão, as condenações sem perdão são mais o resultado da violência da força do que emanações da justiça. Que se dirá então quando o príncipe concede as graças, isto é, a segurança pública a um particular, e com um acto privado de mal esclarecida beneficência forma um decreto público de impunidade? Sejam, pois, inexoráveis as leis, inexoráveis os seus executores em cada caso particular, mas seja suave, indulgente, humano, o legislador. Arquitecto sábio, que faça erguer o seu edifício na base do amor próprio, e que o interesse geral seja o resultado dos interesses de cada um, e não será constrangido com leis parciais e com paliativos tumultuosos a separar a todo o momento o bem público do bem dos particulares, e a erguer um simulacro de saúde pública sobre o medo e a desconfiança"([1269]). Por sua vez, KANT, em virtude da injustiça resultante do *ius aggratiandi*, considerava mesmo o *Begnadigungsrecht* como, "de entre todos os direitos do soberano, o mais obsceno([1270])"([1271]).

III – A crise dos institutos de clemência, e particularmente do da amnistia, conhece um novo capítulo com o advento do Estado Constitucional de Direito. "Na verdade, mal se compreende, para os seus críticos, como pode a lei do Estado Constitucional, fundado (e crente) na legalidade, na igualdade e na separação de poderes (e crente na sua racionalidade), ser geradora de casos que necessitem da intervenção da clemência"([1272]).

Daí que exista uma concepção clara de repúdio([1273]) pelo instituto da amnistia. É essa a posição da doutrina espanhola por nós citada([1274]) que

---

([1269]) BECCARIA, *Dos Delitos e das Penas*, Lisboa, 1998 [tradução do original italiano de 1766], págs. 161 e 162.

([1270]) Optámos, neste caso, pela tradução em sentido figurativo da expressão "schlüpfrigste": em sentido não figurativo, a tradução, mais corrente, seria a de "o mais escorregadio".

([1271]) KANT, *Die Metaphysik der Sitten in zwey Theilen*, ersten Auflage, erstes Blatt, Könisberg, 1797, págs. 206 e 207.

([1272]) RUI PATRÍCIO, *Um Discurso* ..., R.J., 1999, pág. 237.

([1273]) Cfr. RUI PATRÍCIO, *Um Discurso* ..., R.J., 1999, págs. 237 e segs. V., *supra*, n.° 4.1.1.

([1274]) V., *supra*, n.° 4.1.1.

postula a sua ilegitimidade à luz da Constituição de 1978. Não é, senão essa, também, a doutrina que resulta, entre nós, expressamente, do entendimento de AFONSO QUEIRÓ([1275]). A amnistia, surge, para estes autores como um corpo estranho ao Estado de Direito: a sua "radical" desconformidade com o princípio da separação de poderes, com o monopólio da função jurisdicional e, finalmente, o seu carácter irracional e iníquo por contrariar a lei geral, essa sim racional e fundada no crivo igualitário, conduz esta doutrina à sua rejeição. E se esse caminho – para certa corrente de pensamento – acaba por ser facilitado, no caso espanhol, pela omissão do instituto na Lei Fundamental, em face da nossa Constituição de 1976, o problema acaba por ser mais delicado: a amnistia encontra-se expressamente prevista. Por este motivo, e para AFONSO QUEIRÓ, a amnistia não será mais que um corpo estranho ao Estado de Direito que consubstancia como que uma autoderrogação constitucional, daqui resultando que, não fosse este instituto constitucionalmente previsto, e a concessão de amnistias seria, entre nós, fruto dos princípios acima apontados, próprios de um Estado de Direito, pura e simplesmente, constitucionalmente interdita([1276])([1277]).

IV – Não é este, contudo, o nosso pensamento. Como resulta de tudo quanto até aqui deixámos escrito, a amnistia, sendo na sua origem um instituto utilizado arbitrária e insindicavelmente, não pode, hoje, continuar a ser entendido dessa mesma forma([1278]). Na realidade, o problema da legitimidade da lei, seja qual for a sua natureza, impõe-se em face de qualquer lei, não sendo, por conseguinte, privativo da lei de amnistia.

Do mesmo modo que a lei incriminadora do Antigo Regime, à luz do entendimento hodierno do Direito Penal, nos surge como espúria, iníqua e desconforme com o mais basilar princípio da dignidade da pessoa humana, também é natural que o uso arbitrário das amnistias (fosse qual fosse o seu "nomen juris"([1279])) nos pareça, hoje, inadmissível.

A verdade porém, é que a lei incriminadora foi objecto de profunda reflexão e absorção pelo Estado de Direito, no que resultou, particularmente, no desenvolvimento da temática dos critérios atinentes à sua

---

([1275]) Exposto, *supra*, n.º 4.1.1.

([1276]) V., *supra*, n.º 4.1.1.

([1277]) Sobre o indulto como milagre, cfr. RADBRUCH, *Filosofia do Direito*, 6.ª edição revista, Coimbra, 1979, págs. 339 e 340.

([1278]) V., *supra*, n.ºs 4.1.1., e 5.2.

([1279]) V., *supra*, n.º 1.1.

legitimação([1280]). Isto é, não se optou pela pura e simples rejeição do Direito Penal pela falta de concordância das suas antigas regras em face das novas exigências de um Estado de Direito democrático.

Ora, em bom rigor, é isso, precisamente, que só muito tardiamente – século XX([1281]) – se começou a fazer no âmbito do direito de clemência. Parente pobre da lei penal positiva, a lei de amnistia nunca foi, com efeito, objecto da mesma atenção e aprofundamento científicos.

Sucede, por conseguinte, ao contrário do que resultaria de uma leitura apressada de toda a matéria atinente às constelações problemáticas da amnistia, que a mesma é compatível com o Estado de Direito Constitucional([1282]). Não só não representa qualquer violação dos princípios da separação de poderes e do monopólio jurisdicional([1283]) como, também, não representa, necessariamente, um instituto irracional e desigualitário([1284]). Claro está que a lei de amnistia, como qualquer lei, pode ser irracional e violadora do princípio da igualdade: só que não o é necessariamente.

Sendo a amnistia claramente compatível com o moderno Estado de Direito, então importa, isso sim, traçar, com a precisão possível, os seus limites constitucionais, precisamente da mesma forma que mereceu a já aprofundada análise dos limites da lei penal positiva. Foi precisamente a essa tarefa que procurámos acrescentar o nosso contributo no Capítulo II do presente estudo([1285]). Respeitados esses limites e proibições decorrentes dos princípios e regras constitucionais, a concessão de amnistias é perfeitamente válida, donde termos nós concluído que, se não houvera a nossa Constituição consagrado o presente instituto, o mesmo seria, não obstante, legítimo e constitucionalmente não interdito([1286]).

Em suma, diríamos que a antiga máxima germânica *Gnade vor Recht*([1287]) deverá ser substituída – nos quadros do Estado de Direito – pela máxima *Recht vor Gnade*, ou, mais precisamente, para aquilo que é o

---

([1280]) Sobre estes critérios, v., *supra*, n.º 5.1.5.

([1281]) Particularmente na Alemanha como vimos em todo o parágrafo 5.º do presente estudo.

([1282]) V., *supra*, n.º 4.1.1., bem como todo o parágrafo 5.º.

([1283]) V., *supra*, n.º 5.1.3.

([1284]) V., *supra*, n.ºs 5.1.2. e 5.2.

([1285]) V., *supra*, parágrafos 4.º e 5.º.

([1286]) V., *supra*, n.ºs 4.1.1., 5.1.2. e 5.2.

([1287]) Cfr., a título de exemplo, RADBRUCH, *Filosofia...*, 6.ª edição revista, 1979, pág. 338; HUBA, *Gnade im Rechtsstaat?*, Der Staat, 1990, págs. 117 e segs., sobretudo págs. 123 e 124.

objecto do nosso cuidado, *Recht vor Amnestie*, entendendo-se aqui por Direito (*Recht*) as regras e princípios constitucionais. A amnistia não é mais um instituto irracional: as regras constitucionais exigem que seja trabalhada com observância dos parâmetros por nós expostos([1288]).

V – Por tudo isto, não podemos deixar de discordar do entendimento entre nós sufragado por RUI PATRÍCIO. O autor generaliza, "estrutural e transversalmente"([1289]), o raciocínio *supra* citado de ANTÓNIO HESPANHA relativo ao Antigo Regime. Por outras palavras, para RUI PATRÍCIO, a amnistia é, ainda hoje, "na maior parte dos casos (se não em todos, mesmo naqueles em que há, aparente ou realmente, aquele controlo de justeza), discricionariedade; vemos, afinal – para usar uma imagem do processo penal – uma manifestação de um princípio como que de oportunidade, sem quaisquer critérios de tempo, modo e objecto que não a vontade de quem a decreta"([1290]). Rejeitando, por conseguinte, qualquer ideia de justa causa, o autor não retira desta afirmação, contudo, que a amnistia seja "um paradoxo no sistema penal, algo de aberrante, que não faz parte desse sistema"([1291]), pelo contrário, tenta defender um outro discurso para a amnistia. E esse discurso assenta na verificação de que hoje, tal como no Antigo Regime, a amnistia "é um mecanismo de manutenção e reforço do poder, poder que, de modo a manter a ordem que sustenta e que o sustenta, intenta uma estratégia de domínio relativamente aos indivíduos. O poder penal participa dessa mesma estratégia e, dentro dele, a amnistia (a clemência, de um modo geral) ao lado das penas, funciona como meio de afirmação desse poder e, *ipso facto*, como meio de realização dessa estratégia"([1292]). A conservação do poder ocorre, então, através da ameaça, por um lado, e da crença, por outro([1293]). Ora, a crença pode ser alcançada através da "gratidão (por parte dos agraciados) e do reconhecimento da magnanimidade do poder (por parte dos demais)"([1294]). Em suma, a amnistia é "um instrumento de colocação do indivíduo à mercê do poder, que escolhe se e quando amnistia, criando ele mesmo, nesse momento, as regras do seu acto de amnistiar. (...) E ainda mais ameaçador é o poder que

---

([1288]) No parágrafo 5.º do presente estudo.
([1289]) RUI PATRÍCIO, *Um Discurso* ..., R.J., 1999, pág. 251.
([1290]) RUI PATRÍCIO, *Um Discurso* ..., R.J., 1999, pág. 239.
([1291]) RUI PATRÍCIO, *Um Discurso* ..., R.J., 1999, pág. 239.
([1292]) RUI PATRÍCIO, *Um Discurso* ..., R.J., 1999, pág. 239.
([1293]) Cfr. RUI PATRÍCIO, *Um Discurso* ..., R.J., 1999, pág. 250.
([1294]) RUI PATRÍCIO, *Um Discurso* ..., R.J., 1999, pág. 250.

desfaz, amnistia e liberta se, quando e como entender. Por isso, (...) no mais largo campo da clemência, a amnistia é a mais radical das medidas, por ser praticamente total a possibilidade de escolha do poder relativamente à sua oportunidade, ao seu tempo e ao seu modo"([1295]).

Em bom rigor, diga-se, a tese de RUI PATRÍCIO faz todo o sentido partindo dos pressupostos que tem por base. Ora, o problema, para nós, reside na eleição dos pressupostos pelo autor. Com efeito, o autor critica a doutrina da justa causa, exemplificando com "algumas das nossas mais recentes leis de amnistias"([1296]): "Não se alcança como pode a referida teoria da justa causa explicá-las"([1297]). Como é que redundaria, nos casos neles contemplados, "a aplicação do preceito punitivo em injustiça"?([1298]). Acontece que concordamos com a análise do autor. Contudo, a ilação que dela extraímos é diferente: RUI PATRÍCIO parte da falta de suporte substancial de legitimação da generalidade das nossas leis de amnistia, para tomar como bom o seu carácter arbitrário([1299]), e a partir daí construir a sua posição. Ora, acontece, que, para nós, a solução será radicalmente diversa: quando as respectivas leis não sejam justificadas no altar da igualdade – entre outros limites constitucionais – as mesmas serão inconstitucionais([1300]) com os efeitos oportunamente apontados([1301]). A falha da construção de RUI PATRÍCIO assenta, por isso, no facto de ter tomado por válidas leis que – na verdade – nunca o foram. Mais ainda, ao ter omitido qualquer tentativa de delimitação das fronteiras constitucionais da amnistia, o autor, afinal, acaba por defender uma tese que conduz à afirmação de uma natureza da amnistia "contrária ao Estado de Direito". A amnistia, pelo contrário, deve ser hoje exercida de acordo com os cânones constitucionais, devendo, quanto a nós, a leitura hodierna da justa causa ser operada à luz do crivo da igualdade([1302]).

Reconhecemos que, desta nossa posição, resulta a afirmação da inconstitucionalidade das nossas mais recentes leis de amnistia. Não pode ser, senão esta, a leitura correcta à luz do quadro do Estado de Direito em que a amnistia, hoje, se insere. Aliás, bem vistas as coisas, a tese de RUI

([1295]) RUI PATRÍCIO, *Um Discurso* ..., R.J., 1999, pág. 248.
([1296]) RUI PATRÍCIO, *Um Discurso* ..., R.J., 1999, pág. 238.
([1297]) RUI PATRÍCIO, *Um Discurso* ..., R.J., 1999, pág. 238.
([1298]) RUI PATRÍCIO, *Um Discurso* ..., R.J., 1999, pág. 238.
([1299]) Cfr. RUI PATRÍCIO, *Um Discurso* ..., R.J., 1999, págs. 238 e 239.
([1300]) V., *supra*, todo o parágrafo 5.º do presente estudo.
([1301]) V., *supra*, o parágrafo 6.º do presente estudo.
([1302]) V., *supra*, n.ºs 5.1.2. e 5.2.

PATRÍCIO conduziria à total destruição de qualquer base de legitimação também para o caso das normas penais incriminadoras: é que sendo também as penas um instrumento de conservação do poder, fácil é de ver que semelhante construção, para proceder, rejeitaria qualquer tentativa de aferição da legitimidade constitucional da incriminação[1303].

É, por tudo isto, ainda de criticar, uma vez mais, a posição do nosso Tribunal Constitucional: começando por afirmar que as leis de amnistia devem observar o princípio da igualdade, a realidade é que, abdica da análise do referido preceito[1304]. E isto, tendo por base a consideração dos fins da amnistia. Ora, neste ponto, o Tribunal Constitucional incorre num vício grave: ao descentrar os fins da amnistia, esquece-se dos seus limites constitucionais, nomeadamente o da igualdade. Por concluir que qualquer fim do Estado de Direito legitima a concessão de uma amnistia, acaba por afirmar, implicitamente, uma ideia de arbítrio legislativo constitucionalmente aceite: sempre que esteja em causa uma lei de amnistia, seria anulado tudo aquilo que a Constituição determina porque outros valores mais altos se levantariam. Resta saber quais. Mais ainda, fica por explicar o porquê de um fim da amnistia – que afinal, segundo o Tribunal acaba por poder ser um qualquer – possibilitar, bem vistas as coisas, a legitimação de uma lei arbitrária. É neste sentido, aliás, que interpretamos a declaração de voto de MARIA FERNANDA PALMA que, criticando a excessiva "tolerância" em relação à amnistia, relembra que a posição de privilégio que a caracteriza "carece de ser fundamentada à luz do artigo 13.º da Constituição. Não são *quaisquer razões*, que se aproximam perigosamente do puro arbítrio político, que permitem distinguir entre agentes de crimes tipicamente idênticos os que são e os que não são puníveis"[1305].

Dir-se-ia, em suma, que urge uma mudança de orientação na política de concessão de amnistias. Estas só excepcionalmente devem ser concedidas e apenas quando haja uma situação historicamente delimitada que o justifique. Neste ponto, tem, efectivamente, uma palavra importante a desempenhar o Tribunal Constitucional, cuja posição na matéria requer uma urgente reforma. É que, bem visto o seu entendimento, o nosso Tribunal

---

[1303] Por outras palavras, valeria também "tudo" para o legislador em sede de incriminação, tese que não se encontra, nem se poderia encontrar, na actualidade, perfilhada: v., *supra*, n.º 5.1.5.

[1304] V., *supra*, n.º 5.2.

[1305] MARIA FERNANDA PALMA, *Declaração de Voto*..., ACÓRDÃOS DO TRIBUNAL CONSTITUCIONAL, 40.º Volume, 1998, pág. 204.

Constitucional ainda possui uma posição verdadeiramente ultrapassada do instituto. Implicitamente, a amnistia será, para o nosso Tribunal, ainda um instrumento arbitrário que antecede e prevalece sobre o Direito (*Amnestie vor Recht*) mas que convém não questionar por se encontrar consagrado na Constituição.

VI – Uma última nota para salientar o impacto da amnistia em sede de fins das penas.

Na perspectiva das considerações retributivas absolutas dos fins das penas, temos que as mesmas são inconciliáveis com a figura da amnistia[1306]. E isto porque a amnistia permite, ainda, de certo modo, ainda que formalmente, reafirmar o Direito. Ou seja, não será necessariamente apenas a aplicação da pena que permite reafirmar o Direito. E isto porque havendo uma amnistia, a comunidade fica a saber que determinada conduta é proibida ou imposta e que a respectiva norma vigora.

Na realidade, porém, parece-nos que semelhante entendimento é, fundamentalmente, formal. É que, numa perspectiva preventiva geral, a amnistia suscita graves problemas. Só formalmente se poderá aí afirmar que a amnistia constitui "um estímulo para o respeito pelos bens jurdicos". Com efeito, a prevenção geral positiva é claramente afectada pela concessão de uma amnistia. A doutrina alemã, particularmente, insiste neste ponto[1307]. Ou seja as "expectativas da comunidade de tranquilidade e segurança, através do funcionamento do sistema penal"[1308] são, claramente, afectadas. É verdade que, como, para nós, a amnistia tem consequências ao nível apenas da consequência jurídica[1309], poder-se-ia dizer, ainda formalmente, que a prevenção geral decorrente da existência da norma incriminadora é satisfeita pois que esta nunca deixou de existir. Não obstante, "pouco alcance terá tal prevenção geral, sem a aplicação efectiva da pena, nos casos concretos. Daí poder sustentar-se a referida ideia de que a clemência frusta a prevenção geral, gerando expectativas de impunidade[1310], quer nos potenciais criminosos (todos nós, ao fim e ao cabo), negando assim a vertente "negativa" da prevenção geral, quer insatisfa-

---

[1306] Cfr. RUI PATRÍCIO, *Um Discurso* ..., R.J., 1999, pág. 255.

[1307] Trata-se, na realidade de um ponto comum à generalidade da doutrina germânica. V., por todos, MERTEN, *Rechtsstaatlichkeit*..., 1978, págs. 21 e segs..

[1308] RUI PATRÍCIO, *Um Discurso* ..., R.J., 1999, pág. 254.

[1309] V., *supra*, n.ºs 1.1. e 2.4.

[1310] Neste sentido, cfr. MENEZES CORDEIRO, *Da Amnistia*..., R.O.A., 1992, pág. 872.

zendo as necessidades de segurança e tranquilidade dos observadores do "espectáculo" punitivo (que o somos todos, também), negando assim a prevenção geral na sua vertente "positiva""([1311]). RUI PATRÍCIO acaba por discordar desta posição por duas razões: em primeiro lugar, a amnistia será uma figura incerta([1312]); em segundo lugar, a opção estatal pela punição ou pela amnistia resolve-se através de uma solução de "alternatividade"([1313]), termos em que "não se pode falar em oposição entre a clemência e os fins imediatos das penas, pois entre uma e outras não há, verdadeiramente, uma concorrência"([1314]). "Ou seja, o poder ora recorre a uma ora a outras, em ordem a prosseguir os seus assinalados fins. Porque são concomitantes na sua existência, mas alternativas na sua aplicação (...) não se chocam. O poder, ao fazer uma coisa ou outra (punir ou perdoar) e sobretudo, ao poder fazer uma coisa ou outra, afirma-se na sua plenitude"([1315]). Não podemos, uma vez mais, concordar com o autor. O seu primeiro argumento é claramente contraditório com a análise que leva a cabo quanto ao carácter injustificado das últimas amnistias entre nós concedidas([1316]). Quanto à segunda linha de argumentação, é verdade que o Estado não pode punir e perdoar ao mesmo tempo (no sentido preconizado pelo autor), mas a verdade é que, enquanto perdoa, o Estado não está a punir e, ao não estar a punir, está a desproteger determinado bem jurídico – eventualmente um direito à protecção desse mesmo bem([1317]) – e a negar *ipso jure* a prevenção geral positiva à norma penal incriminadora relativamente à qual se verificou a amnistia, pois que esta obstaculiza a punição e, com isso, a tutela jurídico-penal dos bens jurídicos com relevo axiológico-constitucional([1318]).

([1311]) RUI PATRÍCIO, *Um Discurso* ..., R.J., 1999, págs. 254 e 255.

([1312]) Cfr. RUI PATRÍCIO, *Um Discurso* ..., R.J., 1999, pág. 255.

O problema é, sem dúvida, mais complexo quando a amnistia se torne "certa", questão que se encontra particularmente associada às amnistias meramente celebrativas: neste sentido, SCHÄTZLER salienta os resultados sangrentos a que a prática francesa, de concessão de amnistias celebrativas (de eleição do Presidente da República), conduziu (cfr. *Handbuch des Gnadenrechts*..., 2. neuarbeitete und erweiterte Auflage, 1992, págs. 262 e 263): v., *supra*, n.º 5.2.

([1313]) RUI PATRÍCIO, *Um Discurso* ..., R.J., 1999, pág. 253.

([1314]) RUI PATRÍCIO, *Um Discurso* ..., R.J., 1999, pág. 253.

([1315]) RUI PATRÍCIO, *Um Discurso* ..., R.J., 1999, pág. 253.

([1316]) V., *supra*, o texto do presente número.

([1317]) V., *supra*, n.º 5.1.5.

([1318]) V., *supra*, n.º 5.1.5.

Finalmente, quanto às finalidades preventivas especiais, concordando em absoluto com RUI PATRÍCIO, tudo dependerá do tipo de criminalidade beneficiada pela amnistia([1319]). Onde estiver em causa um tipo de infracção pouco grave, as necessidades de prevenção especial pouco se farão sentir([1320])([1321]). Uma colisão com as necessidades de prevenção especial ocorrerá certamente quando, pelo contrário, a amnistia se reportar à criminalidade mais gravosa.

([1319]) Cfr. RUI PATRÍCIO, *Um Discurso* ..., R.J., 1999, pág. 254.
([1320]) Cfr. RUI PATRÍCIO, *Um Discurso* ..., R.J., 1999, pág. 254.
([1321]) Podendo nesses casos, discutir-se, mesmo, se não poderá a amnistia ter, inclusive, um efeito ressocializador.

CONSIDERAÇÕES FINAIS

I

A amnistia é um dado comum a grande parte da Humanidade. Sendo um instituto certamente tão antigo como a história das civilizações humanas, a verdade é que, no mundo ocidental, a primeira referência que é conhecida com exactidão data do século V a.C..

A sua evolução histórica demonstra que, ao longo do tempo, foi utilizada, não só com recurso a diferentes denominações, mas também com diferentes efeitos jurídicos. O único ponto comum a toda esta evolução terá sido o do seu significado etimológico de "esquecimento". O instituto, adormecido durante a primeira parte da Idade Média – a despeito do desenvolvimento da doutrina da dispensa –, vem então a florescer, de novo, como uma componente da *indulgentia principis*, beneficiando doutrinalmente do ensinamento da *justa causa*. Corresponderia, então, ao perdão geral.

A verdade é que a amnistia utilizada no Antigo Regime, apesar de fundada em alguns limites, na prática foi exercida arbitrariamente, fruto da prerrogativa régia.

Daí que, com a chegada do século das Luzes, o instituto tenha sido frontalmente posto em causa: a amnistia, como, de um modo geral, a clemência, era então vista como uma Relíquia do Antigo Regime e, como tal, criticada por alguns dos maiores pensadores do Iluminismo. Ela seria, fundamentalmente, irracional por contraposição à racionalidade da lei incriminadora.

Este estado de coisas foi agravado com o advento do Estado Constitucional de Direito. Como admitir, então, a manutenção de semelhante figura? Ali onde ela fosse acolhida representaria uma excepção aos princípios da separação de poderes, do monopólio da jurisdição e do mandamento da igualdade. Se fosse constitucionalmente omitida, isso significaria, desde logo, a sua rejeição por violação destes mesmos princípios.

Não concordamos com semelhante entendimento. A amnistia não é, por definição, um corpo estranho acolhido pelo Ordenamento Constitucional, consubstanciando como que uma derrogação constitucional. Na verdade, ela não é desconforme, nem relativamente aos princípios da separação de poderes e do monopólio jurisdicional, pois que não versa sobre a aplicação da lei penal a uma situação individualmente determinada, nem ao princípio da igualdade, pois este permite o tratamento particular daquilo que é objectivamente excepcional.

Importa pois que a amnistia, sendo na sua origem um instituto utilizado arbitrária e insindicavelmente, não possa, hoje, continuar a ser entendido dessa mesma forma. Na realidade, o problema da legitimidade da lei, seja qual for a sua natureza, impõe-se em face de qualquer lei, não sendo, por conseguinte, privativo da lei de amnistia. Do mesmo modo que a lei incriminadora do Antigo Regime, à luz do entendimento hodierno do Direito Penal, nos surge como espúria, iníqua e desconforme com o mais basilar princípio da dignidade da pessoa humana, também é natural que o uso arbitrário das amnistias (fosse qual fosse o seu "nomen juris") nos pareça, hoje, inadmissível. A verdade, porém, é que a lei incriminadora foi objecto de profunda reflexão e absorção pelo Estado de Direito, no que resultou, particularmente, no desenvolvimento da temática dos critérios atinentes à sua legitimação. Isto é, não se optou pela pura e simples rejeição do Direito Penal pela falta de concordância das suas antigas regras em face das novas exigências de um Estado de Direito democrático. Ora, em bom rigor, é isso, precisamente, que só muito tardiamente se começou a fazer no âmbito do direito de clemência. Parente pobre da lei penal positiva, a lei de amnistia nunca foi, com efeito, objecto da mesma atenção e aprofundamento científicos.

Sucede, por conseguinte, que, ao contrário do que resultaria de uma leitura apressada de toda a matéria atinente às constelações problemáticas da amnistia, esta é compatível com o Estado de Direito Constitucional. Não só não representa qualquer violação dos princípios da separação de poderes e do monopólio jurisdicional, como vimos, como também, não representa, necessariamente, um instituto irracional e desigualitário. Claro está que a lei de amnistia, como qualquer lei, pode ser irracional e violadora do princípio da igualdade: só que não o é necessariamente.

Sendo a amnistia claramente compatível com o moderno Estado de Direito, então importa, isso sim, traçar, com a precisão possível, os seus limites constitucionais, precisamente da mesma forma que mereceu a já aprofundada análise dos limites da lei penal positiva. Foi precisamente a essa tarefa que procurámos acrescentar o nosso contributo no Capítulo II do presente estudo. Respeitados esses limites e proibições decorrentes dos princípios e regras constitucionais, a concessão de amnistias é perfeitamente válida, donde termos nós concluído que, se não houvera a nossa

Constituição consagrado o presente instituto, o mesmo seria, não obstante, legítimo e constitucionalmente não interdito.

II

Antes de relembrarmos os limites constitucionais da amnistia importa ter presente que, de acordo com a moderna dogmática da doutrina da consequência jurídica por nós abraçada, a amnistia não é uma lei descriminalizadora: o "esquecimento" por si ordenado não pode ser ainda visto como o apagamento da ilicitude criminal, mas como mera renúncia do Estado à punição, motivo pelo qual a amnistia gira em torno da doutrina da estatuição penal (consequência jurídica) e não já da teoria geral da infracção.

Por outro lado, e ainda quanto à sua delimitação face a figuras afins, cumpre salientar a sua diferença face ao indulto e ao perdão genérico. O primeiro é meramente individual, pressupondo o trânsito em julgado da decisão condenatória, enquanto o segundo respeita apenas à pena, pressupondo o crivo da mera condenação para a sua efectivação.

III

Quanto ao enquadramento da amnistia em face da nossa Constituição, temos que:

1 – A Assembleia da República tem *competência* exclusiva para a concessão de amnistias em face do artigo 161.°, alínea f), da Constituição, daí decorrendo a exigência de forma de lei da Assembleia da República. Este preceito prejudica a validade, entre nós, do princípio do paralelismo de competências (face à competência para cominar a sanção) que deverá valer onde a competência amnistiante seja omissa.

É ainda a Assembleia da República que tem competência exclusiva para aprovar tratados internacionais com disposições amnistiantes (artigo 161.°, alínea i), da Constituição).

Por força da quarta revisão constitucional (1997), é hoje possível, de igual modo, ao Parlamento – e só ao Parlamento – aprovar uma lei de enquadramento da concessão de amnistias. É o que resulta da redacção, *in fine*, do artigo 112.°, n.° 3, que atribui valor reforçado às leis que "por outras devam ser respeitadas".

2 – Quanto aos limites constitucionais da concessão de amnistias, temos que os mesmos podem ser resumidos nos seguintes:

a) *Proibição de "efeito para diante"*
A amnistia é, por definição, retroactiva: na realidade não se pode ordenar o esquecimento do futuro. Mas, mais do que isso, a ser de outro modo, isso consubstanciaria a situação caricata de existência, no futuro, de um crime sem sanção, isto é, em que o agente saberia à partida que, não obstante a sua conduta ser criminalmente ilícita, nada arriscaria com a mesma. Ora, tal situação, ao desproteger futuras, porque potenciais, vítimas de ilícitos criminais é constitucionalmente inadmissível: o Estado não estaria a cumprir a sua missão de tutela dos bens jurídicos constitucionalmente imposta. Para que esta seja efectiva, com efeito, não basta a afirmação do seu carácter ilícito. Importa que o legislador não renuncie à respectiva consequência jurídica para o futuro, pois que de outro modo é extinta a função de chamada da lei penal incriminadora, e com ela a função preventiva geral da pena e os próprios *Rechte auf Schutz*.

Esta proibição será violada: "abertamente", quando a referência ao futuro coincida ou ultrapasse o crivo da entrada em vigor e, "encobertamente", quando a referência ao futuro ultrapasse o crivo da aprovação parlamentar.

b) *Proibição do arbítrio*
A amnistia é uma figura excepcional. Não viola necessariamente o princípio da igualdade mas carece de, perante ele, estar justificada. De outro modo, justificar-se-ia não o recurso a ela mas antes a uma reforma legislativa de que a amnistia não pode ser o sucedâneo. Este será por conseguinte um princípio fundamental na aferição da inconstitucionalidade da amnistia: o legislador deverá por ele orientar-se, não o fazendo haverá inconstitucionalidade por desvio de poder legislativo. Em suma, o princípio da igualdade consubstancia, para nós, o acolhimento constitucional da doutrina da *justa causa*. Apenas quando ele for respeitado haverá, a dois tempos, uma *justa causa* e uma amnistia não arbitrária.

Decorre deste princípio a inconstitucionalidade de uma lei de amnistia exclusivamente "própria", bem como a inconstitucionalidade de normas de direito subsidiário que determinem uma inadmissível diferença de tratamento jurídico consoante tenha havido, ou não, um trânsito em julgado de uma decisão condenatória: esta circunstância, não respeitante ao facto, é meramente casual e criadora de situações insustentáveis de desigualdade.

Note-se, por fim, que resulta deste crivo a inconstitucionalidade das amnistias meramente celebrativas. É que o que importa é a racionalidade objectiva do merecimento do benefício de certos factos em detrimento de outros; já não sendo, por conseguinte, relevante a justificação da oportunidade da concessão da amnistia. Só para os factos importa averiguar se houve, ou não, observância do princípio da igualdade.

c) *Proibição da amnistia individual*

A amnistia deve ser, com efeito, genérica. A isso a obrigam os princípios da separação de poderes, do monopólio judicial, bem como a reserva presidencial de competência para a concessão de indultos. Tais preceitos consubstanciam verdadeiras *normas de competência negativa* pois que delimitam negativamente a competência amnistiante da Assembleia da República, obrigando, deste modo, o Parlamento à emissão de amnistias exclusivamente genéricas. Claro está que esta generalidade não poderá ser "temporal" no sentido da indeterminabilidade dos factos beneficiados pela amnistia: é que, como vimos, esta é exclusivamente retroactiva. Terá por conseguinte de se contentar com uma *indeterminação* dos seus beneficiários, a qual será obtida através do recurso a categorias de factos e/ou de agentes.

Problema deveras complexo é o atinente à proibição de uma "lei de amnistia individual encoberta" precisamente através de uma muito particular combinação das categorias ou do factor temporal amnistiante. Em nosso entender, esta questão não justifica a adopção de uma interpretação subjectivista da amnistia, a qual seria pouco compatível com o princípio da legalidade. É verdade que com uma interpretação objectivista será mais difícil a detecção de um indulto encoberto mas não será, como o demonstrámos, impossível.

d) *Proibição da auto-amnistia*

Fruto dos princípios da imparcialidade e transparência que encabeçam um Estado de Direito democrático, deve reconhecer-se a proibição de uma auto-amnistia. Esta consiste na proibição de os titulares dos órgãos com intervenção no processo amnistiante procurarem determinar a não punição de crimes de titulares de cargos políticos que hajam cometido, no exercício das funções desse(s) mesmo(s) órgão(s), nesse ou em anterior mandato. Estão aqui incluídos os deputados, o Presidente da República e o Primeiro-Ministro. Devido ao carácter móvel desta proibição, decorre, por exemplo, que um deputado não pode aprovar uma lei de amnistia que o beneficie por crimes que haja praticado no exercício da função de Primeiro-Ministro. Note-se, no entanto, que nada obsta – na perspectiva desta proibição – a que seja concedida uma amnistia a antigos deputados.

Em suma, esta proibição decorre de uma regra de decoro obrigatória ao exercício de qualquer tipo de funções estatais: *niemand kann Richter in eigener Sache sein.*

Acresce ainda que, a não ser deste modo, abrir-se-ia a porta a uma fraude à Constituição, pois que admitir-se-ia que os referidos titulares dos órgãos de soberania com intervenção directa no processo legislativo se poderiam auto-amnistiar mesmo ali onde a Constituição dispõe no sentido da destituição do cargo ou da perda de mandato como consequência da condenação por crimes de responsabilidade cometidos no exercício das respectivas funções. Julgamos ser a nossa construção, girando em torno do conceito de auto-amnistia, a solução mais justa por compatibilizar equilibradamente as exigências de transparência e de imparcialidade do Estado de Direito com o mandamento decorrente do princípio da igualdade (o qual sairia completamente postergado perante uma solução de pura inamnistiabilidade).

e) *Proibição da concessão de amnistias decorrente da necessidade de tutela penal de certos bens jurídicos*

Onde se verifique uma proibição constitucional explícita de amnistiabilidade o problema estará resolvido. Cremos, de igual modo, que quando haja uma obrigação constitucional explícita de criminalização não deverá o legislador amnistiar, pois que isso significaria abertura para uma fraude à Constituição.

Fora destes casos, não há crimes inamnistiáveis por natureza. Como rejeitamos a existência de obrigações constitucionais implícitas, absolutas ou relativas, de criminalização – *ex vi* do incontornável princípio da necessidade da pena –, simetricamente rejeitamos a existência de interdições de amnistiabilidade implícitas.

Contudo, quanto àqueles crimes contra bens jurídicos mais essenciais – os directamente conectados com a dignidade da pessoa humana – para os quais não se vislumbra, na actualidade, outra forma de protecção estatal, contra agressões de terceiros, que não a do recurso ao direito penal pensamos que uma amnistia de tais infracções não poderá deixar de ser inconstitucional. Esta é uma conclusão que não abdicou, note-se, da observância da categoria da "carência de tutela penal"; antes pelo contrário, dela decorre como consequência directa.

f) *Proibição da mediação da decisão amnistiante por parte de outro órgão estatal*

Diga-se, por fim, que o efeito amnistiante deve consubstanciar um carácter "imediato", no sentido de que a decisão amnistiante não seja postergada para um segundo momento. Importa assim que, na lei de amnistia, se encontre a decisão de amnistia, não podendo esta, por exemplo, ser utilizada como mera delegação do poder amnistiante para um órgão executivo: encontra-se, pois, interdita a *grâce amnistiante*.

IV

Resulta de tudo o que foi dito que a amnistia pode ser inválida:

1 – por inconstitucional

Não deverá ser aplicada pelos tribunais pois, não obstante ser uma lei penal mais favorável, prevalece o princípio da constitucionalidade. Acresce que, neste caso, nem haverá expectativas de impunidade a merecer tutela legal, pois que ao tempo da prática dos factos não vigorava, necessariamente, a amnistia. A excepção à regra encontra-se vertida no artigo 277.º, n.º 2, da Constituição.

Quanto à possibilidade de limitação dos efeitos desta inconstitucionalidade, a mesma parece conflituar com a *ratio* do artigo 282.º, n.º 4, da Constituição.

2 – por ilegal

Trata-se de uma possibilidade decorrente da emissão de uma lei de enquadramento da concessão de amnistias. Da sua preterição resultaria uma ilegalidade como tal sindicável nos termos constitucionais.

V

Podemos afirmar a natureza predominantemente substantiva da amnistia: a isso o impõe o elemento cultural do Direito, bem como a moderna compreensão da doutrina da consequência jurídica.

Como, porém, do seu cariz substantivo resultam efeitos processuais que erigem a amnistia em verdadeiro pressuposto processual, não se nos afigura, de todo, errado afirmar, também, a sua natureza mista. Diga-se, de todo o modo, que o cunho processual do instituto é um mero reflexo da sua essência material.

VI

Em poucas palavras, concluímos o nosso trabalho sublinhando que a amnistia, hoje, não pode mais ser entendida, assepticamente, como um corpo estranho na ordem constitucional, simples expressão do carácter histórico-cultural do Direito. Carece, pelo contrário, de ser balizada, como todo o Direito Penal, de resto, nos cânones do constitucionalismo hodierno.

Em suma, diríamos que a antiga máxima germânica *Gnade vor Recht* deverá ser substituída – nos quadros do Estado de Direito – pela máxima *Recht vor Gnade*, ou, mais precisamente, para aquilo que é o objecto do nosso cuidado, *Recht vor Amnestie*, entendendo-se aqui por Direito (*Recht*) as regras e princípios constitucionais. A amnistia não é mais um instituto irracional: as normas constitucionais não a excluem, exigindo apenas que seja trabalhada com observância dos parâmetros expostos.

BIBLIOGRAFIA CITADA

ACÓRDÃOS DO TRIBUNAL CONSTITUCIONAL, 40.º Volume, 1998
ACTAS DAS SESSÕES DA COMISSÃO REVISORA DO CÓDIGO PENAL, Parte Geral, II Volume, Lisboa, s/d
AGUILAR, Francisco Manuel Fonseca de
- *O Princípio da Dignidade da Pessoa Humana e a Determinação da Filiação em Sede de Procriação Medicamente Assistida*, R.F.D.U.L., Vol. XLI – N.º 2, 2000, págs. 655 e segs.
- *Interpretação da Lei Penal*, in Casos e Materiais de Direito Penal (coordenação de Maria Fernanda Palma, Carlota Pizarro de Almeida e José Manuel Vilalonga), 2.ª edição, Coimbra, 2002, págs. 321 e segs.
- *Do Erro sobre os Pressupostos Objectivos das Causas de Justificação ao Erro inverso sobre a concorrência dos mesmos nos Delitos Dolosos Materiais*, Lisboa, 2000 [no prelo]
ALEXANDRINO, José de Melo
- v. SOUSA, Marcelo Rebelo de
ALEXY, Robert
- *Recht, Vernunft, Diskurs, Studien zur Rechtsphilosophie*, Frankfurt am Main, 1995
- *Theorie der Grundrechte*, 3. Aufl., Frankfurt am Main, 1996
ALMEIDA, Carlota Pizarro de
- *A (In)constitucionalidade da Ressalva do Caso Julgado no Artigo 2.º do CP (Acórdão n.º 677/98 do Tribunal Constitucional)*, in Casos e Materiais de Direito Penal (coordenação de Maria Fernanda Palma, Carlota Pizarro de Almeida e José Manuel Vilalonga), 2.ª edição, Coimbra, 2002, págs. 233 e segs.
AMARAL, Diogo Freitas do; OTERO, Paulo
- *O Valor Jurídico-Político da Referenda Ministerial. Estudo de Direito Constitucional e Ciência Política*, Lisboa, 1997
AMBOS, Kai
- *Zur Rechtswidrigkeit der Todesschüsse an der Mauer*, JA, 1997, págs. 983 e segs.
ANDRADE, Afonso Cabral de
- *Declaração de Voto*, in Pareceres da Comissão Constitucional, 8.º volume, Lisboa, 1980, págs. 105 e seg.
ANDRADE, José Carlos Vieira de
- *Parecer*, Coimbra, 1991 [ainda não publicado]
- *Os Direitos Fundamentais na Constituição Portuguesa de 1976*, 2.ª edição, Coimbra, 2001
ANDRADE, Manuel da Costa

– *Contributo para o conceito de contra-ordenação (A experiência alemã)*, R.D.E., Anos VI/VII, 1980/1981, págs. 81 e segs.

– *O Novo Código Penal e a Moderna Criminologia*, in *Jornadas de Direito Criminal, O Novo Código Penal Português e Legislação Complementar*, *I*, Lisboa, 1983, págs. 185 e segs.

– *A "Dignidade Penal" e a "Carência de Tutela Penal" como Referências de uma Doutrina Teleológico-Racional do Crime*, R.P.C.C., Ano 2, 1992, págs. 173 e segs.

– v. DIAS, Jorge de Figueiredo

ANTOLISEI, Francesco

– *Manuale di Diritto Penale, Parte Generale*, quindicesima edizione aggiornata e integrata a cura di Luigi Conti, Milano, 2000

ASCENSÃO, José de Oliveira

– *O Direito, Introdução e Teoria Geral (Uma perspectiva Luso-Brasileira)*, 10.ª edição revista (reimpressão), Coimbra, 1999

BACHOF, Otto

– *Über Fragwürdigkeiten der Gnadenpraxis und der Gnadenkompetenz*, JZ, 1983, págs. 469 e segs.

BECCARIA, Cesare

– *Dos Delitos e das Penas*, Lisboa, 1998 [tradução do original italiano de 1766]

BELEZA, Maria dos Prazeres

– *Declaração de Voto*, in D.R. II Série, de 4 de Março de 1999, pág. 3248

BELEZA, Teresa Pizarro

– *Direito Penal*, 2.º vol., Lisboa, 1980

– *Direito Penal*, 1.º vol., 2.ª edição, revista e actualizada, Lisboa, 1984

BETTIOL, Giuseppe; MANTOVANI, Luciano Pettoello

– *Diritto Penale, Parte Generale*, dodicesima edizione riveduta e integrata, Padova, 1986

BLANKE, Thomas

– *Der "Rechtshistorikerstreit" um Amnestie: Politische Klugheit, moralische Richtigkeit und Gerechtigkeit bei der Aufarbeitung deutscher Vergangenheiten*, KJ, 1995, págs. 131 e segs.

BLECKMANN, Albert

– *Staatsrecht II – Die Grundrechte*, 4., neubearbeitete Auflage, Köln/Berlin/Bonn/ /München, 1997

BOLDOVA PASAMAR, Miguel Ángel

– *Lecciones de Consecuencias Jurídicas del Delito, El sistema de penas, medidas de seguridad, consecuencias accesorias y responsabilidad civil derivada del delito* (organizado por Gracia Martín), 2.ª Edición, Valencia, 2000, págs. 275 e segs.

BREITBACH, Michael

– *Amnestie – Medium politischer Integration*, RuP, 1990, págs. 178 e segs.

BRITO, José de Sousa e

– *Sobre a Amnistia*, R.J., n.º 6, 1986, págs. 15 e segs.

CAETANO, Marcello
– *Lições de Direito Penal, Súmula das prelecções feitas ao curso do 4.º ano jurídico no ano lectivo de 1938-39*, Lisboa, 1939
– *Manual de Ciência Política e Direito Constitucional*, 6.ª edição, revista e ampliada por MIGUEL GALVÃO TELES, Tomo II, *Direito Constitucional Português*, Lisboa, 1972
– *Direito Constitucional*, Vol. I, *Direito Comparado. Teoria Geral do Estado e da Constituição. As Constituições do Brasil*, Rio de Janeiro, 1977
– *Manual de Direito Administrativo*, Vol. I, 10.ª edição (5.ª reimpressão) revista e actualizada por Freitas do Amaral, Coimbra, 1991
– *História do Direito Português (Sécs. XII-XVI)*, 4.ª edição, Lisboa, 2000
CANAS, Vitalino
– *Introdução às Decisões de Provimento do Tribunal Constitucional*, 2.ª edição, revista, Lisboa, 1994
CANOTILHO, José Joaquim Gomes
– *A Lei do Orçamento na Teoria da Lei*, in *Estudos em Homenagem ao Prof. Doutor J. J. Teixeira Ribeiro*, Vol. II, Iuridica, Coimbra, 1979, págs. 543 e segs.
– *Revisão Constitucional de 1997, Sistema de Actos Legislativos, Opinião*, C.C.L., N.º 19/20, 1997, págs. 41 e segs.
– *Direito Constitucional e Teoria da Constituição*, 6.ª edição, Coimbra, 2002
CANOTILHO, José Joaquim Gomes; MOREIRA, Vital
– *Constituição da República Portuguesa Anotada*, 3.ª edição revista, Coimbra, 1993
CARMO, Raul D'Almeida
– *Distinção das Funções do Estado*, Coimbra, 1914
CARVALHO, Américo Alexandrino Taipa de
– *Condicionalidade Sócio-cultural do Direito Penal*, in *Estudos em Homenagem aos Professores Doutores M. Paulo Merêa e G. Braga da Cruz II*, B.F.D.U.C., vol. LVIII, 1982, págs. 1039 e segs.
– *Sucessão de Leis Penais*, Coimbra, 1990
– *Sucessão de Leis Penais*, 2.ª edição revista, Coimbra, 1997
– *História do Direito de Clemência*, in *Estudos dedicados ao Prof. Doutor Mário Júlio de Almeida Costa*, Lisboa, 2002, págs. 111 e segs.
– v. CORREIA, Eduardo
COBO DEL ROSAL, Manuel; VIVES ANTÓN, Tomás S.
– *Derecho Penal, Parte General*, 5.ª Edición corregida, aumentada y actualizada, Valencia, 1999
CÓDIGO PENAL, ACTAS E PROJECTOS DA COMISSÃO DE REVISÃO, Lisboa, 1993
CORDEIRO, António Menezes
– *Da Amnistia Laboral Perante a Constituição da República*, R.O.A., 1992, págs. 869 e segs.
CORREIA, Eduardo; CARVALHO, Américo Alexandrino Taipa de
– *Direito Criminal – III (2), Lições do Prof. Doutor Eduardo Correia e do Dr. A. Taipa de Carvalho, ao Curso Complementar de Ciências Jurídicas da Faculdade de Direito de Coimbra*, Coimbra, 1980

CORREIA, Maria Lúcia da Conceição Abrantes Amaral Pinto
- *Revisão Constitucional de 1997, Sistema de Actos Legislativos, Opinião*, C.C.L., N.º 19/20, 1997, págs. 105 e segs.
- *Responsabilidade do Estado e Dever de Indemnizar do Legislador*, Coimbra, 1998

CORSTENS, Geert
- v. PRADEL, Jean

COSTA, António Manuel de Almeida
- *O Registo Criminal, História, Direito Comparado, Análise político-criminal do instituto*, Coimbra, 1985

COSTA, José Francisco de Faria
- *O Perigo em Direito Penal (Contributo para a sua Fundamentação e Compreensão Dogmáticas)*, Coimbra, 1992

COSTA, Norberto
- *Amnistia*, in *Dicionário Jurídico da Administração Pública* (dirigido por José Pedro Fernandes), Vol. I, 2.ª edição, Lisboa, 1990, págs. 375 e segs.

COUTINHO, Luís Pedro Dias Pereira
- *A Autonomia Normativa das Universidades Públicas no Quadro do Direito Fundamental à Autonomia Universitária*, Lisboa, 1998 [relatório ainda não publicado]

CUNHA, Maria da Conceição Ferreira da
- *"Constituição e Crime", Uma Perspectiva da Criminalização e da Descriminalização*, Porto, 1995

DIAS, Augusto Silva
- *A Relevância Jurídico-Penal das Decisões de Consciência*, Coimbra, s/d

DIAS, Jorge de Figueiredo
- *Declaração de Voto*, in *Pareceres da Comissão Constitucional*, 8.º Volume, Lisboa, 1980, págs. 106 e segs.
- *Declaração de Voto*, R.L.J., Ano 114.º, 1981, págs. 239 e segs.
- *A propos de Beccaria et de la politique criminelle portugaise actuelle*, in *International congress Cesare Beccaria and modern criminal policy*, Milano, 1990, págs. 218 e segs.
- *Sobre o Estado Actual da Doutrina do Crime, 2.ª Parte*, R.P.C.C., Ano 2, 1992, págs. 7 e segs.
- *Direito Penal Português, Parte Geral II, As Consequências Jurídicas do Crime*, Lisboa, 1993
- *O Problema da Consciência da Ilicitude em Direito Penal*, 4.ª edição, Coimbra, 1995
- *Temas Básicos da Doutrina Penal, Sobre os Fundamentos da Doutrina Penal, Sobre a Doutrina Geral do Crime*, Coimbra, 2001

DIAS, Jorge de Figueiredo; ANDRADE, Manuel da Costa
- *Direito Penal, Questões Fundamentais, A Doutrina Geral do Crime*, Coimbra, 1996
- *Criminologia, O Homem Delinquente e a Sociedade Criminógena*, 2.ª reimpressão, Coimbra, 1997

DIMOULIS, Dimitri
- *Die Begnadigung in vergleichender Perspektive, Rechtsphilosophische, verfassungs und strafrechtliche Probleme*, Berlin, 1996

DUGUIT, Léon
- *Traité de Droit Constitutionnel*, II, *La Théorie Générale de L'État*, troisième édition, Paris, 1928

DURO, Pedro
- *O poder de amnistiar em Portugal e Itália*, Lisboa, 2000 [relatório apresentado na Faculdade de Direito da Universidade Nova de Lisboa]
- *Notas Sobre Alguns Limites Do Poder de Amnistiar*, Themis, Ano II, n.º 3, 2001, págs. 323 e segs.

ENGISCH, Karl
- *Recht und Gnade*, in *Schuld und Sühne* (herausgegeben von Freudenfeld), München, 1960, págs. 107 e segs.

FARALDO CABANA, Patricia
- *Las Causas de Levantamiento de la Pena*, Valencia, 2000

FERRÃO, F. António Fernandes da Silva
- *Analyse Critica e Juridica, demonstrativa da improcedencia dos argumentos, com que, na Camara dos Senhores Deputados da Nação Portugueza, foi sustentada a Proposta de Lei Regulamentar do § 3.º do Artigo 145.º da Carta Constitucional da Monarchia*, 2.ª edição, Lisboa, 1850
- *Theoria do Direito Penal*, III, Lisboa, 1856

FERREIRA, Manuel Cavaleiro de
- *Direito Penal Português, Parte Geral, I*, 2.ª edição, Lisboa, 1982
- *Direito Penal Português, Parte Geral, II*, Lisboa, 1982
- *Lições de Direito Penal, Parte Geral, I, A Lei Penal e a Teoria do Crime no Código Penal de 1982*, 4.ª edição, Lisboa, 1992

FERREIRA, Silvestre Pinheiro
- *Projecto de Ordenações para o Reino de Portugal*, Tomo I, Paris, 1831
- *Observações sobre a Carta Constitucional do Reino de Portugal e a Constituição do Imperio do Brasil*, Paris, 1831

FREITAS, Justino António de
- *Instituições de Direito Administrativo Portuguez*, segunda edição, revista e augmentada segundo a Legislação até agora publicada, com um appendice das últimas leis tributárias, Coimbra, 1861

FREUND, Julien
- *Amnestie – Ein Auferlegtes Vergessen*, Der Staat, 1971, págs. 173 e segs.

FROMMEL, Monika
- *Die Mauerschützenprozesse – eine unerwartete Aktualität der Radbruch'schen Formel*, in *Festschrift für Arthur Kaufmann*, Heidelberg, 1993, págs. 81 e segs.

GONÇALVES, M. Maia
- *As Medidas de Graça no Código Penal e no Projecto de Revisão*, R.P.C.C., Ano 4, 1994, págs. 7 e segs.

GÖSSEL, Karl Heinz
- v. MAURACH, Reinhart

GOUVEIA, Jorge Bacelar
- *O Valor Positivo do Acto Inconstitucional*, Lisboa, 1992
- *Revisão Constitucional de 1997, Sistema de Actos Legislativos*, Opinião, C.C.L., N.º 19/20, 1997, págs. 47 e segs.
- *Reflexões sobre a 5.ª Revisão da Constituição Portuguesa*, in *Nos 25 Anos da Constituição da República Portuguesa de 1976, Evolução Constitucional e Perspectivas Futuras*, Lisboa, 2001, págs. 629 e segs.

GRACIA MARTÍN, Luis
- *Lecciones de Consecuencias Jurídicas del Delito, El sistema de penas, medidas de seguridad, consecuencias accesorias y responsabilidad civil derivada del delito* (organizado por Gracia Martín), 2.ª Edición, Valencia, 2000, págs. 281 e segs.

HESPANHA, António Manuel
- *Da "iustitia" à "disciplina"*, in *Justiça e Litigiosidade: História e Prospectiva*, Lisboa, 1993, págs. 287 e segs.

HESSE, Konrad
- *Grundzüge des Verfassungsrechts der Bundesrepublick Deutschland*, Neudruck der 20. Auflage, Heidelberg, 1999

HILLENKAMP, Thomas
- *Offene oder verdeckte Amnestie – über Wege strafrechtlicher Vergangenheitsbewältigung*, JZ, 1996, págs. 179 e segs.

HIRSH, Hans Joachim
- *La Posición de la Justificación y de la Exculpación en la Teoría del Delito desde la Perspectiva Alemana* [tradução do original alemão de 1991], Bogotá, 1996

HOMEM, António Pedro Barbas
- *A Lei da Liberdade*, Volume I, *Introdução Histórica ao Pensamento Jurídico, Épocas Medieval e Moderna*, Cascais, 2001
- *Judex Perfectus, Função Jurisdicional e Estatuto Judicial em Portugal (1640--1820)*, Coimbra, 2003

HUBA, Hermann
- *Gnade im Rechtsstaat?*, Der Staat, 1990, págs. 117 e segs.

HUET, André; KOERING-JOULIN, Renée
- *Droit pénal international*, deuxième édition mise à jour, Paris, 2001

JÄGER, Herbert
- *Amnestie für staatliche Verbrechen?*, KJ, 1990, págs. 467 e segs.

JAKOBS, Günther
- *Strafrecht, Allgemeiner Teil, Die Grundlagen und die Zurechnungslehre*, 2., neubearbeitete und erweiterte Auflage, Berlin/New York, 1993
- *Untaten des Staates – Unrecht im Staat. Strafe für die Tötungen an der Grenze der ehemaligen DDR?*, GA, 1994, págs. 1 e segs.

JESCHECK, Hans-Heinrich; WEIGEND, Thomas
- *Lehrbuch des Strafrechts, Allgemeiner Teil*, 5. vollständig neuarbeitete und erweiterte Auflage, Berlin, 1996

JORDÃO, Levy Maria
- *Commentario ao Codigo Penal Portuguez*, Tomo I, Lisboa, 1853

KANT, Immanuel
- *Die Metaphysik der Sitten in zwey Theilen*, ersten Auflage, Könisberg, 1797

KAUFMANN, Arthur
- *Recht und Gnade in der Literatur*, NJW, 1984, págs. 1062 e segs.
- *Die Radbruchsche Formel vom gesetzlichen Unrecht und vom übergesetzlichen Recht in der Diskussion um das im Namen der DDR begangene Unrecht*, NJW, 1995, págs. 81 e segs.
- *Rechtsphilosophie*, 2. Überarbeitete und stark erweiterte Auflage, München, 1997

KNOOPS, Geert-Jan Alexander
- *Surrendering to International Criminal Courts: Contemporary Practice and Procedures*, New York, 2002

KOERING-JOULIN, Renée
- v. HUET, André

KÖHLER, Michael
- *Strafgesetz, Gnade und Politik nach Rechtsbegriffen*, in *Rechtsdogmatik und Rechtspolitik* (herausgegeben von Karsten Schmidt), Berlin, 1990, págs. 57 e segs.
- *Strafrecht, Allgemeiner Teil*, Berlin, 1997

LANDROVE DÍAZ, Gerardo
- *Las Consecuencias Jurídicas del Delito*, cuarta edición, revisada y puesta al dia en colaboración con Maria Dolores Fernández Rodríguez, Madrid, 1996

LEMKE, Michael
- *Verfassungsrechtliche Schranken für Straffreiheitsgesetze*, RuP, 1984, págs. 198 e segs.

LISTZ, Franz Von
- *Tratado de Derecho Penal* [tradução da 20.ª edição alemã], Tomo III, 4.ª edición, Madrid, 1999

LOEWENSTEIN, Karl
- *Teoría de la Constitución* [tradução da edição alemã de 1959], 2.ª edición, Barcelona, 1976

LOPES, José Joaquim Almeida
- *Princípios Constitucionais de Separação de Poderes, da "reserva do juíz" e do Estado de Direito Democrático. Evolução do contencioso tributário aduaneiro*, R.D.P., Ano III, N.º 5, 1989, págs. 95 e segs. (e, particularmente, Ano III, N.º 6, 1989, págs. 57 e segs.)

LOZANO, Blanca
- *El indulto y la amnistia ante la Constitución*, in *Estudos sobre la Constitución Española, Homenage al Professor Eduardo Garcia de Enterria*, Tomo II, *De los Derechos y Deberes Fundamentales*, Madrid, 1991, págs. 1027 e segs.

LUZÓN PEÑA, Diego-Manuel
- *La Punibilidad*, in *Libro Homenaje al Profesor Doctor Don José Cerezo Mir* (organizado por Díez Ripollés, Romeo Casabona, Gracia Martín, Higuera Guimerá), Madrid, 2002, págs. 831 e segs.

MACHADO, João Baptista
 – *Introdução ao Direito e ao Discurso Legitimador*, 5.ª reimpressão, Coimbra, 1991
MALHADO, Maria do Céu
 – *Noções de Registo Criminal, de Registo de Contumazes, de Registo de Medidas Tutelares Educativas e Legislação Anotada*, Coimbra, 2001
MANTOVANI, Ferrando
 – *Diritto Penale, Parte Generale*, terza edizione, Padova, 1992
MANTOVANI, Luciano Pettoello
 – v. BETTIOL, Giuseppe
MANZINI, Vincenzo
 – *Trattato di Diritto Penale Italiano*, quinta edizione aggiornata dai professori P. Nuvolone e G. D. Pisapia, Volume Terzo, Torino, 1981
MAPELLI CAFFARENA, Borja; TERRADILLOS BASOCO, Juan
 – *Las Consecuencias Jurídicas del Delito*, tercera edición, Madrid, 1996
MARTÍNEZ, Pedro Soares
 – *História Diplomática de Portugal*, 2.ª edição, Lisboa, 1992
 – *Filosofia do Direito*, 2.ª edição revista, Coimbra, 1995
MARXEN, Klaus
 – *Rechtliche Grenzen der Amnestie*, Heidelberg, 1984
MATOS, André Salgado de
 – *A fiscalização administrativa da constitucionalidade, Contributo para o estudo das relações entre Constituição, Lei e Administração Pública no Estado Social de Direito*, Lisboa, 2000 [tese ainda não publicada]
MAUNZ, Theodor; ZIPPELIUS, Reinhold
 – *Deutsches Staatsrecht*, 30. Auflage, München, 1998
MAURACH, Reinhart; GÖSSEL, Karl Heinz; ZIPF, Heinz
 – *Strafrecht, Allgemeiner Teil, Teilband 2 Erscheinungsformen des Verbrechens und Rechtsfolgen der Tat*, 7. neuarbeitete und erweiterte Auflage, Heidelberg, 1989
MAXIMIANO, António Henrique Rodrigues
 – *Aplicação da Lei Penal no tempo e caso julgado*, R.M.P., ano 4.°, vol. 13, 1983, págs. 11 e segs.
MEDEIROS, Rui
 – *Valores Jurídicos Negativos da Lei Inconstitucional*, O Direito, Ano 121.°, 1989, págs. 485 e segs.
 – *Relações entre Normas constantes de Convenções Internacionais e Normas Legislativas na Constituição de 1976*, O Direito, Ano 122.°, 1990, págs. 355 e segs.
 – *A Decisão de Inconstitucionalidade. Os Autores, o Conteúdo e os Efeitos da Decisão de Inconstitucionalidade da Lei*, Lisboa, 1999
MERLE, Roger; VITU, André
 – *Traité de Droit Criminel, Tome II, Procédure Pénale*, cinquième édition, Paris, 2001
MERTEN, Detlef
 – *Rechtsstaatlichkeit und Gnade*, Berlin, 1978
MIR PUIG, Santiago
 – *Derecho Penal, Parte General*, 6.ª edición, Barcelona, 2002

MIRANDA, Jorge
- *Decreto*, Coimbra, 1974
- *Sentido e Conteúdo da Lei como Acto da Função Legislativa*, in *Nos dez anos da Constituição (organização de Jorge Miranda)*, Lisboa, 1987, págs. 175 e segs.
- *As Constituições Portuguesas, De 1822 ao Texto Actual da Constituição*, 3.ª edição, Lisboa, 1992
- *Contributo para uma Teoria da Inconstitucionalidade*, reimpressão, Coimbra, 1996
- *Revisão Constitucional de 1997, Sistema de Actos Legislativos, Opinião*, C.C.L., N.º 19/20, 1997, págs. 63 e segs.
- *Manual de Direito Constitucional*, Tomo II, *Constituição*, 4.ª edição, revista e actualizada, Coimbra, 2000
- *Manual de Direito Constitucional*, Tomo IV, *Direitos Fundamentais*, 3.ª edição, revista e actualizada, Coimbra, 2000
- *Manual de Direito Constitucional*, Tomo V, *Actividade Constitucional do Estado*, 2.ª edição, Coimbra, 2000
- *Direito Internacional Público – I, Substituições e aditamentos*, Lisboa, 2000
- *Manual de Direito Constitucional*, Tomo VI, *Inconstitucionalidade e Garantia da Constituição*, Coimbra, 2001
- *Imunidades constitucionais e crimes de responsabilidade*, D.J., Vol. XV, Tomo 2, 2001, págs. 27 e segs.
- *Curso de Direito Internacional Público*, Cascais, 2002
- *Manual de Direito Constitucional*, Tomo I, *Preliminares, O Estado e Os Sistemas Constitucionais*, 7.ª edição, revista e actualizada, Coimbra, 2003

MOLINA BLÁZQUEZ, Maria Concepción
- *La aplicación de la Pena, Estudio práctico de las consecuencias jurídicas del delito*, 2.ª edición, actualizada, Barcelona, 1998

MOORE, Kathleen Dean
- *Pardons, Justice, Mercy, and the Public Interest*, New York, 1997

MORAIS, Carlos Blanco de
- *Revisão Constitucional de 1997, Sistema de Actos Legislativos, Opinião*, C.C.L., N.º 19/20, 1997, págs. 9 e segs.
- *As Leis Reforçadas. As leis reforçadas pelo procedimento no âmbito dos critérios estruturantes das relações entre actos legislativos*, Coimbra, 1998
- *Direito Constitucional II, Relatório*, Suplemento da R.F.D.U.L., 2001

MOREIRA, Vital
- v. CANOTILHO, José Joaquim Gomes

MOTA, José Luís Lopes da
- *Impunidade e direito à memória – a questão da imprescritibilidade dos crimes contra a paz e a humanidade no Estatuto do Tribunal Penal Internacional*, R.M.P., Ano 20.º, 1999, págs. 33 e segs.

MÜLLER-DIETZ, Heinz
- *Zur Problematik verfassungsrechtlicher Pönalisierungsgebote*, in *Festschrift für Eduard Dreher zum 70. Geburtstag*, Berlin, 1977, págs. 97 e segs.

NAUCKE, Wolfgang
- *Strafrecht, Eine Einführung*, 9. überarbeitete Auflage, Frankfurt am Main, 2000

NEVES, A. Castanheira
- *O Instituto dos "Assentos" e a Função Jurídica dos Supremos Tribunais*, Coimbra, 1983

NOVAIS, Jorge Reis
- *Separação de Poderes e Limites da Competência Legislativa da Assembleia da República*, Lisboa, 1997
- *Contributo para uma Teoria do Estado de Direito, Do Estado de Direito liberal ao Estado social e democrático de Direito*, Coimbra, 1987

OBREGÓN GARCÍA, Antonio
- *La Responsabilidad Criminal de los mienbros del Gobierno: análisis del artículo 102 de la Constitución española*, Madrid, 1996

O'SHEA, Andreas
- *Amnesty for Crime in International Law and Practice*, The Hague/London/New York, 2002

OTERO, Paulo
- *Ensaio sobre o Caso julgado Inconstitucional*, Lisboa, 1993
- *O Poder de Substituição em Direito Administrativo. Enquadramento Dogmático-Constitucional*, II vol., Lisboa, 1995
- *O Desenvolvimento de Leis de Bases pelo Governo*, Lisboa, 1997
- *Revisão Constitucional de 1997, Sistema de Actos Legislativos, Opinião*, C.C.L., N.º 19/20, 1997, págs. 123 e segs.
- *A proibição de privação arbitrária da vida*, in *Vida e Direito, Reflexões Sobre um Referendo* (Organizadores: Jorge Bacelar Gouveia e Henrique Mota), Cascais, 1998, págs. 147 e segs.
- *Lições de Introdução ao Estudo do Direito*, I Volume, 2.º Tomo, Lisboa, 1999
- *Personalidade e Identidade Pessoal e Genética do ser Humano: Um perfil constitucional da bioética*, Coimbra, 1999
- *A Democracia Totalitária, Do Estado Totalitário à Sociedade Totalitária, A Influência do Totalitarismo na Democracia do Século XXI*, Cascais, 2001
- v. AMARAL, Diogo Freitas do

PADOVANI, Tullio
- *Diritto Penale*, quinta edizione, Milano, 1999

PAGLIARO, Antonio
- *Principi di Diritto Penale, Parte Generale*, settima edizione, Milano, 2000

PALMA, Maria Fernanda
- *Direito Penal, Parte Geral*, Lisboa, 1994
- *Constituição e Direito Penal, As questões inevitáveis*, in *Perspectivas Constitucionais, Nos 20 Anos da Constituição de 1976* (Organização: Jorge Miranda), Volume II, Coimbra, 1997, págs. 227 e segs.
- *Declaração de Voto*, in ACÓRDÃOS DO TRIBUNAL CONSTITUCIONAL, 40.º Volume, 1998, págs. 203 e segs.

– *Tribunal Penal Internacional e Constituição Penal*, in *Casos e Materiais de Direito Penal* (coordenação de Maria Fernanda Palma, Carlota Pizarro de Almeida e José Manuel Vilalonga), Coimbra, 2.ª edição, 2002, págs. 261 e segs.

PATRÍCIO, Rui Filipe Serra Serrão
– *Um Discurso sobre a Amnistia no Sistema Penal*, R.J., n.° 23, 1999, págs. 225 e segs.

PEINE, Franz-Joseph
– *Gnade und Rechtsstaat*, StVj, 1991, págs. 299 e segs.

PEREIRA, Rui Carlos
– *O princípio da igualdade em Direito Penal*, O Direito, 1988, págs. 109 e segs.
– *A Relevância da Lei Penal Inconstitucional de Conteúdo Mais Favorável ao Arguido*, R.P.C.C., Ano 1, 1991, págs. 55 e segs.
– *O Dolo de Perigo (Contribuição para a Dogmática da Imputação Subjectiva nos Crimes de Perigo Concreto)*, Lisboa, 1995
– *O Crime de Aborto e a Reforma Penal*, Lisboa, 1995

PERELS, Joachim
– *Keine Privilegien für Staatsverbrecher*, KJ, 1990, págs. 472 e segs.

PESTALOZZA, Christian
– *Die Selbstamnestie*, JZ, 1984, págs. 559 e segs.

PIÇARRA, Nuno
– *A Separação dos Poderes como Doutrina e Princípio Constitucional, Um contributo para o estudo das suas origens e evolução*, Coimbra, 1989

PINTO, Maria da Glória Ferreira
– *Princípio da igualdade: fórmula vazia ou fórmula "carregada" de sentido?*, BMJ, N.° 358, 1986, págs. 19 e segs.

PRAÇA, José Joaquim Lopes
– *Direito Constitucional Português*, vol. III, Coimbra, 1997 [reimpressão do original de 1880]

PRADEL, Jean
– *Traité de Droit Pénal et de Science Criminelle Comparée, Tome I, Introduction générale, Droit Pénal Général*, douzième édition, Paris, 1999

PRADEL, Jean; CORSTENS, Geert
– *Droit pénal européen*, deuxième édition, Paris, 2002

PULITANÒ, Domenico
– *Obblighi Costituzionali di Tutela Penale?*, R.I.D.P.P., 1983, págs. 484 e segs.

QUARITSCH, Helmut
– *Theorie des Vergangenheitsbewältigung*, Der Staat, 1992, págs. 519 e segs.

QUEIRÓ, Afonso Rodrigues
– *Lições de Direito Administrativo*, Vol. I, Coimbra, 1976
– *Anotação*, R.L.J., Ano 114.°, 1981, págs. 242 e segs.

QUEIROZ, Cristina M. M.
– *Os Actos Políticos no Estado de Direito, O problema do controle jurídico do poder*, Coimbra, 1990

RADBRUCH, Gustav
- *Gesetzliches Unrecht und übergesetzliches Recht*, SJZ, 1946, págs. 105 e segs.
- *Filosofia do Direito*, 6.ª edição revista, Coimbra, 1979

RODRIGUES, Anabela Miranda
- *A Determinação da Medida da Pena Privativa da Liberdade (Os Critérios da Culpa e da Prevenção)*, Coimbra, 1995

ROUSSEAU, Jean-Jacques
- *Du Contrat Social, Ou Principes du Droit politique*, Paris, s/d [reimpressão do original francês de 1762]

ROXIN, Claus
- *Strafrecht, Allgemeiner Teil, Band I, Grundlagen, Der Aufbau der Verbrechenslehre*, 3. Auflage, München, 1997
- *Strafverfahrensrecht*, 25. völlig neu bearbeitete Auflage, München, 1998

SÁ, Pedro Jorge Teixeira de
- *Direito Sem Graça: Considerações Críticas*, S.J., Tomo XLIX, 2000, págs. 263 e segs.

SANTOS, José Beleza dos
- *Delinqüentes habituais, vadios e equiparados no direito português*, R.L.J., Ano 70.º, 1938, págs. 337 e segs. (e, particularmente, Ano 71.º, 1939, págs. 337 e segs.)

SCHABAS, William A.
- *An Introduction to the International Criminal Court*, Cambridge, reprinted, 2003

SCHÄTZLER, Johann-Georg
- *Handbuch des Gnadenrechts, Gnade – Amnestie – Bewährung, Eine systematische Darstellung mit den Vorschriften des Bundes und der Länder Anmerkung und Sachregister*, 2. neuarbeitete und erweiterte Auflage, München, 1992

SCHÜNEMANN, Bernd
- *Amnestie und Grundgesetz, Zur Verfassungswidrigkeit einer Amnestie in der Parteispendenaffäre*, ZfR, 1984, págs. 137 e segs.

SEELER, Hans-Joachim
- *Umfang und Grenzen des Gnadenrechts*, MschrKrim, 1965, págs. 13 e segs.

SENDLER, Horst
- *Unrechtsstaat und Amnestie*, NJ, 1995, págs. 225 e seg.

SILVA, Germano Marques da
- *Direito Penal Português, Parte Geral I, Introdução e Teoria da Lei Penal*, Lisboa, 1997
- *Direito Penal Português, Parte Geral III, Teoria das Penas e das Medidas de Segurança*, Lisboa, 1999

SOUSA, Marcelo Rebelo de
- *O Valor Jurídico do Acto Inconstitucional, I*, Lisboa, 1988

SOUSA, Marcelo Rebelo de; ALEXANDRINO, José de Melo
- *Constituição da República Portuguesa Comentada*, Lisboa, 2000

SOUZA, Marnoco e
- *Direito Politico, Poderes do Estado, sua Organização segundo a Sciencia Politica e o Direito Constitucional Português*, Coimbra, 1910

– *Constituição Politica da Republica Portuguêsa*, Commentario, Coimbra, 1913
STEIN, Ekkehart
– *Staatsrecht*, 16., neu bearbeitete Auflage, Tübingen, 1998
SÜB, Frank
– *Studien zur Amnestiegesetzgebung*, SÖR 852, Berlin, 2001

TAVARES, José
– *O Poder Governamental no Direito Constitucional Portuguez, Lições para o curso do 2.º anno de Direito no mez de maio de 1909*, Coimbra, 1909
TELES, Miguel Galvão
– *Eficácia dos Tratados na Ordem Interna Portuguesa (Condições, Termos e Limites)*, C.T.F., N.º 106, 1967, págs. 7 e segs.
– *Inconstitucionalidade Pretérita*, in *Nos dez anos da Constituição (organização de Jorge Miranda)*, Lisboa, 1987, págs. 265 e segs.
– v. CAETANO, Marcello
TERRADILLOS BASOCO, Juan
– v. MAPELLI CAFFARENA, Borja
THOMAS, Kendall
– *Der Verfassung der Amnestie: Der Fall Südafrika*, in *Amnestie oder Die Politik der Erinnerung in der Demokratie* [herausgegeben von Gary Smith und Avishai Margalit], Frankfurt am Main, 1997, págs. 179 e segs.

VAZ, Manuel Afonso
– *Revisão Constitucional de 1997, Sistema de Actos Legislativos, Opinião*, C.C.L., N.º 19/20, 1997, págs. 93 e segs.
VEIGA, Catarina
– *Considerações sobre a Relevância dos Antecedentes Criminais do Arguido no Processo Penal*, Coimbra, 2000
VITU, André
– v. MERLE, Roger
VIVES ANTÓN, Tomás S.
– v. COBO DEL ROSAL, Manuel
VOLK, Klaus
– *Strafprozeßrecht*, München, 1999

WANK, Rolf
– *Gewaltenteilung, Theorie und Praxis in der Bundesrepublik Deutschland*, JURA, 1991, págs. 622 e segs.
WEIGEND, Thomas
– v. JESCHECK, Hans-Heinrich
WELZEL, Hans
– *Das Deutsche Strafrecht, Eine systematische Darstellung*, 11. neuarbeitete und erweiterte Auflage, Berlin, 1969

ZAFFARONI, Eugenio Raúl
– *Tratado de Derecho Penal, Parte General I*, Buenos Aires, 1987

ZAGREBELSKY, Gustavo
– *Amnistia, Indulto e Grazia, Profili Costituzionali*, Milano, 1974
ZIPF, Heinz
– v. MAURACH, Reinhart
ZIPPELIUS, Reinhold
– *Teoria Geral do Estado*, 3.ª edição [traduzida da 12.ª edição alemã de 1994], Lisboa, 1997
– v. MAUNZ, Theodor

ÍNDICE

	Págs.
Nota prévia	7
Abreviaturas e siglas jurídicas	11
Plano geral	13
Introdução	15
1. Colocação do problema	15
2. Delimitação do objecto do estudo	16
Capítulo I – Do Conceito Inicial	19
§ 1.º Primeira aproximação conceptual	21
1.1. Breve evolução histórica do instituto	21
§ 2.º Amnistia e figuras afins	37
2.1. A *abolitio*	37
2.2. O indulto	39
2.3. O perdão genérico	40
2.4. A descriminalização	43
2.5. A *grâce amnistiante*	48
2.6. A amnistia judiciária	49
§ 3.º Espécies de amnistia quanto aos efeitos?	51
3.1. Amnistia "própria" *versus* amnistia "imprópria"?	51
3.1.1. Pode uma amnistia operar, na sua previsão, uma limitação dos seus efeitos aos casos ainda não transitados em julgado? (1.ª concepção)	52
3.1.2. Pode uma amnistia ter efeitos distintos por força do caso julgado e/ou do direito subsidiário? (2.ª concepção)	54
Capítulo II – Do Enquadramento Constitucional	63
§ 4.º Competência, forma e força amnistiantes	65
4.1. A competência amnistiante	65
4.1.1. A competência para a concessão de amnistias	65
4.1.2. Da competência para o enquadramento da concessão de amnistias	87
4.2. A forma da amnistia	97
4.3. A força da lei de amnistia	100
§ 5.º Limites materiais da lei de amnistia	107
5.1. Quanto ao conteúdo	107
5.1.1. Proibição de "efeito para diante"	107
5.1.2. Proibição do arbítrio	114
5.1.3. Proibição da amnistia individual	125
5.1.4. Proibição da auto-amnistia	142

5.1.5. Inamnistiabilidade decorrente da necessidade de tutela penal de
certos bens jurídicos 158
5.2. Quanto ao fim 197
5.3. Quanto aos efeitos 205
Capítulo III – Da Amnistia Inválida 213
§ 6.º A amnistia inconstitucional 215
    6.1. Concretização 225
        6.1.1. A inconstitucionalidade orgânica e/ou formal de uma lei de amnistia 225
        6.1.2. A inconstitucionalidade material de uma norma de amnistia 225
        6.1.3. A inconstitucionalidade material de um limite à amnistia 226
        6.1.4. A inconstitucionalidade de uma condição à amnistia 227
    6.2. Da limitação de efeitos da inconstitucionalidade 228
§ 7.º A amnistia ilegal 233
Capítulo IV – Natureza Jurídica da Amnistia 237
§ 8.º Natureza substantiva *vs* processual 239
§ 9.º Da *Gnade vor Recht* ao *Recht vor Amnestie* 245
Considerações finais 259
Bibliografia citada 269